Wolfgang Welsch

Ich war Staatsfeind Nr. 1

Zu diesem Buch

Zwanzig Jahre alt ist Wolfgang Welsch, als er 1964 bei einem Fluchtversuch in den Westen von der Staatssicherheit verhaftet wird. Es folgen Verhöre, die Verurteilung wegen Republikflucht und schließlich mehrere Jahre Zuchthaus wegen staatsgefährdender Hetze. 1971 wird er durch die Regierung Brandt freigekauft und geht in den Westen. Dort macht ihn sein Haß zu einem der brillantesten und erfolgreichsten Fluchthelfer: Mehr als zweihundert Ostdeutsche werden von seiner Organisation aus der DDR geschleust – und Welsch wird unter dem Decknamen des operativen Vorgangs »Skorpion« zum gejagten Staatsfeind Nr. 1. In einem atmosphärisch dichten und packenden Bericht erzählt er die Geschichte seines Lebens und wirft dabei ein erbarmungsloses Licht auf eines der dunkelsten Kapitel deutsch-deutscher Vergangenheit. – Unter dem Titel »Der Stich des Skorpion« von Stephan Wagner verfilmt.

Wolfgang Welsch, geboren 1944 in Berlin, besuchte die Schauspielschule, bis er 1964 vom Ministerium für Staatssicherheit verhaftet wurde. Nach seinem Freikauf 1971 studierte er in Gießen Soziologie und promovierte 1977 in England. Weil ihn auch nach dem Mauerfall noch Morddrohungen erreichten, ging er für einige Jahre ins Ausland. Heute lebt er als freier Autor und Publizist in Sinsheim/Baden. Zum 25. Jahrestag der Deutschen Einheit wurde der Autor im Oktober 2015 im Europaparlament Straßburg mit der Robert-Schuman-Medaille geehrt.

www.wolfgang-welsch.com

Wolfgang Welsch

ICH WAR STAATSFEIND NR. 1

Der Stich des Skorpion

Als Fluchthelfer auf der Todesliste der Stasi

PIPER

Mehr über unsere Autorinnen, Autoren und Bücher:
www.piper.de

Für meine Mutter
La memoria de mi amor grande

MIX
Papier | Fördert gute Waldnutzung
FSC® C021394

PRODUZIERT MIT VERANTWORTUNG

Ungekürzte Taschenbuchausgabe
ISBN 978-3-492-26167-8
15. Auflage Dezember 2025

Für einen direkten Kontakt und Fragen zum Produkt
wenden Sie sich bitte an: *info@piper.de*
Das Buch erschien erstmals 2001 bei der Eichborn AG, Frankfurt am Main.
Umschlaggestaltung: semper smile, München
Umschlagabbildung: Jan Staller
Satz: Fuldaer Verlagsagentur, Fulda
Gedruckt von ScandBook in Litauen
Printed in the EU

INHALTSVERZEICHNIS

ABKÜRZUNGEN

ADN – Allgemeiner Deutscher Nachrichtendienst (der DDR)
AGM/S – Arbeitsgruppe des Ministers / Stöcker, Leiter
BfV – Bundesamt für Verfassungsschutz
BKK – Bereich Kommerzielle Koordinierung (bekannt als KoKo)
BND – Bundesnachrichtendienst
BOSS – Bureau of State Security (südafrikanischer Geheimdienst)
BV – Bezirksverwaltung (des MfS)
CIA – Central Intelligence Agency
DEFA – Deutsche Filmagentur
DFF – Deutscher Fernsehfunk
D.S. – Drzaven Sigurnost (bulgarischer Staatssicherheitsdienst)
DT – Distriktelefon (getarntes MfS-Telefon zur Übermittlung geheimer Nachrichten)
FO – Führungsoffizier (des MfS)
GKS – Geheime Kommandosache (des MfS)
GRU – Hauptverwaltung für Erkundung (militärischer Nachrichtendienst der UdSSR)
GULAG – Glawnoje Uprawlenije Lagerej (Hauptverw. d. stalinist. Straflagersystem in der UdSSR, »Archipel Gulag« v. Solschenizyn)
GVS – Geheime Verschlußsache (des MfS)
HKH – Haftkrankenhaus
HVA – Hauptverwaltung A (Spionagedienst des MfS/Aufklärung)
IM – Inoffizieller Mitarbeiter (des MfS)
IMF – Inoffizieller Mitarbeiter / Feindberührung

KGB	– Komitet gosudarstwennoi besopasnosti (Komitee für Staatssicherheit der Sowjetunion)
KMH	– Krimineller Menschenhändler (MfS-Bezeichnung für Fluchthelfer)
KMHB	– Kriminelle Menschenhändlerbande (MfS-Bezeichnung für Fluchthelfer-Organisation)
KW	– Konspirative Wohnung
MOSSAD	– israelischer Auslandsgeheimdienst
ND	– Neues Deutschland, Parteizeitung
NVA	– Nationale Volksarmee (der DDR)
NKWD	– Narodny Kommissariat Wnutrennich Del (Volkskommissariat für Staatssicherheit)
OibE	– Offizier im besonderen Einsatz (des MfS)
OPD	– Operativdienststelle (des MfS)
OGS	– Operative Grenzschleuse (des MfS)
SDECE	– Service de Documentation et d'Espionnage (französischer Auslands-Geheimdienst)
SIS	– Secret Intelligence Service (britischer Auslands-Geheimdienst)
StEG	– Strafergänzungsgesetz (politisches Strafgesetz der DDR)
SWAPO	– South West African People's Organization
Vopo	– Volkspolizei
ZKG	– Zentrale Koordinierungsgruppe (des MfS)
ZERV	– Zentrale Ermittlungsstelle für die Aufklärung von Regierungs- und Vereinigungskriminalität
ZOV	– Zentraler Operativer Vorgang (des MfS)

VORWORT

Die Behauptung der Kommunisten, ihr System werde die Klassenantagonismen aufheben, ist eine Fiktion. Ideologien mit Absolutheitsanspruch, wie der sogenannte wissenschaftliche Sozialismus, eignen sich am besten, Kritik zu unterdrücken und den Machterhalt mit allen Mitteln zu sichern. Dieser Maxime wird am Ende sogar die Ideologie geopfert.

Letztlich hat nichts den Zerfall dieser armseligen DDR verhindern können. Immerhin gab es auch in der SED-Diktatur Menschen, die sich der »Obrigkeit des Bösen« nicht unterordneten oder gar Widerstand leisteten. Davon erzählt und berichtet das vorliegende Buch.

Der Autor war Opfer dieser Diktatur und legt als Überlebender Zeugnis ab wider dieses System. In der gesamten vierzigjährigen Geschichte der DDR und ihres Geheimdienstapparates gab es kaum eine dem operativen Vorgang »Skorpion« vergleichbare Aktion, die mit derart konsequentem Vernichtungswillen einen einzelnen Menschen verfolgte und über Jahre hinweg mit dem Tode bedrohte. Sie trägt deshalb auch exemplarische Züge des kriminellen Charakters einer Ideologie, deren Protagonisten mit dem Ende der DDR keineswegs von der Bildfläche verschwunden sind.

Das Leben in der DDR war tägliche Freiheitsberaubung, und die war sogar nach dem DDR-Strafgesetzbuch strafbar. Die SED-Diktatur hat sich somit täglich strafbar gemacht. Sie war kriminell. Menschen, die sich dem entgegenstellten, wurden zu Staatsfeinden erklärt.

Die Geschichte, meine Geschichte, spannt sich über 30 Jahre, davon 10 in der DDR, von denen ich 7 Jahre überwiegend in Gefängnissen und Folterhöllen, u. a. des MfS, verbracht habe. Ich habe Widerstand geleistet, und weitere 20 Jahre Widerstand von außen betrieben: publizistisch und als Fluchthelfer. Der damalige Leiter der Rechtsabteilung der Ständigen Vertretung der Bundes-

republik in der DDR bezeichnete das später als »sinnvolle Tätigkeit, Menschen in großer Not zu helfen«.
In dem groß angelegten und gut dokumentierten operativen Vorgang »Skorpion« wollte mich der Geheimdienst der SED-Diktatur eliminieren. Den Akten der Gauck-Behörde ist zu entnehmen, daß das Ministerium für Staatssicherheit und seine Handlanger mich bis zum Zusammenbruch der DDR unbeirrt und mit beispielloser Härte mit dem einzigen Ziel verfolgt hat, mich zu töten.
In der alten Bundesrepublik wie im wiedervereinigten Deutschland war und ist das Wissen um den Terror des SED-Regimes begrenzt und fragmentarisch und zudem auf einen kleinen Kreis von Historikern und Autoren eingeschränkt. Das vorliegende Buch versucht, einen lebendigen Einblick in die Denkschemata und Vorgehensweisen der kommunistischen Diktatur auf deutschem Boden zu vermitteln.
Ich widme dieses Buch den Opfern der SED-Diktatur und dem Widerstand, der in finsterer Zeit den Glauben an Humanität und Freiheit nie aufgab und den Terror selbstlos und patriotisch bekämpfte.

Wolfgang Welsch

TEIL I

IM GULAG

Die Täter sind nicht nur entschlossen, den Opfern zu vergeben, sondern auch die Vergangenheit ruhen zu lassen.
(Yaak Karsunke)

Der Regen kehrt nicht nach oben zurück.
Wenn die Wunde nicht mehr schmerzt,
schmerzt die Narbe.
(Bertolt Brecht)

DIE FLUCHT

Der rotweiß markierte Schlagbaum hob sich wie in Zeitlupe, als ein grau uniformierter Grenzsoldat das kastenähnliche Endstück nach unten drückte. Seine Maschinenpistole schlug beim Bücken dagegen. Es gab ein metallisches Geräusch.

Ich fuhr in die 500-m-Sperrzone ein, das kontrollierte Vorfeld zur eigentlichen Grenze. Boizenburg lag unmittelbar vor mir, nur 50 Kilometer von Hamburg entfernt. Mein kleiner, grauer, westdeutscher Ausweis hatte mich über das erste Hindernis gebracht. Ich traute ihm magische Kräfte zu. Würde er auch den zweiten Schlagbaum öffnen, an der eigentlichen Grenze der DDR?

Vorsichtig gab ich Gas. »Denk dran«, meldete sich Charly, »noch bist du in der Zone.« – »Bis hierher ging's jedenfalls gut«, antwortete ich und starrte angestrengt auf die Straße. Er lachte: »Das erinnert mich an den Mann, der aus dem 14. Stock eines Hochhauses springt. Als er am 7. vorbeifliegt, meint er, bis hierher ging's gut!« – »Laß deine dämlichen Witze, Charly«, zischte ich. Mir war nicht nach Späßen zumute. Alles in mir war angespannt.

»Was ist mit den Grenzern hinter uns?«

»Niemand zu sehen.«

»Glaubst du, es klappt?«

»Wie ich schon sagte, bis hierher ging's gut.«

»Was wirst du tun, wenn ich drüben bin?«

»Ich werde mit dem Wartburg bis zur Brücke fahren, wo wir deine Papiere versteckt haben, unterwegs Marita aufnehmen und nach Berlin zurückfahren.« Ich beobachtete Charly aus den Augenwinkeln. Er schwitzte. Warum er, dachte ich noch, ich bin es doch, der hier flüchtet. – »Du mußt konsequent bleiben«, unterbrach er meine Gedanken. »Die werden dich an der Grenze in die Mangel nehmen.« – »Klar, kannst dich auf mich verlassen, deswegen sind wir doch hier.« Charly hatte mich zu diesem Schritt ermutigt. Er muß wieder zurück und wäre doch gerne mitgekommen, wie auch Marita, der der Abschied schwer wurde. Ich wischte den Gedanken an sie weg. Jetzt bloß nicht daran denken. Bloß keine Gefühle. Es gibt kein Zurück mehr, so oder so. Dieser 22. Mai sollte die Entscheidung bringen.

Wolfgang Welsch, 1964 (Foto: MfS)

Der NVA-Soldat an der Vorfeldgrenze hatte nur kurz in meinen westdeutschen Ausweis geblickt und sich die Erklärung Charlys angehört: »Mein Freund aus dem Westen war zum Deutschlandtreffen in der DDR. Jetzt fährt er zurück. Ich begleite ihn nur bis zur Grenze.« Warum hatte er nicht gefragt, wieso ich das DDR-Auto fahre, und auch nicht, wie Charly zu einem westdeutschen Freund kommt?

»Scheiße, Charly! Ich habe ein schlechtes Gefühl bei der Sache!«

»Werd jetzt nicht nervös und fahr langsam. Hinter der Kurve kannst du anhalten, und wir wechseln die Plätze. Alles geht nach Plan. Hast du den dämlichen Sachsen gesehen? Der checkt doch nichts.«

Es war Mai, die Luft war warm, und auf den Feldern ringsum stand grün das frühe Korn. Mir wurde zunehmend heißer, je näher wir der eigentlichen Grenze kamen. Der Plan ist nicht

schlecht, redete ich mir ein. Ruhig bleiben, Nerven behalten. Was wird Marita jetzt machen, Marita, meine Freundin?
Ich kannte sie noch nicht allzulange, hatte mich aber heftig in sie verliebt. Schlecht für eine Flucht. Doch irgendwie und ganz schnell waren wir uns sehr nahe gekommen. Wie das so ist mit der Liebe. Sie hatte gerade Abitur gemacht. Bei einer Lyriklesung in Berlin lernten wir uns kennen. Sie kam zum Podium und sagte: »Du schreibst genau das, was ich denke.« Das gefiel mir.
Sie wußte sehr früh von meinen Fluchtabsichten, unterstützte sie und begleitete mich bis Gadebusch, wo wir sie abgesetzt hatten. Eine Art Selbstmord-Liebe. In der Nacht zuvor schliefen wir das erste Mal miteinander auf dem Rücksitz im Wartburg. Ich hatte ihn abends dicht an die Ostsee gefahren. Wir hörten das Rauschen der Brandung, und der Duft ihrer Haut ergriff mich und hüllte mich ein. Sie küßte mich immer wieder, und Tränen liefen über ihr Gesicht. Es war eine Liebe ohne Hoffnung, ohne Zukunft. Doch es gab kein Zurück für mich.
»Halt an! Wir wechseln jetzt!« Ich robbte auf den Rücksitz, während Charly hinters Steuer rutschte. Die Straße war leer. Offensichtlich wurde der Grenzübergang nicht besonders häufig frequentiert. Die Chausseebäume warfen dichte Schatten.
Es war soweit. Ich war im Begriff, das Land zu verlassen, den DDR-Staat, die SED-Diktatur, dieses bedrückende, dumpf-biedere, atemraubende und allgegenwärtige Monster. Ich wollte sie nie mehr sehen, diese Untertanen; ihr Blockwartdenken, ihre Feigheit und Angst stießen mich ab.
Dann lag sie vor mir in ihrer taghellen, abstoßenden Häßlichkeit: die Grenze.
Charly hielt vor einem mächtigen Schlagbaum, der aus der Erde zu kommen schien. Dahinter befanden sich Baracken, Militärfahrzeuge, Stacheldraht und überall schwerbewaffnete Soldaten.
»Mach's gut, Sauerbier.« So nannte er mich nur selten. Eine Anspielung auf den »großen Dichter Josef Maria Sauerbier«, die ironisierende Variante meiner selbst. Es entstand eine kurze Pause.
»Mach's besser. Alles Gute.«

Ich stieg aus und ging direkt auf zwei Soldaten zu, die in voller Kampfausrüstung auf mich zu warten schienen.
»Guten Tag.« Ich hielt meinen Ausweis in der ausgestreckten Hand.
»Ich möchte ausreisen.« Ein Grenzer nahm mir den Ausweis ab.
»Gommse mit«, forderte er mich in breitem Sächsisch auf, ihm in die Baracke zu folgen. Er öffnete die Tür, und ich betrat den Raum.
»Wo ist Ihr Passierschein, wo sind Sie eingereist?«
»Den Schein habe ich in Berlin verloren, im Getümmel des Deutschlandtreffens.«
»Wo sind Sie eingereist.« – »Eingereist bin ich über den Kontrollpunkt Wartha.« Die Tür ging auf, und Charly betrat mit einem weiteren Grenzer den Raum.
»Sooo«, kam die langgezogene Antwort. Charly erklärte, daß ich in Berlin beim ›Deutschlandtreffen‹ gewesen und nun auf dem Rückweg in die BRD war. Dieses Treffen, zu dem auch Jugendorganisationen aus dem Westen angereist kamen, wurde von der FDJ, der sogenannten Freien Deutschen Jugend der DDR organisiert. Es war eine reine Propagandaveranstaltung zum höheren Ruhme des Regimes. Eine Teilnahme daran wies mich als Freund des DDR-Sozialismus aus, das sollte meinen Grenzübertritt erleichtern. Charly machte seine Sache überzeugend.
Der Grenzer ging mit meinem Ausweis zu einem Telefon. Sein Kollege forderte uns auf, ihm zu folgen. Wir verließen die Baracke und gingen zu einem massiven, älteren Haus, das jetzt wohl Teil der Grenzanlage geworden war, doch ursprünglich ein Bauernhof gewesen sein mußte. Der Grenzer öffnete eine Tür. »Warten Sie hier!« Er verschwand mit schweren Stiefeltritten.
Drinnen standen ein leerer Tisch und mehrere Stühle. Ulbricht starrte gerahmt von der Wand, und mir wurde langsam schlecht. Ich ging zum Fenster und öffnete es. Ein geteertes Garagendach befand sich etwa zwei Meter tiefer.
Sofort dachte ich an Flucht. Über dieses Dach wäre es einfach. Den Schlüssel zum Auto hatte ich noch. Vollgas zurück. Auf Bie-

gen und Brechen. »Was machen die jetzt?« riß mich Charly aus meinen Gedanken. Ich blickte ihn an.
»Wahrscheinlich überprüfen die den Ausweis oder mich, oder uns beide.« Eine düstere Vorahnung ließ uns schweigen.
Ich mußte an meine Mutter in Berlin denken, die mir kurz vor der Abfahrt meinen alten, bundesrepublikanischen Ausweis zugesteckt hatte. Natürlich wußte sie, wozu ich ihn brauchen würde. »Paß gut auf dich auf«, sagte sie beim Abschied und küßte mich. Im Rückspiegel des Autos sah ich sie aus dem Küchenfenster lehnen, als wir um die Ecke bogen.
War meine Entscheidung richtig? Selbstverständlich war sie das, denn die einzige Alternative wäre gewesen, weiter in der DDR zu leben.
Ich hatte keinerlei Grund zu der Annahme, daß sich in diesem Land etwas zum Positiven ändern würde. Die Mauer stand nun seit fast drei Jahren. Als sie gebaut wurde, am 13. August 1961, war ich zum ersten Mal hautnah mit der Brutalität eines Systems konfrontiert worden. An diesem Sonntag fuhren wir alle, Vater, Mutter und mein Bruder, zur abgeriegelten Grenze in der Pankower Wollankstraße, sahen, wie den Passanten, die der Kette aus NVA-Soldaten und Kampfgruppenangehörigen zu nahe kamen, Gummiknüppel auf die Köpfe geschlagen wurden. Alle drängten zur Sektorengrenze und fanden die schlimmsten Befürchtungen bestätigt: Niemand konnte mehr passieren. Die Grenze war dicht.
An den Volksaufstand vom 17. Juni 1953 konnte ich mich nur schwach erinnern, eben mit dem Unverständnis eines Neunjährigen, der zu Hause die vielen Tüten Mehl und die bis zum Rand mit Wasser gefüllte Badewanne sieht, in der wir Kinder nicht baden durften.
Nur drei Jahre später drangen unverständliche Wortfetzen aus der »Goebbelsschnauze«, dem aus dem »Tausendjährigen Reich« herübergeretteten Volksempfänger, in der Küche, die von Aufstand, Freiheit und Demokratie sprachen. Wenig später wechselten die Worte: Überfall, Panzer, Tod. Die ungarische Revolution war verblutet. Immer galt es irgendwo den Sozialismus zu retten.

Und immer geschah dies mit Gewalt und gegen den Willen vieler Menschen.
Später, in der Schule, stach ich dem Abbild des Wladimir Iljitsch auf einer Wandzeitung eine Stecknadel in den Kopf. Und war über die Wirkung erstaunt. Der Rektor kam, sprach lange, erregt und mit wütendem Gesicht. Die Klassenlehrerin stand daneben, schweigsam und ernst. Es war die Zeit, in der Aufsätze, in denen mindestens einmal der Satz »Der Sozialismus siegt« vorkam, die Note »1« in Deutsch garantierten.
Jetzt herrschte der kalte Krieg. Die Positionen waren abgesteckt und schienen unverrückbar. Die ersten Toten am »antifaschistischen Schutzwall«, wie die Machthaber die neu errichtete Gefängnismauer zu nennen beliebten, ließen keinen Zweifel an ihrer Entschlossenheit und Unmenschlichkeit aufkommen und daran, daß die DDR zu einem riesengroßen Konzentrationslager mutiert war. Ganz unmittelbar empfanden es die Menschen in Berlin, der geteilten Stadt. Doch der Fluchttrieb war zunächst wie paralysiert. Man begann sich einzurichten und zu arrangieren. Nur einige Mutige wagten tollkühne Fluchten. Man sah und hörte davon im Westfernsehen. Tunnel wurden von Westberlin herübergetrieben, präparierte Lastwagen, Lokomotiven und Schiffe durchbrachen die täglich unüberwindlicher werdende Grenze. Viele aber resignierten. »Was bleibt uns denn anderes übrig«, hörte ich manchen sagen. »Wir sind nun mal hier und können daran nichts ändern.« Damit wollte und konnte ich mich nicht abfinden.
Ich wollte frei sein. Wollte jene Freiheit, welche die individuelle Entfaltung des einzelnen ermöglicht und garantiert. Alles Massenhafte war mir ein Greuel. Massenaufmärsche, Massenveranstaltungen, Massensport.
Was hatte ich zu verlieren? Einen Förderungsvertrag beim DDR-Fernsehfunk, die ersten Rollenangebote bei der DEFA noch während meiner Ausbildung an einer Ostberliner Schauspielschule, die Teilnahme an den großen Lyrikabenden im Audimax der Humboldt-Universität. Als Sarah Kirsch dort ihre Gedichte las, weitab von jeder Partei-Direktive, da wehte ein Hauch von Frei-

heit, eine Ahnung vom freien Wort durch die Aula. Wolf Biermann hingegen »polarisierte« zaghaft mit seinem ›siebener Bus/der mal gewaschen werden muß‹. Kant klopfte Klassenkampf, und alle agierten doch zum höheren Lob der Partei. Alle waren sie SED-Mitglieder. Wie die Sänger des unsäglichen »Oktoberklub«, die infantil-stalinistische Elogen auf die Gefängniswärter der DDR zum besten gaben.
Und in der Vorhalle, draußen, wo die standen, die auch Lyrik hören wollten, aber von dem angewidert waren, was sich drinnen abspielte, dort las ich, auf einem schnell herbeigerückten Stuhl stehend, meine Gedichte, deren unbotmäßiger Ton einige parteitreue Zuhörer provozierte. Es dauerte nicht lange, und ich wurde vom Stuhl heruntergeholt.
Der Entschluß, zu gehen, fiel an diesem Abend. Endgültig, unwiderruflich. Die Kraft dazu und der Wille wuchsen mir förmlich zu.
Die Planung meiner Flucht nahm noch einige Monate in Anspruch.
Heute sollte sie gelingen.

Über den Flur polterten schwere Stiefel. Die Tür wurde aufgerissen. In ihrem Rahmen drängten sich zwei, drei, vier Soldaten. Ein Offizier mit zwei goldenen Sternen auf silberfarbenen Schulterklappen löste sich aus ihrer Mitte und betrat den Raum. Einen Augenblick lang musterte er uns.
Er erinnerte mich sofort an eine Bulldogge. Unter seinen buschigen Brauen blickten mich ein Paar Augenstriche unverwandt an. Wir schätzten uns sekundenlang ab.
Ich versuchte, in den Gesichtern der Soldaten zu lesen. Doch sie waren, wie die Gesichter aller Handlanger und Uniformträger dieses Staates, verschlossen, abweisend, feindselig. Ihre lauernden Blicke ließen nichts Gutes ahnen. Charly kratzte sich am Ohr. Er war sichtlich nervös. Die Welt schien einen Moment stillzustehen. Nur der aufreizende Gesang der Lerchen war von draußen zu vernehmen.

»Herr Welsch«, blaffte die Dogge, »kommen Sie mal mit. Wir müssen die Frage Ihrer Einreise und des Verbleibs der Einreisedokumente klären.« Ich warf Charly noch einen schnellen Blick zu. Dann folgte ich den Soldaten über den Flur in ein anderes Zimmer. »Setzen«, kommandierte der Goldbetreßte, als die Tür hinter uns ins Schloß flog. Er nahm auf der anderen Seite des Tisches Platz.

»Jetzt erzählen Sie uns mal, wo Sie in die DDR eingereist sind«, begann er die Vernehmung.

Auf diese Frage war ich vorbereitet, zumal sie wegen meines fehlenden Einreisepapiers zwangsläufig kommen mußte. Diesen Schwachpunkt meiner Geschichte hoffte ich durch meine vorgebliche Teilnahme am ›Deutschlandtreffen‹ mehr als wettzumachen.

»Ich kam über den Grenzkontrollpunkt Wartha in die DDR und bin dann weiter in die Hauptstadt der DDR, nach Berlin, gereist, um dort am Deutschlandtreffen teilzunehmen«, erwiderte ich mit bemühter DDR-Formulierung und hoffte, er würde sich damit zufriedengeben.

Der Offizier verzog sein Gesicht zu einer Grimasse, die man für ein Grinsen hätte halten können. Doch abrupt wechselte sein Ausdruck. Sein schwarzes, öliges Haar fiel ihm in die Stirn, als er sich über den Tisch nach vorn beugte und zischte, jedes Wort betonend:

»Der Übergang Wartha ist seit einigen Monaten geschlossen, was sagen Sie dazu?«

Ich fühlte, wie eine kalte Faust nach meinem Herzen griff, wie sich lähmendes Entsetzen meiner bemächtigte. Daß das Ende so schnell und so banal kommen sollte, überstieg meine Kräfte.

Trotzdem machte ich einen letzten Versuch, die Situation zu retten.

»Ja, wissen Sie«, sagte ich angestrengt und sah ihm direkt in die Augen, »ich bin davon ausgegangen, daß es sich bei dem Übergang um Wartha handelt, denn ein Ortsschild habe ich nicht bemerkt.«

»Dann müssen Sie sich auch in der Richtung geirrt haben«, schrie

er zurück. »In ganz Thüringen gibt es keinen anderen Übergang zur BRD. Geben Sie zu, daß Sie die Deutsche Demokratische Republik verlassen wollten, illegal nach Westdeutschland wollten, mit einem gefälschten BRD-Ausweis!«
Sein Gesicht war verzerrt und mit kaltem Triumph erfüllt.
»Der Ausweis ist nicht gefälscht, und ich bin Bürger der Bundesrepublik Deutschland«, gab ich zurück, »daran zumindest gibt es keinen Zweifel.« Er lachte höhnisch und schrie erneut: »Sie sind kein Bürger der BRD, sondern wohnen in der DDR.« Er nahm ein Blatt Papier und las ab: »Aus Berlin-Niederschönhausen, das haben wir inzwischen festgestellt. Sie wollten die DDR verlassen und haben unsere Sicherheitsorgane unterschätzt! Sie sind ein Feind der DDR, und für Feinde lassen wir uns etwas Besonderes einfallen.«
Aus, dachte ich. Sie haben meine Identität und sogar meine Ostberliner Adresse. Recht haben sie auch. Ich bin ihr Feind und habe sie unterschätzt. So einfach, wie ich mir das vorgestellt hatte, lief es offenbar nicht. Mein kleiner grauer West-Ausweis war nur begrenzt funktionsfähig. Ihm fehlte etwas ganz Wichtiges, der Passierschein.
»Ihre Reise ist beendet!« brüllte der Offizier und sprang hinter seinem Tisch auf. Er gab den wartenden Soldaten ein Handzeichen.
Ich hörte hinter meinem Rücken das Knacken der Schlösser, als sie ihre Maschinenpistolen durchluden. »Sie sind festgenommen.«
Nun hatte ich meinen bis jetzt respektierten Status als West-Bürger verloren. Ich war jetzt ohne Schutz und bekam das sofort zu spüren. Ein Schlag auf meinen Hinterkopf, daß mir fast die Sinne schwanden, beendete alle Illusionen. Ein Soldat riß mich vom Stuhl und bohrte mir den Lauf seiner Kalaschnikow schmerzhaft in die Rippen. Ich war wieder angekommen in dieser verfluchten DDR, die ich noch keinen Zentimeter verlassen hatte.
»Wie Sie mich behandeln, das werden Sie noch bereuen.« Letzter Widerstand zuckte bei mir auf. Ein wuchtiger Faustschlag traf mich mitten ins Gesicht.

Ich schmeckte Blut auf der Zunge. – »Bereuen wirst du Hund deine Frechheit«, brüllte die Bulldogge.
Das ist es, dachte ich, das ist ihr Gesicht. Das sind die friedlichen Arbeiter und Bauern. Meine Arme wurden auf den Rücken gerissen, Handschellen schnappten zu. Ein Soldat riß mich herum. Ein Stiefeltritt in die Kniekehlen trieb mich nach vorn. An beiden Armen gepackt, wurde ich aus dem Zimmer gezerrt.
Begleitet von den Flüchen und Verwünschungen der Soldaten – »du republikflüchtiges Schwein, jetzt lernst du die Arbeiter- und Bauernmacht kennen, mit so was wie dir machen wir kurzen Prozeß« und andere Nettigkeiten wurde ich die Treppen in den Keller hinuntergeschleppt. Jemand riß eine Stahltür auf, man stieß mich in eine winzige Zelle. Ein Soldat schloß die Handschellen auf und versetzte mir noch einen Stoß. Mit lautem Knall flog die Tür hinter mir zu. Ich war allein. Meine Flucht, getragen von so viel Hoffnung und Optimismus, war gescheitert, endete in einer dreckigen Zelle an der Grenze zur Bundesrepublik.
Ich musterte mein Domizil. Eine trübe Glühbirne brannte an der Decke. Ein Fenster gab es nicht, ebensowenig einen Stuhl oder sonstiges Mobiliar. Die Zelle war absolut kahl und leer. Diese Leere war auch in meinem Kopf. Sosehr ich mich bemühte, ich konnte keinen klaren Gedanken fassen. Mein Gesicht war von dem Schlag geschwollen und brannte. Dort wo die Handschellen die Gelenke umklammert hatten, war die Haut von roten, schmerzenden Einschnitten gezeichnet.
Im Dämmerlicht tropften die Stunden, und die Stille verstärkte sich durch meine Reglosigkeit.
Wo war Charly? Weit weg, irgendwo draußen, dröhnte dumpf das Motorengeräusch abfahrender Autos. Nach endlosem Warten polterten Stiefel die Treppe herunter. Die Riegel der Zellentür wurden zurückgeschlagen und die Tür aufgerissen. Während zwei Soldaten ihre Kalaschnikows auf mich gerichtet hielten, legte mir der dritte Handschellen an und zerrte mich an ihnen aus der Zelle, die Treppen hoch. Meine Gelenke brannten wie Feuer.
»Wenn du Schwein versuchst zu flüchten, gibt's die Kugel«,

knurrte er und stieß die Tür nach draußen auf. Das Sonnenlicht blendete meine Augen. Er stieß mich vorwärts. Vor dem Haus war ein Militärlastwagen mit olivgrüner Plane geparkt. Wir gingen auf ihn zu.
Weiter hinten sah ich den Wartburg stehen, den ich vor drei Tagen bei »VEB Taxi« in Ostberlin angemietet hatte. Dem einzigen Autoverleih der Stadt.
Also war auch Charly nicht mehr zurückgefahren. Ich sah mich um, ob er vielleicht ebenfalls aus dem Haus geführt würde, was der Soldat hinter mir sofort mit einem Stiefeltritt in meine Kniekehle bestrafte, die noch vom letzten Tritt schmerzte. Ich schrie auf. »Halt dein Maul, du Sau«, brüllte er, »sonst kriegst du noch mehr!«
Wir waren am Lastwagen angelangt, einem H3A aus DDR-Produktion. Die hintere Ladeklappe hing nach unten. »In den Wagen steigen, aber ein bißchen dalli«, brüllte einer der Soldaten.
Irgendwie gelangte ich auf die Ladefläche. Die Soldaten kletterten ebenfalls auf den Lastwagen und hockten sich vorn an die Ladekante, die Maschinenpistolen zwischen ihren Beinen.
Wir fuhren offenbar über holprige Feldwege mit engen Kurven und Kehren. Ich hatte keine Ahnung, wohin die Fahrt gehen konnte.
»Entschuldigen Sie, wohin fahren wir jetzt?«
»Halt's Maul, wirst du noch früh genug sehen!«
Nach ungefähr 30 Minuten verließen wir die Straße. Der Wagen krachte durch Löcher und über Steine. Kurz darauf hielt er an. Der Motor erstarb. Augenblicke später wurde die Plane hochgerissen, und die Ladeklappe schlug nach unten.
»Runter mit dir, na, wird's bald«, schrie einer. Ich taumelte zum Ausstieg und sah, daß wir auf einem freien Platz standen. In einiger Entfernung war eine Kompanie Soldaten angetreten, Grenzsoldaten. Es schien das Gelände einer Militärkaserne zu sein.
Im Hintergrund bemerkte ich etwa ein Dutzend Militärfahrzeuge. Die Soldaten starrten mich an, als ich versuchte hinunterzuklettern, was mit gefesselten Händen nicht einfach war.
»Spring endlich, sonst holen wir dich«, schrie einer meiner Bewa-

cher und richtete den Lauf seiner Waffe auf mich. – »Mit einer Kugel!« rief ein anderer. Sie lachten brüllend. Ich war Mittelpunkt einer absurden Veranstaltung. Ich sprang. Mein rechtes Bein knickte weg, und ich schlug mit dem Kopf hart auf die Erde. Einen Moment sah ich nur rote Kreise. Ein Stiefeltritt brachte mich wieder hoch. Benommen taumelte ich zwischen den Grenzern zu einem abseits stehenden Gebäude. Wieder ging es in den Keller und dort in eine Zelle, deren Tür bereits weit geöffnet stand. Ein Stoß, und ich flog fast bis zur gegenüberliegenden Wand. Die Tür knallte ins Schloß.

Ich setzte mich auf einen Hocker. Leere breitete sich in meinem Kopf aus. Ich weigerte mich, meine Situation zu realisieren. Nur eines war klar: Ich war gefangen. Die Minuten zerrannen zu Stunden.

Mit einem derartigen Ausbruch von Gewalt und Haß hatte ich nicht gerechnet. Brutalität und Menschenverachtung kannte ich bisher nur aus dem Geschichtsunterricht, wenn von Faschisten und Nazis die Rede war, von Konzentrationslagern und Verfolgung durch die Gestapo. So etwas hatte ich in der DDR immerhin für ausgeschlossen gehalten.

Jetzt wurde ich eines Besseren belehrt. Als Republikflüchtling hatte ich jeden Anspruch auf normale Behandlung verwirkt. Man konnte mit mir machen, was man wollte. Es war die Bestätigung einer lange gehegten Vermutung.

BEIM MFS

Auf dem Flur waren Schritte zu hören, die sich näherten. Die Riegel wurden wieder krachend zurückgeschlagen, und die Tür sprang auf. Mehrere Uniformierte standen draußen. Ich sah sofort, daß es keine Grenzsoldaten waren, sie redeten auch anders.

»Bitte kommen Sie mit«, sprach mich einer an. Ich trat vor die Tür. Jemand legte mir die obligatorischen Handschellen an und zog sie mit Rücksicht auf meine sichtbar geschwollenen Gelenke nicht so eng an. Wir verließen das Haus. Es war bereits dunkel. Ein Kleintransporter vom Typ Barkas B 1000 parkte unmittelbar vor der Tür. Die Seitentür war geöffnet. »Steigen Sie in das Auto«, sagte jemand. Ich stieg ein und mußte mich dabei bücken. Rechts und links befanden sich kleine Verschläge. Einer stand offen, und dort hinein wurde ich geschoben.
Ich hatte es bis dahin für undenkbar gehalten, daß diese kleinen Lieferwagen als Gefangenentransporter dienen können. Von außen schnappte ein Riegel. Ich konnte nur nach vorn gebeugt sitzen, mit eingezogenen Schultern, links die Außenwand, rechts die Tür. Es war beklemmend eng. Noch ein Verschlag wurde verriegelt. Charly?
Kurz darauf setzte sich der Wagen mit dem zweitakterüblichen Geheul in Bewegung. Die harten Schläge der Räder und das penetrante Geräusch des Motors verhinderten, daß ich vor Erschöpfung einschlief.
Die Fahrt dauerte Stunden. Wahrscheinlich rollten wir auf einer Fernverkehrsstraße. Ohne Halt. Alles verschwamm in meinem Kopf. Ein Gedankenbrei kreiste unaufhörlich um die Frage: Was wird jetzt? Irgendwann wurde ich an die Außenwand gepreßt. Eine scharfe Kurve beendete die Monotonie. Wir waren in einer Stadt angekommen. Immer wieder hielt der Wagen. Straßengeräusche waren zu hören. Einige enge Kurven, und der Wagen stoppte. Das Geräusch eines schweren Metalltores war zu vernehmen. Der Motor erstarb. Augenblicke später wurde die Schiebetür geöffnet, gleich darauf die Tür meines Verschlages. Fast wäre ich hinausgefallen, so steif waren meine Glieder durch die stundenlange ›Preßpackung‹.
Benommen torkelte ich nach draußen und wurde an den Armen in ein Gebäude gezogen. Gittertüren krachten, Schlüssel klapperten. Das hörte sich nach einem Gefängnis an. In Berlin konnte es nicht sein, dafür war die Fahrt zu kurz gewesen. »Wo bin ich

hier?« Niemand antwortete. In einem notdürftig möblierten Raum mit vergitterten Fenstern blieben alle stehen. Ich sah mich um. Es roch nach Bohnerwachs und Karbol. Jemand schloß die Handschellen auf. Ich hatte kein Gefühl in den Händen und sah im Schein der Zimmerbeleuchtung die blutverkrusteten Manschetten meines Hemdes.

»Ich habe Durst, bekomme ich etwas zu trinken?«

»Warten Sie ab, später, ziehen Sie sich jetzt aus, alles.«

Ich zog mich aus, was mir einige Mühe bereitete. Zum Schluß stand ich nur noch in der Unterhose da.

»Alles«, kommandierte die Stimme. Dann stand ich nackt vor ihnen. Alle musterten mich. Ihre Augen glitten über meinen Körper. Mir fiel der Titel eines Buches von Bruno Apitz ein: »Nackt unter Wölfen«. Genauso fühlte ich mich in diesem Moment. Nackt unter Wölfen. Ein Uniformierter warf mir einen Packen Sachen vor die Füße.

»Anziehen!«

Ich griff mir die Kleidungsstücke und zog mich an. Dann warf mir jemand ein Paar ausgetretener Latschen zu. Ursprünglich waren das mal schwarze Straßenschuhe gewesen, deren hinterer Teil bis auf die Sohle abgeschnitten worden war. Ein weißblau gewürfelter Stoffsack knallte auf den Boden, dicht neben mir.

»Ihre Bettwäsche.« Ich zog den Sack zu mir.

»Sie sind hier beim Ministerium für Staatssicherheit«, sagte der Ältere.

In der Hand der Stasi, schoß es mir durch den Kopf. Angst würgte mich. Niemand kannte die Stasi genau. Sie war überall und doch nicht sichtbar, faßbar. Schild und Schwert der Partei. Das sang manchmal ein frisch klingender Militärchor, der sich »Felix Dscherschinsky« nannte.

»Bin ich verhaftet?«

»Seien Sie ruhig«, herrschte mich der Ältere an.

»Sie haben hier nicht zu sprechen, außer wenn Sie gefragt werden. Haben Sie das verstanden?« Ich nickte. Trotzdem wagte ich einen weiteren Vorstoß: »Entschuldigung, aber ist es möglich, ei-

nen Arzt zu sprechen? Ich habe Schmerzen. Ich bin von den Grenzsoldaten geschlagen worden.«
Ein pickliger Uniformierter mit einem goldenen Knopf auf der Schulterklappe trat dicht an mich heran und starrte sekundenlang in meine Augen.
»Hören Sie nicht gut? Überlegen Sie sich, was Sie sagen, und verleumden Sie nicht unsere Grenzorgane. Die Arbeiter- und Bauernmacht schlägt niemanden. Einem Arzt werden Sie morgen vorgestellt. Den Rest werden Sie noch früh genug erfahren. Kommen Sie jetzt mit.«
Ich nahm den verknoteten Sack auf und folgte dem Pickligen über einen langen Gang, an dessen Ende sich eine weitere Gittertür befand. Hinter ihr tat sich die Innenansicht eines Gefängnisses auf. Über drei Stockwerke Gänge und Zellentüren. Im zweiten Stock wartete bereits ein Wärter auf uns. Er schloß eine der Türen auf. Ich betrat einen düsteren, kleinen Raum.
»Sie bekommen noch etwas zu trinken.« Die Tür fiel hinter mir leise ins Schloß. Der Schlüssel knirschte. Ein schwerer Riegel wurde vorgeschoben, rastete ein.

Ich sah mich um. In Kniehöhe befand sich ein Bretterboden, der von Wand zu Wand reichte und wohl als Pritsche diente, darüber gab es ein Fenster aus Glasbausteinen, ein Kübel stand neben der Tür. An Steh- und Lauffläche blieben gerade knappe 2 x 2 m. Als ich den Deckel des Kübels öffnete, schlug mir ein stechender Geruch entgegen. Desinfektionspulver. Kein Tisch, kein Stuhl, auch kein Waschbecken. Über der Tür, in die Wand eingelassen und mit Drahtglas verschlossen, funzelte eine Glühbirne. Ich öffnete den Sack. Zwei Decken und Handtücher kamen zum Vorschein. Der Sack selbst diente offenbar als Bettbezug. Nachdem ich eine der löchrigen Decken bezogen hatte, fiel ich erschöpft aufs Bett. Das alles schien auf einen längeren Aufenthalt hinzudeuten. Meine Ruhepause war nicht von Dauer. Die Tür wurde geöffnet, und ein uniformierter Wachtposten reichte mir wortlos einen Plastikbecher mit einer bräunlichen

Flüssigkeit. Dünner Malzkaffee, ›Muckefuck‹, wie meine Mutter dazu sagte. Er war trotzdem willkommen, stillte meinen Durst.

Ich stand unter Schock. Ein dumpfes Gefühl des Verlorenseins packte mich. Angst und Ohnmacht wechselten mit Entsetzen und Hoffnungslosigkeit. Schließlich übermannten mich Erschöpfung und Müdigkeit. Ich schlief ein.

Ein Knall riß mich aus meinen Alpträumen. Vor meinem Bett stand ein Uniformierter, in der Hand einen Gummiknüppel. Noch einmal schlug er kräftig auf das Holzgestell.

»Raus, oder ich mach' dir Beine!«

Sofort stand ich senkrecht.

»Frühstück.« Der Wachtposten ging nach draußen.

»Ihren Becher.«

Muckefuck. Dazu bekam ich einen Plastikteller in die Hand gedrückt, auf dem sich drei Scheiben trockenen Brotes und ein roter, zerfließender Klecks befanden, Marmelade.

Noch ehe ich etwas fragen konnte, fiel die Tür wieder zu.

Am späten Vormittag wurde die Tür erneut aufgeschlossen.

»Kommen Sie mit.« Ich verließ die Zelle. »Hände auf den Rücken«, kommandierte der Wachtposten. Über Treppen und Gänge liefen wir durch das Gefängnis, das mir bei Tageslicht noch bedrückender erschien. Schließlich betraten wir einen Raum, der nach Behandlungszimmer oder Sanitätsraum aussah. Weiße Schränke, eine Liege. Ein Mann, unter dessen weißem Kittel eine Uniformhose zu erkennen war, wandte sich mir zu. Sein Stethoskop hing merkwürdig tief auf der Brust. Mein Bewacher setzte sich auf einen Stuhl.

»Machen Sie den Oberkörper frei.« Der Arzt begann mich zu untersuchen. Dabei stieß er auf meine Verletzungen an Kopf und Bauch. Er betastete meine lädierten Handgelenke.

»Tut das weh? Was haben Sie denn da gemacht?«

»Gute Frage«, sagte ich niedergeschlagen und zugleich aufgebracht. »Das ist mir gestern an der Grenze passiert«, formulierte ich vorsichtig. Der Posten grinste. Wortlos reinigte er mit einem Tupfer meine Kopfwunde und untersuchte die anderen Stellen. Die Quetschungen an den Gelenken behandelte er mit einer roten Desinfektionstinktur, die höllisch brannte. Dann verband er die Verletzungen. »So, das wird fürs erste reichen.« Er prüfte mit einem Hämmerchen meine Reflexe, fragte nach Vorerkrankungen und ging zum Schreibtisch.

»Unterschreiben Sie hier.« Sein Finger deutete auf eine Stelle des Blattes, an die ich meine Unterschrift setzen sollte. Es handelte sich um ein Blankoformular, auf dem stand, daß der eingelieferte Untersuchungshäftling sich bester Gesundheit erfreut.

»Das unterschreibe ich nicht.« Arzt und Bewacher blickten mich an.

»Warum nicht?« fragte der Arzt.

»Weil es nicht stimmt. Ich bin nicht gesund. Ich bin geschlagen worden. Die Wunden haben Sie doch gerade behandelt.« Der Arzt flüsterte mit dem Bewacher, worauf der sich erhob. »Hören Sie, wenn Sie gleich zu Anfang Ihres Aufenthaltes bei uns Ärger machen wollen, werden wir andere Saiten aufziehen. Unterschreiben Sie, Sie können hier nichts verweigern.« Ich hielt ihm meine verbundenen Arme ausgestreckt hin.

»Solche Saiten?« Arzt und Bewacher schauten sich verblüfft an, dann flüsterten sie miteinander. »Vorwärts, raus hier«, kommandierte der Posten und stieß mich zur Tür.

»Hände auf den Rücken«, zischte er mir draußen drohend zu. »Du wirst noch lernen, uns zu gehorchen.« Sie haben mich, dachte ich, und irgendwie haben sie mich doch nicht ganz.

Am Nachmittag wurde ich wieder aus der Zelle geholt.

Man brachte mich zu einem Mann in Uniform, etwa Mitte 30, kurzes, gescheiteltes Haar über einer zu kurz geratenen Adlernase. Erst viel später sollte ich die Rangabzeichen auf den Schulterklappen kennen- und unterscheiden lernen. Dieser trug einen goldenen Stern auf Silberstreifen. Ein Unterleutnant. Er wies auf den Stuhl, der vor dem Schreibtisch stand.

»Setzen Sie sich. Wie geht es Ihnen?« Ohne meine Antwort abzuwarten, hielt er meinen westdeutschen Ausweis hoch: »Ist das Ihrer?«

»Ja.«

»Wo haben Sie den her?« Der hält sich nicht mit Vorreden auf, dachte ich. Der will die Überraschung nutzen, meinen Verhaftungsschock.

»Ehe ich Ihre Fragen beantworte, möchte ich gerne wissen, wo ich hier eigentlich bin und ob ich verhaftet bin«, antwortete ich. Er fixierte mich einen Moment und grinste.

»Hat man Ihnen das bei der Aufnahme nicht gesagt? Sie sind in einer Untersuchungshaftanstalt des Ministeriums für Staatssicherheit in Schwerin.« Jetzt hatte ich es offiziell. Ich atmete tief durch.

»Und was werfen Sie mir vor?«

»Das fragen Sie mich?«

»Ja.«

»Sie haben nach unseren Erkenntnissen versucht, illegal die Staatsgrenze der DDR zu durchbrechen.«

»Durchbrechen? Ich habe nichts durchbrochen, ich wollte ausreisen.«

»Wenn ich sage, Sie wollten die Grenze durchbrechen, dann wollten Sie sie durchbrechen, haben Sie verstanden? Die Qualifizierung Ihrer Handlungen müssen Sie uns überlassen. Wir führen hier keine Unterhaltung, sondern ich vernehme Sie zu einem Verbrechen.« Ich schwieg, während er eine Menge Fragen stellte. Mal drohend, mal um Verständnis werbend. Sehr bald stellte ich fest, daß er reichlich im Nebel der Spekulation herumstocherte und von mir mehr zu erfahren hoffte.

»Also, woher haben Sie den westdeutschen Ausweis?«

»Ich war vor dem Mauerbau kurze Zeit im Bundesgebiet. Dort habe ich ihn bekommen, wie alle anderen Deutschen. Auch Sie hätten darauf einen gesetzlichen Anspruch.«

»Von welchem Gesetz sprechen Sie?«

»Vom Grundgesetz, der Verfassung der Bundesrepublik Deutschland.«

»Sie sind aber kein Westdeutscher, Sie sind DDR-Bürger. Für Sie gelten nicht die Gesetze der BRD, sondern einzig unser Gesetz, das Gesetz der DDR.«
Er stand auf und kam um den Schreibtisch herum zu meinem Stuhl.
»Was meinen Sie denn mit Mauerbau? Meinen Sie damit etwa den antifaschistischen Schutzwall in der Hauptstadt der DDR?« Seine Stimme wurde drohend.
»Ich rate Ihnen, hier nicht zu hetzen und die DDR zu verleumden, sonst sind Sie sehr lange unser Gast.« Ganz plötzlich ging er zurück zum Schreibtisch und wechselte den Tonfall.
»Möchten Sie eine Tasse Kaffe, vielleicht ein Stück Kuchen oder eine Zigarette?«
Seine Stimme klang wie die eines liebenswürdigen Kellners.
»Ja.«
Er griff zum Telefon und gab die Bestellung auf. Wir saßen uns schweigend gegenüber. Für einen Moment war der offizielle Teil unterbrochen. Ich unternahm einen Erklärungsversuch.
»Aus welcher Sicht auch immer Sie meinen Ausweis betrachten«, nahm ich den Faden wieder auf, »so läßt er erkennen, daß ich Bundesbürger und nicht DDR-Bürger bin.«
»Herr Welsch«, seine Stimme war sanft wie die eines Arztes am Krankenbett, »Sie sind DDR-Bürger, und Sie wohnen in der Hauptstadt der DDR, Berlin. Sie sind aus dieser Staatsbürgerschaft niemals entlassen worden.« Diese Bemerkung weckte mein Interesse.
»Aus dem, was Sie sagen, schließe ich, daß es eine Entlassung aus der DDR-Staatsbürgerschaft gibt? Wie kann man daraus entlassen werden?«
»Darüber wollen wir uns jetzt nicht unterhalten, doch wenn Sie kooperativ sind und meine Fragen beantworten, kann man über manches sprechen.«
»Wie lange muß ich hier bleiben.« – »Das hängt ganz von Ihnen ab«, war die ausweichende Antwort. Die Tür ging auf, und ein Uniformierter balancierte ein Tablett mit Thermoskanne und Tassen sowie zwei Stücken eines trockenen Kuchens.

»Bitte, bedienen Sie sich.« Irgendwie fühlte ich mich korrumpiert, aß und trank aber trotzdem.
»Sie werden nicht lange bei uns bleiben, sondern demnächst nach Berlin überstellt. Als was haben Sie dort gearbeitet?«
»Ich bin Schauspieler und war beim DFF beschäftigt.«
»Beim Fernsehfunk der DDR?« fragte er erstaunt nach.
»Ja.«
»Eine interessante Tätigkeit, warum wollten Sie dann nach Westdeutschland flüchten?« Einen Moment war ich überrascht. Zum erstenmal fragte mich jemand nach den Motiven meiner Flucht. Ich zögerte mit einer Antwort. Sagte ich die Wahrheit, so würde das bestätigen, daß ich flüchten und nicht ausreisen wollte. Aber die Fakten waren sowieso ganz eindeutig, und so sprudelte es aus mir heraus:
»Ganz einfach, weil ich frei sein will, frei und selbstbestimmt leben möchte und weil ich die kommunistische oder auch sozialistische Weltanschauung nicht teile. Ich will nicht länger in einem Staat leben, in dem ich deshalb keine Zukunft habe. Freiheit ist ein Menschenrecht. Das nehme ich für mich in Anspruch. Ich habe eine christliche Erziehung genossen und deren Werte übernommen. Sie bedeuten mir hundertmal mehr als die Ersatzreligion Marxismus und dessen Werte. Christliche Ethik fußt auf dem Prinzip Liebe. Der Kommunismus aber, nach allem was ich gehört, gelesen und erfahren habe, auf dem Prinzip Haß. Dem wollte und will ich mich nicht länger aussetzen. Das ist doch nicht schwer zu verstehen, oder?«
Eine Last war von mir abgefallen. Endlich hatte ich es einmal ausgesprochen.
»Ich entnehme Ihren Bemerkungen, daß Sie ein Feind unserer sozialistischen Gesellschaftsordnung sind.«
»Da hören Sie mehr, als ich gesagt habe. Das klingt wie: Und willst du nicht mein Bruder sein, dann schlag ich dir den Schädel ein.«
»Vorsicht, Herr Welsch, Vorsicht. Wir schlagen niemandes Schädel ein. Wir haben in der DDR Religionsfreiheit und respektieren

auch die Minderheit bei uns, denen die neue Zeit noch nicht bewußt geworden ist.«
Er hielt mir einen Vortrag über sozialistische Menschenrechtsvorstellungen, der darin gipfelte, daß das höchste Menschenrecht das Recht auf Arbeit wäre und alle Menschen in der DDR dieses Recht wahrnehmen könnten und daß die DDR deshalb dem Glück der Menschen entgegenkommt. Armut für alle, auf gleichem Level, nur nicht für die, die gleicher sind. Ich sagte darauf nichts. Es erschien mir sinnlos.
Dann holte er aus einem Schrank eine Schreibmaschine und begann, ein Protokoll aufzunehmen. Meine Antworten waren darin weitgehend richtig wiedergegeben, so daß ich am Ende jede einzelne Seite unterschrieb. Das war nicht besonders klug und sollte später Folgen haben.
»Ich werde Sie morgen wieder holen lassen, und dann sprechen wir über Ihre feindlich-negative Einstellung.«
Ein Wachposten brachte mich in die Zelle zurück. Auf meinem Bett lagen ein Blatt liniertes Papier und ein Bleistift. Die vierzehnte Linie war markiert.
»Sie können Ihren Angehörigen schreiben, aber nur bis zur angekreuzten Stelle. Und schreiben Sie nichts über die Haft und über die Gründe«, fügte der Posten drohend hinzu, »sonst geht der Brief nicht raus.«
Was sollte ich schreiben? Wie konnte ich mit dieser Vorgabe meine Situation erklären? Es sollte wohl auf die Floskel, daß es mir »unter den Umständen gutgeht« hinauslaufen. Wie konnte ich damit meine Lage, meine Enttäuschung und meine relative Hoffnungslosigkeit beschreiben? Ich hatte eine bittere Niederlage einstecken müssen. Und so schrieb ich und beschrieb mein aufgewühltes Inneres mit unbeteiligten, dürren Worten. Am nächsten Morgen gab ich den Brief in einem offenen Kuvert dem Posten vor der Tür.
Die nächsten Tage vergingen in immer gleichem Rhythmus. Kurz nach dem Frühstück wurde ich zum Vernehmer geholt, der mir nach kurzer Vorrede anbot, das Protokoll auf der Schreibmaschi-

ne selbst zu schreiben. So weit reichte meine Kooperationsbereitschaft dann aber doch nicht.

INQUISITION

Der Vernehmungsoffizier wollte alles mögliche über meinen Freundeskreis wissen, insbesondere Namen. Dabei wich ich ihm nach Möglichkeit aus. Meine Verletzungen verheilten langsam.
Am Morgen des 19. Juni mußte ich nach dem Frühstück alle Sachen in den blauweißen Bettsack packen und im unteren Stockwerk abgeben. Wieder wurden mir Handschellen angelegt. Ich reagierte panisch.
»Wenn Sie die fest zuziehen, schreie ich.«
»Dann kriegst du eins in die Fresse, du Schwein!« Das war mir egal. »Dann schreie ich noch lauter! Außerdem war ich mit Ihnen noch nicht in einem Koben, daß Sie mich duzen.« Der junge Stasimann schlug sofort zu. Ich schrie. Sofort rannten andere Uniformierte herbei. Ich erwartete weitere Schläge, aber sie zerrten mich an den Handschellen unter wüsten Beschimpfungen nach draußen, zu einem Lieferwagen des gleichen Typs, mit dem ich hierher transportiert worden war. An der Seitenwand befand sich die Aufschrift: »Fisch auf jeden Tisch«. Ein getarnter Gefangenentransporter also. Sind Gefangene des MfS geheim, oder illegal? Fragen, die mir durch den Kopf gingen, während das Gefährt nach Berlin rumpelte. Irgendwie empfand ich Genugtuung. Grenzsoldaten und Stasileute waren letztlich das gleiche brutale Pack. Lediglich der Vernehmer war bislang die Ausnahme. Was ich noch nicht wußte: Er sollte es auch bleiben.
Heiß brannte die Sonne auf das Dach. Der Schweiß rann mir aus allen Poren. Meine Kleidung war komplett naß, und ich japste nach Luft.
Nach schier unendlicher Fahrt wurde der Wagen langsamer und

hielt schließlich. Metalltore rollten. Die Tür öffnete sich. Halb ohnmächtig taumelte ich mit steifen Beinen zum Ausgang. Die Sonne blendete.
»Los weiter, nicht einschlafen«, schrie jemand. Türen schlugen hinter mir zu. Ich mußte mich der gleichen Prozedur unterwerfen, die ich schon aus Schwerin kannte.
Niemand war zu sehen, als ich zu meiner Zelle geführt wurde. Am Ende des Ganges leuchtete rot eine Ampel. Der Raum war erbärmlich klein. Gleich nachdem die Tür zugeschlagen war, maß ich mit Schritten 2 x 4 m. In der Zellentür befand sich in Bauchhöhe eine Futterluke, die von außen geöffnet werden konnte.
Es war halbdunkel und die Luft stickig. Rechts und links an der Wand gab es zwei Holzpritschen, deren Füße mit Winkeleisen am Boden verschraubt waren. Die Klappe flog auf.
»Sie beziehen das rechte Bett. Ab jetzt sind Sie nur noch ›Rechts‹, haben Sie verstanden«, rief der Posten, von dessen Gesicht ich nur Mund und Nase sehen konnte. Ich bejahte. Die Klappe flog zu. Auch die Hocker waren mit Winkeleisen an den Boden geschraubt. Hier wollte man wohl jedes Risiko ausschließen. Ich setzte mich.
Wenig später flog die Klappe wieder auf.
»Rechts, kommen Sie zur Tür!« Ich trat näher und konnte Teile eines kleinen, doppelstöckigen Wagens erkennen, auf dem ein Kessel und Plastikteller mit Wurst standen. Der Posten schob einen dieser Teller über die Kante.
»Brot?« – »Ja.«
»Wieviel?« Er meinte die Anzahl Scheiben. – »Vier bitte.« Mit einer schmierigen Hand reichte er die Brotscheiben.
»Kaffee?« – »Ja.« – »Wo ist der Becher?« Ich lief nach hinten und holte den Becher, in den er die bräunliche Brühe füllte. Die Klappe flog wieder zu. Ich hatte keinerlei Zeitgefühl, glaubte aber, daß es spät am Nachmittag sein müsse. An diesem Tag tat sich nichts mehr. Auch nicht an den folgenden. Also inspizierte ich meine Sachen. Dabei fiel mir eine kleine, viereckige rote Schachtel auf. Dem Aufdruck entnahm ich, daß sie aus Wehrmachtsbeständen

stammte und einen sogenannten Zahnstein enthielt. Die Gebrauchsanweisung stand auf der Rückseite: Mit einer feuchten Zahnbürste auf dem Stein reiben, bis es schäumt. Mit dem Schaum putzt man die Zähne. Das sah nicht nur uralt aus, es schmeckte auch so. Reichspatent angemeldet. Na bitte. Wir schrieben das Jahr 1964, nicht 1944, aber mit Wehrmachtszahnsteinschaum im Mund läßt sich die Lage gleich viel besser ertragen.

Vor der Tür, auf der linken Seite, befand sich ein WC-Becken ohne Deckel und ohne Brille. Mittels eines in die Wand eingelassenen Knopfes betätigte man die Spülung. Darunter ragte schräg nach unten ein Rohr aus der Wand, das über dem WC endete und dessen Bedeutung sich mir wenig später erschloß. Ein Wasserrohr. Der Hahn dafür befand sich draußen im Gang. Dreimal am Tag, morgens, mittags und abends, wurde das Wasser für zwei Minuten vom Posten aufgedreht. Der tiefere Sinn dieser Maßnahme bestand wohl darin, dem Gefangenen seine totale Entmündigung zu demonstrieren. Rechts von der Tür simulierten einige gußeiserne Rippen eine Art Zentralheizung. Das war sie also, »meine« Zelle beim MfS in Berlin.

Ein Schlag gegen die Tür riß mich aus meinen Gedanken.

»Rechts vom Bett runter!« donnerte der Posten von draußen. »Lesen Sie die Haftraumordnung!«

An der Innenseite der Tür hing ein Papier. Die »Haftraumordnung«. Danach, konnte ich lesen, war das Hinlegen auf dem Bett am Tage streng verboten, die Kontaktaufnahme mit anderen Häftlingen ebenso. In Notfällen sollte man einen Knopf in der Nähe der Tür betätigen. Für Verstöße oder Mißbrauch wurden drakonische Strafen angedroht, wie etwa Entzug der Bettwäsche und der Matratzen, Entzug des Essens für drei Tage bis hin zum Arrest.

Das waren ja tolle Aussichten. Ich lief in der Zelle auf und ab, vier Schritte vor, Drehung, vier Schritte zurück, Drehung. Schlimme Zeiten erwarteten mich.

Gegen Abend hob um mich herum ein mehr oder weniger intensives Klopfen an. Von allen Seiten hämmerte es lautstark in den Wänden. Ich konnte mir darauf keinen Reim machen, obwohl ich eine gewisse Systematik des Klopfens zu erkennen glaubte. Das Gefängnis schien offenbar voll belegt zu sein. Plötzlich rief eine Stimme von draußen, vermutlich aus einem der Zellenfenster ganz in meiner Nähe: »22, melde dich!«

Ob das die Nummer meiner Zelle war und der Rufer Kontakt mit mir suchte? Ich hatte auf meine Zellennummer nicht geachtet, doch gleich darauf dröhnten mehrere dumpfe Schläge an meiner Wand. Es galt also mir. Ich stieg auf einen der Hocker und zog mich am Fensterausschnitt nach oben.

»Wer ruft?«

»Dein Nachbar aus der 23«, kam sofort die Antwort. Nun war ich immerhin lokalisiert, und zudem interessierte sich jemand für mich.

»Bist du heute gekommen?«

»Ja«, rief ich zurück.

»Du mußt klopfen, nach dem ABC. Nach der Position der Buchstaben im Alphabet, A ist 1 und so weiter. Hast du verstanden?«

»Ja, ich versuch's!«

Die Welt sah plötzlich anders aus. In der Nachbarzelle befand sich ein Leidensgefährte. Nach einem Monat totaler Isolierung war ich nun nicht mehr allein. Sogleich begann ich mit dem Knöchel an die Wand zu klopfen. Das Prinzip war einfach, aber mühsam. Allein der Buchstabe »S« benötigt neunzehn Schläge. Eine schmerzhafte Art der Kommunikation. Doch sie funktionierte. So erfuhr ich, daß mein Nachbar ein ägyptischer Student war, der seit Monaten auf seinen Prozeß wegen »Verächtlichmachung der DDR« wartete. Außerdem, daß ich mich in der Untersuchungshaftanstalt des MfS, kurz UHA, in Berlin-Pankow, Kissingenstraße befand. Dieses Stasigefängnis hat drei Stockwerke, im dritten sind Frauen untergebracht. Ich war also nur einen Steinwurf von Niederschönhausen entfernt, wo ich bis vor kurzem noch wohnte. Pankow kannte ich sehr gut. Doch hatte ich nie von einem derartigen Gefängnis der Stasi gehört oder es gar selbst gesehen.

Schon bald konnten wir uns recht flüssig unterhalten. Worte, deren Sinn sich schon nach den ersten drei oder vier Buchstaben erschloß, konnte man abklopfen, d. h., man schlug ein kurzes Stakkato an die Wand, was so viel wie ›verstanden‹ hieß.

Mein Fingerknöchel schwoll an, wurde rot und schmerzte.

Einige Tage später, an einem Vormittag, forderte mich der Wachtposten auf:

»Rechts, kommen Sie, Hände auf den Rücken.«

Wir gingen durch den Gang. Wieder stand die Ampel auf Rot. Niemand sollte mich sehen, ich sollte niemanden sehen. Totale Isolation. Wir gelangten in einen zivilen Trakt. Einige Zimmertüren. Der Wachtposten öffnete eine. Ich trat ein.

Ein Mann, klein, dick, ungefähr Ende 50, saß hinter einem schmalen Schreibtisch und blickte auf. Vor ihm lag ein aufgeschlagener Aktenordner, in dem er geblättert hatte.

»Setzen Sie sich. Ich bin der Haftrichter. Ich lese Ihnen jetzt den Haftbefehl des Stadtgerichtes Berlin vor.« Er begann zu lesen. Ich hörte zu, aber was er sagte, schien nichts mit mir zu tun zu haben. Vom Dritten Weltkrieg, den meine Flucht hätte auslösen können, war da die Rede, von Staatsverrat, Hetze gegen staatliche Organe der DDR und so weiter. Stoff aus der ideologischen Mottenkiste der Diktatur also.

»Aus Gründen der Staatsräson erlasse ich deshalb einen Haftbefehl gegen Sie«, beendete er seinen Monolog.

»Aus Gründen der Staatsräson? Erklären Sie mir das bitte. Eben haben Sie doch vorgelesen, daß ich den dritten Weltkrieg auslösen wollte. Was trifft denn nun zu?« Der Dicke blickte überrascht auf, antwortete jedoch nicht.

»Außerdem protestiere ich gegen die Mißhandlung durch Soldaten der Grenztruppen in Boizenburg. Ich möchte das hiermit anzeigen. Ein Arzt im Schweriner MfS-Gefängnis hat meine Verletzungen gesehen und versorgt. Werden Sie dagegen vorgehen?« Nervös rückte er die vor ihm liegenden Papiere von rechts nach links und wieder zurück. Äußerungen dieser Art waren nicht vorgesehen.

»Das gehört nicht hierher. Außerdem sollten Sie nicht die Grenzorgane verleumden. Das kann weitere strafrechtliche Maßnahmen nach sich ziehen.«

»Ah, ich verstehe, man kann mich schlagen und mißhandeln. Das sind wohl alles Hirngespinste. Reale Schläge gelten bei Ihnen nicht, aber Absurditäten wie der Weltkriegsvorwurf begründen Ihren Haftbefehl.« Ich spürte, wie mein Kampfgeist erwachte.

In seinem aufgedunsenen Gesicht spiegelte sich die aufgeblasene Wichtigkeit und Hohlheit eines Regime-Lakaien, als er mich aufforderte, den Haftbefehl zu unterschreiben. Ich weigerte mich.

»Sie haben mich verhaftet, aber Sie können mich nicht zwingen, diesen Akt durch meine Unterschrift zu legalisieren.«

»Wenn Sie sich weigern, wird es für Sie keine mildernden Umstände geben.«

»Von Ihnen erwarte ich keine mildernden Umstände. Mit Ihrem Staat bin ich fertig.«

Er notierte etwas und griff zum Telefonhörer, um mich abholen zu lassen.

»Hören Sie«, wandte ich mich an ihn, »ich möchte sofort einen Rechtsanwalt sprechen.«

»Einen Anwalt?« Er verzog das Gesicht, als hätte ich etwas Unanständiges gesagt. »Einen Anwalt gibt es nicht. Wenn Sie Ihre Verbrechen gestanden haben und die Ermittlungen abgeschlossen sind, können Sie dem Organ diesen Wunsch noch einmal vorlegen.«

»Welchem ›Organ‹? Was heißt ›Organ‹? Können Sie sich nicht deutlich ausdrücken?« Wut kroch in mir hoch. Diese platte ND-Semantik. Wie sie mich anekelte!

»Ich habe ein Recht auf einen Anwalt ...«

»Sie haben hier überhaupt keine Rechte,« unterbrach er mich sichtlich verärgert. »Für solche Leute wie Sie gibt es in der DDR keine Rechte.« Endlich war es heraus. Rechtlos.

»Genau deswegen will ich diesen Staat verlassen, verstehen Sie das wenigstens jetzt? Weil es, wie Sie selbst sagen, hier keine Rechte für mich gibt, weil ich *rechtlos* bin.« Ich dehnte dieses Wort. In diesem Moment trat der Posten ein.

»Gehen Sie«, forderte mich der Haftrichter auf. »Sie werden uns noch kennenlernen.« Sie mich auch, dachte ich im Rausgehen.

In den folgenden Wochen lernte ich, immer schneller zu verstehen und selbst schneller zu klopfen. Fast entstand dabei so etwas wie eine Unterhaltung. So vergingen die Wochen. Nichts tat sich. Niemand wollte mich sprechen. Lediglich der erste Brief von zu Hause kam. Es war die Antwort auf die vierzehn Zeilen aus Schwerin. Die Ohnmacht der Eltern, ihr Erschrecken waren deutlich zwischen den Zeilen zu lesen, auch ihr Mitgefühl. »Halte durch«, das waren die letzten Worte meiner Mutter. Durchhalten, das wollte ich.

Inzwischen kannte ich den Rhythmus des Gefängnisses ganz gut. Mein Nachbar gab mir zu verstehen, daß ich unbedingt das Morsealphabet lernen müsse. Erst dann würde eine Unterhaltung ökonomisch und schnell. Er hatte eine Vorlage und würde mir eine Abschrift davon in einer der Freistundenzellen deponieren, in einer Fuge zwischen den gemauerten Steinen, mit weichgekautem Brotbrei zugestrichen, so daß es wie Fugenmörtel aussieht. Es gab sechs Zellen für die sogenannte Freistunde auf dem Innenhof des Gefängnisses. Darin lief jeder Gefangene 30 Minuten herum, allein. Ein Wachtposten überblickte die mit Maschendraht überzogenen Käfige von einer Balkonplattform über der Anlage. Nichts blieb ihm verborgen. So war es schwierig, unbemerkt einen Kassiber im Mauerwerk zu verstecken oder ihn an sich zu nehmen. Die Strafe für eine verbotene Kontaktaufnahme oder gar Nachrichtenübermittlung war schmerzhaft: Prügel mit dem Gummiknüppel. Auch wußte man nie, in welche Zelle man zum Rundgang eingesperrt wurde.

Zum Glück mußte ich nicht allzulange warten. Zwei Wochen nachdem mir mein Zellennachbar die genaue Lage beschrieben hatte, wurde ich eines Morgens in die ›richtige‹ Zelle eingeschlossen und machte mich sogleich unauffällig auf die Suche.

Nach einigen Runden hatte ich die Ablagestelle gefunden. Als der

Posten für einen Moment abgelenkt war, pulte ich schnell den erhärteten Brotbrei samt Inhalt aus einer Fuge. Zurück in der Zelle, zerbröselte ich den harten Teig und fand einen klein zusammengefalteten Zettel, den beschriebenen Rand einer Zeitung. Darauf das Morsealphabet und andere Informationen. Mein Nachbar erklärte mir auch das ›Telefonieren‹ mit dem WC und riet mir dringend zu einem Decknamen, zum Schutz vor Mithörern. Ich beschloß sogleich, mich »Sascha« zu nennen.

Das Toilettentelefon funktioniert so: Mit einem Stück Stoff (Tip von ihm: ein Stück vom Bein der langen Unterhose abreißen!) muß man das Wasser in der Toilette nach unten pumpen, bis das Rohr frei ist. Der Gesprächspartner macht das gleiche, und man kann reden, bis zu drei Zellen weit und bis zum zweiten Stock hoch. Das Ganze möglichst nach dem Abendessen, wenn sich auf den Gängen nichts mehr tut.

Außerdem erklärte er mir, wie man trotz Schreibverbot, ohne Bleistift und Papier schreiben kann. Dazu braucht man einen Knopf vom blauweiß gestreiften Gefängnishemd. Man entfernt den weißen Stoffbezug und erhält so einen blanken Aluminiumknopf. Den knickt man exakt zur Hälfte um, damit hat er zwei scharfe Spitzen. Dann reißt man vom »Neuen Deutschland«, der Parteizeitung der SED, am besten den kompletten Mittelstreifen heraus und bestreicht ihn mit angefeuchtetem Zahnputzstein. Danach kommt das Papier unter die Matratze. Nach kurzer Zeit ist es trocken und rosarot. Wenn man nun mit der Spitze des Knopfes darauf schreibt, ist die Schrift gestochen scharf zu lesen. Diese Information war das Beste am ganzen Kassiber: Ich konnte endlich wieder etwas aufschreiben!

Knopf des Gefängnishemdes, der zum Schreibwerkzeug wurde.

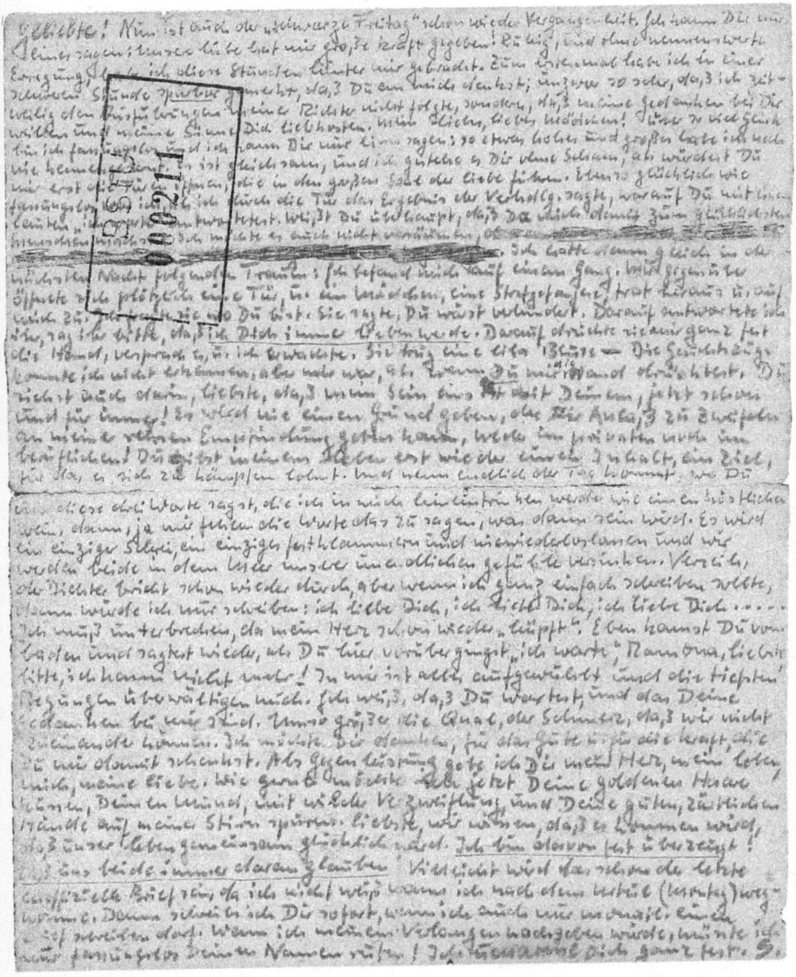

Geliebte! Nun ist auch der „schwarze Freitag" schon wieder Vergangenheit. Ich kann Dir nur
[illegible] sagen: unsere Liebe hat mir große Kraft gegeben! Ruhig, und ohne nennenswerte
Erregung, habe ich diese Stunden hinter mir gebracht. Zum erstenmal habe ich in einer
schweren Stunde spürbar gemerkt, daß Du an mich denkst; und zwar so sehr, daß ich zeit-
weilig den Ausführungen meiner Richter nicht folgte, sondern, daß meine Gedanken bei Dir
weilten und meine Sinne Dich liebkosten. Mein Süßes, liebes Mädchen! Über so viel Glück
bin ich fassungslos und ich kann Dir nur eins sagen: so etwas hohes und großes habe ich noch
nie kennengelernt. Es ist gleichsam, und ich gestehe es Dir ohne Scham, als würdest Du
mir erst die Türen öffnen, die in den großen Saal der Liebe führen. Ebenso glücklich wie
fassungslos [illegible] ich, als ich durch die Tür das Ergebnis der Verhdlg. sagte, worauf Du mit einem
Leuchten „ich warte" antwortetest. Weißt Du überhaupt, daß Du mich damit zum glücklichsten
Menschen machst? Ich möchte es auch nicht verhüllen, [illegible]
[illegible]. Ich hatte dann gleich in der
nächsten Nacht folgenden Traum: Ich befand mich auf einem Gang. Mir gegenüber
öffnete sich plötzlich eine Tür, ein Mädchen, eine Strafgefangene, trat heraus u. auf
mich zu. Ich fragte sie wo Du bist. Sie sagte, Du wärst verhindert. Darauf antwortete ich
ihr, sag ihr bitte, daß ich Dich immer lieben werde. Darauf drückte sie mir ganz fest
die Hand, versprach es, u. ich erwachte. Sie trug eine lila Bluse – Die Gesichtszüge
konnte ich nicht erkennen, aber mir war, als wenn Du mir die Hand drücktest. Du
siehst auch daran, Liebste, daß mein Sinn eins ist mit Deinem, jetzt schon
und für immer! Es wird nie einen Grund geben, der Dir Anlaß zu Zweifeln
an meiner reinen Empfindung geben kann, weder im privaten noch im
beruflichen! Du gibst meinem Leben erst wieder einen Inhalt, ein Ziel,
für das es sich zu kämpfen lohnt. Und wenn endlich der Tag kommt, wo Du
mir diese drei Worte sagst, die ich in mich hineintrinken werde wie einen köstlichen
Wein, dann, ja mir fehlen die Worte das zu sagen, was dann sein wird. Es wird
ein einziger Schrei, ein einziges Festklammern und niewiederloslassen und wir
werden beide in dem Meer unserer unendlichen Gefühle versinken. Verzeih,
der Dichter bricht schon wieder durch, aber wenn ich ganz einfach schreiben sollte,
dann würde ich nur schreiben: ich liebe Dich, ich liebe Dich, ich liebe Dich ....
Ich muß unterbrechen, da mein Herz schon wieder „hüpft". Eben kamst Du vom
Baden und sagtest wieder, als Du hier vorübergingst „ich warte", Ramona, Liebste
bitte, ich kann nicht mehr! In mir ist alles aufgewühlt und die tiefsten
Regungen überwältigen mich. Ich weiß, daß Du wartest, und das Deine
Gedanken bei mir sind. Umso größer die Qual, der Schmerz, daß wir nicht
zueinander können. Ich möchte Dir danken, für das Güte [illegible] die Kraft, die
Du mir damit schenkst. Als Gegenleistung gebe ich Dir mein Herz, mein Leben,
mich, meine Liebe. Wie gerne möchte ich jetzt Deine goldenen Haare
küssen, Deinen Mund, mit wilder Verzweiflung und Deine guten, zärtlichen
Hände auf meiner Stirn spüren. Liebste, wir wissen, daß es kommen wird,
daß unser Leben gemeinsam glücklich wird. Ich bin davon fest überzeugt!
Laß uns beide immer daran glauben! Vielleicht wird das schon der letzte
unoffizielle Brief sein, da ich nicht weiß wann ich nach dem Urteil (Montag) weg-
komme. Dann schreibe ich Dir sofort, wenn ich auch nur einmal im Monat
[illegible] schreiben darf. Wenn ich meinem Verlangen nachgeben würde, könnte ich
nur fassungslos Deinen Namen rufen! Ich umarme Dich ganz fest. G.

Kassiber im MfS-Gefängnis Berlin-Pankow – mit einem geknickten Metallknopf auf präpariertem Papier geschrieben.

leben sein kann, mit einem so wundervollen Menschen, wie Dich. Deine lieben Worte, wenige nur, waren mir wie Liebkosungen, mehr noch, wie unfaßbare Zärtlichkeiten. Es ist in mir wie ein Staudamm. Alles sammelt u. drängt sich zusammen; wenn dann aber dieser Damm durchbrochen ist, so wird das furchtbar, hemmungslos, elementar. Meine Liebe wird dann so sein, daß ich alles andere darüber vergesse. Ich gestehe es Dir Liebste: bisher habe ich nie länger als zwei, drei Monate leidenschaftlich lieben können. Dann war es aus, ohne daß ich genau wußte warum. Aber bei Dir ist das etwas völlig anderes. Ich bin von Deiner Suggestivkraft zu tiefst … Dein Wesen, das so wundervoll, so einzigartig ist, hat mich gebannt u. Dir völlig ausgeliefert. Ich weiß, daß ich von Dir nie wieder loskommen werde, u. auch garnicht will, da ich Dich bis zur Raserei liebe. Ich möchte Dich mit sehr großer Zärtlichkeit umarmen u. Deinen ganzen Körper liebkosen. Ein ganz neues Element ist in meine Liebe getreten, etwas geistiges. Das was ich Dich jetzt noch fragen möchte, wollte ich Dich erst draußen fragen, aber angesichts meiner so starken Empfindung muß ich es Dir jetzt u. hier sagen u. fragen: Liebste, willst Du meine Frau werden? Ich werde ohne Dich nie mehr glücklich u. mit Dir zum glücklichsten Menschen, den man sich denken kann. Ich werde Dich auf Händen tragen u. ebenso zum glücklichsten Menschen machen, wie ich mich fühlen werde, wenn Du mir ein JA als Antwort schenkst. In Deinem ersten Antwortbrief warte ich darauf! Unsere Liebe ist etwas so unfaßbares, daß mir ihre Größe u. Heftigkeit wie eine Fiktion erscheint. Gleichzeitig ist es eine Qual, Dich nur wenige Meter von mir zu wissen u. doch zur Ohnmacht verurteilt zu sein. Jetzt kann ich Dir nur einen stark komprimierten Teil meiner Empfindung zum Ausdruck bringen, weil mir für das, was ich für Dich fühle, Worte zu banal u. abgeschmackt sind. Wärst Du bei mir, dann würdest Du meine wahnsinnige Liebe erahnen. Wenn es mir nur vergönnt wär, Minuten bei Dir zu sein, Deine Augen, Deinen lieben Mund zu küssen, Deine herrlichen blonden Haare in Verzückung zu zerwühlen, ich glaube, ich würde vor Glück vergehen. Wenn ich Dir auch aus der Strafhaft nicht sehr oft schreiben kann, dann sei aber immer gewiß, daß meine Liebe zu Dir, unabhängig von gesprochenen Worten, besteht, und mit jedem Tag, Monat, Jahr, nur an Heftigkeit, Reinheit und unaussprechbarer Empfindung zunimmt. Sei Dir dessen immer bewußt, mein blonder Liebling: Ich warte auch, u. so lange ist die Zeit nicht, daß wir nicht die Kraft haben, sie zu überwinden, um unserer Liebe willen. Ich umarme Dich leidenschaftlich u. habe Dich dabei bis zur Ohnmacht lieb. Ich fühle mich eins mit Dir u. umarme u. küsse Dich in hemmungslosem Glück. Ich liebe Dich. S.

Die nächsten Tage lernte ich intensiv das Morsealphabet und verlangte das »Neue Deutschland«. Prompt bekam ich am nächsten Morgen die Zeitung.
Ich bereitete das Schreibpapier vor und hatte nicht mehr soviel Zeit, über mich und meine Situation nachzudenken.
Abends unterhielt ich mich mit meinem Nachbarn per Klotelefon und Morsezeichen. Er saß seit vier Monaten in Pankow, war Austauschstudent an der Humboldt-Universität und studierte Germanistik. In einem Seminar hatte er den KZ-Charakter der DDR beklagt. Das brachte ihm Verhaftung und Gefängnis ein. »Aus diesem KZ wollte ich flüchten«, teilte ich ihm mit.
»Das hätte ich auch versucht. Hast du einen Anwalt?«
»Nein. Der Haftrichter sagte, daß es bis zum Abschluß der Ermittlungen keinen gibt.«
»Das stimmt, aber danach mußt du dir einen nehmen, am besten Wolfgang Vogel.«
»Warum den?«
»Vogel kann dich auf eine Freikaufliste der Bundesregierung setzen, und du kommst irgendwann doch in den Westen.«
»Was, das gibt es? Wie komme ich an den heran, ich habe keine Adresse.«
»Sprich mit deinen Eltern darüber, wenn sie dich besuchen. Diesen Freikauf gibt es seit kurzem.«
»Ich bin jetzt seit Wochen hier und hatte noch keine Vernehmung, geschweige denn einen Besuch.«
»Verlang Briefpapier und schreibe. Das muß die Stasi dir geben.«
»Danke, ich werde das gleich morgen in die Wege leiten.« Die Nachricht vom Freikauf stimmte mich euphorisch. Was für Aussichten, was für Möglichkeiten, wenn das stimmte!
Wieder vergingen Tage und Wochen. Der Sommer war da, und in der Zelle wurde es stickig heiß. Niemand schien sich um mich zu kümmern, niemand holte mich zur Vernehmung, nichts tat sich. Schreibpapier hatte ich verlangt und bekommen, mit der üblichen Belehrung, nichts über die Gründe meiner Haft zu schreiben. Immerhin konnte ich eine DIN-A4-Seite vollschreiben und nicht

nur vierzehn Zeilen. Das Wichtigste war, Rechtsanwalt Vogel das Mandat zu erteilen und seinen Besuch bei mir zu beantragen.
Einmal die Woche bekam ich ein Buch. Das war eine willkommene Abwechslung, obwohl man keine literarischen Ansprüche stellen konnte. Überwiegend handelten diese Bücher vom Leiden der Kommunisten in den Jahren des Nationalsozialismus in Deutschland. Da konnte man lesen, daß gefangene Kommunisten in Untersuchungshaft alle vierzehn Tage Besuch bekamen, alle vier Wochen ein Paket von daheim, oft auch von internationalen Organisationen wie dem Roten Kreuz in Genf. Die Zeiten hatten sich offensichtlich geändert.
Eines Tages drückte ich den Alarmknopf und verlangte, den Leiter des Gefängnisses zu sprechen, wer immer das auch sei. Ich wollte etwas über meine Situation erfahren.
Wenig später wurde die Tür aufgeschlossen und ein Uniformierter mit drei goldenen Sternen auf den silbernen Schulterklappen betrat die Zelle. Er war groß, schlank und blond. Seine blauen Augen starrten mich durchdringend an. Die Breeches seiner Uniform steckten in schweren Stiefeln, die bei jedem Schritt quietschten und knarrten. Der Vergleich mit einem SS-Mann drängte sich geradezu auf. Es fehlten nur Gerte und Runen. Er kam herein und zog die Tür hinter sich leicht zu. Natürlich, so einer hatte vor niemand Angst. Auch nicht vor einem Feind der Republik.
»Was wollen Sie?«
»Ich bin seit über sechs Wochen ohne Besuchskontakt zu meinen Angehörigen, und hier bewegt sich nichts. Ich möchte von Ihnen gerne wissen, wann sich das ändert, wann ich Besuch erhalten darf. Außerdem« – ich gab mir einen Ruck – »protestiere ich gegen meine Haftbedingungen, besonders gegen die völlige Isolierung.« Der Oberleutnant, so sein Dienstgrad, starrte mich schweigend an. Dann trat er noch einen Schritt näher und betrachtete mich wie ein seltenes Insekt.
In meinen schwarzen Lumpen, die mir um die Beine schlotterten, gab ich bestimmt einen eindrucksvollen Kontrast ab.
»Was wollen Sie?« Seine Stimme klang eisig-akzentuiert. »Sie ha-

ben hier überhaupt nichts wissen zu wollen, Rechts, Sie haben zu schweigen und zu warten. Sie haben hier nicht mal mehr einen Namen.«

»Doch, habe ich, darf ich mich vorstellen: Mein Name ist Welsch. Und niemand wird ihn mir nehmen können! Daran ändert auch nichts das alberne ›Rechts‹«, erwiderte ich aufgebracht.

Der Offizier blieb kühl und starrte mich weiter an.

»Passen Sie gut auf sich auf, sonst passiert Ihnen noch etwas in Ihrer Zelle, und unterstehen Sie sich, mich noch einmal zu rufen, Sie lächerliches Etwas. Sie sind hier ein Nichts.«

»Warum drohen Sie mir und beleidigen mich? Ich habe doch nur etwas gefragt. Die Haftraumordnung verbietet keine Fragen.«

Schweigend verließ er die Zelle. Die Tür wurde betont leise geschlossen und verriegelt.

Die kalte Selbstsicherheit des Offiziers, sein völliges Desinteresse machten mir deutlich, daß Fragen oder Proteste in der Vorstellungswelt dieser Leute keinen Platz hatten. Denn in einem hatte er sehr recht: Ich war in ihren Augen kein Mensch mehr, sondern ein Nichts. Einem Nichts muß man nichts erklären, ein Nichts hat nichts einzufordern, ein Nichts gibt es gar nicht. Ein Nichts zu mißhandeln oder gar zu töten kann daher überhaupt nicht schwer sein. Langsam verstand ich die Semantik des Terrors.

Wenige Tage später bekam ich einen zweiten Brief von zu Hause. Er trug ein Datum vom Juni, war also offensichtlich zurückgehalten worden. Hatte mein Vorstoß doch Wirkung gezeigt?

Die Eltern schrieben, daß sie sich bislang ohne Erfolg um Besuch bei mir bemüht hatten. Sie baten mich, keine unüberlegten Schritte zu tun. Alles würde irgendwie und irgendwann gut werden. Ich solle nur Geduld haben.

Am Nachmittag des nächsten Tages wurde ich aus der Zelle geholt.

»Rechts, kommen Sie.«

Diesmal ging es zum Arzt.

Auch er trug unter seinem weißen Kittel die graue Uniformhose

der Stasi. Seine Anweisung kam, ohne daß er von mir Notiz nahm: »Ziehen Sie das Hemd aus.« Dann horchte er mich mit einem Stethoskop ab. Er betrachtete meine Hände.
»Sie Schwein, können Sie sich nicht waschen?«
Ich war überrascht und perplex, ehe ich antworten konnte.
»Jedenfalls nicht so gründlich wie Sie, da ich nicht bestimmen kann, wie lange das Wasser läuft.« Er winkte dem Posten, und die beiden flüsterten.
»Sie können gehen.«
Das war die ganze Untersuchung. Ich war haftfähig. Doch immerhin wurde ich jetzt einmal pro Woche in eine Duschzelle geführt und konnte heiß duschen, sofern man das bei den schwach tröpfelnden Strahlen so bezeichnen will.

Wenige Tage später hieß es wieder: »Rechts, kommen Sie.«
Ein Stasileutnant in Uniform saß hinter dem Schreibtisch des kleinen Büros, in das ich geführt worden war. Neben ihm stand eine altertümliche Schreibmaschine. Er blätterte in irgendwelchen Akten.
»Setzen Sie sich.« Er zeigte auf den Hocker.
Er war um die 40, breites Gesicht, vulgärer Ausdruck, wie ich fand. Seine Finger waren an den Spitzen bräunlich verfärbt, offenbar ein starker Raucher.
Ohne weitere Vorrede eröffnete er mir: »Wir werden uns in den nächsten Wochen über Ihr Leben unterhalten, über Ihre Tat und wie es dazu kam. Wir haben viel Zeit. Das werden Sie schon bemerkt haben. Es liegt an Ihnen, ob Sie mit uns zusammenarbeiten oder nicht. Entsprechend werden das Protokoll und unser Bericht ausfallen. Ich habe die Beurteilung der Haftanstalt über Sie gelesen. Der konnte ich entnehmen, daß Sie renitent sind und sich den Anweisungen nicht fügen wollen.«
»Da hat man Ihnen etwas Falsches berichtet. Nennen Sie mir bitte konkrete Verstöße.« Meine Telefonate, Morsen, und gelegentlicher Fensterkontakt waren bislang unentdeckt geblieben.
Sein Kopf ging ruckartig nach vorn. Er riß seine Augen weit auf.

»Sie haben hier nichts zu verlangen. Wie kommen Sie darauf, daß Sie während der Ermittlungen Besuch bekommen können?«
»Das ist mir aus rechtsstaatlichen Verfahren in der Bundesrepublik bekannt.«
»Wir sind hier aber nicht in der BRD, sondern in der DDR. Da gelten unsere Gesetze. Wir haben jetzt genügend Zeit, über Ihre« – er machte eine Kunstpause – »Verfehlungen zu sprechen.«
»Da bin ich aber froh, daß Sie von Verfehlung sprechen«, erwiderte ich ironisch. »Der Haftrichter erklärte mir nämlich kürzlich, daß mein Fluchtversuch ein Verbrechen sei. Was ist es denn nun richtig?«
»Ich bin nicht hier, um mit Ihnen zu diskutieren, sondern um einen Sachverhalt aufzuklären, und Sie werden jetzt meine Fragen beantworten. Und ich rate Ihnen, bei der Wahrheit zu bleiben.«
Was nun folgte, war ein endloses Frage-und-Antwort-Spiel, wobei ich weniger antwortete, als ich gefragt wurde. Er schrieb alles auf. Mittags wurde ich von einem »Läufer« genannten Wachtposten zum Essen abgeholt. Danach ging die Prozedur weiter. Am Ende tippte der Vernehmer alles mit der Schreibmaschine ab und schob mir das fertige Protokoll zur Unterschrift über den Tisch.
»Wenn etwas nicht stimmt, können Sie damit Korrekturen anbringen.« Er reichte mir einen Bleistift.
Ich las die Seiten einzeln.
Schon die ersten Absätze gaben nicht das wieder, was ich tatsächlich gesagt hatte. Er hatte meine Worte so zurechtgebogen, daß sie aus seiner Sicht paßten. Ich machte ihn darauf aufmerksam.
»Gut, dann korrigieren Sie.« Das tat ich. Ungehalten sah er mir dabei zu, doch ich ließ mich nicht beirren. Nachdem ich alles durchgelesen und einiges ausgestrichen und verbessert hatte, wollte ich mit dem Bleistift auch unterschreiben.
»Stopp!« hielt er mich auf. »Unterschreiben Sie hiermit«, und reichte mir einen Kugelschreiber.
Wenige Tage später hatte ich seinen Trick, oder sollte man sagen, sein übles Spiel, durchschaut.
Meine Korrekturen waren sämtlich ausradiert worden. Das Protokoll war also verfälscht, nur meine mit dem Kugelschreiber geleistete Un-

terschrift war echt. Da konnte ich später erklären, was ich wollte. Es galt meine Unterschrift. Der Verhöroffizier verriet sich durch seine eigene Dummheit und Unbeherrschtheit. Und das kam so:
Irgendwann hielt er mir eine Aussage vor, die ich angeblich früher schon einmal gemacht hatte. Ich widersprach. Wütend holte er einen Ordner aus dem Panzerschrank, riß nach einigem Suchen ein Protokoll heraus und hielt es hoch.
»Und was ist das? Wollen Sie leugnen, daß das Ihre eigene Unterschrift ist?«
»Darf ich das mal sehen?«
»Wozu? Das hier ist doch Ihre Unterschrift, oder?« Er tippte mit dem Finger auf meinen Namenszug. Ich stand von meinem Hocker auf und trat zum Schreibtisch.
»Zurück, sonst hole ich die Wache«, schrie er. Doch zu spät, ich hatte den Betrug bereits erkannt. Ein kurzer Blick auf den Text hatte genügt, um festzustellen, daß keine einzige meiner Korrekturen mehr vorhanden war.
Ich setzte mich wieder auf meinen Hocker und erklärte: »Sie manipulieren die Vernehmungsprotokolle. Alle meine Korrekturen sind verschwunden. Ich bin fassungslos.«
Der Vernehmer steckte sich erneut eine Zigarette an, stand auf und kam auf mich zu.
»Wissen Sie, was Sie da gerade gesagt haben?« fragte er lauernd und blieb direkt vor mir stehen. Er grinste breit. Ich fühlte mich sicher und stark, weil ich im Besitz der Wahrheit war.
»Ja, ich kann es gerne wiederholen, das Protokoll ist manipuliert worden, und ich füge hinzu, daß ich ab sofort kein einziges mehr unterschreiben werde. Dann können Sie in Zukunft reinschreiben, was Sie wollen.«
Er lief zum Fenster und kam wieder zurück.
»Sie unterstehen sich, mich einer Manipulation zu verdächtigen, Sie beleidigen und hetzen gegen das Untersuchungsorgan. Wissen Sie eigentlich, wer Sie sind und wo Sie sind?«
»Wie könnte ich das vergessen, jetzt um so wen...« In diesem Augenblick explodierte die Welt, und Sterne tanzten vor meinen Au-

gen. Ein wuchtiger Faustschlag hatte mich mitten ins Gesicht getroffen. Mein Kopf war in die Ecke geknallt und aufgeplatzt, im Mund hatte ich den süßlichen Geschmack von Blut.
Ich war benommen und sah das Zimmer und den Vernehmer wie durch Nebel oder Watte. Er war erneut vor mir stehengeblieben. Ich hob meine Arme zum Schutz vor den Kopf. Ich war ihm total ausgeliefert. Haß stieg in mir hoch. Intensiv und körperlich ergriff er von mir Besitz. Ich spürte, wie mein linkes Auge zuschwoll. Betont langsam formulierte ich:
»Sie haben das Protokoll gefälscht. Sie sind ein Fälscher!«
Ein erneuter Schlag warf mich vom Hocker. Er war wuchtig und gezielt. Wieder krachte mein Kopf gegen die Wand. Ich glaubte, meine Nase wäre gebrochen. Dann spürte ich nichts mehr.
Als ich wieder zu mir kam, lag ich am Boden. Mir war schlecht, und ich mußte mich andauernd übergeben. Das Würgen hörte nicht auf. Ich blieb einfach liegen.
Der Vernehmer telefonierte.
Es dauerte nicht lange, und die Tür wurde aufgerissen. Es waren zwei. Sie stiefelten um mich herum und bemühten sich, nicht in das Erbrochene zu treten.
»Er hat mich angegriffen«, hörte ich meinen Vernehmer sagen.
»Hoch, du Schwein!« Jemand trat mir mit seinem Stiefel in die Seite.
»Stehen Sie auf«, schrie der Vernehmer. Ich blieb liegen.
»Was hat er?«
»Der simuliert.«
»Ja, ja, aber der blutet auch. Ich sag dem Sani Bescheid.« Die Tür fiel ins Schloß. Ich dämmerte wieder weg. Als ich zu mir kam, lag ich auf dem Rücken. Ein Mann im weißen Kittel beugte sich über mich. Plötzlich wurde ich an den Armen hochgerissen und aus dem Zimmer geschleppt.
Ab und zu verließen mich die Kräfte, und meine Beine schleiften hinter mir her. Es ging zurück in meine Zelle. Dort warfen sie mich auf das Bett. Die Tür schlug zu, und die Riegel knallten. Ich war allein, und mein Kopf dröhnte.
»Feiges, hinterhältiges Schwein«, hörte ich mich selbst reden.

Dennoch, irgendwie war ich ganz zufrieden, trotz meiner großen Schmerzen. Schließlich hatte ich ihn entlarvt. Das Spiel aus Drohung und Erpressung, Fälschung, Lüge, Malzkaffee und Zigarettenanbiederung, das sich Vernehmung nannte, hatte ich nun durchschaut. Die Inquisition würde mich nicht brechen können. Das nahm ich mir fest vor.

Ich hatte den Alarmknopf gedrückt.
Die Futterluke flog auf.
»Was willst du?«
»Holen Sie bitte den Arzt, ich bin verletzt und habe Schmerzen.«
Die Klappe flog wieder zu. Kurz darauf Schlüsselrasseln. Die Tür öffnete sich, doch nicht der Arzt, sondern ein mir unbekannter, überaus fetter Zivilist mit hängenden Wangen betrat die Zelle. Die Posten blieben wieder draußen.
»Rechts, was wollen Sie?«
»Sind Sie Arzt?«
»Ich bin der Leiter dieser Anstalt.«
»Auch gut. Schauen Sie mich bitte genau an, kommen Sie ruhig näher und betrachten Sie mich. Ich habe wahrscheinlich eine handfeste Gehirnerschütterung. Könnten Sie außerdem bitte das Wasser andrehen, damit ich mein Gesicht und die Kopfwunde waschen kann. Was ich brauche, ist ein Arzt.«
»Das haben Sie sich selbst zuzuschreiben, Rechts. Sie haben Ihren Vernehmer angegriffen.«
»Ach, woher wissen Sie denn das? Waren Sie etwa dabei? Warum sollte ich das tun?«
»Sie sind nicht ohne Grund bei uns.«
»Ich bin nicht hier, weil ich gewalttätig bin. Ich bin vom Vernehmer zusammengeschlagen worden, weil ich bei ihm gefälschte Protokolle gesehen habe und ihn darauf ansprach. Das« – und ich zeigte auf meinen Kopf – »war seine Reaktion darauf.«
Ich erzählte ihm haarklein den ganzen Vorgang.
Seine tiefliegenden Schweinsäuglein waren noch enger geworden. Er schnaubte.

»Rechts«, zischte er durch die Zähne, »wenn Sie nicht sofort Ihr verdammtes Hetz- und Lügenmaul halten, werden Sie wohl wieder ausrutschen. Dann ist das andere Auge auch noch zu. Ich erlaube Ihnen für den Rest des Tages, daß Sie sich aufs Bett legen. Einen Arzt gibt es nicht. Ich drehe Ihnen das Wasser auf, und dann können Sie sich waschen.« Er drehte sich um und quetschte sich aus der Zelle.

Die Tür wurde verschlossen, und das Wasser kam.

Behutsam wusch ich mein Gesicht und die Kopfwunde. Der Anstaltsleiter, hier besser als »Schweinebacke« bekannt, hatte seinem Namen alle Ehre gemacht. Es war nicht unsere letzte Begegnung. Ich fühlte mich sehr allein, sehr einsam.

Mir blieben nur meine Träume. In ihnen vollzog ich die Flucht aus einem Land, das mich schon vorher krank gemacht hatte, das nie mein Vaterland gewesen war. Unzählige Male in immer neuen Varianten. Immer passierte ich am Ende die Grenze. Sie lag in einem diffusen, bedrohlichen Dunkel. Ich spürte die Gefahr. Langsam und geduckt schlichen Soldaten mit bleckenden Masken auf mich zu, Hände zerrten an mir. Ich riß mich los, lief weiter, immer weiter. Kniehohes Gras peitschte meine Beine. Ich verdoppelte meine Anstrengung zu entkommen. Mein Herz schlug wie rasend. In Abständen ertönte ein dumpfer Knall wie ein Kanonenschlag. Wieder, und wieder. Ein neuer Knall warf mich zurück in die Wirklichkeit. Draußen trat jemand gegen die Zellentür. Ich richtete mich mit einem Ruck auf. »Hören Sie auf zu schreien, Rechts, sonst geht's in den Keller!« rief der Posten durch die offene Futterluke. Träume dieser Art würde ich nie mehr loswerden.

Zwei Wochen ließ sich der Vernehmer Zeit, ehe er mich wieder zu sich befahl. Er begrüßte mich betont jovial. Ich hatte mir vorgenommen, jede Aussage zu verweigern, egal mit welchen Konsequenzen.

»Heute wollen wir uns über Ihre feindliche Agitation am ›Deutschen Theater‹ unterhalten«, begann er, so als wäre nichts passiert.

»Wohl mit den gleichen Konsequenzen wie letztens. Ich korrigiere das Protokoll, und Sie korrigieren meine Korrektur«, erwiderte ich.
Er begann zu lachen. Es war unfaßbar. Er lachte. Dieser abgefeimte Stasityp saß vor mir und lachte, lachte, bis sein dicker Bauch in Wellen an die Tischkante schlug. Die Schreibmaschine bebte im Takt. »Ich korrigiere die Korrektur«, heulte er lachend und grunzte.
»Das haben Sie gut gesagt«, bellte er, »das gefällt mir. Sehen Sie«, nahm er einen neuen Anlauf, als er sich endlich beruhigt und eine dieser ekelhaften ›Casino‹-Zigaretten angesteckt hatte. »Sehen Sie, Sie lernen doch sehr schnell bei uns, was es heißt, die Vernehmung effektiv zu gestalten. Wenn Sie uns dabei helfen, wird sich das später im Strafmaß günstig für Sie auswirken.« Selbstgefällig ließ er den Rauch in Ringen zur Zimmerdecke hochsteigen. Er widerte mich an.
Mir fiel die Geständnisproduktion des sowjetischen NKWD bei den Schauprozessen in den dreißiger Jahren ein.
»Eigentlich wäre es für Sie doch effizienter, wenn Sie die Protokolle selbst schreiben und unterschreiben. Dazu brauchen Sie mich nicht«, sagte ich zu ihm.
»Nein, nein, Sie verstehen immer noch nicht. Sie selbst müssen uns alles erzählen. Ich werde es schreiben, so wie ein Protokoll nun mal auszusehen hat. Schließlich kann das Gericht Ihre Gedanken und Absichten nicht erraten. Ich setze Ihre Vorstellungen in Verbindung mit Ihren Taten.« Diese Logik überraschte mich nun doch. Er gab seinen Betrug zu und rechtfertigte ihn zugleich mit einer höheren Notwendigkeit.
»Und wenn ich mich weigere?«
»Dann werden Sie lange bei uns bleiben, sehr lange. Das wollen Sie doch nicht, oder? Wir wollen Sie doch nicht für immer an uns binden.«
Im Artikel 5 der Verfassung der DDR vom 7. Oktober 1949 heißt es: ›Die allgemein anerkannten Regeln des Völkerrechts binden die Staatsgewalt und jeden Bürger.‹

Die Stasi nahm das ganz offensichtlich wörtlich.
»Ich glaube Ihnen kein Wort und werde keine Ihrer Fragen mehr beantworten.«
»Sie haben kein Vertrauen in unsere Arbeit. Sie sind ein Opfer der westlichen Propaganda und von ihr total infiziert.«
»Also hören Sie, das ist doch der Gipfel der Heuchelei ... Sie schlagen mich zusammen, behaupten dann, ich hätte Sie angegriffen, und dann beschweren Sie sich über meine mangelhafte sogenannte Zusammenarbeit. Das ist doch absurd.«
»Schluß jetzt, ich möchte von Ihnen hören, wer Ihnen aus dem ›Deutschen Theater‹ namentlich bekannt ist und mit wem Sie näheren Kontakt hatten. Sie haben doch dort als Darsteller gearbeitet.«
Ich nannte ihm die Namen einiger bekannter Schauspieler und den Regisseur Wolfgang Langhoff. Es war völlig bedeutungslos, jede Zeitung schrieb über diese Leute. Er aber notierte.
»Bevor ich weitere Aussagen mache, möchte ich gerne Ihren Namen wissen, damit ich mich später daran erinnern kann.«
»Wollen Sie mir schon wieder drohen? Wozu wollen Sie sich an meinen Namen erinnern? Der tut hier nichts zur Sache und geht Sie nichts an.«
»Ich würde mich gerne dort an Sie erinnern, wo man es nicht gerne sieht, wenn wehrlose Gefangene geschlagen werden.« Sein bleiches Gesicht nahm etwas Farbe an.
»Sie, Sie sind ein ganz übler Hetzer und Verleumder! Wissen Sie eigentlich, wo Gefangene mißhandelt und geschlagen werden? Ich werd's Ihnen sagen: in Südvietnam, Lateinamerika und in den unterdrückten und kolonialisierten Ländern Afrikas, und nicht in den Ländern des Fortschritts und des Friedens. Was wissen Sie von wirklich unterdrückten, wirklich mißhandelten Menschen und Völkern? Nichts.«
»Im Moment reicht mir meine Realität, die Klassenkampfparolen von Kommunisten brauche ich nicht.«
»Von denen haben Sie ebensowenig Ahnung. Sicher kennen Sie überhaupt keine.«

»Das stimmt. In meiner Straße zum Beispiel wohnt kein einziger. Bei uns hängt man am 1. Mai keinen roten Lappen aus dem Fenster.«
»Die haben offenbar noch nicht begriffen, daß dieser Staat auch ihr Staat ist.«
»Meiner ist es nicht.«
»Auch Sie haben es noch nicht begriffen. Gehören Sie einer Religion an?«
»Ja, der christlichen.«
»Ich meine, welcher Kirche?«
»Der Neuapostolischen.«
»Aaah, so, die Neuapostolische Kirche kennen wir, die verhält sich aber anders als Sie.«
»Sie meinen wohl, sie ist loyal. Das mag sein. Als juristische Person.«
»Als Christ sollen Sie doch der Obrigkeit untertan sein, schreibt Ihre Bibel. Was sagen Sie dazu?«
»Ach, Sie kennen die Bibel? Das ist aber interessant. Ich finde es bemerkenswert, daß Sie hier die Bibel zitieren, die über 2000 Jahre älter ist als Ihre Bibel, das ›Kapital‹. Immerhin kann die Bibel noch Fragen beantworten, wenn Ihrem ›Kapital‹ die Antworten längst ausgegangen sind.« Ich hatte mich warm geredet.
»Schluß jetzt. Wir werden Ihnen noch Ihr freches Maul stopfen, Welsch. Sie werden uns auf Knien um Gnade bitten.« Er war aufgestanden. Die letzten Worte stieß er aufgebracht hervor. Die Diskussion reichte ihm. Wütend hieb er einen Aktenordner auf den Tisch, daß es knallte.
Hastig zündete er sich eine ›Casino‹ an und kam um den Schreibtisch herum auf mich zu. Schon befürchtete ich das Schlimmste, doch nichts passierte.
»Was ich glaube, Welsch, ist, daß Sie nicht normal sind, daß Sie nicht die Tatsachen sehen wollen und den wissenschaftlichen Sozialismus in einer geradezu dummen Art und Weise lächerlich zu machen versuchen.« Er gab nicht auf.

»Ich glaube an Gott und nicht an eine Pseudowissenschaft. Sie verwechseln dagegen Glaube und Wissen. Was ich weiß, ist, daß der sogenannte Sozialismus in der DDR ein Desaster für die Betroffenen ist, für die Menschen, für mich.«
Der Vernehmer blickte finster.
»Sie sind ein undankbares Schwein und völlig zu Recht bei uns. Was wissen Sie von Marxismus und richtigen Gesellschaftssystemen, Sie Jüngelchen! Die Arbeiterklasse und das Volk haben bei uns die Macht. Was Sie da erzählen, ist westliche Hetzpropaganda, um uns zu diffamieren.«
Der Vernehmer richtete sich auf und wurde wieder förmlich.
»Welche feindliche Literatur haben Sie aus dem Westen bezogen? Bei einer Haussuchung in Ihrem Elternhaus haben wir Schundliteratur gefunden, wie etwa ...« Er schlug eine Akte auf und las: »Exemplare des westdeutschen ›Spiegel‹, Hetzschwarten von Reader's Digest, Djilas, Kafka und Nietzsche. Ich frage Sie: Woher haben Sie diese Schundliteratur?«
»Diese Bücher und Hefte haben mir Freunde aus dem Westen mitgebracht.«
»Nennen Sie mir die Namen Ihrer Bücher-Freunde.«
»Tut mir leid, daran kann ich mich beim besten Willen nicht erinnern.«
Er sprang auf und schrie: »Wollen Sie mich für dumm verkaufen?«
»Nein, ich kann mich an die Namen wirklich nicht mehr erinnern.« Er notierte etwas auf einem Zettel und kam dann unvermittelt mit einer anderen Frage:
»Was haben Sie für eine Erziehung genossen?«
»Eine gute, denke ich.«
»Nein, ich glaube, Sie hatten eine schlechte Erziehung. In der Schule jedenfalls haben Sie nicht diese Feindschaft zur DDR und der Gesellschaft gelernt. Dort wird das Bild vom neuen Menschen vermittelt, frei von der Macht des Monopolkapitals und dessen Ausbeutung des Menschen, frei von faschistischem Gedankengut. Das Ziel unseres Staates ist der Frieden. Hetze und die Propagie-

rung von Verbrechen haben darin keinen Platz. Wir haben die Verpflichtung, Sie vor den Feinden der Menschheit zu bewahren. Dafür haben wir viele Opfer gebracht.«

»Entschuldigen Sie, aber das sind doch Worthülsen, die man jeden Tag im ›Neuen Deutschland‹ lesen kann. Ich will von Ihnen nicht bewahrt werden, allenfalls vor Ihnen. Ich will darüber selbst entscheiden können, zum Beispiel wie und wo ich lebe.«

»Sie haben doch in der Hauptstadt der DDR ganz gut gelebt, Sie haben beim Fernsehen mehr Geld verdient als ein Werktätiger.«

»Richtig, doch erstens bestimme nicht ich die Höhe meiner Gage oder den Lohn eines Werktätigen, und zweitens: Warum sagen Sie nicht einfach Berlin. Sie wissen doch so gut wie ich, daß Berlin nach dem Potsdamer Abkommen nicht Hauptstadt der DDR sein kann.«

»Welsch, mit Ihnen zu diskutieren ist völlig sinnlos. Sie sind von der westlichen Propaganda, vom Schund und Schmutz dieser Hetzliteratur derart durchdrungen, daß Sie schon glauben, die DDR umstürzen zu können. Leute wie Sie werden wir so lange bei uns behalten, bis sie ihre Gesinnung geändert haben.«

»Was Sie da gerade sagen, ist blanker Gesinnungsterror. Von Dialektik keine Spur.«

»Wie Sie das nennen, ist mir völlig gleich«, schrie er zurück. »Sie werden niemals in den Westen kommen, das verspreche ich Ihnen. Und ich sage Ihnen noch etwas: Drei Mörder sind mir lieber als einer von Ihrer Sorte.« Er lehnte sich zurück und beobachtete die Wirkung seiner Worte auf mich. Sie schockten mich tatsächlich, seine unverhüllte und offene Terrorterminologie erschreckte mich immer wieder.

Unvermittelt beugte er sich über den Tisch: »Ihr Bruder hat sich übrigens von Ihnen und Ihrer Tat distanziert. Wußten Sie das schon?« Dieses Schwein ließ doch wirklich nichts aus, um mich zu demoralisieren.

»Das überrascht mich nicht, schließlich will er sein Studium beenden. Ob er sich von mir oder nur von dem distanziert, was ich getan habe und wozu er nicht in der Lage ist, möchte ich ihn aber gerne selbst fragen.«

Der Vernehmer kramte zwischen den Aktendeckeln in irgendwelchen Papieren.

»Sie schreiben auch Gedichte hetzerischen Inhalts.« Er hielt ein Blatt hoch. »Hier haben wir etwas, worin Sie unseren antifaschistischen Schutzwall angreifen.« Er begann nuschelnd zu lesen:

»›Die Gedanken sind frei, wer will sie erraten / Sie fliegen vorbei wie nächtliche Schatten.../ Denn die Gedanken / brechen die Schranken / und Mauern entzwei / Die Gedanken sind frei...‹ – Glauben Sie wirklich, mit Ihren Gedanken etwas zerstören zu können, was Sie verächtlich als Mauer bezeichnen? Wer unsere Staatsgrenze antastet, wird die Arbeiterfaust zu spüren bekommen.« Wie um das zu unterstreichen, schlug er seine Faust wuchtig auf den Tisch.

»Das Vergnügen, Ihre Arbeiterfaust zu spüren, hatte ich in der Tat schon, doch leider ist dieses schöne Gedicht nicht von mir. Was Sie gerade vorgelesen haben, ist das deutsche Freiheitslied von 1848, das sich über die Gedankenzensur lustig macht. Und Sie machen sich lächerlich. Übrigens habe ich das Lied in der Schule gelernt, in diesem Staat.«

»Halten Sie Ihr freches Maul, ich werde das überprüfen lassen, und wenn Sie mich anlügen, geht's in den Keller. Wir haben genug Beweise für Ihre staatsfeindliche Hetze. Hier« – er hielt ein weiteres Bündel Papiere hoch – »sind noch mehr Hetzgedichte.«

»Überprüfen Sie das. Vor allem aber überprüfen Sie Ihre Geschichtskenntnisse *vor* der bolschewistischen Revolte.« Ich hatte genug, konnte mich aber der arroganten Hohlheit meines Vernehmers nicht entziehen.

Er stand auf und kam auf mich zu. Ich wartete angespannt. Er blieb vor mir stehen.

»Sie sind der Dreck, den es in der DDR zu beseitigen gilt. Für Sie und Ihresgleichen gibt es keine Meinungsfreiheit. Wann begreifen Sie das endlich?«

Er provozierte, wartete auf eine Gelegenheit, um mich erneut zu schlagen. Ich schwieg.
»Sie kommen hier nicht mehr raus. Mit Ihnen werden wir gründlich abrechnen.« Sein Gesicht war jetzt dicht vor meinem und ich spürte seinen üblen, nikotindurchsetzten Atem. Dann drehte er sich abrupt um und ging zurück zum Schreibtisch.
»Woher haben Sie die faschistische Literatur, die wir bei Ihnen zu Hause gefunden haben? In Ihrem Bücherregal wurden Bücher gefunden von ...« Er las von einem Zettel ab: »George Orwell, »Die Farm der Tiere« und »1984«. Äußern Sie sich dazu.«
»Orwell ist ein englischer Romanschriftsteller und kein Faschist.«
»Sie wissen aber, daß diese Bücher in der DDR verboten sind?«
»Nein, wußte ich nicht«, spielte ich den Ahnungslosen. »Warum denn? Warum verbieten Sie Bücher? Reicht es etwa nicht, daß die Nationalsozialisten 1936 in Berlin Bücher verboten und verbrannt haben? Warum knüpft die DDR ausgerechnet an diese Tradition an? Vielleicht können Sie mir das einmal erklären, denn es interessiert mich.«
Der Vernehmer beugte sich nach vorn und fixierte mich.
»Wie können Sie es wagen, uns mit dem Faschismus zu vergleichen? Sie sind wohl nicht mehr ganz bei Trost. Ich werde Sie auf Ihren Geisteszustand untersuchen lassen. Beantworten Sie nur meine Fragen, ist das klar?«
Er fingerte sich eine ›Casino‹ aus der Schachtel und zündete sie an. Dabei zitterten seine Finger. Er beherrschte sich nur mühsam und hätte mich wahrscheinlich sehr gerne zusammengedroschen. Aber er rauchte nur und stellte weitere Fragen zu Büchern und anderen Dingen, die die Stasi in meiner Wohnung gefunden und beschlagnahmt hatte, Fragen, die ich einsilbig beantwortete. Nach einer Weile hatte er sich wieder beruhigt. Zurückgelehnt balancierte er jetzt auf den hinteren Stuhlbeinen, dicke Rauchwolken ausstoßend.
»Bei uns in der DDR gibt es die größten Freiheiten, die wir jemals in Deutschland hatten«, dozierte er. »Das haben Sie nur noch

nicht erkannt. Wir müssen Sie umerziehen, Sie zu einem wertvollen Mitglied unserer Gesellschaft machen.« Fast väterlich fügte er hinzu: »Mensch, Welsch, lassen Sie doch endlich die bürgerlichen Phrasen. Sie sind von westlichen Sendern wie dem RIAS aufgehetzt worden. Gestehen Sie alles und arbeiten Sie mit uns zusammen. Sie werden es nicht bereuen.«
Wie plump dieser Stasimensch vorging, überraschte mich immer wieder. Der glaubte wirklich an ein Geständnis, wollte es mit allen Mitteln von mir bekommen, egal wie. Zuckerbrot und Peitsche. Was ich nicht wissen konnte, war, wie sehr der Arme unter Zeit- und Erfolgsdruck stand. Er mußte seine Daseinsberechtigung als Vernehmer durch Aussagen nachweisen, besser noch durch Geständnisse.
»Tut mir leid, aber eine Zusammenarbeit mit Ihnen kann es niemals geben. Das habe ich Ihnen bereits mehrfach erklärt. Wir stehen auf zwei völlig verschiedenen Seiten der Front. Niemals, hören Sie. Niemals. Wenn Sie mit Lügen und mit Terror leben können – ich kann es nicht und ich will es nicht.«
»Wie Sie wollen. Es ist Ihre Entscheidung. Ich sage Ihnen nur schon jetzt, daß Sie hart bestraft werden. Volksfeinde bekommen die ganze Härte der sozialistischen Gesetzlichkeit zu spüren.«
Er begann, das Protokoll aufzusetzen. Ich schaute aus dem Fenster. Es war Sommer, und der Himmel war blau.
Als er fertig war, gab er mir die Blätter zum Lesen. Wieder war das meiste verdreht und in seinem Sinne verändert worden. Ich gab sie ihm zurück.
»Sie müssen unterschreiben.« Ich schüttelte den Kopf.
»Ich habe mich entschlossen, nichts mehr zu unterschreiben, auch nichts mehr zu korrigieren. Sie schreiben, was Sie wollen, und ich denke, was ich will.«
»Gut«, erwiderte er und riß mir die Papiere aus der Hand. »Das wird Ihre Lage nur verschlechtern. Machen Sie uns dafür nicht verantwortlich.« Er unterschrieb verdeckt. Dann griff er zum Telefon: »312 abholen!«

Mit gemischten Gefühlen ging ich in die Zelle zurück. Zwar hatte ich es vermieden, das Protokoll zu unterschreiben, doch welche Konsequenzen würde das für mich haben? Verbotswidrig legte ich mich auf das Bett. Ich mußte meine Gedanken ordnen. Mich ärgerte, daß ich die Sache mit dem Anwalt nicht erwähnt hatte und den Besuch meiner Eltern auch nicht. Ich nahm es mir für den nächsten Tag vor.

Ich klopfte meinem Nachbarn ›Leo‹. Ich hatte das dringende Bedürfnis, ein paar Worte mit einem normalen Menschen zu wechseln, einem Menschen, der mich verstand.

»Bist du verrückt, am Tage?« klang es dumpf aus dem Toilettentelefon.

Ich berichtete ihm mit kurzen Worten von dem Verhör.

»Du hast wirklich Mut. Den hat hier drin kaum jemand, erst recht nicht draußen. Wir sprechen heute abend weiter, du mußt mir mehr erzählen«, kam es zurück und: »Mach dir keine Sorgen, du hast richtig gehandelt.« Danke. Ein warmes Gefühl durchströmte mich. Der letzte Satz richtete mich auf.

Wir spülten unisono. Das Telefonat war beendet.

Am Abend rief ich aus dem Fenster.

»Charly melde dich! Hier spricht Sauerbier!«

Sauerbier war das Pseudonym, daß mir Charly gegeben hatte, weil ich Gedichte schrieb. Für ihn verzichtete ich auf »Sascha«.

Ich mußte nicht lange warten. Charlys ironisch-quetschiges Organ war unüberhörbar:

»Jaaaa, was gibt es Sauerbier? Halte durch und den Kopf hoch!«

Das war von der Lautstärke eher weiter weg. Ein anderes Stockwerk und eine andere Seite zum Innenhof. Telefonieren und Klopfen waren also sinnlos. Immerhin war meine Ahnung zur Gewißheit geworden. Meinen Helfer bei der Flucht hatten sie also auch geschnappt.

Am nächsten Morgen wurde ich schon sehr früh zur Vernehmung geführt.

Der Verhöroffizier war nicht allein. Ein älterer Mann mit zerfurchtem Gesicht und klassischer Arbeiterphysiognomie saß seitlich an dem Tisch, der dem Schreibtisch vorgestellt war.

»Ich habe heute jemanden mitgebracht«, begann der Vernehmer, »der Ihnen von seinem Kampf gegen Faschismus und Kapitalismus erzählen wird, nachdem Sie das letzte Mal davon so begeistert geredet haben.«

Ich war überrascht. Welche fatale Fehleinschätzung! Und eine groteske Situation. Er schleppt einen sogenannten Arbeiterveteranen heran, um mit seiner Hilfe die Festung Welsch sturmreif zu schießen, was ihm bislang nicht gelungen war. Wofür hält er mich? Glaubt er tatsächlich, meine Meinung, meine Gesinnung, meine Persönlichkeit durch solchen Firlefanz beeinflussen zu können?

»Ich habe auch Kaffee mitgebracht.« Geschäftig wie eine Kellnerin rannte er mit der Kanne zwischen Schreibtisch und Eckstuhl hin und her. Derweil glotzte mich der Arbeiterveteran neugierig an. Wer weiß, was er dem von mir erzählt hat. In welcher Rot-Front-Idylle leben diese ›Genossen‹ bloß?

Der Kaffee schmeckte gut und belebte. Der Arbeiterveteran lächelte.

»Gibt es dazu auch Kuchen?« fragte ich. Der Vernehmer reagierte nicht.

»Dieser Genosse nahm schon an den Kämpfen Anfang der dreißiger Jahre gegen den heraufziehenden Faschismus in Deutschland teil, in Berlin«, begann er. »Er wird Ihnen etwas über das faschistische Deutschland erzählen.« Und ich ihm etwas über das kommunistische, schoß es mir durch den Kopf. Doch ich schwieg und wartete ab.

»Junger Freund«, machte sich der Veteran nach einem Räuspern bemerkbar, »der Kampf gegen den Faschismus ist noch nicht beendet. Er hat in Westdeutschland sein freches Haupt wieder erhoben, und alle anständigen Menschen müssen den neuen Anfängen wehren, müssen vor der Gefahr eines neuen Weltkrieges warnen. Deshalb muß sich die Deutsche Demokratische Republik militärisch gegen die Feinde des Friedens schützen, die unseren Aufbau einer besseren Gesellschaft stören, die uns vernichten wollen...« Während er redete und die Klassenkämpfe alter Zeiten, die ihn geprägt hatten, beschwor, hörte ich zu und trank diesen wunderbaren, heißen Kaffee. Dann war er am Ende und starrte erwartungsvoll zu mir herüber.

»Es tut mir leid, wenn ich Ihnen als erstes sagen muß, daß ich nicht ihr Freund bin. Sie haben vergessen, wo wir uns befinden. In einem Gefängnis. Und ich bin Gefangener, weil ich nicht dahin reisen darf, wohin ich möchte. Und die ›sozialistische Gesellschaftsordnung‹ erlebe ich im Augenblick so, wie Sie die nationalsozialistische erlebt haben. Mißhandelt und unschuldig hinter Gittern! Deshalb möchte ich Sie fragen, warum Sie mir das alles erzählen.« Der Kaffee war ausgetrunken.

Wider Erwarten ging er darauf nicht ein, nahm seinen Gedanken wieder auf und sprach von jugendlicher Unüberlegtheit und der gemeinsamen großen Aufgabe. »Der westdeutsche Revanchismus ist aggressiv und will die DDR vernichten. Dazu benutzt er junge Leute wie Sie. Lassen Sie sich nicht mißbrauchen.«

»Entschuldigen Sie, aber mich hat niemand mißbraucht. Mich hat auch niemand angestiftet, die Zone zu verlassen. Das war allein meine Entscheidung.«

Der Veteran starrte mich an und brachte kein Wort heraus. Darauf hatte ihn niemand vorbereitet. Fast tat er mir leid.

Der Vernehmer, der rauchend und Kaffee trinkend meinen Vortrag verfolgte, saß wieder kerzengerade am Schreibtisch.

»Sie sehen Genosse, der Untersuchungshäftling ist unbelehrbar. Auf ihn müssen wir die ganze Härte unserer sozialistischen Rechtsprechung anwenden.« Der Veteran hatte sich wieder gefangen und haute mit seiner Pranke auf den Tisch, daß die Tasse hochsprang und klirrend auf den Teller zurückfiel.

»Sie sind ein Agent des westdeutschen Faschismus! Sie wissen nicht, wovon Sie sprechen!«

»Entschuldigen Sie, aber wie können Sie beurteilen, was ich bin? Warum respektieren Sie nicht meine Meinung, warum bin ich ein Agent, nur weil ich Ihre Meinung nicht teile?«

»Welsch, was Sie für eine Meinung haben«, schrie der Vernehmer, »interessiert uns nicht. Ihre Meinung ist Scheiße! Sie sind aufgehetzt, ja, aufgehetzt gegen unsere Ordnung. Noch ein Wort, Welsch, und ich haue Ihnen eine aufs Maul.«
Er war wieder mein vertrauter Vernehmer, ohne die Maske des väterlichen Gesprächspartners.
Der Griff zum Telefon beendete unser aufschlußreiches Kaffeekränzchen.

Die Fronten waren wieder klar. Die Nebelwerfer der Stasi hatten ihr Ziel verfehlt. Der Läufer brachte mich in die Zelle zurück. Ich klopfte die Neuigkeit sofort meinem Nachbarn.

RAMONA

Eines Tages hörte ich vor meiner Zellentür Geräusche. Als würde der Flur gefegt oder gewischt. Wer machte diese Arbeit? Strafgefangene? Politische Häftlinge? Während ich noch überlegte, stieß jemand mit dem Besen oder Wischer vorsichtig gegen die Tür, mehrmals. Das war eindeutig ein Klopfzeichen. Der oder die da draußen suchte Kontakt mit mir. Ich drückte mein Gesicht in die Türritze und flüsterte:
»Ich bin Sascha, wer bist du?«
»Ich bin Ramona«, flüsterte eine Frauenstimme direkt am Türabschluß. »Ich bin Strafgefangene und gehöre zum Reinigungskommando. Ich bin schon verurteilt.«
»Wieviel hast du bekommen und warum?«
»Drei Jahre wegen Republikflucht.«
»Wie alt bist du?«
»Dreiundzwanzig.«
Eine junge Frau.
Wieder hörte ich sie flüstern:

»Ich arbeite hier zweimal die Woche. Am Freitag bin ich wieder hier. Wie alt bist du?«

»Zwanzig.«

»Was wirft man dir vor?«

»Das gleiche, plus Hetze.«

»Sascha, am Sonnabend habe ich nachmittags eine Stunde frei und bin im Hof. Ich setze mich dann direkt unter dein Zellenfenster, dann können wir sprechen, niemand ist da. Ich muß jetzt gehen.«

»Danke, ich freue mich.«

Ein Glücksgefühl durchströmte mich. Da draußen gab es ein Mädchen, mit dem ich reden konnte. Eine geradezu unglaubliche Sensation. Mir wurde ganz heiß. Auch sie war Gefangene. Drei Jahre, nur für Republikflucht. Was wird mich dann erwarten? Ich wischte diesen Gedanken sofort zur Seite. Wichtig war dieser Kontakt mit Ramona. Eine angenehme Stimme. Wie sieht sie aus? Groß, klein, blond, schwarz? Mut hat sie. Sie setzt ihre Arbeit oder mehr aufs Spiel, wenn sie mit mir redet, wenn sie Kontakt mit mir sucht. Ich ging in der Zelle auf und ab und ließ meiner Phantasie freien Lauf.

Von dem Vernehmer hörte ich nichts mehr. Das war mir ganz recht. Ich erwartete sehnlichst den Freitag, an dem sie wieder vor meiner Tür sein würde. Die Tage und Stunden vergingen noch langsamer als sonst. Dann endlich der Sonnabend. Schon von weitem hörte ich sie mit dem Besen hantieren. Ich spürte sie draußen, noch ehe sie direkt an meinem Türspalt flüsterte: »Sascha?«

»Ja, ich bin hier.« Es knisterte am Boden. Ich sah nach unten. Ein Zettel schob sich durch den unteren Türspalt in meine Zelle. Sofort griff ich zu und zog ihn herein.

»Hast du ihn?« flüsterte sie.

»Ja, danke. Ich freue mich sehr, daß du gekommen bist.«

»Du hast eine schöne Stimme«, flüsterte sie. »Wo kommst du her?«

»Du auch! Ich bin aus Berlin, nicht weit von hier, Niederschönhausen.«

»Ich komme aus Mitte.«
»Wie geht es dir? Kannst du die Haft ertragen?«
»Gut. Hier ist es besser als im Gefängnis. Ich muß aufpassen. Wir sprechen morgen, ja?«
»Okay, gut, wir sprechen morgen. Ich warte auf dich.«
»Danke. Ich freue mich auf morgen.«
»Ich auch«, flüsterte ich hinter ihr her. »Ich auch, sehr!«
Leicht stieß sie mit dem Besen zur Bekräftigung noch einmal an meine Zellentür. Ich war beseelt, lief, rannte hin und her. Was war das? Kann, darf man sich unter diesen Umständen derart unanständig freuen? Egal, morgen war Sonnabend. Und dann der Zettel, *ihr* Zettel. Wieder und wieder las ich ihn. Darin schrieb Ramona, wie sehr sie sich gefreut hat, mit mir zu sprechen. Daß sie versuchte, sich vorzustellen, wie ich aussah. Daß ihr mein Sprechen sehr sympathisch erschienen war und so weiter. Der schönste Zettel, den ich jemals erhalten hatte.
Es war ein sonniger, stiller Tag, dieser Sonnabend. Hinter den Glasbausteinen war es hell, und ich stellte mir die Sonne vor, wie sie die Bank beschien, auf der sie saß. Irgendwie gehörte dazu noch ein Baum. In Pankow, jedenfalls außerhalb der Gefängnismauern, gab es eine Menge Kastanien. Also eine Kastanie, in voller Blüte, deren Laubwerk die Bank leicht berührte, den Schatten spendete, in den man eintauchen konnte, wenn die Hitze zu groß, die Augen zu schwer wurden. Auf dem Zettel hatte sie sich beschrieben, blondes Haar, ein Meter siebzig groß, daß sie an der Humboldt-Universität Slawistik studierte. Die Humboldt schien ein »reaktionäres« Nest zu sein. Hier gab es einige Studenten der Humboldt-Universität, deren Flucht mißlungen war. Noch am Freitag hatte ich meine Antwort aufgeschrieben: von meiner mißlungenen Flucht, meiner Arbeit am Theater, meinen Gedichten. Ich beschrieb mich und meine große Freude, Kontakt mit ihr zu haben, und: »... Du kannst Dir nicht vorstellen, wie Deine unverhofften Worte auf mich gewirkt haben. Hier etwas anderes zu erfahren als Haß und Mißhandlung war Balsam auf geschlagene Wunden, ein Adrenalinstoß der Menschlichkeit. Allein dafür danke ich Dir ...«

Während ich unter dem Fenster stand und auf sie wartete, stellte ich mir vor, wie sie das Briefchen lesen würde. Mehrmals hatte ich heute morgen geprobt, den zu einem Minipäckchen verpackten Zettel aus dem Fenster zu werfen. Würde der Schwung stark genug sein? Würde sie ihn draußen sofort finden? Würde sie ihn aufnehmen können? Würde sie beobachtet werden. Fragen über Fragen. Schluß. Es wird alles gutgehen. Sie wird ihn bekommen.
»Sascha?!« Ein halblauter Ruf, direkt unter meinem Fenster.
Mit einem Satz hing ich am Fensterrahmen. Scheppernd schlug der Kaffeebecher auf den Fußboden. Aber das war mir jetzt auch egal.
»Ja, ich kann dich hören.«
»Du hast eine schöne Stimme.«
»Findest du?«
»Ja, dein Sprechen hört sich gut an. Was hast du draußen gemacht?«
»Ich bin Schauspieler, habe am Deutschen Theater und beim Fernsehfunk gearbeitet.«
»Ah, deshalb also sprichst du so angenehm.«
»Die Sprecherziehung, das war die Sprecherziehung.«
Wir unterhielten uns leise. Sie mußte unmittelbar unter meinem Zellenfenster sein. Ein unbeschreibliches Gefühl, aus dieser Zelle heraus mit einem Mädchen zu sprechen und in jedem Wort, jedem Satz ihr Verstehen zu erkennen, die gleiche Ebene, gleiche Gedanken, gleiche Empfindungen. Daß sie sich für mich in Gefahr begab, entdeckt und bestraft zu werden, machte mich wie besoffen. Wir hatten Glück, die Posten liefen am Sonnabend reduziert. Niemand hörte, niemand kontrollierte uns. Auf dem Gang blieb es so friedlich wie draußen auf dem Hof.
»Danke für deinen kleinen Brief. Ich habe dir geantwortet. Paß auf, ich werfe ihn jetzt hinaus.« Der Schwung reichte. Ich konnte hören, wie das Päckchen draußen mit einem kleinen Platscher aufschlug.
»Danke, Sascha, ich habe ihn. Danke, daß du mir geschrieben hast.«

Wir sprachen leise. Ramona erzählte von ihrer mißlungenen Flucht, worauf ich die meine kurz schilderte. Auch sie hatte ihre Untersuchungshaft über viele Monate in Pankow verbracht. Anfangs fiel es ihr sehr schwer. »Ich habe aber meinen Entschluß, in den Westen zu gehen, nie aufgegeben. Laß dich nicht unterkriegen und bleibe stark. Denke immer daran: Wir haben nichts getan, wofür wir uns schämen müßten.«

»Seitdem ich dich kenne und mit dir sprechen kann, sind die Gitter und Mauern hier erträglicher geworden.«

Sie lachte leise. »Ich möchte dich gerne kennenlernen Sascha. Du mich auch?«

»Welche Frage, Ramona! Am besten frage ich morgen früh den Posten, ob er mich mal zu dir rüberschließen kann. Was hältst du davon?«

»Gute Idee«, lachte sie, »ich fürchte aber, damit müssen wir noch etwas warten.«

Die halbe Stunde war schnell vergangen, sie mußte wieder zurück. Zurück in ihre Zelle.

»Wir können uns am Freitag wieder sprechen, vor deiner Tür, einverstanden?«

»Einverstanden. Ich freue mich jetzt schon.«

Sie war gegangen. Einen Moment hing ich noch am Fenster, dann ließ ich mich fallen. Meine Hände waren taub. Rechts und links zwei feuerrote Streifen, der Metallrahmen. Während ich in der Zelle stand und ihren Worten nachsann, klopfte mein Nachbar Telefon. Ich pumpte.

»Was war los?« fragte er sofort. »Ich habe dich sprechen hören. Mit wem hast du gesprochen?«

»Wirst du es für dich behalten?«

»Versprochen.«

»Es war ein Mädchen, sie ist verurteilt, drei Jahre wegen RF, Studentin, sie macht draußen sauber. Wir haben Kontakt ...«

»Du bist ja ein Glückspilz«, tönte es aus dem Hades. »Du hörst dich an, als wärst du verliebt.«

»Ich weiß nicht, was das ist, ich weiß nur, daß es uns beiden beim

Sprechen unglaublich gut geht. Wenn das verliebt ist, habe ich dagegen nichts einzuwenden. Halt, doch eins: Es ist leider nur platonisch.«

»Alles im Leben ändert sich mal. Paß auf, daß sie euch bis dahin nicht wegfangen.«

»Stimmt, du hast recht. In Zukunft passe ich besser auf. Mach's gut.« Wir spülten.

Ramona kam jetzt jede Woche an meine Tür. Wenn das Wetter gut war, saß sie sonnabends unter meinem Fenster. Sie schob ihre Briefe, die immer länger wurden, unter meiner Tür durch. Ich warf meine doppelt langen Antworten durchs Fenster. So entwickelte sich aus unseren Gesprächen und Briefen eine unerklärliche Zuneigung, die mir half, mit der Situation besser zurechtzukommen. Die Gespräche an meiner Tür wurden unbefangener, vertrauter, drängender. Wir waren voller Sehnsucht.

Den Posten, der morgens den Kaffee einfüllte, grüßte ich fortan mit einem freundlichen Lächeln. Erst nahm er das reaktionslos zur Kenntnis. Nach einigen Tagen grüßte er zurück. Den Bücher-Posten, der sonst niemals sprach, oder wenn, dann nur in unverständlichem Sächsisch, und der eine Brille mit ungewöhnlich dicken Gläsern trug, quatschte ich beim wöchentlichen Büchertausch derart voll, daß er sich von mir in ein Gespräch über Heinrich Heine verwickeln ließ.

Die Vernehmungen schienen ins Stocken geraten zu sein. Jedenfalls wurde ich nicht mehr geholt. Darüber war ich jetzt alles andere als beunruhigt. Entweder probte der Vernehmer eine neue Taktik, oder er ließ mich im »eigenen Saft« schmoren. Mir kam es gelegen, denn so hatte ich Zeit und konnte den Kontakt zu Ramona intensivieren. Innerlich wurde ich ruhiger, vor allem deshalb, weil ihre Gelassenheit sich auf mich übertrug.

Der Haß, die Ablehnung, die mich umgaben, wurden durch unsere Verbindung fast bedeutungslos. Nur meine Träume ließen sich nicht besänftigen. Ich stöhnte, schrie und wälzte mich in der Nacht, knirschte mit den Zähnen. Tagsüber aber fühlte ich einen Menschen in meiner Nähe, der mich verstand, mir Kraft gab und

Zuversicht vermittelte. In meiner Vorstellung idealisierte ich Ramona zunehmend. Sie wurde zu einer Art Engel mit begrenzten Einsatzmöglichkeiten. Sicher war eines: Unsere Sehnsucht nach Liebe war so echt, so real, so lebendig wie das Gefängnis, die Gitter, die Wachtposten und die Angst.
Für Ramona, die in Wirklichkeit Heidemarie hieß, stand ebenso wie für mich unverrückbar fest: Sie konnte in diesem Land nicht länger leben. Sie war sich sicher, am Ende ihrer Haftzeit in den Westen abgeschoben zu werden. Und so kam es auch.
Zunächst nach Ostberlin entlassen, konnte sie kurze Zeit darauf in den Westen ausreisen. Von dort schrieb sie mir nach Bautzen liebe Briefe, Liebesbriefe, aus einer Welt, die ich nicht kannte: Frankreich, Monaco. Briefe, die meinen Durchhaltewillen stärkten, die mir Kraft gaben. Allein dafür bin ich ihr unendlich dankbar.

Im Oktober 1967 sah ich sie zum ersten Mal in der Wohnung ihrer Schwester in Ostberlin, wohin man mich entlassen hatte. Sie entsprach ganz ihren Beschreibungen, auch meinen Vorstellungen.
Wir hatten uns viel zu erzählen, waren uns immer noch nah. Doch hatten sich unsere Zielsetzungen verändert. Während sie auf die angekündigte Ausreisegenehmigung wartete, hatte ich mich ganz bewußt zurück in den SED-Staat begeben.
Ein Dokumentarfilm hatte da in meinem Kopf bereits Form angenommen. Er sollte sichtbarer Ausdruck meines Widerstands gegen die Diktatur sein, sie an den Pranger stellen.
Ramona dachte indes an ihre Karriere, an ihr eigenes Leben, während ich von dem Gedanken an Widerstand besessen war. Der brachte mich, nur zwei Monate später, wieder ins Gefängnis, während sie im Westen ihr Studium fortsetzte. Trotzdem, sie war eine mutige, eine kluge Frau mit einem großen Herzen, auch ein Opfer des Terrors, auch eine Siegerin.
Als ich endlich, nach weiteren und langen Jahren der Haft, freigekauft in die Bundesrepublik kam, studierte sie noch in Heidel-

berg. Da schrieb ich mich einige Kilometer weiter nördlich, in Gießen, zu einem Politikstudium ein. Ich suchte über ihre Eltern, die im Rheinland wohnten, erneut den Kontakt zu knüpfen. Ohne Erfolg. In meinem Herzen bleibt sie unvergessen.

EIN BESUCHER

Mein Vater besuchte mich. Ganz überraschend wurde ich aus der Zelle geholt und in ein Besucherzimmer in einem zivilen Trakt des Gefängnisses gebracht. Der Vernehmer war schon da. Bräsig hatte er in einer Ecke Kontrollposten bezogen. Mein Vater saß an einem Tisch. Dieses Ensemble von Gefängnis, Gittern und Stasiuniformen hatte ihn sprachlos gemacht.

»Das ist DDR von innen«, frotzelte ich zur Begrüßung und zeigte auf die Gitter vor dem Fenster. Wir saßen uns an einem Tisch gegenüber.

»Wenn Sie hier wieder anfangen zu hetzen, breche ich das Gespräch ab«, ließ sich der Mann aus der Ecke vernehmen.

»Wieso, habe ich etwas Falsches gesagt?« Mein Vater blickte mich wortlos an. Meine Ironie angesichts der bedrückenden Umgebung verwirrte ihn. Er war es gewohnt, vor der Macht den Blick zu senken.

»Wie geht es dir?«

»Danke, ich kann nicht besser klagen. Aber das wird vorübergehen. Ich möchte dich bitten, mir Rechtsanwalt Vogel als Verteidiger zu bestellen.«

»Wir haben schon einen Anwalt für dich besorgt. Es ist der Rechtsanwalt Dzida. Wie mir dein Vernehmer sagte, darf er sich nach Abschluß der Ermittlungen bei dir melden.«

»Darf er auch meine Ausreise aus der ›DeeDeeErr‹« – ich dehnte die drei verhaßten Buchstaben – »in die Wege leiten, wie das Rechtsanwalt Vogel darf?«

»Das, äh ...« – mein Vater zögerte erschrocken, ehe er weitersprach – »...weiß ich nicht.«
»Ihr Sohn glaubt«, schaltete sich der Vernehmer ironisch ein, »daß er aus der DDR ausreisen kann. Aber da irrt er sich. Das werde ich persönlich verhindern.« Ich wurde wütend.
»Habe ich Sprecherlaubnis oder Sie«, wandte ich mich scharf an ihn. Er lachte höhnisch.
»Ich möchte dir bei der Gelegenheit einmal deutlich sagen, Vater, daß ich in diesem Staat nicht länger leben will, wenn das hier vorbei ist, besonders nicht nach allem, was ich hier bisher erlebt habe.«
Er wurde in seinem Stuhl noch kleiner. Er tat mir leid, denn es war die Angst, die ihn niederdrückte und verzagt aussehen ließ.
»Ich soll dich von Mama grüßen.« Mein Vater versuchte, die bedrohlicher werdende Situation zu entschärfen. »Sie macht sich große Sorgen um dich.«
»Danke. Erzähle ihr bitte, was du heute gehört hast, und daß sie sich keine unnötigen Sorgen machen muß. Ich habe hier gelernt, meine Interessen und vor allem meine Ansichten zu verteidigen.«
»Das höre ich«, sagte er mit dem Anflug eines Lächelns. Offenbar hatte er mit einer desolaten psychischen Verfassung gerechnet, in der ich in Wahrheit auch war. Doch die wollte ich auf keinen Fall zeigen.
»Ihr Sohn ist ein Staatsfeind und wird sehr lange bei uns bleiben, wenn er seine Gesinnung nicht ändert und ...«
»Könnte man das als Gesinnungsterror bezeichnen?«
»Sie können das bezeichnen, wie Sie wollen. Bei uns hat die Arbeiterklasse die Macht, und wir bestimmen, was gedacht und getan wird.« Das war wunderbar. Ich strahlte und blickte meinen Vater zufrieden an. Hier bekam er ein Lehrstück der Diktatur vorgeführt.
»Warum kannst du dich nicht etwas zurückhalten, Junge?« sagte mein Vater.
»Weil ich glaube, daß es nichts nutzt. Wir sprechen hier eine klare Sprache, er – ich deutete auf den Vernehmer – »und ich. Er be-

zeichnet mich als seinen Feind und will nicht nur mich, sondern auch meine Gedanken eingesperrt sehen.«

»Du mußt dich an die Ordnung halten«, erklärte hilflos mein Vater.

»An welche Ordnung? Von welcher Ordnung sprichst du? Von der Gefängnisordnung, oder von der da draußen, im großen Gefängnis?«

»Es reicht«, fuhr der Vernehmer dazwischen. »Das Gespräch ist beendet. Sie können gehen«, wandte er sich an meinen Vater.

Mein Vater stand auf.

Auch ich erhob mich, mühsam beherrscht.

»Niemals, hörst du, niemals werde ich tun, was Leute wie er mir vorschreiben. Ich werde mich nicht beugen lassen, hast du verstanden. Nicht beugen! Niemals beugen!«

»Raus jetzt!« brüllte der Vernehmer. Er sprang auf mich zu und zerrte mich am Arm nach draußen. Das erschreckte, versteinerte Gesicht meines Vaters vergesse ich nicht. In der Tür drehte ich mich noch einmal um. Unverwandt blickte er zu mir her. Sonst nichts.

Wenigstens konnte sich meine Familie jetzt ein Bild von meiner Verfassung und meinen Absichten machen.

Mein Vater war kein Parteimitglied, und diesem System brachte er keine sonderlichen Sympathien entgegen. Ordnung aber war für ihn ein Wert an sich. Auf Ordnung mußte man achten. Und Ordnung war auch unverzichtbarer Bestandteil jeder Diktatur, dieser wie auch der vorangegangenen, die er gut kannte.

Was für ein Anwalt der von ihm beauftragte Rechtsanwalt Dzida war, würde sich erst unmittelbar vor dem Prozeß zeigen. Vorher sah und hörte ich nichts von ihm. Ändern konnte ich nichts daran, ich konnte nur hoffen, daß er ähnliche Möglichkeiten hatte wie Wolfgang Vogel.

ZUGANG

Nach längerer Pause saß ich mal wieder im Vernehmungszimmer auf dem einzementierten Eckhocker.
Der Vernehmer tigerte zwischen Schreibtisch und Tür auf und ab. Er wollte wissen, wem ich in der Schauspielschule von meiner »staatsfeindlichen Absicht« erzählt hatte. Ich schwieg, denn ich hatte mich entschlossen, keine Namen preiszugeben, über keine Details zu sprechen, egal womit er locken oder drohen würde. Seine Stimme ließ nichts Gutes erwarten. Mit den ersten Fragen hatte er seine Wanderung durch das Zimmer aufgenommen. Jedesmal wenn er an mir vorbeikam, schlug er meinen Kopf in die Ecke. Ich duckte mich nicht, starrte ihn nur an. Die Schmerzen wurden mit jedem Stoß schlimmer.
»Rede endlich du Verbrecher, wer gehört noch zu deiner Bande, mit wem hast du gesprochen? Sag uns die Namen. Ich will die Namen wissen!« Ich schwieg.
»Was war mit deiner Flucht? Wer hat dir bei der Vorbereitung geholfen?« Er duzte mich längst wieder hemmungslos. Heute bezog er sich auf Aussagen sogenannter Zeugen. Darunter auch die von Notburga Kalitzki, einer früheren Freundin, wie ich Elevin an der Schauspielschule Borchert. Sie war eine willige Denunziantin. Später wurde sie mir gegenübergestellt. Natürlich nicht im MfS-Gefängnis. Das war viel zu geheim. Man karrte mich deswegen extra in das Ostberliner Polizeipräsidium in der Keibelstraße. Sie schaute mich nicht an, bestätigte aber, daß ich immer staatsfeindliche Reden gehalten und gegen die Regierung gehetzt hätte. Insbesondere gegen Kurt Hager, wie sie sagte. Damit meinte sie das Mitglied des Politbüros, den alten Spanienkämpfer, Kommunisten und Scharfmacher, einen aalglatten trickreichen Demagogen. Es war erbärmlich. Hier verriet mich das gleiche Mädchen, mit dem ich ein Jahr zuvor nachts in einem Café in der Chausseestraße »Verlobung« gefeiert hatte. So kann man sich täuschen.

Ein Schlag und ein Schmerz durchzuckten mich wie ein Blitz. Wieder hatte der Vernehmer meinem Kopf mit einem schnellen Stoß seines ausgestreckten Armes gegen die Wand geschlagen. Ich war seiner Brutalität hilflos ausgeliefert. Dennoch verstärkte sich mit jedem Schlag, mit jedem neuen Schmerz mein Wille, jetzt erst recht kein Wort zu sagen.

»Was hast du der Kalitzki über deine Fluchtvorbereitungen erzählt? Wer weiß noch davon? Sitz nicht so blöd da rum, sondern antworte.« Er schrie die letzten Worte beinahe und kam erneut auf mich zu. Ich fühlte Tränen in mir aufsteigen, Tränen der Ohnmacht und der Wut, die ich krampfhaft zurückzuhalten suchte.

»Warum schlagen Sie mich? Was habe ich Ihnen getan, daß Sie mich so behandeln? Glauben Sie, Sie könnten mich damit zum Reden bringen?«

»Sie glauben wohl den Helden spielen zu können, aber Ihre Mätzchen beeindrucken mich nicht. Wenn Sie so weitermachen, wird noch mehr Blut fließen. Wir machen Sie so fertig, Welsch, so fertig, daß Sie mich eines Tages um Gnade anbetteln werden, anbetteln, das verspreche ich Ihnen.«

Wieder riß es mich vom Hocker. Es schüttelte mich buchstäblich. Schmerz und Wut schrien aus mir heraus:

»Eher krepiere ich, als Sie um Gnade zu bitten. Ich hasse Sie, und ich hasse Ihren Primitivkommunismus mitsamt Ihrer Brutalität bis aufs Blut!«

Vor meinen Augen rollten rote Wellen. Ich war verzweifelt, zitterte am ganzen Körper.

»Ich hasse Sie auch«, schrie der Vernehmer da, »Sie Verbrecher und Staatsfeind. Wir werden Sie ausrotten mit Stumpf und Stiel!«

»Ja«, schrie ich zurück, »den Satz kenne ich, es ist ein faschistischer Satz, er galt den Juden. Er führte zum größten Verbrechen in Deutschland. Sie sind noch gefährlicher und menschenverachtender, als ich bis jetzt dachte. Sie verkörpern die Verlogenheit und Menschenverachtung einer Diktatur von Betrügern!«

Atemlose Stille herrschte im Raum. Es roch förmlich nach Gewalt. Ich erwartete einen neuen Angriff. Einige Augenblicke lang sah es auch danach aus. Doch dann setzte er sich. Er sah mich an. Langsam überzog ein höhnisches Grinsen sein Gesicht. Er griff zur Zigarettenschachtel.

»Immerhin, Welsch, Sie haben Mut. So hat noch niemand gewagt, mit mir zu sprechen. Ich muß schon sagen, das ist bemerkenswert, doch bilden Sie sich darauf bloß nichts ein. Andere hätten aus Ihnen jetzt Hackfleisch gemacht. Sie könnten Ihre Prinzipientreue für eine bessere Sache einsetzen. Mir gefällt an Ihnen, daß Sie ein richtiger Feind sind und keinen Respekt vor uns haben. Das macht mir die Sache leichter. So einen Unverbesserlichen hatte ich noch nie. Sie werden noch mehr leiden. Für heute reicht's, Sie können essen gehen.« Er griff zum Telefon.

Der Läufer starrte mich erschrocken an. Mein Gesicht war blutverschmiert. Er vergaß sogar das Kommando »Hände auf den Rücken«. Er war nicht viel älter als ich. Was mag er gedacht haben?

In der Zelle erwartete mich eine Überraschung. Das linke Bett war bezogen, vor dem Hocker stand ein Mann Ende 30, mit athletischer Figur und einem sympathischen Gesicht.

»Ich bin Heinz«, sagte er und reichte mir seine Hand. Noch immer war ich völlig durcheinander. Mein Kopf schmerzte höllisch, und mir war schlecht. »Rechts«, stellte ich mich vor und ergriff seine Hand. »Tut mir leid, ich heiße natürlich Wolfgang. Du bist seit meiner Verhaftung vor drei Monaten der erste Mitgefangene, den ich zu Gesicht bekomme.«

»Wie siehst du denn aus, hat man dich geschlagen?«

»Ach woher«, erwiderte ich ironisch. »Ich hatte nur eine intensive Vernehmung und lernte eine sogenannte Arbeiterfaust kennen. Entschuldige bitte, aber ich habe furchtbare Schmerzen und muß mich erst mal hinlegen.« Trotz Verbot legte ich mich bäuchlings auf das Bett.

»Laß mal sehen, ich bin Arzt«, ließ sich mein neuer Zimmergefährte vernehmen. Er riß den unteren Teil seines Hemdes heraus, tauchte ihn in seinen Becher mit dem kalten Kaffee und säuberte die Wunde. Ich knirschte mit den Zähnen. Es brannte höllisch.

»Sieht ganz schön böse aus. Wenn das Wasser angestellt wird, werde ich dir einen feuchten Umschlag mit dem Handtuch machen. Leider gibt es hier nichts anderes, außer, du meldest dich zum Sanitäter.«

»Danke. Das kannst du hier vergessen. Wenn du Arzt bist, hast du mich soeben schon versorgt.« Etwas später stand ich wieder auf. Die Neugier und das Verlangen, zu sprechen, waren größer als die Schmerzen.

Heinz war Klinikarzt in Ostberlin. Bei dem Versuch, in der Zwischendecke des Orientexpreß mit seiner Frau nach Wien zu flüchten, wurden sie an der jugoslawischen Grenze entdeckt und festgenommen. Von Belgrad wurde er mit einem Stasiflugzeug, das noch weitere Flüchtlinge aus anderen Ostblockländern an Bord hatte, nach Ostberlin geflogen. Seine Frau hatte er seitdem nicht mehr gesehen. Weder durfte er ihr Briefe schreiben, noch erhielt er welche von ihr.

Er hatte einen Ärztekongreß in Split besucht. Diese Gelegenheit wollte er zur Flucht nutzen, die ihm schon längst als einziger Ausweg im Kopf herumging. Offenbar war er nicht der einzige in der Gruppe, der so dachte. Schon am ersten Morgen fehlte die Leiterin der Delegation, eine Ärztin. Wenig später traf eine Karte aus Triest von ihr ein. Die Flucht war ihr geglückt. Am dritten Tag war trotz durchgehender Bewachung auch der Chef der Pathologie an der Berliner Charité verschwunden. Dringend mußte er etwas unternehmen, denn der Tag der Rückreise näherte sich.

Mit einem Bettlaken seilten er und seine Frau sich um Mitternacht des zehnten Tages vom Fenster ihres im zweiten Stock gelegenen Zimmers ab, mit einer Tasche, die nur das Nötigste enthielt. Unbemerkt verließen sie das Hotel und schlugen sich bis Belgrad durch, wo sie die deutsche Botschaft aufsuchten. Dort erlebten sie eine unangenehme Überraschung. Außer Kaffee und Zigaretten wollte man ihnen nichts weiter anbieten, am wenigsten einen deutschen Reisepaß, auf den sie insgeheim gehofft hatten. Ihr Einwand, daß sie Deutsche im Sinne des Grundgesetzes

seien, wurde mit der albernen Begründung weggewischt, daß man die guten deutsch-jugoslawischen Beziehungen nicht gefährden wolle. Eine Begründung, an die ich mich Jahre später zurückerinnern sollte.
Derart ernüchtert verließen sie die Botschaft und kauften zwei Tickets für den Orientexpreß nach Wien, in der Hoffnung, daß ihnen unterwegs etwas einfallen würde.
Während der Fahrt durch die Karawanken machte sich Heinz auf die Suche nach einem Versteck im Zug. In der Toilette des Kurswagens nach Wien schraubte er die Deckenplatte ab. Er stellte fest, daß man in das Zwischendeck kriechen konnte. Er holte seine Frau, und zusammen stiegen sie in das Versteck. Die Deckenplatte befestigte er von innen mit einem Stück Seil. Dann robbten sie auf dem Bauch in der Dunkelheit weiter, bis ein Lichtschimmer zu erkennen war. Er fiel durch die Luftschlitze einer Klappe über dem Gang. Da blieben sie liegen und warteten.
Der Zug hielt. Stiefel trampelten direkt unter ihnen vorbei. Der Zug fuhr ab und hielt wieder. Abteiltüren flogen auf und wieder zu. Erneut setzte sich der Zug in Bewegung, um kurz darauf wieder zu halten. Nach ihrer Schätzung mußten sie die österreichische Grenze erreicht haben. Vorsichtig hob Heinz die Klappe an. Direkt unter ihm kontrollierten Uniformierte die Papiere der Reisenden. Es waren Jugoslawen. Sie entdeckten ihn, zerrten ihn und seine Frau mit Gewalt durch das schmale Loch heraus. Handschellen schnappten. Ihre Flucht war zu Ende.

Heinz war ein sportlicher und positiver Typ, den die Haft zumindest äußerlich nicht zu bedrücken schien. Stundenlang rannte er im Mittelgang der Zelle auf und ab, machte Liegestütze, Kniebeugen und andere gymnastische Übungen. Bald machte ich mit. Nach den ersten fünf Liegestützen brach ich zusammen. Später wurden es 10, 30 und mehr. Jeden Morgen, jeden Abend. Außerdem lernten wir Englisch. Er konnte jonglieren. Ich lernte es. Erst das Fangen einer Kartoffel, hochgeworfen, mit einer Hand. Dann zwei Kartoffeln, die ich im Wechsel hochwarf. Zum Schluß jonglierte ich mit drei Kartoffeln, im Sitzen, Stehen, Laufen, Rückwärtsgehen. Nach zwei Monaten hielt ich bereits mit ihm mit: 60 Liegestütze.

Heinz hatte sich in einer Welt der Zwecklügen Hegels »Mut zur Wahrheit« verschrieben.

Bei seinen Vernehmungen machte er keinen Hehl aus seiner Ablehnung des SED-Systems.

»Weißt du«, sagte er oft zu mir, »man kann nicht sein ganzes Leben in einem schizoiden Zustand verbringen, sich verbiegen und benutzen lassen für eine Sache, an die man nie geglaubt hat. Für diese Erkenntnis werden wir jetzt bezahlen müssen. Doch diesen Preis ist es allemal wert.«

Das machte auch mir Mut. Er war von einer stoischen Gelassenheit, die ich nur bewundern konnte. Seit Monaten hatte er seine Frau nicht gesehen, wußte nicht einmal, in welchem Gefängnis sie sich befand. Der Kontakt zu ihr war ihm strikt verboten worden. Auch sie durfte ihm nicht schreiben. Trotzdem war er sich sicher, daß sie durchhalten würde. Ich machte ihn mit unserem speziellen Telefonsystem bekannt, doch alle Bemühungen, ihren Aufenthaltsort festzustellen, blieben ergebnislos. In Pankow war sie offenbar nicht.

Durch Heinz besserte sich meine Situation. Wir verstanden uns sehr gut. Zwar gingen die Vernehmungen weiter, doch wußte ich nun, in der Zelle wartet er, und wir können darüber sprechen.

GEHEIMPROZESS

Am 26. September fand der Prozeß gegen mich statt. Nachdem ich frühmorgens gegen sechs Uhr mit Handschellen und einem Stullenpaket in der Minizelle des mir wohlbekannten »Fischautos« Platz genommen hatte, hörte ich wenig später Charlys Stimme. Er war also mit von der Partie. Unser Ziel war das Stadtbezirksgericht in der Berliner Littenstraße. Drei Bewacher führten uns durch das weiträumige, altehrwürdige Gerichtsgebäude. In einem Raum neben dem Gerichtssaal im ersten Stockwerk befand sich ein vergitterter Verschlag, in den mich einer der Posten hineinstieß. Ich mußte die Hände durch das Gitter strecken, dann erst schloß er die Handschellen auf. Charly wurde in einem der vorderen Zwinger eingeschlossen. Noch hatte ich ihn nicht gesehen, nur seine Stimme erkannt. Nach einer Weile kam der Posten wieder. Er reichte mir durch die Gitterstäbe einen Schriftsatz. »Ihre Anklageschrift. Wenn Sie die durchgelesen haben, komme ich wieder und hole sie ab.« Es war ein Konvolut von über fünfzehn Seiten, wie ich schnell feststellte.

»Wie spät ist es denn?« Er schaute auf seine Armbanduhr: »Viertel vor acht. Beeilen Sie sich mit dem Lesen. Die Verhandlung beginnt um neun Uhr.«

»Wie soll ich denn bitte in dieser kurzen Zeit meine Verteidigung vorbereiten?« Der Posten zuckte mit den Schultern und verschwand. Ich begann zu lesen. Als ich damit fertig war, wußte ich, daß mit mir einer der gefährlichsten Staatsfeinde der DDR vor Gericht stehen würde, einer, der durch das schlimme Verbrechen seiner versuchten Flucht, mit seinen Gedichten und seinen freimütigen Äußerungen den dritten Weltkrieg auslösen wollte.

Da fiel mir der Witz über den Mann ein, der angeblich alle politischen Witze in der DDR erfand. Er wohnte im tiefsten Erzgebirge. Lange hatte man nach ihm gesucht. Eines Tages spürte ihn endlich eine Sondereinheit der Stasi auf und stürmte mit vorgehaltenen Maschinenpistolen seine windschiefe Holzhütte. Darin saß ein kleines, altes verhutzeltes Männlein. »Haben wir dich endlich, du Friedensfeind!« brüllte der Anführer. »Du wolltest mit deinen Witzen unsere humane und gerechte, sozialistische Menschengemeinschaft zerstören, und das …« – »Moment, Moment«, wehrte der alte Mann ab, »der ist nicht von mir!«

Die Tür wurde aufgeschlossen, und ein Zivilist erschien. Wohl mein Rechtsanwalt und Verteidiger. Aber in Wahrheit war er nur ein juristischer Pausenclown, denn weder war er ein Anwalt des

Rechts, noch konnte er irgend etwas oder irgend jemand verteidigen. Zum dunkel glänzenden Anzug aus DDR-Kunstfaser trug er ein verwaschen-blaues Hemd, zwischen dessen Kragenspitzen eine schlaff geknotete, braungemusterte Krawatte hing. Sein Gesicht war ebenso blaß wie meines. Er sah sich suchend um und kam auf meinen Zwinger zu. Ich fragte: »Sind Sie Herr Dzida?«

»Ja, mein Name ist Dzida; und Sie sind Herr Welsch?« Er reichte mir seine Hand zur Begrüßung durch die Gitterstäbe. Sie fühlte sich kalt und feucht an.

»Ich bin Ihr Rechtsbeistand. Haben Sie die Anklageschrift erhalten?«

Ich gab sie ihm. Er überflog die Seiten. Mehrmals wiegte er bedenklich seinen Kopf und kommentierte mit »aha«, oder »das ist ja unglaublich«, um sie mir am Ende seiner Lektüre wieder zu überreichen. »Das sieht nicht sehr gut aus für Sie, aber wir werden das Beste daraus machen.«

»Sie haben die Anklageschrift also auch eben erst gelesen?«

»Ja.«

»Wie wollen Sie mich denn verteidigen, wenn Sie weder *meine* Darstellung der Ereignisse kennen noch entlastende Materialien oder Zeugen anführen dürfen?«

»Unser Recht läßt ein derartiges Vorgehen nicht zu. Davon abgesehen ist die Ermittlungsarbeit des MfS, die sich in der Anklageschrift niederschlägt, eine feststehende Rechtswahrheit. An der kann auch ein Verteidiger nicht viel ändern. Sie in Frage zu stellen, würde auch mich beruflich und persönlich in Schwierigkeiten bringen.«

»Warum um alles in der Welt sind Sie dann hier, wenn Sie mir nicht helfen können?«

»Zum einen erfordert das die Strafprozeßordnung, zum anderen haben mich Ihre Eltern beauftragt. Sie sollten am besten ruhig sein und nicht reden. Ich bin des öfteren mit ähnlichen Fällen befaßt und kenne daher auch manche Gründe.«

»Moment bitte«, unterbrach ich ihn. »Mag sein, daß Sie ›manche Gründe‹ kennen, meine kennen Sie jedenfalls nicht. Deshalb frage ich Sie noch einmal: Wie wollen Sie mir helfen, wie kann ich mich der absurden Beschuldigungen erwehren und mich angemessen verteidigen?«

Er setzte ein wissendes Lächeln auf: »Überlassen Sie das am besten mir.«

Resigniert setzte ich mich auf den einzigen Stuhl meines vergitterten Käfigs. »Also kommt, mit anderen Worten, was kommen muß. Ich werde verurteilt.«

»Das ganz sicher«, erwiderte er und trat dicht an die Gitterstäbe. »Ihre Verurteilung erfolgt schon aus Gründen der Staatsräson.«

»Das habe ich schon mal gehört, vom Haftrichter. Und was kommt dabei raus, ich meine, wie lange muß ich noch in Haft bleiben?«

»Dazu kann ich wenig sagen. Erfahrungsgemäß müssen Sie bei diesen Strafvorwürfen mit mindestens zwei Jahren Haft rechnen.«

»Was heißt Strafvorwürfe!« Ich sprang hoch und preßte das Gesicht an das Gitter: »Das ist doch alles gelogen und manipuliert. Ich habe niemanden geschädigt, ich wollte nur endlich dieses Land verlassen. Und ich habe meine Ansichten über diesen Staat geäußert. Warum behandelt man mich da wie einen Staatsverbrecher?«

Er wedelte abwiegelnd mit beiden Händen. »Warten Sie ab und haben Sie Vertrauen. Mehr kann ich Ihnen im Augenblick auch nicht sagen.«

In diesem Moment wurde die Tür aufgeschlossen, und zwei Uniformierte betraten den Raum. Einer kam zu meinem Käfig: »Geben Sie mir die Anklageschrift.«

»Was soll ich? Ihnen die Anklageschrift geben? Warum? Ich bin angeklagt und nicht Sie, und ich brauche sie jetzt, um mich verteidigen zu können!«

»Geben Sie die Anklageschrift heraus, sofort. Sie dürfen sie nicht behalten.«

»Herr Dzida«, wandte ich mich an meinen Verteidiger, »was sagen Sie dazu? Wenn ich dieses Elaborat nicht mehr habe« – ich schlug mit den zusammengerollten Seiten auf meine Handfläche –, »kann ich mich auch nicht verteidigen.«

»Sie müssen die Anklageschrift herausgeben«, wandte er sich an mich. »Verteidigen werde ich Sie, dazu brauchen Sie die Anklageschrift nicht. Außerdem sind das die Regeln.« Er zog vielsagend seine Augenbrauen hoch.

»Diese Regeln sind ungerecht und machen mich rechtlos«, entgegnete ich wütend, riß die Seiten der Länge nach durch und warf die Reste nach draußen. »Bitte schön, hier haben Sie Ihre Anklageschrift!« Die Posten standen sprachlos. Einer kam drohend näher. Er ballte seine Faust, und sein Gesicht verzerrte sich. Angesichts des wie erstarrt glotzenden Anwalts blieb er jedoch kurz vor dem Gitter stehen: »Das werden Sie noch bereuen! Sie behindern das Gericht und machen es verächtlich. Das wird Folgen für Sie haben!«

Der andere kommandierte: »Hände durchs Gitter!« Der Posten legte mir Handschellen an. Danach schloß er die Gittertür auf.

»Kommse mit! Bei Fluchtversuch wird von der Waffe Gebrauch gemacht.« Derart gesichert trabte ich an der Seite meines hilflos wirkenden Verteidigers über den Flur des Gerichtsgebäudes. Vor der Tür zum Gerichtssaal standen meine Eltern. Sie blickten ernst und bedeutungsvoll. Im Vorbeigehen lächelte meine Mutter aufmunternd.

Der Gerichtssaal war groß und düster, obwohl die Sonne draußen schien und das Grün der Bäume wie eine Fata Morgana aus einer anderen Welt Leben verhieß. Man schob mich auf eine Bank hinter einer beeindruckend hohen Balustrade. Ein Posten schloß die Handschellen auf und nahm sie mir ab. Niemand sonst war im Saal. Außer Ulbricht. Überall, wo es im SED-Staat offiziell wurde, blickte er staatstragend von der Wand. »Spitzbart«, wie Ulbricht in der Bevölkerung genannt wurde, der sogenannte Staatsratsvorsitzende der DDR. Mit seiner eunuchenhaften Fistelstimme sächselnd war er für mich die Personifizierung des Abstoßenden. Kurz darauf betrat auch Charly den Saal, flankiert von zwei weiteren Bewachern. Er nahm neben mir Platz. Ihm folgte ein Zivilist, von dem ich annahm, daß es sein Verteidiger war. Charly würdigte ihn keines Blickes. Wir begrüßten uns.

Die Doppeltür des Saales öffnete sich erneut, und meine Eltern kamen herein. Sofort wurden sie vom Posten mit dem Hinweis wieder hinausgeschickt, daß die Verhandlung nicht öffentlich sei. Meine Mutter protestierte verhalten, doch das half ihr nichts. Empört wandte ich mich an Dzida: »Warum darf meine Mutter nicht in den Gerichtssaal?« Der Anwalt hatte hinter mir Platz genommen. »Die Verhandlung scheint nicht öffentlich zu sein«, erklärte er.

»Was heißt ›scheint‹? Wußten Sie das etwa nicht vorher?«

Dzida wand sich wie eine Blindschleiche auf der Herdplatte.

»Nein«, entgegnete er, »das habe ich auch eben erst an der Tafel vor dem Saal gelesen.«

»Heißt das, hier findet ein Geheimprozeß statt?«

»Wenn Sie das so bezeichnen wollen, ja. Tatsächlich ist es so«, fügte er hinzu.

Einige Zivilisten betraten ungehindert den Saal und setzten sich in die Zuschauerbänke. Ein Blick in ihre Gesichter machte die Professionalität des Publikums deutlich. Es schien sich durchweg um Stasileute zu handeln.

»Sagen Sie, gilt die Nichtöffentlichkeit für diese Leute nicht? Haben die Sonderrechte?« Dzida blickte indigniert zur Seite. Was hätte er mir auch sagen sollen. So kafkaesk begann die Verhandlung.

Nach einigen Minuten öffnete sich eine Nebentür, und das Richtergremium betrat den Saal. Alle erhoben sich. Die drei Richter, darunter eine Frau, nahmen Platz, worauf sich alle anderen setzten. Nach der Eröffnung durch die Richterin verlas der Staatsanwalt stehend die Anklageschrift. Immer wenn er darin auf politische Aussagen stieß, hob er bedeutungsvoll seine Stimme, blickte zum Gericht und zu mir, wohl um damit die besondere Gefahr, die von mir ausging, deutlich zu machen. Das alles erinnerte eher an schlecht gemachtes Theater mit mittelmäßigen Darstellern, obgleich der geifernde Pathos nichts Gutes verhieß.

Danach trat das Gericht in die Beweisaufnahme ein und forderte mich auf, über mein bisheriges Leben zu berichten und darüber, wie es zu den Tatausführungen kam. Damit meinten sie die gescheiterte Flucht und meine Gedichte.

»Frau Vorsitzende«, begann ich, »nicht meine versuchte Flucht, nicht meine Gedichte sind unnormal, wie das soeben der Staatsanwalt in völliger Verkennung der Wahrheit darzustellen versucht hat. Unnormal sind die Verhältnisse in diesem Land, die mich zur Flucht veranlaßten und die ich in meinen Gedichten beschrieben habe, unnormal ist, daß ich aus diesem Staat flüchten muß, anstatt legal ausreisen zu können ...« Die letzten Worte mußte ich schon mit deutlich erhöhter Lautstärke sprechen, denn einer der grauhaarigen Schöffen vom Typ »Arbeiterveteran« versuchte mich zu unterbrechen.

»... und lassen es nicht zu, daß Sie in diesem Gerichtssaal weiterhetzen. Sie haben hier lediglich dem Gericht Auskunft über Ihre verbrecherischen Handlungen zu geben, sonst nichts.«

»Ja entschuldigen Sie, mein Herr ...«

»Ich bin nicht Ihr Herr«, erregte sich der Schöffe. »Sie stehen hier vor einem Gericht.«

»Das ist nicht zu übersehen«, erwiderte ich, »doch die Frau Vorsitzende hatte mich aufgefordert, zu berichten, wie es zu den sogenannten Taten kam. Das will ich gerade tun. Entweder Sie hören sich das an, oder ich werde hier überhaupt nichts mehr sagen, ›Genosse Richter‹, wenn Ihnen das lieber ist.«

Neben mir schrie Charly plötzlich: »Was streitest du dich mit diesem Proleten? Deine Darstellung interessiert hier niemand. Du sollst nur dein sogenanntes Verbrechen zugeben!«

»Angeklagter Lokowski«, schrie ihrerseits die Richterin, »ich belege Sie mit einer Ordnungsstrafe von einhundert Mark!« Wutentbrannt sprang Charly vom Stuhl und wandte sich fragend an die Richterin: »Ost?« Sein Tonfall triefte vor Ironie. Einen Moment war es still. Dann brach ein kleiner Tumult im Saal aus. Der Wachtposten neben Charly rasselte mit den Handschellen, und die Schöffen pöbelten etwas Unverständliches vom Richtertisch herunter. »Ruhe!« schrie die Richterin. »Ruhe! Angeklagter, noch eine solche Bemerkung, und ich schließe Sie von der weiteren Teilnahme an dieser Verhandlung aus.«

»Frau Vorsitzende, warum ist diese Verhandlung nicht öffentlich?« fragte ich zum Richtertisch gewandt. »Warum sind meine

Eltern ausgeschlossen, weil Sie gerade von ausschließen sprachen?«
»Sie haben hier überhaupt keine Fragen zu stellen«, wies sie mich zurecht. »Die einzigen, die hier Fragen stellen, sind wir.«
»Dann frage ich nicht, sondern stelle fest, daß Sie die Öffentlichkeit fürchten, daß Sie das Volk fürchten, in dessen Namen Sie urteilen. Sie möchten vermeiden, daß andere etwas über meine Motive erfahren, dieses Land zu verlassen ...« Der Rest meiner Worte ging in erneutem Geschrei unter.
»Angeklagter, noch ein Wort, und Sie werden ausgeschlossen«, kreischte die Richterin sichtlich erregt.
»Sie sollen hier wahrheitsgemäß aussagen und nicht ständig hetzerische Reden halten.«
»Wenn ich meine Aussage nicht aus meiner Sicht machen kann, werde ich hier überhaupt nichts mehr sagen. Niemand scheint daran interessiert zu sein, wie es denn zu den sogenannten Taten kam.«
»Sprechen Sie, Angeklagter, und mäßigen Sie Ihre Ausdrucksweise.«
Diesmal wurde ich nicht unterbrochen und konnte einigermaßen zusammenhängend erklären, warum die DDR für mich nicht lebenswert ist und niemals war. Ich sprach über die Perspektivlosigkeit der Jugend, worauf mich die Richterin sofort wieder unterbrach.
»Sie haben kein Recht, von ›der‹ Jugend zu sprechen. Die Jugend der DDR hat anders als im Kapitalismus alle Rechte und alle Chancen, sich zu sozialistischen Persönlichkeiten zu entwickeln.«
»Ich möchte aber keine sozialistische Persönlichkeit werden, sondern in Freiheit leben, in einem Rechtsstaat, der meine Rechte garantiert, der mich vor einem aufgezwungenen Glück schützt und in dem ich denken, reden und schreiben kann, was ich will. Es gibt in der DDR keine Monopole mehr, heißt es, aber das stimmt nicht. Hier gibt es das bedrückendste, das schlimmste Monopol. Besitzer ist die größte Partei des Landes. Sie hat das Monopol auf die Wahrheit.«
»Angeklagter, ich entziehe Ihnen das Wort. Ich habe Ihnen Gele-

genheit gegeben, Ihr staatsfeindliches Handeln zu überdenken. Statt dessen hören Sie nicht auf zu hetzen. Das Gericht verzichtet auf das Verlesen der Vernehmungsprotokolle durch das Ministerium für Staatssicherheit. Sie, Angeklagter, haben soeben noch einmal den Beweis erbracht, daß Sie Ihr staatsfeindliches Hetzen nicht unterlassen. Ich verlese jetzt den Abschlußbericht des Untersuchungsorgans.«

Darin wurde ich als erklärter Feind der gesellschaftlichen Verhältnisse in der DDR bezeichnet. Meine Gedichte seien nicht als Kunst, sondern als Staatsverleumdung einzustufen, was nicht weiter verwunderlich sei, da ich zu dem Personenkreis um Biermann, Kube und anderen engen Kontakt hatte. Mit einem gefälschten bundesrepublikanischen Paß hätte ich versucht, die DDR bei Boizenburg illegal zu verlassen. Damit hätte ich einen dritten Weltkrieg auslösen können, denn die Bonner Ultras würden nur zu begierig auf solche Zwischenfälle warten, um sie dann ideologisch gegen das Lager des Friedens auszuschlachten. Nur eine angemessene Haftstrafe könnte mich resozialisieren.

Nach dem Verlesen meiner Beurteilung durch die Stasi wurde die Beweisaufnahme geschlossen.

Der Staatsanwalt, ein gewisser Seyfert, begann mit seinem Plädoyer. Im Grunde wiederholte er die Anklageschrift. Doch wie er sie nun vortrug, geifernd, hechelnd, mit sich überschlagender Stimme und kippendem Tonfall, meine sogenannten Verbrechen mit gedehntem Schrei akzentuierend, das hatte was von überzogener Schmiere. Drohend schleuderte er seine Anklagen in den Saal. Freisler, dachte ich nur, alles wie damals, auch wieder Gerichtshof des Volkes, Volksgerichtshof. Warum merkt das bloß keiner?

»... Darum beantrage ich für den Schauspieler Wolfgang Welsch wegen Republikflucht, staatsgefährdender Hetze und Propaganda eine Freiheitsstrafe von zwei Jahren und drei Monaten, für den mitangeklagten Disponenten Bernd Lokowski wegen Beihilfe ein Jahr und sechs Monate Freiheitsstrafe.« Charly lächelte zu mir herüber. Ich war dennoch geschockt, obwohl dies nach Berichten

anderer Mithäftlinge zu erwarten war. Mein Anwalt zeigte keine Regung.
Nachdem sich der Staatsanwalt gesetzt hatte, begann er sein Plädoyer. Es war nicht nur schwach, es war geradezu demütigend für mich, denn schon nach den ersten Sätzen glaubte ich meinen Ohren nicht zu trauen. Er redete von meiner schlimmen Verirrung, von der Notwendigkeit zur Anpassung, meiner religiösen Erziehung, die mich in Widerspruch zur atheistischen Staatsdoktrin gebracht hatte, meinem Umgang mit potentiellen Nörglern am System, die mich negativ beeinflußt hätten. Dann bat er um eine mildere Strafe.
Danach plädierte der Anwalt von Charly, indem er sich dem Plädoyer des Staatsanwaltes anschloß. Es war grotesk.

Das Gericht vertagte sich zur Urteilsverkündung. Von Urteilsfindung zu reden wäre kühn, denn die deutlichen Vorgaben der Stasi-Vernehmungsprotokolle und der Anklageschrift würden von diesem Gericht nicht ignoriert werden. Das Urteil war vorgegeben und stand fest.
Diesmal wurden wir in die Kellerzellen des Gerichtsgebäudes gebracht, vorbei an meinen Eltern, die fassungslos und mit steinernen Gesichtern den Riesenaufmarsch von Bewachern, Handschellen und Gefangenen verfolgten.
Zwei Stunden später verkündete die Richterin »im Namen des Volkes« das Urteil. Es lautete auf zwei Jahre Gefängnis wegen staatsgefährdender Hetze und versuchten illegalen Verlassens der DDR, § 19 Strafergänzungsgesetz (STEG), des politischen Zusatzes zum Strafgesetz, und nach § 5 der Paßverordnung in der Fassung des § 1 der Paßänderungsverordnung. Bei Charly blieb es bei anderthalb Jahren für Beihilfe.
Die Richterin begründete das Urteil mit einem dritten Aufguß der Anklageschrift. Zusätzlich wurde mir vorgeworfen, auch angesichts der bereits genossenen Untersuchungshaft vor dem Gericht weiter hetzerische und staatsverleumderische Reden gehalten zu haben. Anwalt Dzida flüsterte mir zu, keine Berufung ein-

legen zu wollen. Das würde zu nichts führen. Ich flüsterte zurück, daß er dies auf jeden Fall tun müsse. Nach dem Verlesen einer Rechtsmittelbelehrung verließen die Richter den Saal. Der Prozeß war beendet.
Sofort wurden wir in Handschellen gelegt. Auf meine Frage, ob ich meine draußen wartenden Eltern wenigstens einen Moment sprechen könnte, bekam ich zur Antwort: »Halt das Maul, du Verbrecher.« Der Ton war härter geworden. Doch im Vorbeigehen lächelte ich den Eltern aufmunternd zu, obwohl mir nicht danach zumute war. Meine Mutter weinte.

Der Name der Richterin war Gerda Klabuhn. Ich sollte ihr noch einmal begegnen. Noch einmal sollte sie ein unfaßbares Urteil über mich verhängen. Wegen dieses Urteils und anderer Verbrechen stand sie dann 30 Jahre später endlich vor einem ordentlichen deutschen Gericht, mit allen rechtlichen Möglichkeiten der Verteidigung. Sie wurde zu einer mehrjährigen Gefängnisstrafe verurteilt. Als sie diese Strafe nicht antrat, wurde sie auf offener Straße verhaftet und in die Justizvollzugsanstalt in Berlin eingeliefert.

Am Nachmittag befand ich mich bereits wieder in meiner Zelle. Ich war niedergeschlagen, und eine tiefe Mutlosigkeit bemächtigte sich meiner. Heinz versuchte mich zu trösten, so gut er konnte, doch fühlte ich immer wieder die Tränen hochsteigen. Ein dicker Kloß saß in meinem Hals.
Fast körperlich spürte ich die tiefe, allumfassende Abneigung gegen dieses Regime. Nie zuvor hatte ich so empfunden. Und je länger ich mich darin versenkte, um so spürbarer wurde die Kraft, die Stärke, die ich in mir fühlte. Ich sprach mit Heinz darüber.
Er verstand. »Diese Stärke brauchst du, um im Gefängnis nicht unterzugehen. Jetzt geht es nämlich erst richtig los. Im Gefängnis wirst du allein auf dich gestellt sein. Gib vor allem niemals auf. Und appelliere niemals an die Menschlichkeit des Systems. Die gibt es nicht. Diese Leute haben keinerlei menschliche Regungen

oder Gefühle. Jede Diskussion mit denen ist sinnlos. Haß ist ein gutes, ein unglaublich starkes Motiv«, meinte er, »aber es sollte nicht dein einziges bleiben.« Ich sollte mich oft an seine Worte erinnern.

IM GEFÄNGNIS

Vorläufig änderte sich am Tagesablauf nichts, obwohl ich jederzeit damit rechnen mußte, in ein Gefängnis überführt zu werden. Inzwischen lernte ich mit Heinz unverdrossen Englisch. Beide waren wir überzeugt, diese Sprache bald schon gebrauchen und einsetzen zu können. Gemeinsam gingen wir im Geiste auf den Ostberliner Straßen spazieren und riefen uns gegenseitig Häuser, Geschäfte und andere Merkmale zurück in die Erinnerung. Ich rezitierte aus Wedekinds »Frühlingserwachen«, Heinz »unterrichtete« mich in medizinischen Fragen. Wir spielten Schach mit geformten Brotkügelchen auf bemaltem Schachbrettpapier. Sein Prozeßtermin war für den Oktober angesetzt.
Am 18. Oktober mußte ich meine Sachen packen. Wir verabschiedeten uns herzlich. Nachdem ich meine Zivilsachen angezogen und alle anderen Sachen abgegeben hatte, bestieg ich den Barkas-Transporter. Die Fahrt endete schon nach knapp 40 Minuten. Wir waren im Gefängnis Berlin-Rummelsburg angekommen. Nie zuvor hatte ich davon gehört.
Es ist, 1850 errichtet, das älteste Gefängnis Berlins. Einstmals ausgelegt für 1000 Häftlinge, wurden hier nach dem Volksaufstand am 17. Juni 1953 über 4000 Aufständische teilweise in schweren Ketten gehalten. Mit dem Mauerbau stieg die Zahl der Häftlinge bis April 1962 auf über 5000 an.
Einerseits war ich froh, den Schlägen und Torturen in Pankow entronnen zu sein, anderseits bedrückte mich die Vorstellung, Insasse eines gewöhnlichen Gefängnisses zu sein. Hier war ich eine

Ausnahme unter einer Mehrheit krimineller Gefangener. Würde es hier einen Partner wie Heinz oder andere politische Gefangene geben?
Politische Gefangene gab es offiziell überhaupt nicht in der DDR. Darüber hatte mich mein Vernehmer aufgeklärt. Wegen meiner angeblich kriminellen Handlungen gegen den Staat würde ich mich in nichts von gewöhnlichen Kriminellen unterscheiden. Die Wirklichkeit sah allerdings anders aus, wie ich in Rummelsburg sehr schnell feststellen konnte.
Nach der üblichen Aufnahmeprozedur steckte man mich in eine Sechsmannzelle. Jetzt hatte ich sozusagen Gesprächspartner genug. Doch meine Mitbewohner waren durchweg kriminelle Straftäter, die sich für meine spezifischen Erfahrungen mit dem MfS nicht interessierten. Sie waren Knastprofis, kannten die internen Hierarchien und versuchten, sie für sich zu nutzen. Meine Illusion von der Solidarität meiner Mitgefangenen wich sehr schnell der Erkenntnis, daß das Leben hier vom Recht des Stärkeren bestimmt war und der schlimmste Feind der Gefangenen sie selbst waren.
Ich wurde einem Arbeitskommando zugeteilt, das sich mit der Herstellung von Batterien befaßte, eine äußerst gesundheitsschädliche Arbeit. In einer kleinen, unglaublich schmutzigen Arbeitshalle innerhalb des Anstaltsgeländes arbeiteten die Gefangenen mit altertümlichen Werkzeugen, mußten aber eine festgelegte Produktionsnorm erfüllen. Beißender Säuredampf waberte durch die Luft. Die Gefangenen arbeiteten wie besessen im Akkord, denn gute Arbeitsergebnisse konnten ausschlaggebend sein für eine mögliche vorzeitige Entlassung. In der Anlernphase stellte ich mich bewußt dämlich an. Ich hatte nicht die Absicht, unter frühkapitalistischen Arbeitsbedingungen am Aufbau des Sozialismus mitzuwirken. Man setzte mich zu Hilfs- und Zuträgerarbeiten ein.
Auch das Essen war mies: eine eklige Pampe aus vermatschten Kartoffeln und Fettresten. Überall herrschte Gewalt. Der Gummiknüppel der Wärter konkurrierte mit den Fäusten der Gefange-

nen. Nach kurzer Zeit klagte ich über permanente Kopfschmerzen und meldete mich zum Arzt.

Kühl hörte er sich meine Beschwerden an, drückte mir zwei Tabletten in die Hand und rief: »Der nächste.« Die Wirkung der Tabletten ging gegen null. Wahrscheinlich Plazebos. Daraufhin meldete ich mich mehrere Tage hintereinander morgens krank und zum Arzt. Nur wenig später verlegte man mich auf eine andere Station. Mein Einsatz im Arbeitskommando »Batterie« war beendet. Die neue Zelle ähnelte der alten und war genauso überbelegt. Doch gab es hier einen Westberliner Studenten, der wegen »Beihilfe zur Republikflucht« verurteilt worden war. Er verweigerte sich ähnlich wie ich und verteidigte gegenüber den Wärtern ruhig, aber entschlossen seine Rechte.

An meinem neuen Arbeitsplatz, in der Wäscherei, hatten wir ausreichend Gelegenheit, miteinander zu reden und nicht nur Gemeinheiten auszutauschen, wie es sonst üblich war. Daß ich als Berliner hochdeutsch sprach, sicherte mir die Abneigung meiner Mitgefangenen, insbesondere aber der Wärter, die darin Überheblichkeit zu erkennen glaubten und mich schikanierten, wo es möglich war.

Marie Borchert, meine alte Lehrerin an der Schauspielschule, verstünde die Welt nicht mehr, würde sie erfahren, daß hochdeutsch zu sprechen für mich einmal gefährlich und hinderlich sein könnte. Ihre Sprecherziehung war vorbildlich gewesen, und wir Eleven waren stolz, mehr und mehr den Berliner Slang zu verlieren.

Im Gefängnis lief mir ein anderer Mann über den Weg. Ein politischer Häftling aus der Bundesrepublik, wie er selbst von sich sagte. Ich faßte schnell Vertrauen, wie das immer dann möglich wird, wenn die Bezüge zur Außenwelt fehlen und die Not sehr groß ist. Diesem Dieter Gehse erzählte ich nach einer Weile von meinen Flugblattaktionen am 10. und 11. August 1963. Die Stasi hatte mich damit nie in Zusammenhang gebracht. Er berichtete von seinen angeblichen Beziehungen zu einer Außenstelle der amerikanischen CIA in der Bundesrepublik, in Oberursel bei Frankfurt am Main, und daß er sich nach seiner in Kürze anstehenden Entlassung in den Westen dorthin wenden könnte, um meine spätere Ausschleusung zu bewerkstelligen. Ich müßte allerdings, so sein Angebot, einen gewissen Nachweis meiner Aktivitäten bringen und etwas über die Ereignisse im Sommer 1963 schreiben.

Zum zweiten Jahrestag des Mauerbaus hatte ich auf einer gemieteten Schreibmaschine Hunderte von Flugblättern beschrieben. In ihnen rief ich für den 13. August zum Protestmarsch gegen die Diktatur auf, um gegen die Isolierung und Geiselhaft von siebzehn Millionen Ostdeutschen durch die Mauer zu protestieren, für freie Wahlen und für ein einiges Deutschland.
Einige dieser Flugblätter legte ich im Eingangsbereich der Humboldt-Universität ab, weitere auf den Bänken der S-Bahn, in Telefonzellen, im tschechischen Pavillon am Bahnhof Friedrichstraße, im »Kosmos«-Kino auf der früheren Stalinallee, in der 46er Straßenbahn und im 7er Bus.
Am 13. August fuhr ich wieder in die Innenstadt. Zwar waren weit und breit keine Demonstranten zu sehen, dafür war die Staatsmacht um so präsenter. Zivile Pkws parkten in den Seitenstraßen. Auffallend war, daß die Insassen nicht ausstiegen. Mehrere NVA-Lkws parkten rund um den Gendarmenmarkt. Im Vorbeigehen hörte ich hinter den Planen Wortfetzen. Dieses massive Aufgebot der Diktatur zeigte: Sie hatten Angst. Das Regime hatte gelesen, verstanden und reagiert. So betrachtet war die Aktion letztlich doch ein Erfolg.
Im Herbst des gleichen Jahres organisierte ich eine Lyriklesung in Lychen, einer Kleinstadt 80 Kilometer nördlich von Berlin. Der Saal im größten Restaurant der Stadt war voll besetzt. Das hatte ich der Lokalzeitung »Freies Wort« zu verdanken, die mich als »jungen Lyriker aus Berlin« angekündigt hatte. Nach einer kurzen Einführung begann ich mit der Lesung meiner Gedichte. Über Liebe, Arbeit und den Alltag im realen Sozialismus. Aphorismen, mit verhaltener oder deutlicher Kritik am System vermischt. Der anfängliche Beifall machte mir Mut. Dann las ich aus »Klage«, einem erst kürzlich entstandenen Gedicht, ein Plädoyer

für das Glücksstreben der Individuen und gegen die tumbe Konformität verordneter Massenbewegungen.
Die Stille danach war knisternd, bedrohlich. Aus den hinteren Reihen verhaltenes Klatschen. Die vorderen Reihen unbeweglich, wie erstarrt. Ein Mann stand auf und verbat sich lautstark derart »dekadent-negative« Reden.
Einer rief: »Das sind feindliche Gedanken, die brauchen wir nicht!« Von hinten hielt jemand dagegen: »Dann geh doch nach Hause! Er hat recht! Wir ersticken doch alle hier!« Tumult brach aus. Die Lesung geriet außer Kontrolle. Ich verließ die Bühne, beherzigte den Rat eines wohlmeinenden Teilnehmers und fuhr in derselben Stunde nach Berlin zurück.
Diese Ereignisse notierte ich, ohne mich jedoch als Urheber der Flugblattaktion zu erkennen zu geben, und übergab die Zettel meinem westdeutschen Mitgefangenen.
Wochen und Monate flossen wie Sirup aus Markleeberg dahin. Gleichförmig. Jeder neue Tag hinter Gittern wurde mir schwer. Manchmal fühlte ich mich wie in Beton eingegossen. Ich entschloß mich, meine »Pankower Tagebücher« fortzuschreiben, die ich hierhergerettet hatte, und die fertigen Abschnitte mit Hilfe meiner Mutter hinauszuschmuggeln. Eine Bleistiftmine hatte ich längst organisiert. Auch im Gefängnis Rummelsburg war das unkontrollierte Schreiben verboten. Doch einmal angefangen, entwickelte sich das Schreiben schnell zur Obsession. Ich schrieb alles auf: nicht nur meine Eindrücke, den Tagesablauf, die gewalttätigen Zwischenfälle und Prügelorgien der Wärter, sondern auch Gedichte. Ich schrieb mich quasi aus dem Gefängnis hinaus.
Ich schrieb auf Zigarettenpapier. Die einzelnen Blätter eines Päckchens klebte ich an der Gummierung zusammen, so daß ein kleines Minibuch entstand. War es vollgeschrieben, wurde es zusätzlich mit Silberpapierfolie umwickelt, die von Schokoladenpackungen stammte. Vor jedem Besuch fand eine gründliche, körperliche Durchsuchung statt. Jede Körperöffnung wurde inspiziert, nicht jedoch die Hände. Mit dem Corpus delicti in der Hand betrat ich das Besucherzimmer, in dem meine Mutter be-

reits wartete. Ich reichte ihr die Hand und blickte sie dabei bedeutungsvoll an. Sie spürte den Gegenstand, übernahm den Kassiber und verbarg ihn in einem unbeobachteten Moment in ihrer Kleidung. Beim ersten Mal war sie noch erschrocken, aber dann schaltete sie schnell und intuitiv und wurde eine gute Komplizin. Die Konspiration mit meiner Mutter und der Kassiberschmuggel verschafften mir ein Gefühl der Genugtuung, gaben mir Kraft: meine Mutter unterstützte mich bei meinem Widerstand, bei meinen Versuchen, den Apparat auszuhebeln.
Erst Jahre später flog der bis dahin größte Kassiberschmuggel in Rummelsburg auf. Bei einer erneuten Hausdurchsuchung wurden die nur mäßig versteckten Kassiber gefunden, deren Inhalt freilich längst in den Westen gelangt war.
Der Westdeutsche, Gehse, war eines Tages von Zivilisten abgeholt worden. Hatte man ihn entlassen? Irgendwie hatte ich das Gefühl, meiner Freilassung näher gerückt zu sein.
Inzwischen hatte ich ein ziemlich dichtes Netz von Kontakten knüpfen können. Am ergiebigsten waren die »Wäschekuriere«. Durch sie hielt ich Verbindung zu anderen »Politischen« in anderen Arbeitskommandos. Beim Wäschetausch kamen dann Bleistiftminen, Papier oder Zigarettenpapier zu mir, manchmal auch etwas Butter oder Obst. Im Gegenzug erledigte ich kleinere Aufträge: unzensierte Briefe herauszuschmuggeln, die teilweise in den Westen gingen. Waren, die ich von den Kriminellen erhielt, bezahlte ich mit Bargeld. Das war in Rummelsburg sensationell, denn soweit ich mich erinnern kann, hatte niemand sonst Bargeld. Das steckte mir meine Mutter beim Besuch zu.
Der überwiegende Teil der politischen Häftlinge in Rummelsburg, von den Kriminellen ganz zu schweigen, unterwarf sich dem Gefängnisregime. Sie erfüllten die vorgegebenen Arbeitsnormen mit 150 und mehr Prozent und redeten ihre Peiniger mit »Herr Obermeister«, »Herr Erzieher« oder ähnlich servilen Bezeichnungen an. Doch es ging auch anders. Aus meinem Munde würden meine Peiniger jedenfalls keine Ehrfurchtsbezeigungen zu hören bekommen. Auch weigerte ich mich, bei den sogenann-

ten Erziehungsgesprächen, die regelmäßig mit dem Leiter des Blocks stattfanden, irgend etwas über mich oder meine Ansichten preiszugeben, außer der Bemerkung: »Ich bin ein verurteilter Staatsfeind und ich lehne die kommunistische Ideologie und die DDR ab.« Überraschenderweise wurde ich in Ruhe gelassen.

Am 12. August 1965 wurde ich aus der Wäscherei geholt und mußte alle meine Sachen packen. Einen Moment lang dachte ich, ich würde auf »Aktion«, wie die Freikaufaktionen in die Bundesrepublik hießen, freigelassen werden. Doch als ich den Gefangenentransporter, zur Abwechslung mit der Aufschrift: »Konsumbrot«, warten sah, zerstoben diese Hoffnungen. Zwei Zivilisten traten auf mich zu.

»Sind Sie Herr Welsch?« – »Ja.« Ohne weiteres wurden mir Handschellen angelegt. Auf meine Frage, was das zu bedeuten habe, zeigte mir einer der Stasileute seine Pistole. »Bei Fluchtversuch ... Na, Sie wissen schon.« Nach diesem Spruch war klar, daß es nicht um meine Freilassung ging. An Gehse, an meine Aufzeichnungen dachte ich nicht im entferntesten. Eher an eine Neuauflage der Gegenüberstellung mit ehemaligen Bekannten, denen neue Denunziationen eingefallen waren. Aber warum dann alle Sachen zusammenpacken und abgeben? Das bedeutete, ich würde nicht mehr nach Rummelsburg zurückkehren.

Noch während der Wagen über Berliner Straßen rumpelte, zermarterte ich mir den Kopf. Irgendwann hielt der Wagen. Schwere Stahltore rollten. Die Türen des Transporters wurden aufgerissen. Ich betrat einen Hof, und mir stockte der Atem: ich war wieder in der Pankower Untersuchungshaftanstalt des MfS.

DIE RACHE DES MFS

Schweigend und feindselig starrten wir uns an. Stasioffiziere und einige Posten hatten sich in dem Raum versammelt. In ihrer Mit-

te erkannte ich den großen Blonden in Breeches und Stiefeln. Der hatte mir gerade noch gefehlt.
»Sie haben wohl Sehnsucht nach uns«, sprach er mich an. Doch mir hatte es die Sprache verschlagen. Wie gelähmt kam ich seiner Aufforderung nach, und entkleidete mich unter den Augen meiner Widersacher.
Die Tage vergingen, und ich verfiel in Depressionen. Sollten alle Bemühungen, in den Westen abgeschoben zu werden, vergeblich gewesen sein? Sollte das ganze Martyrium wieder von vorn beginnen? Würde ich das aushalten? Wochen vergingen, ohne daß etwas geschah. Eines Morgens holte mich der Läufer zur Vernehmung ab. Ein Oberleutnant und ein Major des MfS erwarteten mich. Das verhieß nichts Gutes.
»Wir müssen Ihnen eröffnen«, begann der Major mit den geflochtenen, silbernen Schulterklappen sehr förmlich, ohne mich anzusehen, »daß gegen Sie beim Staatsanwalt von Groß-Berlin ein neuer Haftbefehl beantragt worden ist, wegen Spionage für den imperialistischen Geheimdienst CIA und wegen Hochverrats.«
Ich schluckte. Diese Eröffnung traf mich unvorbereitet, meine Gedanken rasten. Ruhig bleiben! hämmerte es in meinem Kopf. »Lächerlich!« hörte ich mich sagen. »Das ist doch absolut lächerlich!«
»So, und was ist das? Kennen Sie dieses Schriftstück?« Der Oberleutnant hatte aus einem vor ihm liegenden Aktenordner eine Seite hervorgezogen und hielt sie mir vor das Gesicht. Ich konnte meine Handschrift erkennen. Es war der Bericht, den ich auf Veranlassung von Gehse aufgesetzt hatte. Er hatte mich beim MfS denunziert und damit seine Entlassung beschleunigt. Mir fiel es wie Schuppen von den Augen.
»Kann ich das mal lesen.«
»Nein, wir wissen, daß Sie der Verfasser dieser Schrift sind. Wir haben bereits vergleichende Untersuchungen mit anderen Textproben von Ihnen vorgenommen, und das Ergebnis ist eindeutig. Damit sind Sie als Agent eines imperialistischen Geheimdienstes entlarvt. Äußern Sie sich dazu!«

»Ich wiederhole, ich bin kein Agent irgendeines Geheimdienstes, auch keines sogenannten imperialistischen. Ich kann das erklären.«
Und ich erzählte ihnen die Geschichte von Gehses Angebot im Rummelsburger Gefängnis.
Noch während ich redete, schoß es mir durch den Kopf: Der Typ ist gezielt auf mich angesetzt worden. Das war sicher die Rache der Stasi für meinen Vorwurf der Protokollmanipulation! Als ich darauf bestand, niemals für einen Geheimdienst etwas geschrieben zu haben, schaltete sich der Major ein.
»Wir haben eine Zeugenaussage, die bekräftigt, daß Ihre Aufzeichnungen an den CIA gehen sollten. Was sagen Sie jetzt?« Da war's.
»Ich bin einem Komplott zum Opfer gefallen. Und ich kann Ihnen auch den Namen Ihres Agenten oder Zuträgers nennen: Gehse, Dieter. Dieser Gefangene ist an mich herangetreten, offenbar in der Absicht, mir eine Falle zu stellen.« Langsam wurde ich ruhiger, jetzt, wo ich wußte, worum es ging und warum man mich nach Pankow zurückgebracht hatte.
»Die Aussage unseres Zeugen wird Sie der Zusammenarbeit mit einem imperialistischen Geheimdienst überführen«, erklärte der Oberleutnant unverdrossen.
Hier wird Aussage gegen Aussage stehen, analysierte ich die Situation, die keineswegs so klar für meine potentiellen Ankläger war, wie dieser Stasioffizier mich glauben machen wollte.
»Warum haben Sie diese Aufzeichnungen überhaupt verfaßt? Sie wollten damit doch etwas erreichen.«
»Ja, daß mein Fall im Westen bekannt wird. Ich erhoffte mir dadurch, eine gewisse Aufmerksamkeit für meinen Fall zu erreichen und in der Folge möglicherweise Hilfe von außen.«
»Hilfe? Hilfe wofür?«
»Ich bin wegen versuchter Flucht verurteilt worden, außerdem wegen meiner Gedichte. Dieses Urteil betrachte ich als krassen Verstoß gegen die Menschenrechte. Deshalb war ich um Hilfe von außen bemüht.«

»Um Hilfe von außen?« echote höhnisch der Oberleutnant. »Sie sind Bürger der DDR, und niemand kann und wird sich von außen in die souveränen Angelegenheiten der DDR einmischen. Für Sie interessiert sich im Westen absolut niemand. Nur wir interessieren uns für Sie. In Ihrem Staat.«

»Ihr SED-Staat ist nicht mein Staat ... Niemand hat mich gefragt, ob ich in diesem Staat leben will. Ich betrachte ihn nicht als meinen Staat. Ich habe ihn nicht gewählt, und man hält mich gegen meinen Willen hier weiter fest.«

»Passen Sie mal auf, Sie, Sie hetzerisches, Sie verbrecherisches Element!« Der Major baute sich unweit von meinem Hocker auf, und ich bekam es mit der Angst zu tun.

»Sie sind Abschaum, und Sie werden uns nicht sagen, was wir tun oder nicht tun sollen. Sie kommen hier nicht mehr raus! Sie werden im Gefängnis verrotten und verrecken, und niemand, hören Sie, niemand wird davon etwas erfahren oder wird sich darum kümmern!« Er machte einen weiteren Schritt auf mich zu, und ich bereitete mich schon auf einen Schlag vor. Einen Augenblick starrten wir uns beide haßerfüllt an. Dann drehte er sich abrupt um und ging zum Schreibtisch.

»Und jetzt sprechen wir über den Inhalt Ihrer sogenannten Aufzeichnungen«, fuhr der Major fort. »Sie werden über Ihre konkreten Verbrechen aussagen, die Sie in dem ›Brief‹ an den amerikanischen Geheimdienst beschrieben haben. Lügen Sie uns nicht an, denn wir wissen bereits alles.« Daraufhin zitierte der Oberleutnant genüßlich einige Stellen des Briefes und lehnte sich dann zurück.

Mir war klar, daß ich die Substanz dieses Briefes ableugnen mußte, um vielleicht einigermaßen heil herauszukommen.

»Ich habe keine Hetzschriften verteilt. Diese Behauptung sollten Sie beweisen.«

»Das werden wir, Welsch, das werden wir, darauf können Sie sich verlassen. Schließlich beschreiben Sie sehr detailliert, wo und wann Sie die Hetzschriften in der Hauptstadt verteilt haben, und das kann nur der Verteiler –«

»– oder der Finder wissen«, unterbrach ich ihn. »Und ich habe sie gefunden.« Der Major kam wieder um den Tisch herum auf mich zu.

»Glauben Sie wirklich, Sie können uns dieses Märchen erzählen? Sie unterschätzen uns gewaltig. Wir können nämlich auch anders. Wir können, sagen wir mal, erheblich Einfluß auf den Wahrheitsgehalt Ihrer Aussage nehmen. Das wird Ihnen nicht gefallen. Wenn Sie nicht zugeben, der Verteiler der Hetzschriften 1963 gewesen zu sein, ziehen wir andere Saiten bei Ihnen auf.«

»Drohen Sie mir mit Gewalt?« Der Major starrte mich an. Ich sah das Flackern in seinen Augen, deren Pupillen sich leicht verengten.

»Sie glauben wohl den großen Widerstandskämpfer herauskehren zu müssen, doch in Wirklichkeit sind Sie ein kleines, dreckiges Schwein, ein Krimineller der übelsten Sorte. Ich sag' Ihnen was« – wieder kam er um den Schreibtisch herum auf mich zu –, »Sie sind Dreck, den wir beseitigen werden! Wir sind noch mit ganz anderen Kalibern fertiggeworden. Entweder Sie packen aus, oder ...«

»Gut, ich werde aussagen«, erwiderte ich spontan. Sie sahen mich beide erwartungsvoll an.

»Ich sage aus, daß ich mich der Gewalt niemals beugen werde, niemals. Das ist das einzige, was ich Ihnen unter diesen Umständen sagen kann.«

»Wie Sie wollen, Welsch. Ich habe Sie gewarnt.« Der Major griff zum Telefon. Der Läufer brachte mich zurück.

In meiner Zelle lief ich wütend und erregt auf und ab. Wie konnte ich nur so naiv sein und glauben, was mir diese kleine westdeutsche Ratte zugeflüstert hatte! Ich konnte mich überhaupt nicht beruhigen. Völlig naiv war ich in das Spitzel- und Denunziantensystem des MfS getappt. Nun zahlte ich die Rechnung für meine Gutgläubigkeit.

FOLTER

Am nächsten Morgen, der Frühstückswagen war schon durch, hörte ich vor meiner Zelle ungewöhnliche Geräusche. Ich preßte mein Ohr an die Ritze zwischen Stahltür und Mauer. Halblaute Männerstimmen drangen an mein Ohr. Ich ahnte nichts Gutes und postierte mich vorsichtshalber an der gegenüberliegenden Fensterwand. Kurz darauf drehte sich der Schlüssel, und die Riegel wurden seltsam langsam und fast geräuschlos zurückgeschoben. Die Tür ging auf. Auf dem Flur standen mindestens sechs oder acht uniformierte Wachtposten. Schweinebacke, der Anstaltsleiter, schob sich an ihnen vorbei in die Zelle. Er musterte mich schweigend und sah sich in der Zelle um.

»Sie leisten dem Untersuchungsorgan Widerstand«, sagte er mit teilnahmsloser Stimme zu mir. »Dafür werden Sie bestraft. Strecken Sie Ihre Arme vor.« Ich hatte keine Wahl und hielt ihm die Arme hin. Mir wurden Handschellen angelegt.

Schweinebacke packte mich an meinen gefesselten Armen und zog mich wortlos aus der Zelle.

»Wenn du auch nur einen Mucks sagst«, knurrte er zwischen den Zähnen, »bist du tot.« Er umklammerte mit seiner Hand mein Kinn und drückte es wie in einem Schraubstock zusammen. Sein Gesicht war unmittelbar vor meinem. Seine kalten Augen zeigten keine Regung. »Du bekommst jetzt eine kleine Sonderbehandlung, und danach bist du ein Mensch, der unser Organ respektiert.« Schreck und Angst lähmten meine Beine. Gestapo! Sonderbehandlung. Sonderbehandelte Häftlinge waren ermordete Häftlinge. Doch mein Verstand mochte nicht an solche Schrecken glauben. Ich zwang mich zur Ruhe. Nicht hier, nicht mehr 1965.

Schweinebacke packte die Handschellen und zog mich an meinen ausgestreckten Armen den Gang entlang. Hinter und vor uns Wachtposten. Durch Gittertüren, eine Treppe hinunter. Keller, dachte ich, Keller ist bedrohlich. Hier war ich noch nie.

Trübes Licht erleuchtete einen schmalen Gang. Eine Zellentür wurde geöffnet. Eisige Kälte schlug mir entgegen.
»Wie lange du hier drin bleibst, entscheidest du selbst. Wenn du deinen Widerstand aufgibst und mit uns zusammenarbeitest, wird es nicht sehr lange dauern. Wenn nicht« – er machte eine Handbewegung des Halsabschneidens –, »dann bist du erledigt, und kein Hahn kräht nach dir. Und jetzt zieh dich aus.« Er schloß die Handschellen auf, und ich zog mich bis auf die blauweiße Unterwäsche und die Strümpfe aus. Schweinebacke versetzte mir einen Schlag vor die Brust, und ich taumelte in die Zelle. Die Tür schlug mit einem schmatzenden Geräusch zu.
Eine vergitterte Glühbirne über der Tür tauchte die Zelle in ein funzliges Licht. Es gab kein Fenster, keine Toilette, kein Bett, keinen Hocker, nichts. Aus der Wand ragten lediglich zwei eingemauerte Stahlträger in Kniehöhe, auf denen eine Holzbohle, ähnlich einer Eisenbahnschwelle, angeschraubt war. Das sollte wohl eine Pritsche sein. Arrest also, Bunker, sagte ich mir. Das geht vorbei.
Die Wände waren durchweg weiß. Als ich mit der Hand darüber strich, zuckte ich zurück. Das war Rauhreif, Eis. Keine gewöhnliche Arrestzelle also. Eine Folterzelle und ich soll mit Kälte gefoltert werden. Kein schöner Gedanke, eine nüchterne Feststellung: Dies war die logische Steigerung. Die Stasi war mit ihrem Latein am Ende. Jetzt kam der nächste Grad. Aber waren sie wirklich am Ende, oder würde ich es bald sein? Ich spürte, wie Kälte an meinen Beinen hochkroch, während ich in der dünnen Unterwäsche dastand und überlegte, was ich tun könnte. Zum Glück hatte man mir die Socken gelassen. Ich begann, in der Zelle auf und ab zu laufen. Ich zwang mich zu laufen, drei Schritte vor, Drehung, drei Schritte zurück. Außer meinem schneller werdenden Atem gab es kein Geräusch. Wie in einem Sarg, mußte ich denken, lebendig begraben. Doch ich zwang mich zu anderen Gedanken. Bloß nicht im Selbstmitleid versinken. Laufen, laufen, laufen.
Immer schneller lief ich, bis mir das Blut in den Schläfen pochte. Dabei redete ich im Rhythmus meiner Schritte vor mich hin: »Was – wird – aus – mir, wie – lan – ge – noch ...«

Nach einer Weile versuchte ich, die zurückgelegte Strecke zu messen. Ich zählte 60 Sekunden ab und ritzte für jede Minute eine Kerbe in das Eis. Es dauerte eine Ewigkeit, bis 30 Minuten vorbei waren. Erschöpft setzte ich mich auf den Balken und zog die Füße hoch. Fürs erste war mir wieder warm, doch ich machte mir keine Illusionen darüber, daß ich der Kälte auf Dauer widerstehen könnte. Mit der Zeit würden meine Kräfte nachlassen, würde die Kälte mich lähmen. Legten die es etwa darauf an? Nahmen die einen möglichen Tod ihres Opfers in Kauf? Die Ungeheuerlichkeit dieser Vorstellung raubte mir fast den Atem. Die Kälte trieb mich vom Balken. Wieder begann ich zu laufen.

Was würden die abgehobenen Lyriker und Schriftsteller in Ostberlin sagen, die ihr jämmerliches Helotenleben mit Serenaden auf die verdorbene Macht und das System ekelhaft süßten? Was würde Stefan Heym sagen, wenn er sähe, wie die Jugend seines auserwählten Landes in den Gefängnissen und Eiskellern der Geheimpolizei physisch und psychisch verletzt wurde?

Während ich lief, entwarf ich immer schärfere Anklagereden gegen die Anpasser, gegen die Gewissenlosen, denen egal war, wer ihren Ruhm nährt, gegen die bedenkenlosen Besserwisser, die jede Kritik, jedes Hinterfragen ihrer Positionen als persönlichen Angriff werteten. Das Kellerverlies weitete sich zum Auditorium.

»Was sollen wir denn machen?« hörte ich meinen Vater oft sagen. Den Deutschen fehlt einfach der Freiheitssinn. Wenn die Grundbedürfnisse der Menschen auf dem Stand des Kriegsjahres 1943 leidlich befriedigt werden, dann ist das im deutschen Werteverständnis eine stabile, unterstützenswerte Ordnung. Vielleicht war mein Denken wirklich nicht normal. Immerhin sprachen die Flüchtlingszahlen bis zum 13. August 1961 für sich. Täglich waren es über 1000, die in den Westberliner Notaufnahmelagern eintrafen, die Entbehrungen, Härten und den Neuanfang nicht scheuten, denen Zivilcourage, Sorge für ihr eigenes Leben und die Zukunft ihrer Kinder wichtiger waren als die betrügerische Sicherheit einer kriminellen Diktatur.

Aber was habe ich schon gemacht? Gedichte geschrieben! Ein griechischer Philosoph hatte behauptet, daß die Dichter mit ihren Liedern mächtiger sind als die Politiker mit ihren Gesetzen. Doch im Augenblick sah es mit der Macht meiner Gedichte nicht sehr gut aus.

Während ich lief und meine Schrittfolgen immer schneller wurden, dachte ich an meine Familie, an meinen Bruder Reinhard, der jetzt siebzehn war und die Oberschule besuchte und von dem ich eigentlich kaum etwas wußte. Wir hatten uns schon sehr früh diametral auseinanderentwickelt. Er war als Kind eher verschlossen, von magerer Statur, blieb zurückgezogen, auf sich selbst geworfen. Drei Jahre Altersunterschied bremsten unser Mitteilungs- und Verständigungsbedürfnis bisweilen erheblich. Trotzdem, er mußte mitbekommen haben, was mir widerfahren war. Doch von ihm hörte ich kein Wort, las keine einzige Zeile eines Briefes. Natürlich billigte ich meinem kleinen Bruder ein gewisses Eigenschutzbedürfnis zu, andererseits wußte ich, wie ich mich umgekehrt selbst verhalten hätte, hätte es ihn getroffen. Nicht einmal Sympathie für meine Handlungen erhoffte ich mir von ihm, aber doch ein wenig Mitgefühl und brüderliche Solidarität. An seinem Schweigen sollte sich in den langen Jahren meiner Haft und auch später nichts wesentlich ändern.

Ich setzte mich erneut auf den Balken. Die Kälte war zwar noch immer zu spüren, doch die Bewegungen hatten meinen Körper erwärmt. Warum waren die Wände eisbedeckt? Weder hörte ich das Geräusch eines Kühlaggregates, noch war irgendeine andere Auffälligkeit zu entdecken. Ich schlug mit den Fäusten gegen die Wände, doch nichts rührte sich. Hier unten war ich völlig allein. Stunden mußten bereits vergangen sein, und nichts rührte sich auf dem Flur. Und dann entdeckte ich etwas. Die Tür war mit einer Gummidichtung versehen, um den Innenraum entweder luftdicht, schalldicht oder kältedicht zu machen, vielleicht alles zusammen. Da sich in dem Raum kein Fenster und auch kein erkennbares Lüftungsloch befanden, mußte mein Luftvorrat irgendwann zu Ende gehen. Was hatte die Stasi vor? Sollte ich erfrieren oder ersticken? Oder beides, um sicherzugehen? War es wirklich Strafe oder bereits Urteil, Todesurteil.

Ich bemühte mich, nicht in Panik zu verfallen, zudem machte sich mein Körper mit einem dringenen Bedürfnis bemerkbar. Ich begann deshalb, mit den Fäusten an die Tür zu trommeln. Eine Zeitlang tat sich nichts, und alles blieb ruhig. Ich trommelte weiter gegen die Tür. Irgendwann öffnete sie sich. Zwei Wachtposten standen draußen. »Ich muß dringend auf die Toilette!« Die Posten grinsten merkwürdig, dann schlugen sie die Tür wieder zu, ohne mich einer Antwort zu würdigen. Einen Moment stand ich fassungslos, dann begann ich wie besessen dagegenzuschlagen. Kurz darauf wurde sie erneut geöffnet, und einer der Posten schob mit dem Fuß einen kleinen Kübel in die Zelle. Sie blieben in der offenen Türe stehen. Während der Kleinere der beiden meinte: »Du kannst jetzt scheißen«, klatschte der andere einen Totschläger rhythmisch in seine Handfläche. Ich hatte trotz meiner beschämenden Lage nicht die Absicht, mich entwürdigen zu lassen.

»Machen Sie bitte die Tür zu.«

»Du Schwein scheißt jetzt, oder ...« Dabei hob der mit dem Totschläger drohend seine Waffe.

»Das werde ich nicht tun!« Kaum hatte ich das gesagt, traf mich die Stahlrute am Kopf. Ein stechender Schmerz durchzuckte meinen Kopf, ich stolperte rückwärts gegen eine Wand. Zugleich schob der andere Posten den Kübel mit dem Fuß raus und schloß die Tür. Vor meinen Augen explodierten rote Sterne. Ich konnte es nicht mehr aushalten und erleichterte mich auf den Boden. Dabei fühlte ich mich schmutzig und erniedrigt.

Ich betastete meinen Kopf. Er war aufgeplatzt und schmerzte entsetzlich. Überall warmes Blut. Das wievielte Mal schon? Diesmal hatte ich nichts zum Abdecken der Wunde. Einige Zeit verging, in der ich meine Runden drehte. In der eisigen Luft zitterte ich vor Schmerzen und Wut am ganzen Körper. Meine ganze Welt bestand nur noch aus Gestank und Kälte. Kälte!

Ich erinnerte mich an den Winter 1962, als ich mit Notburga die Berliner Chausseestraße nach offenen Haustüren absuchte. Um sich im Freien zu küssen, war es trotz aller Zuneigung und Atemlosigkeit unseres Gefühls entschieden zu kalt. Die meisten Türen waren verschlossen. Doch ganz plötzlich standen wir in der schwarzen, warmen Stille eines Hausflurs. Wir stiegen nach oben, fanden den Dachboden. Dort legten wir uns auf unsere Mäntel, küßten uns leidenschaftlich und liebten uns. Die Kälte spürten wir nicht mehr.

Mit Notburga Kalitzki spielte ich zuerst auf der Probebühne ein Liebespaar, danach ging es im richtigen Leben weiter. Unsere Verbundenheit zelebrierten wir gerne in einem sehr kleinen Restaurant in der Chausseestraße. Auf unserem Tisch brannten Kerzen, die wir uns vom Kellner erbettelt hatten. Das war für manchen bereits ein Zeichen von Dekadenz. Der »Arbeiter- und Bauernstaat« war nicht romantisch und duldete keine Romantik. Zu allem Überfluß küßten wir uns im Restaurant ungeniert, deklamierten aus den Stücken, die wir gerade auf der Probebühne aufführten. Die anderen Gäste starrten und glotzten. Unser Verhalten provozierte sie. An den Nebentischen machte man abfällige Bemerkungen. »Es liebt die Welt das Strahlende zu schwärzen und das Erhab'ne in den Staub zu ziehn«, deklamierte ich halblaut, Notburga schmachtete mich ihrerseits an. »O Romeo, laß uns dem Staub entfliehen ...« An diesem Abend tauschten wir goldene Ringe aus, die wir unter großen Schwierigkeiten und im Tausch gegen alte Ringe beschafft hatten. Wir nannten es »Verlobung«.

Trotz aller Leidenschaft und Verliebtheit – auch diese Inszenierung ging so schnell und heftig zu Ende, wie sie begann. Nach einem Streit warf sie ihren Ring in einen Gully in der Friedrichstraße. Ich rief die zuständige Behörde an, ob sie danach suchen könnten. Zwecklos, sagte man mir. Zwecklos waren auch alle Versöhnungsversuche. Und das war gut so. Jetzt wurde sie von der Stasi als wichtige Zeugin gegen mich aufgebaut. Eine Denunziantin. Sie war im Gully gelandet, wie ihr Ring.

Die Kälte kroch in meine Glieder, lähmte die Schritte und ließ selbst die Gedanken allmählich erstarren. Visionen tauchten vor meinen Augen auf: Ich lag ausgestreckt und völlig entkleidet am Strand. Die Sonne schien auf meinen Körper. Sie hüllte mich in Wärme, bis ich selbst Wärme war und Wärme ausstrahlte. Ich streckte mich wohlig im heißen Sand, die Augen geschlossen. Das Meer rauschte, und ich genoß den Frieden und die Wärme. Ausruhen, Geborgenheit, ein paradiesischer Zustand. Ausruhen! hämmerte es in meinem Kopf. Du mußt ausruhen! Meine Schritte waren schleppend geworden. Ich wußte nicht, wie viele Stunden ich gelaufen, wieviel Zeit vergangen war. Nicht aufgeben, hämmerte es in mir, weiterlaufen, und ich lief und lief wie in Trance. Manchmal prallte ich gegen die Tür oder die Wand. Dann war ich kurzzeitig eingeschlafen, im Laufen. Und hatte dabei sogar geträumt. Es waren ganz kurze, ganz schöne Träume, die die Wirklichkeit noch grausamer erscheinen ließen.
Irgendwann wurde die Tür aufgeschlossen. Drei, vier Uniformierte draußen.
»Kommen Sie her!« Ich schwankte in den Türrahmen. Einer von ihnen stellte einen Eimer mit Wasser vor mich hin und drückte mir einen Lappen in die Hand.
»Nehmen Sie das und wischen Sie den Boden sauber.«
Erst jetzt, wo frische, warme Luft in mein Verlies einströmte, nahm ich den bestialischen Gestank wahr. Wie ein Roboter säuberte ich mit langsamen, steifen Bewegungen den Fußboden.
»Den hier rein«, sagte einer von ihnen und deutete auf einen Kübel. Ich trug ihn zu mir herein.
»Das hier auch.« Er berührte mit seiner Stiefelspitze einen Blechnapf auf dem Fußboden, in dem sich eine graue, dampfende Flüssigkeit befand. Ich bückte mich und nahm die Schüssel hoch. Es roch warm nach Kohlsuppe.
»Bitte … mir ist kalt, ich friere furchtbar, kann ich eine Decke haben?«
Da fiel die Tür zu. Keine Decke, aber ein warmes Essen und ein Kübel. Der Geruch der Kohlsuppe verbreitete sich schnell im

Raum. Ein Plastiklöffel steckte zwischen Weißkohlstücken. Ich setzte mich auf die Bohle und schlang die Brühe herunter. Augenblicklich wurde mir warm. War es Tag oder Nacht? Ich wußte es nicht. Doch für den Moment war ich zufrieden, nahm das Essen als Indiz dafür, daß man mich am Leben erhalten wollte. Und noch etwas war wichtig, die Toilette. Meine Stimmung hob sich. Zwar war die Toilette nur ein Kübel und änderte zudem nichts an der Situation. Aber ich wertete diesen Kübel als Zeichen dafür, daß die Würde einen kleinen Sieg über die Demütigung errungen hatte. Davon beflügelt, nahm ich nach einer Weile des Ausruhens meinen Wettlauf gegen die Erstarrung wieder auf.

Ich weiß nicht mehr, wie oft mir solche Blechnäpfe mit den Stiefelspitzen serviert wurden. Doch mein Zustand wurde immer schlechter. Zwar hatte ich die Technik, im Laufen zu schlafen, verfeinert, indem ich mit meinen Schrittfolgen und Drehungen den Raum optimal nutzte, ohne anzustoßen. Die ständige Belastung ging aber mehr und mehr über meine Kräfte. Immer öfter wurden meine Knie weich, und ich brach zusammen. Ich wich auf Liegestütze und andere gymnastische Übungen aus. Meine Stimmungen schwankten extrem. Ich redete mit mir selbst, schrie mich an, zwang mich, zu laufen, durchzuhalten. Ich halluzinierte: Kastanienallee, Straßenbahn Nordend, Schildow und Gorinsee. Sonne, Wärme und Ruhe.
Die Tür wurde aufgeschlossen. Pawlowscher Reflex: Blick nach unten, auf den Fußboden. Das Fressen. Doch kein Blechnapf. Keine warme Brühe. Statt dessen:
»Werden Sie jetzt Aussagen machen?« Eine Weile blickte ich den Sprecher verständnislos an, bis ich begriff: ausschlafen, essen, aufwärmen. Das alles könnte ich jetzt haben. Jetzt, sofort. Ich muß nur »ja« sagen. – »Haben Sie mich verstanden? Wollen Sie jetzt Aussagen machen oder weiter hierbleiben?« Ausschlafen, ausschlafen, hämmerte es in meinem Kopf, und ich hörte mich antworten: »Ja, ich will aussagen.« Ausschlafen, dachte ich, dann könnt ihr mich hier wieder einsperren. – »Treten Sie raus.«

Von zwei Posten flankiert, wankte ich durch die warmen Gänge. Meine Zellentür stand offen. Ich fiel auf die Pritsche und versank augenblicklich in einen tiefen Schlaf.
Im Traum hörte ich Schläge. Ich wachte auf. Jemand schlug von außen an die Zellentür.
»Rechts, aus dem Bett!« Eine Stimme, ein Kommando. Mit einem Ruck richtete ich mich auf. In der geöffneten Futterluke ein Gesicht. »Sie müssen aufstehen, sofort!«
»Bitte«, rief ich, »wie lange war ich in dieser ... äh ... in diesem Keller?«
»Acht Tage, und wenn Sie Ihren Arsch nicht gleich bewegen, sind Sie sofort wieder unten.«
Die Klappe fiel zu. Acht Tage, klopfte es in meinem Kopf. Wie habe ich acht Tage und Nächte in dieser Kälte überstanden? Tief sog ich die warme Luft der Zelle in mich ein, ein Gefühl, als wäre ich zu Hause.
Monate vergingen, ohne daß sich etwas tat. Dann wurde ich zum ersten Verhör geführt. Es war der gleiche Oberleutnant. Er zeigte sich aufgeräumt, bot mir Kaffee an und bemerkte so ganz nebenbei, daß ich gar nicht gut aussehen würde. Inzwischen hatte ich mich von der furchtbaren Erkältung, die ich mir im Keller geholt hatte, erholt. Durch das geöffnete Fenster strömte kalte Winterluft, der Geruch der Freiheit, den ich gierig inhalierte. Die Freiheit roch nach Schnee, nach Stadt und nach der Zigarette des Vernehmers, die er sich angesteckt hatte. Da er den Gehse-Brief mit keinem Wort mehr erwähnte, nahm ich an, daß man mir mit dem eisigen Verlies keine Aussage abpressen, sondern mich wegen Aussageverweigerung bestrafen wollte. Vielleicht auch beides. Ganz egal. Sie hatten mich gefoltert, und Folter ist wie physischer Tod, nur schlimmer. Jetzt hielt er sich zurück.

RECHTSANWALT VOGEL

Immer öfter sprach mein Vernehmer vom bevorstehenden Ende der Untersuchungen des MfS. Das bedeutete, daß es bald einen neuen Prozeß geben würde.

Seit Wochen blieben die Verhöre wieder aus. Weihnachten war längst vorbei. Ostern 1966 war nah, als mir eines Tages der Wachtposten eröffnete:

»Nächste Woche haben Sie Termin.«

»Ich habe aber noch keinen Anwalt«, entgegnete ich. Der Posten zuckte mit den Achseln.

»Der wird sich schon noch rechtzeitig melden.«

»Ja, ich weiß, eine Stunde vor Verhandlungsbeginn.« Die Tür knallte zu. Aus den Briefen meiner Mutter wußte ich, daß sie inzwischen Rechtsanwalt Vogel mit meiner Verteidigung beauftragt hatte, was wohl nicht einfach gewesen war, wie ich zwischen den Zeilen lesen konnte. Eines Tages, um den 12., 13. April herum, wurde ich aus der Zelle geholt und in den Verwaltungstrakt geführt, wo die sogenannten Sprecherzellen lagen, in denen die Sprechstunden stattfanden. In einem dieser Sprechzimmer begrüßte mich mit festem Händedruck ein kleiner, elegant gekleideter Mann, etwa Mitte 40, der nach Rasierwasser oder Parfüm roch, auf jeden Fall ungewöhnlich gut für die Umgebung.

»Mein Name ist Vogel, Ihre Eltern haben mich beauftragt, Ihre Verteidigung zu übernehmen.«

»Sehr angenehm«, erwiderte ich. »Dann kennen Sie den Grund meines Aufenthaltes hier.« Er lächelte einen Moment. »Ich bin informiert«, antwortete er kurz und fügte hinzu: »Ab jetzt müssen Sie sich keine Sorgen mehr machen, wenn Sie sich so verhalten, wie ich es Ihnen sagen werde.« Er hatte sich leicht über den Tisch gebeugt und mich beim Sprechen fixiert. Sein Gesichtsaudruck war ernst. Er blinzelte heftig mit einem Auge, und sein Kopf zeigte nickend in die Ecken des Raumes. Ich verstand. Hier befanden sich versteckte Wanzen, Abhörmikrofone der Stasi.

»Wie geht es Ihnen?« Ich glaubte nicht richtig gehört zu haben. Niemand hatte mir zuvor diese Frage gestellt. Sofort spürte ich Tränen in mir aufsteigen, Gefühle, die ich fest verborgen hielt und hier nicht gebrauchen konnte, meldeten sich. Um ein Haar hätte ich die Fassung verloren. Er muß an meinem Gesicht die Folgen seiner Frage bemerkt haben.
»Ich weiß, es ist hier nicht einfach für Sie. Doch Sie sollen wissen, daß alles Menschenmögliche für Sie getan wird, Ihrem Wunsch zu entsprechen.« Mir war die doppeldeutige Formulierung nicht entgangen. Das Angebot, die Anteilnahme lösten mich innerlich.
»Wie kommt es, daß Sie mich schon so lange vor einem Prozeß besuchen können?«
»Ihr Prozeß ist schon sehr bald. Ich kann Ihnen sagen, daß er am 18. April stattfindet, in wenigen Tagen also.« Ich war überrascht. Noch ehe ich ihn fragen konnte, wie er meine Chancen bzw. die Straferwartung einschätzte, fuhr er fort, als hätte er meine Gedanken erraten:
»Egal, welches Strafmaß ausgesprochen wird, Sie sagen nichts und überlassen alles mir. Auch das Schlußwort. Ich werde Ihre Freilassung unabhängig vom Ergebnis der Verhandlung vorantreiben. Haben Sie mich verstanden?«
Wieder blinzelte er in die Ecken. Ich traute meinen Ohren nicht. Hatte er das Wort »Freilassung« benutzt? Ich stellte mir die Abhörer vor. Ob die wohl genauso ungläubig aussahen wie ich? Nach langer Zeit spürte ich Hoffnung keimen.
»Ja, ich habe verstanden.« Er schob mir ein Papier über den Tisch, die Prozeßvollmacht, die ich unterzeichnete.

Erst sehr viel später sollte ich erfahren, über welch ausgezeichnete Kontakte Wolfgang Vogel verfügte und wie er sie nutzbringend für unzählige politische Gefangene einsetzte. Sogar die Kirchen waren in dieses Geschäft des Menschenhandels involviert. Sie ließen Wagenladungen von Stahl, Kohle, Kalisalzen und anderen Gütern im Austausch gegen Häftlinge wie mich in die DDR rollen. Der Westberliner Prälat Johannes Zinke sollte in meinem Fall

noch eine wichtige Rolle spielen. Die Fäden hielt jedoch ausschließlich einer in der Hand: Wolfgang Vogel.
»Wir werden uns erst wieder im Gerichtssaal sehen. Bis dahin machen Sie sich bitte keine Sorgen mehr. Ihre Eltern werde ich unterrichten.« Er stand auf und reichte mir die Hand. Dabei blickte er in meine Augen. Diese Geste hatte etwas Vertrauenerweckendes. Ich verabschiedete mich.

Es war ein kurzer Prozeß. Vogel verzichtete auf Zeugenvernehmungen. Schnell war die Beweisaufnahme beendet, in der es immerhin um den absurden Strafvorwurf der Spionage für den amerikanischen Geheimdienst CIA ging. In seinem kurzen, aber sehr präzisen Plädoyer stellte Vogel klar: Gehse war an mich herangetreten. Ich habe für keinen Geheimdienst spioniert, lediglich etwas geschrieben, um mir die angeblichen Verbindungen des Gehse zunutze zu machen. Der Staatsanwalt forderte zwei Jahre, sechs Monate. In seinem Plädoyer war von Spionage keine Rede mehr, dafür von fortgesetzter staatsgefährdender Hetze, Verbindungsaufnahme zu einer verbrecherischen Organisation und Vorbereitung zum illegalen Verlassen der DDR, § 16, 19 Strafergänzungsgesetz (STEG). Das war immerhin schon ein bedeutender Erfolg. Wenig später wurde das Urteil verkündet: zwei Jahre und drei Monate meines Lebens sollte mich dieser läppische Brief kosten, den ich Gehse übergeben hatte. Ich war geschockt. Doch als Vogel meine Hand drückte und lächelte, begriff ich. Unter den gegebenen Umständen war es dennoch ein Erfolg. Ich bedankte mich.
»Seien Sie auch weiterhin ohne Sorge«, flüsterte er, während der Vorsitzende das Urteil begründete. »Ich arbeite an Ihrer Freilassung. Alles kann ganz unverhofft kommen.« Ich war ihm so dankbar. Und das weniger wegen seiner vagen Zusagen, die mir auch irgendwie unrealistisch erschienen, als vielmehr wegen der Art, wie er mit mir sprach. Er gab mir das Gefühl, trotz Vogelfreiheit ein Mensch zu sein.
Als ich wieder gefesselt im Gefangenentransporter saß und die

Räder über den Asphalt polterten, war ich zwar niedergeschlagen, aber doch in einer neuen Weise motiviert, durchzuhalten, standzuhalten.

Zu diesem Zeitpunkt arbeitete Vogel schon einige Jahre mit dem Westberliner Rechtsanwalt Stange zusammen, der über gute Beziehungen zum Bundesnachrichtendienst und zu den Kirchen verfügte. Im Laufe der Jahre entwickelte sich ihr Verhältnis zu einer besonderen Art der Partnerschaft über die innerdeutsche Grenze hinweg. Das kam nicht nur Vogels Ambitionen entgegen, sondern auch denen der Staatssicherheit. Im MfS war man sehr daran interessiert, von den Ost-West-Geschäften auch weiterhin finanziell zu profitieren. Das begann im Grunde mit dem Austausch Abel – Powers, den Vogel organisierte, und setzte sich mit dem Austausch des KGB-Spions Felfe fort. Die Kirchen organisierten den Transfer von Rohstoffen für die DDR, die normalerweise nur gegen Devisen zu haben waren. Sie waren es auch, so erinnert sich Vogel später, die zuerst auf solche Transferleistungen verwiesen, als es darum ging, politische Häftlinge aus der DDR freizukaufen.

Der Preis pro Gefangenen wurde nach der marxistischen Parole festgelegt: »Jedem nach seinen Fähigkeiten, jedem nach seinen Bedürfnissen.« Ein Arzt mußte mit 150.000,– DM honoriert werden. Ein Arbeiter dagegen war dem »Ersten Arbeiter- und Bauern-Staat auf deutschem Boden« eher billig. Neben der Qualifikation des Häftlings war auch das Strafmaß preisbildend. Ein Gefangener, der zu einer hohen Freiheitsstrafe verurteilt worden war, kostete mehr als jemand mit einer kurzen Strafe.

Das Geld gelangte ohne Umwege direkt in die Hände des MfS, ein Umstand, der der Bundesregierung damals möglicherweise nicht bekannt war und den sie vielleicht auch nicht wissen wollte. Auch Wolfgang Vogel hielt den Geldumschlag in der Übergabekette, wenn auch nur für Sekunden, in seinen Händen. Man kann also mit Recht behaupten, daß er eine Schlüsselposition in diesem Menschenhandel hatte, den Axel Springer anfänglich auch so be-

zeichnete, dann aber aus humanitären Gründen unterstützte.
An diesen Geschäften wurde Vogel allerdings nicht direkt beteiligt. Die Bundesregierung zählte zu seiner Klientel, wie auch die Westberliner Rechtsschutzstelle. Von ihnen erhielten er und Stange für Tausende von Fällen stattliche Anwaltshonorare.
Sicher war Vogel dem System auch nützlich, schwemmte doch seine Tätigkeit Devisen in die chronisch leere Staatskasse der SED-Diktatur. Doch je öfter die Freikäufe hüben und drüben publik wurden, um so mehr wurde die Glaubwürdigkeit des Regimes in Frage gestellt, besonders die von all den SED-Mitgliedern, Stasifahndern, Staatsanwälten und Gefängniswärtern, die dazu beitrugen, daß politische Gefangene verurteilt wurden und auch sonst nichts zu lachen hatten.
Daß da ein nach Art des Klassenfeindes gekleideter Anwalt daherkam und verkündete, daß der Gefangene in den Westen ausreist, dafür hatten diese Leute kein Verständnis.
Die MfS-Spitze dagegen sah die Dinge so geschäftsmäßig, wie schon 30 Jahre zuvor die Nazis, als diese in der Konferenz von Evian anboten, Juden ins Ausland zu verkaufen.
Vogel stellte mit Rehlinger, einem Ministerialbeamten in der Berliner Außenstelle des gesamtdeutschen Ministeriums, die Listen zusammen. Stange überbrachte sie. Das MfS entschied, wer verkauft wurde. Komplizierte Fälle wurden Stasiminister Mielke direkt vorgelegt.
Der erste Transport, ein Bus mit zwölf freigekauften politischen Häftlingen, verließ die DDR am 14. August 1964.
Außer Vogel war nur ein kleiner Kreis über diesen Menschenhandel informiert, zu dem natürlich Honecker, damals noch SED-Sicherheitsverantwortlicher, Mielke und einige Stasileute gehörten, die unmittelbar mit Vogel verhandelten. 1967 stieß zum Zirkel der Eingeweihten auch der Chef der KoKo, Alexander Schalck-Golodkowski, der für die SED die finanzielle Abwicklung durchführte. Die verdeckt arbeitende Organisation »Kommerzielle Koordinierung«, genannt KoKo, gehörte zwar offiziell zum Ministerium für Außenhandel, wurde in Wahrheit aber von SED und

MfS kontrolliert. Schalck und sein Stellvertreter Seidel waren Stasioffiziere im besonderen Einsatz. Sogenannte OibE. Sie sorgten dafür, daß die SED-Elite mit Luxusautos, Whisky und Unterhaltungselektronik aus dem Westen beliefert wurde.
Mit klarem Blick dafür, wie die »Klassenjustiz« funktionierte, doch außerstande, sie zu ändern, arrangierte sich Rechtsanwalt Vogel mit dem Unterdrückungssystem so weit, daß es ihm möglich war, die barbarischen Strafen zu mildern und Abertausenden Verurteilten den Weg in die Freiheit zu ebnen.
Er war für unzählige politische Häftlinge die letzte Hoffnung. Diesem nicht unumstrittenen, doch sicher herausragenden Mann, Makler zwischen den verfeindeten Lagern im kalten Krieg, hatte ich mich nun anvertraut. Er hatte mein Vertrauen gewonnen, und der Verlauf meines Prozesses bestätigte mich darin.
Vorläufig jedoch rollte der getarnte Gefangenentransporter mit mir zurück in die Untersuchungshaftanstalt, in das geheime MfS-Gefängnis nach Berlin-Pankow.

DAS »GELBE ELEND«

Nach meiner Verurteilung ließ mich die Stasi in Ruhe. Meinen Vernehmer sah ich nicht mehr. Dafür wurde ich nun regelmäßig mit der Parteizeitung »Neues Deutschland« beglückt. Das brachte mir immerhin Informationen von draußen, wenn man verstand, die Wahrheit zwischen den Zeilen herauszufiltern. Außerdem die bekannt breiten, weißen Innen- und Außenränder, die sich hervorragend zum Schreiben eigneten. Damit hatte ich keineswegs aufgehört, nachdem einige Kassiber gefunden worden waren. Auch meine Mutter, die mich jetzt wieder regelmäßig besuchen durfte, übernahm wie vordem die gesammelten und zu einem kleinen Paket in Streichholzschachtelgröße verpackten Zettel. Alles ging genauso vor sich wie schon in Rummelsburg. Niemand kam auf die Idee, mich jetzt intensiver zu kontrollieren. Dadurch wußte man draußen, wie es um mich stand. Das Risiko dabei nahm ich in Kauf. Was sollte mir schon passieren? Prügel? Essensentzug? Folter? Alles Dinge, die mich nicht mehr schreckten. Tatsächlich ist keine Übergabe in den Besuchsräumen der Stasi je entdeckt worden.

Einen Monat später, im Mai, mußte ich meine spärlichen persönlichen Sachen packen. In Zivilkleidung ging es zum zweiten Mal nach Rummelsburg, doch diesmal sollte das Berliner Gefängnis nicht Endstation sein. Eine schriftliche Urteilsbegründung hatte ich bis zu diesem Zeitpunkt und auch später nicht bekommen.

Bei der Urteilsverkündung hatte ich einer – wie mir schien – Nebensächlichkeit nur geringe Aufmerksamkeit geschenkt. Mir war die Haftkategorie II auferlegt worden. Das war die verschärfte Version der Rummelsburger Kategorie I. Monate später, im September, wurde ich mit dem, ironisch nach einem früheren DDR-Ministerpräsidenten »Grotewohl-Expreß« genannten, Gefängniszug ins sächsische Bautzen verlegt.

Ein Gefängnisauto brachte uns in das frühere Zuchthaus, das wegen der gelben Klinkersteine, aus denen es erbaut wurde, auch unter der Bezeichnung »Gelbes Elend« bekannt und berüchtigt ist.

In dem Saal, in den man mich jetzt verlegte, waren etwa 80 Gefangene untergebracht. Der Saal-Kapo, »Saalältester« genannt, war ein Krimineller, der seine Position bei den Wärtern durch Denunziation von Regelverstößen zu festigen trachtete. Dieses Inferno der Massenunterbringung stellte wahrhaftig eine Strafverschärfung dar. Nirgendwohin konnte man sich zurückziehen. Es gab keine Privatsphäre mehr. Selbst die vier altersschwachen Toiletten für die vielen Gefangenen besaßen keine Türen. Die ständige Nähe zu den reichlich 80 Prozent kriminellen Gefangenen machte den Aufenthalt zu einer wahren Hölle.

Die Arbeitskommandos arbeiteten in drei Schichten. Bei jedem Schichtwechsel mutierte der Saal zum Hexenkessel. Zunächst wurde ich dem Arbeitskommando »VEB Carl Zeiss Jena« zugeteilt. Zur Zwangsarbeit. Wie uns die sogenannten Zivilmeister

mitteilten, lag unsere Arbeitsnorm weit über der der freien Arbeiter. Trotzdem wurde eine Normunterschreitung mit Repressionen der verschiedensten Art, bis hin zu Mißhandlungen, bestraft. Es war ein System schamlosester Ausbeutung. Der monatliche Arbeitslohn, der für den Zukauf von Lebensmitteln verwendet werden durfte, lag um die zehn Mark. Den Mehrwert strich der SED-Staat ein. Ein gutes Geschäft. Das war es immer schon, wenn Gefangene als billige Arbeitssklaven für einen Staat, für Firmen, die mit dem Staat Geschäfte machten, arbeiten mußten.
Zu den Gefängnisinsassen gehörten auch einige Dutzend Mitglieder der Zeugen Jehovas, die allein deshalb eingesperrt waren, weil sie aus religiösen Gründen den Wehrdienst verweigert hatten. Das war die Wirklichkeit der lauthals postulierten Glaubens- und Religionsfreiheit der DDR.
Die im Gefangenenjargon »Schließer« genannten Wärter, die offiziell die schon bekannte Bezeichnung »Erzieher« trugen und deren staatlicher Auftrag es war, die Häftlinge zu »wertvollen Mitgliedern der sozialistischen Gesellschaftsordnung« umzuerziehen, prügelten im Zweifelsfall sofort und brutal. Einer von ihnen war »Emma Eck«, ein Sorbe. Schon seit den fünfziger Jahren zum Schließerstamm gehörend (Kempowski erwähnte ihn in seinem Buch »Im Block«), bildete er allerdings eine eher clowneske Ausnahme. Sein Spitzname rührte aus dieser Zeit her und war auf seinen sorbisch eingefärbten Standardspruch: »emma eck muß schließen …« zurückzuführen. Die Sorben, eine slawische Minderheit, angesiedelt zwischen Saale und Bober, hatten in der DDR den Rechtsstatus einer Minderheit. Bautzen lag mittendrin. Und einige Sorben in den Wachmannschaften erwiesen sich als treue Erfüllungsgehilfen der Diktatur. Sie schlugen bei geringsten Anlässen sofort und gnadenlos mit ihren Gummiknüppeln zu.
Die sogenannte Freistunde wurde auf dem Innenhof durchgeführt. Die Gefangenen mußten auf einem geteerten Rundweg eine halbe Stunde im Kreis laufen, im Uhrzeigersinn mit einem Meter Abstand zum Vordermann. Gespräche waren verboten. Blieb jemand stehen, trat aus der Reihe oder schlug gar die ent-

gegengesetzte Richtung ein, sprangen sogleich einige Wärter mit Gummiknüppeln herbei und prügelten auf den unbotmäßigen Delinquenten ein. Die Gefängniskleidung bestand aus schwarz eingefärbten und reichlich ramponierten Uniformstücken. Mitten auf dem Rücken verlief ein etwa 30 cm langer und 10 cm breiter gelber Streifen. Der befand sich auch seitlich an Ärmeln und Hosenbeinen. Das machte uns zu »Gelbfüßlern«. Auch diese Art der Kennzeichnung hatte man aus den nationalsozialistischen Gefängnissen übernommen. Besonders in Bautzen hatte es Tradition.

Die Zustände waren überaus bedrückend und beängstigend. Die Gewalt ging überdies nicht nur von den Wärtern aus. Auch die Gefangenen prügelten sich untereinander auf brutale Weise. Es schien, als sei der permanente Terror gewollt, als sollte kein Gefangener zur Ruhe kommen.

Nach einigen Wochen entdeckte ich auf einem anderen Stockwerk eine Zelle, die ständig verschlossen war. Ein Häftling erzählte, daß es die frühere Zelle von Ernst Thälmann war, dem kommunistischen Reichstagsabgeordneten, den die Nazis 1933 ins Gefängnis warfen. Diese Zelle war als eine Art Gedenkstätte in dem Zustand erhalten worden, in dem sie der Parteiführer damals bewohnt hatte. Einmal gelang es mir, durch die halb geöffnete Tür einen Blick in das Innere zu werfen. Ein großes Bücherregal fiel mir auf, vollgestopft mit Büchern. Im Innern waren deutlich großzügige Raumverhältnisse auszumachen, was mich bitter an meine Saalunterkunft mit dem Menschengewimmel erinnerte. Der kommunistische Reichstagsabgeordnete war geradezu fürstlich »verwahrt« worden.

Die Kommunisten haben niemals gezögert, Willkür, Unrecht, Verletzung der Menschenrechte, Mißhandlungen und Folter in anderen Ländern zum Gegenstand ihrer moralischen Entrüstung zu machen. An ihrem eigenen System, der Zuspitzung all dessen, was sie anderswo wortreich anprangerten, duldeten sie keine Kritik.

Das Essen war schlecht und minderwertig, aufbereitete Abfälle.

Zum Abendessen gab es beispielsweise Stücke einer dunkelbraunen »Wurst«. Offiziell als »Blutwurst« bezeichnet, hieß sie bei den Gefangenen »Tote Oma«. Eine sogenannte Leberwurst führte die interne Bezeichnung »Zementwurst«. Der Vergleich war, was Konsistenz und Geschmack betraf, durchaus zutreffend. Das Brot war schwammig und naß. Das untere Drittel nicht zu genießen. Obst und Gemüse gab es, von wenigen Ausnahmen abgesehen, nicht. Ernährungsbedingt grassierten ständig Krankheiten. Aber die medizinische Versorgung war genauso unzureichend wie das Essen.

Es war Anfang November, und mir ging es gesundheitlich immer schlechter. Meine Haut war bleich und durchsichtig wie Pergament geworden. Meine Mutter war entsetzt, als sie mich so sah. Die Häftlingskleidung schlotterte um meinen Körper. Das Gesicht war aschgrau. »Junge«, sagte sie mit tränenerstickter Stimme, »wie siehst du aus? Was ist mit dir ...?«

»Mama«, sagte ich und machte keinen Hehl aus meiner schlechten Verfassung, »mir geht es nicht gut. Ich fühle mich so matt und schwach.«

Es fiel ihr sichtlich schwer, die halbe Stunde Besuch zu überstehen, für die sie immer einen ganzen Tag einkalkulieren mußte. Sie tat mir unendlich leid.

Heiligabend 1966 war der Saal komplett. Die Arbeitsschichten waren für wenige Tage unterbrochen worden. Die Gefangenen lungerten herum, viele waren in Gedanken wohl bei ihren Familien. Da stimmten einige Häftlinge ein Weihnachtslied an, andere summten und sangen verhalten mit: ›Stille Nacht, heilige Nacht‹. Das kannte wohl jeder. Doch so leise, aus Dutzenden Kehlen gesungen, von denen einzelne in Zweitstimmen einfielen, zu blakenden Kerzen aus Bohnerwachs, hatte ich es noch nie gehört. Ein Gefühl von Wehmut und Trauer stellte sich bei vielen ein. Die tiefen Baßstimmen, die vielen Häftlinge, vereint in gleicher Lage, ausnahmsweise vereint in besinnlicher Stimmung, erzeugten eine unvergeßliche Atmosphäre, als plötzlich die Doppeltüren des Saales mit einem Knall aufsprangen.

Eine Rotte Uniformierter mit Stahlhelm und Gummiknüppel stürzte herein und begann sofort brutal und mit großer Wucht auf die Nächststehenden einzuschlagen. Einige schwangen wippende Stahlruten. Ein Schrei aus vielen Kehlen brach sich an den Wänden. Während immer mehr Uniformierte in ihren genagelten Stiefeln hereinstürmten, rannten die Häftlinge in Panik zu den weiter hinten stehenden Betten, verfolgt von den knüppelnden Schlägern. Schmerzensschreie gellten, begleitet von den Flüchen und Verwünschungen des Rollkommandos. Ich rannte nach einer Schrecksekunde nach hinten und warf mich in der entferntesten Ecke unter ein Dreistockbett. An die Wand gekauert, war ich Zeuge dieser Prügelorgie, dieser Kakophonie des Grauens und Entsetzens.

So schnell, wie der Spuk gekommen war, war er auch wieder beendet. Ich war wie gelähmt. Kein Schlag hatte mich getroffen, doch dieser Überfall hatte mich schwer geschockt.

Langsam sammelten sich die Häftlinge zwischen den umgekippten Tischen und Bänken. Oder sie drängten sich im Waschraum, um das Blut von den Wunden abzuwaschen. Überall war Blut, ganze Lachen auf dem Fußboden, den Tischen und den Betten. Es klebte angespritzt an Fenstern und Wänden. Kaum jemand, der nicht verletzt war. Der Saalälteste gab halblaut eine Erklärung ab. Der Anlaß, so gab er bekannt, war das Singen. Singen ist verboten. Da Heiligabend die meisten Wärter zu Hause waren, muß wohl irgendein schäbiger Denunziant die Torwache alarmiert haben. Die hat dann das dort stets einsatzbereite Rollkommando zur Abstrafung geschickt.

Ein paar Häftlinge haben später Strafanzeige erstattet. Sie kamen alle in den Arrest. Einige mit ernsthaften Verletzungen blieben mehrere Tage ohne medizinische Versorgung.

Mein schlechter Zustand beim Besuch meiner Mutter hatte sie nicht ruhen lassen. Meine Eltern beschwerten sich diesmal in Form einer Eingabe massiv beim Anstaltsleiter, einem Oberstleutnant Herbrecht. Der teilte ihnen lapidar mit, »mir gehe es *sehr gut* und mein Gesundheitszustand gebe keinen Anlaß zur Besorgnis«. Das war einfach nur gelogen.

Im Januar 1967 fiel ich bei der Arbeit plötzlich bewußtlos vom Hocker. Das war mir zuvor schon zweimal passiert. Man legte mich in eine Ecke und wartete, bis ich wieder zu mir kam. Dann wurde ich zum Sanitäter geschleppt. Mal nahm er mir Blut ab, murmelte, daß alles nur halb so schlimm sei, mal geschah überhaupt nichts. Einige Tage nach dem letzten Zusammenbruch wurde ich vormittags aus dem Saal geholt und in das Haftkrankenhaus gebracht. Ein Arzt teilte mir mit, daß mein Blutbild schwer geschädigt sei. »Anämie«, sagte er lakonisch. Und fügte hinzu: »Wir haben bei Ihnen eine Auflösung der Blutkörperchen festgestellt. Sie müssen deshalb sofort behandelt werden.«

»Woher kommt denn diese Anämie?« fragte ich ihn. Er wich aus. »Sie werden hier die notwendige Behandlung bekommen.«

Im Krankenzimmer standen vier Betten, doch ich war der einzige Patient. Komisch, dachte ich noch, wo es doch so viele, dringend behandlungsbedürftige Häftlinge gibt, und hier ist alles leer. Auf dem weißbezogenen Bett streckte ich mich aus. Nachdem ich an einen Tropf angeschlossen worden war und Spritzen bekommen hatte, fiel ich in einen tiefen und traumlosen Schlaf.

In den nächsten Tagen ging es mir sehr schlecht. Mitunter nahm ich meine Umgebung nur verschwommen wahr. Die Häftlingssanitäter bemühten sich nach Kräften, mich wieder auf die Beine zu bringen. Plötzlich bekam ich Dinge zu sehen und zu essen, die ich schon fast vergessen hatte: Milch, Grießbrei, gebratene Eier, Butter, Bockwurst, Kamillentee.

Nach ungefähr zehn Tagen ging es langsam aufwärts. Ich konnte aufstehen, laufen und sogar etwas Gymnastik machen.

Insgesamt vier Wochen mußte ich im Haftkrankenhaus zubringen, obwohl mein Gesundheitszustand doch laut Anstaltsleiter angeblich keinen Anlaß zur Besorgnis gab. In Wahrheit war mein Zustand lebensbedrohlich gewesen. Akuter Vitamin- und Eisenmangel hatten zur Anämie geführt. Infusionen,

Spritzen und eine wesentlich bessere Nahrung in Verbindung mit Ruhe und ausreichend Schlaf besserten meinen Zustand zusehends.

Als ich in den Saal zurückverlegt wurde, bekam ich für eine Übergangszeit sogenanntes Diätessen. Es war gehaltvoller und mit regelmäßigen Obstbeilagen auch vitaminreicher. Eines Tages kehrte jedoch auch darin wieder der »Normalzustand« ein: Krautsuppen, Schweinekartoffeln und »tote Oma«. Mein Krankenhausaufenthalt sowie dessen Ursachen wurden meinen Eltern verschwiegen. Die Anstaltsleitung hielt an ihrer Desinformationspolitik fest.

STAATSRATSBESCHLUSS UND WIDERSTAND

Am 28. August durfte ich nicht zur Frühschicht ausrücken, mußte statt dessen sämtliche Sachen packen und in der Kammer abgeben. Hier wurden mir meine Zivilkleider ausgehändigt. Sie waren mir mittlerweile entschieden zu weit geworden.

Oft hatte ich an Rechtsanwalt Vogel und sein vages Versprechen gedacht. Ob er mir wohl tatsächlich helfen würde oder könnte? Ein Wärter brachte mich in den Zugangsblock.

Noch im Saal, beim Packen der Sachen, standen einige politische Häftlinge um mich herum, mit denen ich näheren Kontakt hatte, und beglückwünschten mich: »Du gehst auf ›Aktion‹«, sagte einer. »Du hast das hier endlich hinter dir.« Die positiven Prognosen stießen bei mir auf Unglauben.

Man brachte mich in eine Einzelzelle. Meine aktuellen Kassiber hatte ich, im Darm versteckt, durch alle Kontrollen schmuggeln können. Zusammen mit den bereits herausgeschmuggelten ergaben sie die erste Version eines Drehbuchs für einen Dokumentarfilm. Thema: Die Verletzung des Potsdamer Abkommens durch das SED-Regime. Vorläufiger Arbeitstitel: »Discite moniti –

Lernt, die ihr gewarnt seid«. Die Transkription der Kassiber mit einer Schreibmaschine ergab später über 50 DIN-A 4-Seiten. Ich war entschlossen, meine Freiheit, wenn ich sie denn wiedererlangen sollte, für dieses Filmprojekt zu nutzen.

Am nächsten Morgen wurde ich mit zwei weiteren politischen Häftlingen in einem ›Robur‹-Gefangenentransporter nach Chemnitz gebracht, von der SED in »Karl-Marx-Stadt« umbenannt. Vogel hatte also Wort gehalten. In Chemnitz angekommen, sah ich die Uniformen und wußte Bescheid. Wir waren auf dem Kasberg, der Untersuchungshaftanstalt des MfS in Chemnitz. Hier hatte die Stasi einen ganzen Flügel des Gefängnisses für die politischen Häftlinge reserviert, die von hier aus ihre letzte Fahrt antraten, die Fahrt in die Freiheit, in die Bundesrepublik Deutschland.

Doch diesen Schritt, darüber hatte ich lange nachgedacht, wollte ich jetzt noch nicht tun. Es schien mir nach allem bisher Erlebten unmöglich zu sein, den Kampfplatz einfach zu räumen. Käme das nicht einer Flucht, mehr noch, einer Kapitulation gleich? Mein Widerstand gegen das SED-Regime war legitim. Das Unrecht in diesem Land war so handgreiflich, der Widerspruch zwischen politischem Anspruch und »gewöhnlichem Sozialismus« so offensichtlich, daß Widerstand nachgerade zur Pflicht wurde. Von dieser Pflicht zum Widerstand war ich mittlerweile ganz und gar besessen. Da die meisten Menschen im SED-Staat ihre Fähigkeit, sich zu wehren, verloren hatten, war mir klar, wie einsam ich sein würde und wie gefährlich mein Vorhaben war.

Da die SED-Diktatur überdies demokratisch nicht legitimiert war, weil sich ihre Scheinwahlen jeglicher Kontrolle entzogen, war mein Widerstand nach dem Völkerrecht nicht strafbar, sondern geboten.

Mehr noch: Widerstand zu leisten war für mich die einzige mögliche Konsequenz, mit meinen körperlichen und seelischen Verletzungen fertig zu werden und in der Vergeltung des Unrechts anderen zu helfen. Meine Entscheidung war jedenfalls unwiderruflich. Und ich wußte auch schon, in welcher Form ich Widerstand ausüben wollte: Ein Dokumentarfilm sollte nicht nur die Verletzung des Potsdamer Abkommens durch die DDR thematisieren, sondern auch deren Menschen- und Völkerrechtsverletzungen anprangern. Die Mauer des Schweigens und Verschweigens sollte durchbrochen werden. Damit, so hoffte ich, würde sehr schnell und öffentlich bestätigt werden, was der frühere SPD-Vorsitzende Kurt Schumacher schon vor vielen Jahren gesagt hatte: »Die Kommunisten sind rotlackierte Nazis.«

Wir wurden in kleinen Zweimannzellen untergebracht. Die Behandlung war kühl, aber korrekt. Wenige Tage später eröffnete mir ein Zivilist, der sich sogleich als Major des MfS zu erkennen gab, ohne Umschweife, daß ich auf Grund eines Staatsratsbeschlusses in den nächsten Tagen vorzeitig entlassen würde.

»Wohin möchten Sie entlassen werden«, fragte er und beobachtete mich dabei prüfend. »In die BRD oder in die DDR?« Wie viele Menschen in diesem Staat wünschten sich nichts sehnlicher, als vor diese Frage, vor diese Alternative gestellt zu werden! Aber alles hatte sich geändert. Ich hatte mich verändert. Meinen Entschluß hatte ich gefaßt.

»Ich möchte nach Ostberlin entlassen werden«, hörte ich mich sagen. Der Offizier blickte überrascht hoch. Die Entscheidung war gefallen. In diesem Moment spürte ich ihre Tragweite fast physisch. Irgendwie fühlte ich mich befreit. Der, der da vor mir saß, war mein Feind. Äußerlich ließ ich mir nichts anmerken. Doch im Innern war ich aufgewühlt, erregt und gespannt.

»Sie meinen, in die Hauptstadt der DDR«, korrigierte mich der Major.

»Wenn Sie das so nennen, ja, das meine ich.«

»Dann unterschreiben Sie hier«, entgegnete er und tippte mit dem Finger auf eine bestimmte Stelle des vor ihm liegenden Papiers. Es war der Beschluß des Staatsrates der DDR, demzufolge ich wegen besonders guter Führung vorzeitig aus der Haft entlassen wurde. Zur Bewährung.

Ich unterzeichnete. Sicher war ich der einzige, der in die DDR entlassen werden wollte. Auch der Major ließ sich nichts anmerken. »Sie können wieder gehen«, verabschiedete er mich. »Sie müssen die Gesetze der DDR jetzt aber einhalten, sonst ...«
»Ich weiß«, fiel ich ihm ins Wort, »sonst versuchen Sie wieder, mich umzuerziehen.« Doch das überhörte er und wandte sich seinen Akten, dem nächsten Fall zu. Grußlos verließ ich den Raum, der mir die Freiheit im Westen hatte bringen sollen und mir statt dessen innere Freiheit gegeben hat. Jetzt war ich ganz auf mich allein gestellt.
Am 26. September 1967 öffneten sich die Tore. Ich stand in Chemnitz.

LERNT, DIE IHR GEWARNT SEID

Mit dem Zug fuhr ich nach Berlin. In der Toilette förderte ich meine unversehrten Aufzeichnungen zutage. Wie würde das Wiedersehen mit meiner Familie sein? An Unterstützung für meine Pläne wollte ich gar nicht denken. Zu groß waren die Unterschiede zwischen meinem Vater und mir in der Lebensauffassung, in der Bewertung dessen, was mich bedrückte. Kritik war etwas, was er nicht ertragen konnte. Es galt nur seine Meinung, und die war zugleich auch die richtige.
Für ihn galt undifferenziert das Wort »Sei untertan der Obrigkeit«, natürlich auch für das kommunistische System, dem er letztlich in seinem Beruf an verantwortungsvoller Stelle diente. Leider war es schon immer so gewesen, daß mein Vater jedem Befehl gehorchte, wenn er nur von oben kam. Aus diesem Verständnis von Ordnung und Gehorsam marschierte er im Unternehmen »Barbarossa« bis kurz vor Moskau mit. Nur eine Verwundung bewahrte ihn vor Schlimmerem.
Gleichwohl wollte er niemals wahrhaben, daß Deutschland einen unehrenhaften Krieg geführt hatte, einen Raub- und Eroberungs-

krieg und einen Vernichtungskrieg. Auf seinen »Gefrierfleischorden«, wie die Plakette für die Teilnehmer der »Winterschlacht im Osten« unter Soldaten hieß, war er so stolz, daß er ihn immer ordentlich verwahrte. Nein, ein Nationalsozialist war er sicher nicht, nur ein typischer Vertreter des obrigkeitsstaatlichen Denkens. Ein angepaßter Untertan, ein autoritärer Charakter. Wenn aber das System der Obrigkeit rechtswidrig ist, kann die Pflicht zum Gehorsam nicht rechtens sein.

Mit diesen Gedanken betrat ich unser Haus. Die Freude meiner Mutter war groß. Ihr dankte ich als erstes für ihre Liebe, ihr Verständnis und für die Hilfe in Not und Gefahr.
»Eine Mutter liebt ihre Kinder, weil sie Mutter ist«, wehrte sie ab. »Außerdem denke ich ähnlich wie du. Leider fehlt mir für vieles der Mut.« Da untertrieb sie gewaltig.
Mein Bruder war nicht erschienen. Das Studium der Chemie nahm ihn sehr in Anspruch. Seine Abwesenheit, sein Desinteresse kennzeichneten seine Beziehung zu mir deutlich und befestigten die Mauer des Unverständnisses zwischen uns nachhaltig.
Er hatte sich früh mit der Diktatur arrangiert, freilich ohne ihr Parteigänger zu sein. Wie schon unser Vater. Wie Millionen anderer Angepaßter. Zu meinen Berichten über Folter und Unterdrückung hatte er immer geschwiegen. Um so ausführlicher beklagte er sich später, in welche Schwierigkeiten bei seinem Studium ich ihn durch meine »Renitenz« gebracht hatte. Fast wäre er deswegen relegiert worden! Doch diese Strafe hatte er abgewendet, indem er sich in einer Erklärung gegenüber der Universität von mir und meinen Handlungen distanzierte. Nicht ich war es, *er* begriff sich als das eigentliche Opfer. Wie unser Vater, der mit vorwurfsvoller Stimme von den Schrecken der Hausdurchsuchung sprach, von den Nachbarn, die alles mitbekamen.

In den folgenden Tagen nahm ich Kontakt zu meinen alten Freunden an der Filmhochschule in Potsdam-Babelsberg auf. Ich erinnerte sie an ihre Zusage, mir eine 16-mm-Arriflex-Filmkamera und Filmmaterial zur Verfügung zu stellen, sollte ich das Equipment für meine Pläne benötigen. Natürlich standen sie nach wie vor dazu. Ausgesprochen hilfreich, meine Absichten begünstigend, war das Angebot, in den nahen Filmstudios der DEFA als Regieassistent zu arbeiten, so daß auch mein Unterhalt fürs erste gesichert war. Wenig später führte ich Gespräche mit einem ehemaligen politischen Gefangenen, der sein Angebot erneuerte und mir 2000 Mark für die Realisierung meines Dokumentarfilms zur Verfügung stellen wollte, dessen Konzept mich während der Haftjahre in Pankow und Bautzen beschäftigt hatte.

Wochen der eifrigen Recherche und der Produktionsvorbereitung folgten. Nächtelang übertrug ich die handschriftlichen Aufzeichnungen aus den Kassibern zum Drehbuch. Eine Freundin, die beim Zentralkomitee der SED tätig war, besorgte mir Identitätsnummern, so daß ich Fahrzeuge, natürlich immer mit Fahrer, beim Fahrdienst des ZK bestellen und nutzen konnte. Ausgerechnet das Regime leistete so, wenn auch unwissentlich, einen Beitrag zu einem Filmvorhaben, das gegen sie gerichtet war. Niemand ist je hinter diesen Mißbrauch gekommen. Nach außen hin war mein Filmvorhaben durch ein offizielles Dokument der Filmhochschule, ausgestellt auf einen meiner Mitverschwörer, gedeckt, worin ihm bescheinigt wurde, daß er einen gesellschaftlich wichtigen Dokumentarfilm drehte. Und für ein solch löbliches Vorhaben gab es allerorten nur freundliche Unterstützung.

Gesellschaftlich wichtig war dieses Projekt in der Tat. Nie zuvor war ein Dokumentarfilm, der den Geist des Widerstands atmete, in den Westen gelangt. Fast erschien mir das Projekt zu groß. Deshalb machte ich mich einfach an die Arbeit.

Darüber vergaß ich ein wenig meine gesundheitlichen Probleme aus der Haft, die sich ständig, manchmal heftig bemerkbar machten. Auf eine Gastritis folgten quälende Rücken- und Gelenkschmerzen. Meine Konzentrationsfähigkeit hatte merklich abgenommen. Ich war ungeduldig und reizbar geworden. Anfangs konnte ich kein normales Essen zu mir nehmen, ohne gleich erbrechen zu müssen. Alles Folgen der Mißhandlungen, der überaus schlechten Ernährung und der brutalen Haftbedingungen. Mein Hausarzt, Dr. Moritz, wollte mich krankschreiben, doch ich wehrte ab. Ich konnte und wollte keine Rücksicht auf mich selbst nehmen, da meine Arbeiten vorankommen sollten, ich zudem Geld verdienen mußte. Meine Blutwerte hatten sich glücklicherweise stabilisiert.

Unser Empfehlungsschreiben bestand seine erste Feuerprobe bravourös, denn wir bekamen einen Termin mit einem Mitglied des Zentralrats der FDJ, des Staatsjugendverbandes der DDR.

Das Interview führten wir im Gästehaus des DDR-Ministerrats »Johannishof« in Berlin. Mit unverfänglichen, also systemtreuen, Fragen, steuerte ich auf die eigentliche Frage zu, auf welcher gesetzlichen Grundlage »jugendliche Bürger der Hauptstadt« der Wehrpflicht unterworfen und zum Dienst in der Nationalen Volksarmee der DDR eingezogen würden. Der FDJ-Vertreter, der sich schon im fortgeschrittenen »jugendlichen« Alter befand, erklärte arglos lächelnd, daß die Grundlagen hierzu durch Gesetze der Deutschen Demokratischen Republik gelegt worden seien, deren Hauptstadt, wie ich wisse, Berlin sei. Weitschweifig begann er zu erklären, daß die DDR ein souveräner Staat sei und deshalb selbst bestimmen könne, wo ihre Gesetze zur Anwendung kommen.

»Da haben Sie völlig recht«, pflichtete ich ihm scheinheilig bei, um sogleich zum Kernpunkt vorzustoßen.

»Die DDR ist natürlich in ihrer Gesetzgebung souverän. Sagen Sie bitte: Wie hat die DDR-Regierung es verstanden, den Geltungsbereich des Wehrdienstgesetzes auch auf die Hauptstadt Berlin auszuweiten, wo dem doch zumindest ein internationales und immer noch gültiges Abkommen der Alliierten entgegensteht, das sogenannte Potsdamer Abkommen von 1945?« Entspannt, fast sanft fügte ich hinzu: »Dieses Abkommen hat doch ausdrücklich den entmilitarisierten Status von Berlin festgelegt, und zwar von Gesamtberlin, also nicht nur Westberlin.«

Er fixierte mich einen Moment lang irritiert. Weder hatte er eine derartige Frage erwartet, noch war er ihr wohl gewachsen. Als

Politkader spürte er mit feinen Antennen die ihr innewohnende versteckte Kritik. Er bekam etwas Farbe in sein Gesicht. Bange Sekunden verstrichen.

»Ich verstehe Ihre Frage nicht ganz. Berlin ist die Hauptstadt der Deutschen Demokratischen Republik. Jede Hauptstadt in jedem Land der Welt ist Teil des Staatsgebietes. Das aber ist souverän. Ich meine, die DDR ist ein souveräner Staat, und ihre Gesetze sind der Ausdruck einer wahrhaft demokratischen Gesetzgebung.« Diese Antwort wich zwar meiner Frage aus, war aber dennoch, auf eine andere, hintergründige Art und Weise, deutlich. Jedenfalls spielte er mit.

»Könnte ein Betrachter gleichwohl den Eindruck gewinnen, daß gerade Berlin keine Hauptstadt wie jede Hauptstadt der Welt ist ...?«

»Klar«, unterbrach er mich, jetzt wieder lächelnd, »Berlin ist eine sozialistische Hauptstadt. Das ist der Unterschied.«

»Besteht ein weiteres Unterscheidungsmerkmal nicht auch oder gerade in den Vereinbarungen der Alliierten, die nach dem Krieg getroffen wurden und Konsequenzen für Gesamtberlin haben? Diese Alliierten waren immerhin der amerikanische Präsident Truman, der englische Premierminister Churchill und der sowjetische Generalsekretär der KPdSU Stalin. Es war die Konferenz von Potsdam, in Sanssouci, Schloß Sanssouci.«

»Ich weiß, was Sie meinen«, bestätigte er. »Diese Vereinbarung betrifft aber nicht die DDR, und sie betrifft nicht deren Hauptstadt Berlin, denn sie wurde vor Gründung der DDR getroffen. Heute gibt es den ersten sozialistischen Staat auf deutschem Boden. Der entscheidet souverän über das, was auf seinem Staatsgebiet passiert. Unter diesem eindeutigen Aspekt ist auch die Wehrgesetzgebung zu sehen, Ausdruck des Verteidigungswillens des ersten Arbeiter-und-Bauern-Staates auf deutschem Boden gegenüber den imperialistischen Kriegstreibern in Bonn.« Immerhin, der Mann kannte das Potsdamer Abkommen und dessen Bedeutung. Mit seinem Gesülze vom »souveränen Staat« wollte er lediglich den Bruch des Abkommens kaschieren. Ich war sehr zu-

frieden und dankte dem Funktionär für seine klare, politische Aussage und seine bereitwillige Mitarbeit. Mit diesem ersten Dreh war ich hochzufrieden.
Für die nächsten Wochen waren weitere Aufnahmen geplant, so ein Interview mit wehrpflichtigen Jugendlichen im VEB-Apparatebau Berlin-Treptow, mit dem Bürgermeister von »Groß-Berlin«, Ebert, und, wenn möglich, mit dem Parteisekretär eines Truppenteils der NVA in Straußberg bei Berlin.
Die Koordinierung der nächsten Schritte, die Beschaffung weiterer Gelder und insbesondere die Tarnung des Projektes beanspruchten meine ganze Kraft. Bislang hatte ich mich nicht einen Tag erholen können. Alle Gespräche und Kontakte standen unter einem einzigen Aspekt: Welchen Nutzen ziehe ich daraus für das Projekt? Ohnehin waren von den Freunden und Bekannten nur eine Handvoll übriggeblieben. Zumeist die, die sich selbst mit Material oder Geld einbringen wollten. So pendelte ich quer durch Berlin, um Filmkassetten, alte DEFA-Lampen, Reflektoren und anderes Zubehör zu besorgen. Die Bescheinigung der Filmhochschule erwies sich auch bei den persönlichen Vorsprachen, z. B. beim Wehrkreiskommando Pankow, dem Oberbürgermeister und selbst bei der »Nationalen Front« als wahrer Türöffner. Was ich bisher allenfalls parodistisch eingesetzt hatte, das gedrechselte Parteichinesisch, die hölzernen Sozialismus-Glaubensbekenntnisse, bot mir unter diesen Umständen eine perfekte Tarnung für die Gespräche mit den Vertretern der Diktatur. Es war wie ein Ritual. Kaum hatte man die passenden verbalen Versatzstücke präsentiert, bekam man als Antwort die ganze Bandbreite vulgärsozialistischer Denkweisen zu hören, enthüllten sich die Mechanismen der Diktatur.
Unbedingt wollte ich Aufnahmen vom »Gelben Elend« haben, dem Zuchthaus in Bautzen, in dem sich so viele politische Häftlinge befanden. Ein äußerst heikles Vorhaben, denn ein solches Ansinnen paßte weder zu den »sozialistischen Impulsen« des Empfehlungsschreibens noch in die Geheimhaltungsmanie des Regimes, das natürlich von den politischen Häftlingen wußte. Die

Gefängnisse selbst und ihre Umgebung waren deshalb verbotene Zone. So entschloß ich mich, das »Gelbe Elend« aus dem Auto heraus zu filmen, stehend oder fahrend. Das war, wie eine erste Besichtigungsfahrt erbrachte, durchaus möglich, weil etwa zwei Drittel der Außenmauern mit den dahinter liegenden Gebäuden sichtbar waren, wenn man durch die Straßen eines nahen Wohnviertels pirschte.

Zu dritt fuhren wir im Wartburg eines guten Freundes nach Bautzen. Unser offizielles Ziel war, in Bautzen einen Dreh über die Volksgruppe der Sorben zu machen. Um mich gegen Eventualitäten abzusichern, hatte ich telefonisch einen Interviewtermin mit einem Volkskammerabgeordneten dieser Minderheit vereinbart. Zunächst sondierten wir die Straßen rund um das Zuchthaus. Beim zweiten Durchgang hielt Alex, ein Profi von der DEFA, die Arriflex halb außenbords und filmte, was das Zeug hielt. Vom Wendehammer am Haupttor konnte er ins Zuchthaus hineinzoomen. Mit zwischen den Zähnen hervorgepreßten Lauten zeigte er sein Entzücken über die interessanten Motive. »Okay, es reicht«, mahnte Pit, unser Koordinator, der vom Rücksitz aus unsere Position absicherte und das Umfeld ständig beobachtete. »Machen wir, daß wir wegkommen. Hier laufen mir zu viele Uniformierte rum. Sonst notiert noch jemand unser Kennzeichen.« Doch es war bereits zu spät. »Scheiße, von hinten kommt ein Trabant direkt auf uns zu!« schrie Pit. »Gib Gas, Gas, Gas! Weg hier!«

Im Rückspiegel sah ich ihn. Die Schulterklappen von Fahrer und Beifahrer waren hinter der Windschutzscheibe deutlich zu erkennen. Polizei oder Zuchthauspersonal. Alex drehte weiter und ließ sich nicht aus der Ruhe bringen. Der Trabant steuerte zügig, eine lange, blaue Rauchfahne hinter sich herziehend, die enge Straße hoch, direkt auf uns zu. Ich legte den Rückwärtsgang ein.

»Alex, zieh das Gerät rein«, rief ich, »halt dich fest, ich versuche eine Schleuderwende.«

Als der Trabant den Wendehammer erreichte, ließ ich die Kupplung kommen und riß das Lenkrad scharf links. Der Wartburg beschleunigte nach hinten. Blitzartig bremste ich mit Hand- und

Fußbremse, legte den ersten Gang ein und gab erneut Gas. Um seine Achse geschleudert, schoß der Wagen nach vorn und passierte nur Augenblicke später haarscharf den Trabant. Ich sah die aufgerissenen Augen des Fahrers, doch da waren wir schon vorbei. Wir rasten die enge Straße hinunter, vorbei am Thälmann-Gedenkstein bis zur Hauptstraße. Ein flüchtiger Blick in den Rückspiegel zeigte, daß der Trabant uns nicht folgte. Das Kennzeichen hatten wir mit Straßendreck unkenntlich gemacht. Das war ja gerade noch mal gutgegangen. Wir hatten im Kasten, was wir wollten. Um unsere Tarnung aufrechtzuerhalten, trafen wir uns am Nachmittag mit dem Sorbenvertreter.

Den nächsten Außendreh machten wir am MfS-Untersuchungsgefängnis Berlin-Pankow, mir bestens bekannt und in schlimmer Erinnerung. Danach sollte das MfS- und Untersuchungsgefängnis Lager X in Hohenschönhausen folgen, gleichsam ein Mini-Konzentrationslager für politische Häftlinge, und – wennschon, dennschon – die Zentrale selbst, das Zentrum der Gewalt, das Ministerium für Staatssicherheit in der Normannenstraße / Ruschestraße im Stadtbezirk Berlin-Lichtenberg.

Pankow stellte keine großen Anforderungen an Vorsicht und Sicherheit. Man konnte den alten Bau direkt und von jeder Seite umfahren. Zu sehen gab es nicht viel. Aber ein ziemlich leichtsinniger Versuch, Anwohner zu interviewen, die in direkter Nachbarschaft wohnten, endete beinahe in einem Eklat. Als ich mit Alex an einer Wohnungstür stand und gerade die Frau, die mir geöffnet hatte, befragte, hörte ich einen Mann, wohl den Ehemann, im Flur der Wohnung telefonieren. Dabei fiel das Wort »Polizei«. Fluchtartig verließen wir das Haus, allerdings nicht, ohne uns bei meinen freundlichen Gesprächspartnern zu bedanken.

Alex gluckste vor Lachen, während wir die Treppen runterpolterten. Immerhin hatte dieser Vorfall gezeigt, daß die Menschen hier sehr wohl wußten, was in ihrer Nachbarschaft vorging.

Grundsätzlich war ich mir der ständigen Gefahr, entdeckt zu werden, durchaus bewußt. Alex und Pit nahmen alles etwas sportlicher als ich. Kunststück, sie hatten nicht meine Erfahrung. Deshalb ging ich jeden Dreh immer wieder auf mögliche Schwachpunkte oder Sicherungsfehler durch, überdachte alles und kaute es tagelang durch. Wir durften unser Projekt nicht durch Leichtsinn gefährden.

Ich hatte Alex einen Auftrag gegeben. Der Vater eines guten Bekannten von ihm war Oberst der NVA. Alex sollte abklären, ob dieser Bekannte seinem Vater einige Fragen zum Wehrdienstgesetz und dessen Anwendung auf Ostberlin stellen könnte, verpackt in ein »familiäres Gespräch«. Versteckt sollte ein Tonband mitlaufen. Der Bekannte willigte nach einigem Bedenken ein. Selbstverständlich hatte ihm Alex die tatsächlichen Gründe seines Ansinnens verschwiegen.

Natürlich hatte der Gute kein eigenes Tonbandgerät. Eines aufzutreiben war schwierig, aber der Schauspieler Horst Lellies gab mir einen Tip, an wen ich mich wenden könnte. Nach der Devise: Jemand kennt jemanden, der jemanden kennt, der ein Tonband hat, hatte ich am Ende ein Tonbandgerät aus »volkseigener« Produktion. Das Verbindungskabel vom Mikrofon zum Gerät war zum Glück über vier Meter lang, so daß wir das Gerät unauffällig verstecken konnten. Mit diesem Interview wollte ich Bilder unterlegen, die wir bereits gefilmt hatten: Berliner Straßenszenen, in denen Soldaten der NVA herumliefen, uniformiert, teilweise in ganzen Gruppen, die Wachablösung an der Schinkelschen Neuen Wache, Unter den Linden.

Drei Tage später kam das Band samt Equipment zurück. Sehr ergiebig war die Unterhaltung nicht gewesen. Immerhin ließen sich einige Passagen, die es in sich hatten, als Hintergrund verwenden.

Bei diesem Tonbandmitschnitt sollte es bleiben. Die Umstände, unter denen das Gespräch zustande gekommen war, waren zu risikoreich gewesen.

Ich hatte im Innenministerium angerufen. Von einem Telefon der Babelsberger Filmhochschule aus und unter falschem Namen. Die hatten keinen Sprecher, deswegen führte ich das Gespräch mit einem Abteilungsleiter. Nachdem ich das Projekt erläutert hatte,

teilte er mir mit, daß das Innenministerium für solche Projekte nicht zur Verfügung stehe, es sei denn, ich hätte vom Zentralkomitee der Partei einen direkten Auftrag. Versuch macht klug, dachte ich. Damit war auch diese Möglichkeit »gestorben«.
Anfang November drehten wir mit offizieller Genehmigung im Wehrkreiskommando Berlin-Pankow eine Musterung. Damit war der filmische Beweis für die Einbeziehung Ostberlins in das neue Wehrgesetz erbracht. Den Abspann des Filmes drehten wir Unter den Linden, auf den letzten Metern der Mittelpromenade, vor den Sperren zum Bandenburger Tor. Alex zoomte die Mauer vor dem Brandenburger Tor heran. Dabei wuchs sie, wurde größer, bedrohlich. Der Zoom flog über die Mauer hinweg in die Westberliner »Straße des 17. Juni« hinein und weiter bis zur Siegessäule. Auch sie immer größer. Die Kamera fährt nach oben, zeigt die Siegesgöttin. Schnitt.
Ich traf mich mit dem ehemaligen politischen Häftling, der mir Geld zugesagt hatte, im Pressecafé in der Friedrichstraße, neben dem »Metropol«-Theater. Arno Peters erklärte, in Kürze sogar 3000 Mark auftreiben zu können, die er mir zur Verfügung stellen wollte. Eine recht hohe Summe. Ich wollte wissen, woher er so viel Geld bekommen würde. Seine Erklärung, sein Vater würde ihm das Geld leihen, klang wenig glaubwürdig, doch ich schöpfte keinen Verdacht. Immerhin war Peters wie ich ein ehemaliger »Politischer«. Deshalb fiel mir bei aller Vorsicht nicht auf, daß dieses Gespräch von der Stasi mit allen verfügbaren technischen Mitteln abgehört und fotografiert wurde.

VERRAT

Immer noch war ich damit beschäftigt, meine damaligen Kassiber auszuwerten und zu transkribieren. Auch überarbeitete ich alle in dieser Zeit entstandenen Gedichte. Das Drehbuch, die Filmkas-

setten und alle weiteren Utensilien lagerten teils bei Alex, teils gut versteckt bei der DEFA in Babelsberg, getreu dem Wort von Bruno Apitz, der in seinem Roman »Nackt unter Wölfen« schreibt: »... das sicherste Versteck ist immer noch der Arsch eines Scharführers, worin das Unvorstellbare zum Sichersten wird.«
Von Anfang an war uns klar gewesen, daß ich von allen am Projekt Beteiligten am gefährdetsten war. Wir teilten deshalb alles Material unter Alex, Pit und Babelsberg auf, wo Alex arbeitete. Überdies hatten wir uns ein totales Redeverbot gegenüber jedermann auferlegt. Doch gegen Verrat hatten wir uns nicht schützen können.

Am frühen Morgen des 28. November 1967 klingelte es. Kurz danach ging die Tür zu meinem Zimmer auf. »Vor unserer Wohnungstür stehen Männer. Kriminalpolizei«, flüsterte meine Mutter, die schreckensbleich eingetreten war. Mit einem Satz war ich aus dem Bett. Durch die Gardine meines Fensters hindurch sah ich auf der Straße drei geparkte Pkws vom russischen Typ »Wolga«. Das sah nicht nach Kriminalpolizei aus, sondern nach Stasi. Wieder klingelte es, lang anhaltend, drängend.
»Was soll ich machen? Was soll ich denen sagen?« flüsterte meine Mutter, immer noch im Türrahmen stehend.
»Sag denen, sie müssen einen Moment warten, du mußt dich erst anziehen.« Sie ging nach draußen, während ich mich mühte, planvoll vorzugehen. Belastende Gedichte, Aufzeichnungen, Telefonnummern mußten auf der Stelle vernichtet werden. Doch noch während ich ein paar Papiere zerriß, deren ich auf die Schnelle habhaft werden konnte, wurde die Tür aufgerissen.
»Sind Sie Wolfgang Welsch?«
»Der bin ich, und wer sind Sie?«
»Kriminalpolizei«, stellte sich der bullige Zivilist in barschem Ton vor.
»Anziehen und mitkommen!« kommandierte er. »Wir haben einen Sachverhalt zu klären. Bis zum Abend sind Sie wieder

zurück«, fügte er hinzu. Das entsprach der klassischen Vorgehensweise der Stasi. Dieser Hinweis sollte Widerstand gar nicht erst aufkommen lassen und irrationale Hoffnungen nähren.
»Darf ich bitte Ihren Ausweis sehen?« fragte ich zurück. Tatsächlich klappte der Bullige einen kleinen, querformatigen Ausweis kurz auf und wieder zu. »Kriminalpolizei« konnte ich kurz lesen. Was, glauben die, können sie mir vorspielen, ging es mir durch den Kopf. Tatsächlich hatte ich keine Chance, auch keine Hoffnung, bis zum Abend wieder zu Hause zu sein. In Begleitung eines Beamten durfte ich ins Badezimmer. Meine Mutter stand mitten im Korridor. Im Vorbeigehen stieß mein Bewacher sie mit ausgestrecktem Arm zur Seite. Sie taumelte und fiel gegen die Wand. Sie begann zu weinen. Wut stieg in mir hoch.
»Fassen Sie nicht noch einmal meine Mutter an«, schrie ich außer mir, »sonst ...«
»Was sonst?« fiel mir der Bullige ins Wort, der hinter mir ging.
»Sonst lernen Sie mich kennen! Ich habe keine Angst vor Ihnen! Sonst heißt, ich schlag' Ihnen in die Fresse.« Ich zitterte vor Anspannung, auch vor Angst. »Von wegen Kriminalpolizei. Sie sehen aus wie MfS und verhalten sich wie MfS. Was wollen Sie von mir?«
Zwei Typen steckten die Köpfe zusammen und flüsterten. »Was wollen Sie«, schrie ich außer mir. »Ich schreie das Haus, die ganze Straße zusammen!«
Vor Erregung zitterte ich. Einmal in diese unerträglichen Fressen schlagen, stieg es in mir hoch. Die Männer starrten mich feindselig an. Ich starrte zurück.
»Wenn Sie Widerstand leisten, werden wir von der Waffe Gebrauch machen«, erklärte einer dieser Banditen, während er aus der Manteltasche die Handschellen hervorfingerte.
»Ehe Sie das tun können, habe ich wenigstens einem von euch die Kehle durchgebissen.« Mit einem Mal war ich wieder ruhig. Für einen Moment standen wir uns lauernd gegenüber.
»Wir haben doch nur ein paar Fragen an Sie«, entschärfte da einer der Männer die Situation.

»Gut, fragen Sie, aber unterstehen Sie sich, meine Mutter noch einmal anzufassen.«
Jemand hielt schon die Tür zum Badezimmer auf. An dem Stasimann vorbei betrat ich das Bad. Ein paar Hände Wasser ins Gesicht, Hemd und Hose von gestern. Ich putzte die Zähne und gurgelte ausgiebig. Eine Galgenfrist.
Als ich aus dem Bad herauskam, wurde ich sofort umringt. Jemand hielt mir geöffnete Handschellen hin.
In diesem Moment erlitt meine Mutter einen Schwächeanfall. Langsam, wie in Zeitlupe, sah ich sie am Türrahmen des Wohnzimmers zu Boden gleiten. »Mama«, schrie ich, »was ist, was hast du?« Einer der Stasimänner wollte mich am Arm festhalten, doch ich riß mich los und war mit einem Satz bei ihr. Halb lag, halb saß sie an den Türrahmen gelehnt. Sie war ganz blaß und atmete flach. Ich fühlte den Puls. Er war schwach.
»Rufen Sie einen Krankenwagen und stehen Sie hier nicht so untätig herum. Das ist das Ergebnis Ihres heroischen Auftretens.«
Ich versuchte sie flach auf den Boden zu legen. In dem Moment, in dem ich meine Jacke auszog, um sie ihr unter den Kopf zu legen, wurde ich von hinten an beiden Armen gepackt und weggerissen. »Lassen Sie mich los!«
Es nutzte nichts. Ein wildes Gerangel setzte ein. Meine lange aufgestaute Wut entlud sich in heftiger Gegenwehr. Verzweifelt schlug ich um mich, entwickelte Kräfte, wie ich es nicht für möglich gehalten hatte.
Alle stürzten sich auf mich. Außer dem dumpfen Gepolter der Füße war nur unser Keuchen zu hören. Vor lauter Anstrengung wurde mir schlecht.
»Einen Krankenwagen!« brachte ich gepreßt hervor. »Ruft einen Krankenwagen, meine Mutter ist ohne Bewußtsein.«
»Du kommst jetzt mit«, keuchte der Bullige und trat mit voller Wucht in meine Kniekehlen. Augenblicklich ging ich zu Boden. »Alles andere ist nicht unsere Sache.« Ich wurde wieder hochgerissen und zur Wohnungstür geschleift. Ich werde nicht mehr zurückkommen, hämmerte es in meinem Kopf. Mit aller Kraft

trat ich einem Stasimann direkt hinter mir gegen das Schienbein. Ich hörte ihn stolpern und gegen die Wand krachen. Im gleichen Moment war ich wieder bei meiner Mutter. Mit auf dem Rücken gefesselten Händen war ich jedoch hoffnungslos unterlegen und konnte nicht verhindern, daß sie mich wieder hochrissen. Einer schlug mir mit der Faust ins Gesicht.

»Wenn du weiter Widerstand leistest, machen wir dich gleich hier alle«, hörte ich hinter meinem Rücken. Das war Originalton Stasi. So kannte ich sie.

»Im Wohnzimmer steht das Telefon. Ruft endlich einen Krankenwagen, ihr Barbaren.«

Von mehreren Armen gerissen, geschoben und getreten wurde ich zur Wohnungstür abgedrängt. Da kam meine Mutter wieder zu sich. Sie stöhnte und versuchte sich aufzurichten. Sie tat mir unendlich leid in ihrer Hilflosigkeit. Niemand sonst war in der Wohnung, der ihr helfen konnte. Ich sah ihr an, daß sie begriff, was vor sich ging. Aus dem Treppenhaus konnte ich ihr gerade noch zurufen: »Benachrichtige sofort Rechtsanwalt Vogel, Vogel hörst du, keinen anderen ... keine Sorgen um mich ...« An der offenen Haustür warteten weitere Männer und mitten unter ihnen eine Frau, die ich sofort wiedererkannte. Die Haft-Staatsanwältin aus dem Stasiknast in Pankow. Jahnke war ihr Name. Sie war eine der schlimmsten und willigsten Dienerinnen des großen Drachen MfS. Schnell schleifte man mich zum Auto. Mit heftigen Stößen beförderten sie mich ins Innere des Wagens. Rechts und links zwängten sich Stasimänner auf den Rücksitz. Sofort setzte sich der Wagen in Bewegung. Die anderen Stasileute, die im Treppenhaus herumgelungert hatten, folgten uns nicht. Sie würden sicher sofort das Haus durchsuchen.

Ich fühlte mich wie zerschlagen, aber dennoch irgendwie zufrieden. Endlich, endlich hatte ich mich auch physisch einmal wehren können.

Es ging in Richtung Alexanderplatz. Damit konnte ich nichts anfangen. Die Stasi und ihre Gefängnisse waren woanders. Wohin also verschleppte man mich? In der Keibelstraße löste sich das

Rätsel auf: das Ostberliner Polizeipräsidium. Sieh mal an, dachte ich, jetzt tarnen sie wirklich alles, auch deine Verhaftung. Vom Innenhof aus stiegen wir über ein Nebentreppenhaus in den dritten Stock. Hier befand sich offenbar eine getarnte Dienst- oder Anlaufstelle des MfS. Die Handschellen wurden gelöst, und ich konnte mich setzen.

Trotz der haßerfüllten Augenblicke, trotz des Kampfes in meiner Wohnung behandelte man mich im Augenblick ausgesucht höflich. Stasileute verwickelten mich in ein belangloses Gespräch und servierten Kaffee. Wäre nicht das brutale Greifkommando zuvor gewesen, sein rücksichtsloses Vorgehen, ich hätte glauben können, Teilnehmer einer freundlichen, geschäftlichen Besprechung zu sein.

Mir ging einzig die Frage durch den Kopf, ob sie etwas in der Hand hatten oder nicht. Sie schienen auf das Ergebnis der Hausdurchsuchung zu warten. Nach etwa drei Stunden kam Bewegung in die Reihen meiner Bewacher. Dann ging die Tür auf, und ein Uniformierter betrat den Raum. Warum nicht gleich so. Er war im Range eines Majors. Kurz nach ihm füllten einige Zivilisten den Raum. Der Major wandte sich an mich:

»Wie stehen Sie zur Deutschen Demokratischen Republik?« Noch ehe ich antworten konnte, schoß er die nächste Frage ab:

»Wer sind Ihre Auftraggeber? Für wen arbeiten Sie? Wer bezahlt Sie?«

»Mein einziger ›Auftraggeber‹ ist zur Zeit die DEFA, bei der ich als Regieassistent arbeite.«

Die Stasileute guckten sich ungehalten an.

»Dann müssen wir wohl deutlicher werden«, ließ sich wieder der Major vernehmen. »Wer sind Ihre Auftraggeber im Westen?«

»Ach so«, erwiderte ich, »sagen Sie das doch gleich.« Alle starrten mich erwartungsvoll an.

»Da muß ich Sie leider enttäuschen. Ich habe keine Auftraggeber im Westen. Außerdem, von welchen Aufträgen sprechen Sie?«

»Dann frage ich Sie nochmals: Welcher Art ist Ihre verbrecherische Tätigkeit?«

Mir lag schon die Antwort auf der Zunge: ›Das könnte ich Sie fragen‹, doch ich beherrschte mich.
»Wovon sprechen Sie? Könnten Sie sich vielleicht deutlicher ausdrücken? Vor allem, weshalb haben Sie mich hierhergebracht?«
»Sie sind vorläufig festgenommen«, erklärte der Major knapp.
»Dürfte ich den Grund dafür erfahren?«
»Wir werfen Ihnen unter anderem Hochverrat vor. Warten Sie ab, im Laufe des Tages werden wir Ihnen genau sagen, weshalb Sie bei uns sind. Sie sagen uns jetzt, welcher Art Ihr Hochverrat gegen die DDR war.«
Was folgte, war mir ebenso bekannt wie vertraut. In einem Kreuzverhör hagelten weitere Fragen auf mich nieder. Die Reinschriften der Kassiber waren gefunden worden, Gedichte und einige Notizen. Kein einziges Mal wurden Namen erwähnt. Ebensowenig die Filmaufnahmen oder das Drehbuch.
Aber die Originalkassiber aus Pankow und Rummelsburg hatte man gefunden.
Die Fragen dazu waren immer die gleichen: »Wie haben Sie die Aufzeichnungen herausgeschmuggelt, wer hat Ihnen dabei geholfen?« Es müssen weit über hundert Kassiber gewesen sein, von denen einige auf dem Tisch vor mir lagen.
Meine Antwort war stets die gleiche: »Ich kann mich nicht mehr erinnern.«
Gegen Abend rückte der Major, der zwischenzeitlich verschwunden war, mit dem wahren Anlaß der Verhaftung heraus:
»Kennen Sie einen Peters?«
»Flüchtig«, erwiderte ich.
»Dann will ich Ihrer Erinnerung nachhelfen. Uns liegt eine Anzeige des Herrn Peters gegen Sie vor, in der Sie beschuldigt werden, einen Hetzfilm gegen die DDR drehen zu wollen. Äußern Sie sich dazu.« Ich überlegte. ›Drehen zu wollen‹ heißt nicht, gedreht zu haben. Peters hatte mich verraten. Aber er kannte nur meine Absicht und offenbar keine Details.
»Ich weiß nicht, was Sie unter ›Hetzfilm‹ verstehen, aber der Gedanke an einen Dokumentarfilm geht mir seit geraumer Zeit

durch den Kopf«, hielt ich mich bedeckt. »Und Gedanken sind auch in der DDR nicht strafbar, oder irre ich mich da?«

»Wir wissen, daß Sie ein Staatsfeind sind, und werden deshalb sehr genau Ihre staatsfeindliche Tätigkeit unter die Lupe nehmen«, mischte sich ein anderer Offizier ein.

»Welche Art Film wollten Sie drehen, welche Vorbereitungen haben Sie hierzu getroffen? Wir wissen alles. Glauben Sie nicht, Sie könnten uns hinters Licht führen. Wir wollen das nur von Ihnen bestätigt haben.«

Von wegen, sie wüßten alles.

»Ich kann und werde Ihnen nicht mehr sagen, als eben gesagt. Ich möchte mich nicht dauernd wiederholen. Und die Gedanken sind frei.«

»Sie haben aber Aufzeichnungen gemacht, hier und hier.« Der Major blätterte mir einige Kassiber in Mikroschrift hin. »Was sagen Sie dazu?«

»Nichts«, erwiderte ich. »Ich sage dazu nichts.«

»Warum wollen Sie nicht mit uns sprechen? Wir versuchen hier nur zu klären, ob die gegen Sie erhobenen Anschuldigungen zutreffend sind oder nicht. Sie hatten doch intensiven Kontakt mit Herrn Peters? Sie haben sich doch mehrmals getroffen? Sagen Sie uns, warum. Was wollten Sie von ihm?«

»Das Gespräch mit Herrn Peters war von uns beiden verabredet worden. Wir haben uns über unsere Haftzeit unterhalten und über die Erfahrungen, die wir dabei gesammelt haben.«

»Was genau haben Sie denn erfahren?«

»Ich habe an mir selbst erfahren, daß das MfS Gefangene mißhandelt, unmenschlich behandelt, Aussagen manipuliert und alle Vorurteile bestens bestätigt, die ich vorher schon hatte. Es ist für Sie aber einfacher, wenn Sie sich meine Akten aus Pankow kommen lassen und lesen. Da werden sie manche Details finden und erfahren, wovon ich spreche.«

»Sie machen sich falsche Vorstellungen über das Ministerium. Sie werden doch korrekt behandelt, oder etwa nicht?«

Das Wortgeplänkel und die immer gleichen Fragen setzten sich

bis in den späten Abend fort. Draußen war es längst dunkel, als weitere Uniformierte den Raum betraten. Einer von ihnen trat an mich heran.
Er legte mir Handschellen an und führte mich nach draußen zu einem Pkw. Ich wurde auf den Rücksitz geschoben, rechts und links eskortiert von zwei uniformierten Stasileuten. Durch eine Toreinfahrt verließen wir das Polizeipräsidium.

DIE HINRICHTUNG

So beherrscht, wie ich mich gegeben hatte, war ich in Wirklichkeit nicht. Die Verhaftung war für mich eine seelische Katastrophe. Ich war deprimiert. All die erlittenen Grausamkeiten, die Isolation, die Mißhandlungen, alles stieg wieder in mir hoch. Würde ich das noch einmal durchstehen können? Und wie lange?
Die Stahltore rollten. Der Wagen hielt im Innenhof des MfS-Gefängnisses in Pankow. Ich war wieder in der Hölle gelandet. Als die Zellentür hinter mir ins Schloß fiel, war ich allein. Ich konnte nicht anders, ich mußte erst mal still vor mich hin heulen. Ein Gemisch aus tiefer Niedergeschlagenheit, Trauer, Wut auf mich selbst, auf den Peters, auf die Stasi bemächtigte sich meiner. Alles war vergebens gewesen, alle Hoffnungen, Pläne, Vorhaben mit einem Schlag zerstört. Ich zog mir die Bettdecke über den Kopf und flüchtete vor meiner neuen, alten Realität in den Schlaf.

Tage und Wochen vergingen, ohne daß sich irgend etwas tat. Sehr bald hatte ich bemerkt, daß die Zellen neben und über mir nicht belegt waren. Auf meine Klopfzeichen und »Telefon«-Versuche reagierte niemand. Totale Isolationshaft also. Man wollte mich weich kochen. Weder durfte ich nach Hause schreiben, noch bekam ich von dort Post. Ich hoffte inständig, daß sie Alex und Pit nicht mit mir in Verbindung brächten. Sonst wäre wirklich alles

umsonst gewesen. Die Isolationshaft, die Ungewißheit, und letztlich auch die Angst zehrten an meinen Nerven.
In den Abendstunden des 24. Dezember erlitt ich einen schweren Zusammenbruch, der sich durch Zittern aller Gliedmaßen und eine große innere Unruhe ankündigte. Ich schrie und schlug um mich. Während dieses Anfalls nahm ich verschwommen wahr, daß die Zellentür geöffnet und zwei Uniformierte hereingekommen waren, die versuchten, mich festzuhalten. Ich spürte einen schmerzhaften Stich im Arm. Unmittelbar danach explodierten rote Feuerwolken vor meinen Augen.
Ich lag auf der Pritsche. Die Wände wölbten sich nach innen. Die Decke senkte sich langsam herab. Ich streckte meine Arme aus, um sie fernzuhalten, doch es half nichts. Decke und Wände preßten mich von oben und seitlich zusammen. Ich wollte schreien, um Hilfe rufen, abwehren, doch kein Laut kam über meine Lippen. Plötzlich brach das Fenster über mir heraus, und ich wurde nach draußen gesogen. Eine samtene Stille umfing mich.
Man hatte mir irgendwelche schweren Psychopharmaka gespritzt, deren Nachwirkungen ich noch lange spürte. Ich war müde und bewegte mich wie durch einen dichten Wattenebel. Die Gelenke schmerzten, und mir war permanent übel.
Nur durch Zufall erfuhr ich, daß das Jahr 1968 längst angebrochen war. Bei der Essensausgabe sah ich durch die Futterluke in der Tür ein Exemplar der SED-Zeitung »Neues Deutschland« auf dem Wagen. Das Datum zeigte mir: Es war Mitte Januar. Noch immer wollte mich niemand sehen oder sprechen. Das erschien mir zunehmend bedrohlicher. Bin ich hier lebendig begraben? Hat man mich vergessen? Tag für Tag Totenstille. Ich griff zu einem alten Mittel und versuchte, mich möglichst detailgenau an positive Ereignisse in meinem Leben zu erinnern. Bald konnte ich wieder meine Situation analysieren. Die Stasi wollte mich mürbe machen.
Einfach nur mit den Vernehmungen zu beginnen hätte ihre Erfolgschancen, mich auf bestimmte StEG-Paragraphen des politi-

schen Strafrechts festzunageln, gemindert. Sie wollten mich also weich kochen. Diese Analyse änderte jedoch nichts daran, daß mich ein Gefühl von Verlassenheit, beginnender Orientierungslosigkeit quälte. Wenn ich wenigstens gewußt hätte, ob Rechtsanwalt Vogel benachrichtigt worden ist, ob er meine Verteidigung übernommen hatte.

Es war nun schon Februar geworden. Die Heizung wurde tagsüber nur für kurze Zeit angestellt. Den Rest des Tages lief ich, in eine Decke gehüllt, umher. Eines Abends wurde meine Zellentür fast geräuschlos geöffnet. Draußen standen etliche uniformierte Stasileute und zwei oder drei Zivilisten. Keiner sprach ein Wort, alle starrten mich an. Ein Offizier mit drei goldenen Sternen auf der Schulterklappe – ein Oberleutnant, wie ich mit bemerkenswerter Ruhe registrierte, als wäre ich Beobachter eines Vorganges, der mich nicht betraf – trat einen Schritt in den Türrahmen.

»Kommen Sie heraus«, sagte er merkwürdig leise.

Kaum war ich aus der Zelle, wurde ich gepackt, festgehalten, jemand bog meine Arme nach hinten. Ich fühlte, wie meine Hände mit Handschellen auf den Rücken gefesselt wurden. Einer flüsterte dicht an meinem Ohr: »Ein Laut von dir, und du bist tot.«

Angst stieg in mir hoch, breitete sich aus, begann mich zu lähmen.

Ich wurde in ein Zimmer gebracht. Jemand schloß die Tür. Ein Haufen Leute stand um mich herum. Keiner sprach ein Wort. Sie schienen auf etwas zu warten. Die Tür hinter meinem Rücken ging auf. Im Spiegelbild des nachtdunklen Fensters sah ich, daß weitere Uniformierte mit umgehängten Maschinenpistolen den Raum betraten, der jetzt voller Menschen war. Noch ehe ich darüber erschrecken konnte, wurde mein Kopf von hinten festgehalten. Jemand verband meine Augen mit einem Tuch, das er mit einem kräftigen Ruck am Hinterkopf verknotete.

Ich wurde um 180 Grad gedreht und vorwärts geschoben, durch die Tür, aus dem Zimmer. Dann der Flur, unbekannte Drehun-

gen, Biegungen. Vor meinen Augen war es stockfinster, ich hatte die Orientierung verloren. Besonders die Lautlosigkeit des Vorganges verstärkte meine Angst.
Plötzlich schlug mir frische, kalte Nachtluft entgegen. Wir waren im Hof. Dort kannte ich nur die Freigangzellen. Wir liefen, im Zickzack, wie mir schien, einen Weg, den ich nie zuvor gegangen war. Einige verhaltene Kommandos. Wir standen. Irgendwo auf dem Hof.

Rückwärts wurde ich gegen eine Wand geschoben.
In diesem Moment sprang ein Dieselaggregat an. Das kannte ich. Man warf es jedesmal an, wenn jemand geschlagen wurde, um die Schreie zu übertönen.
Ich bereitete mich darauf vor, wegzuducken, wenn der erste Schlag traf.
Dann ertönte eine Stimme, direkt vor mir, trotz des Diesels deutlich vernehmbar. Die Stimme nannte meinen Namen, mein Geburtsdatum. Mich ergriff lähmendes Entsetzen. Niemand prügelte, niemand schlug mich. Irgend etwas Unfaßbares ging hier vor. Blitzartig fügten sich die Details zu einem Bild: Gewehre, Augenbinde, Handfesselung auf dem Rücken, Nacht, Mauer, Diesel … Mein Gott, die werden mich doch nicht umbringen wollen, die werden mich doch nicht hier und jetzt ermorden! Die Haare sträubten sich mir auf der Haut. Alles in mir erstarrte. Mich packte Todesangst.
»… hat Sie ein Sondergericht wegen schwerer Staatsverbrechen gegen die Deutsche Demokratische Republik in Abwesenheit zum Tode verurteilt. Das Urteil wird sofort vollstreckt.«
Mein Kopf war leer, unfähig zur Überlegung, zur Reaktion. Unfähig zum Aufschrei.
»Exekutionskommando angetreten!« hörte ich den Befehl. Stiefelgestampfe.
»Waffen entsichern!« Rhythmisch klapperndes Metall, klackende Gewehrschlösser.
Der Diesel wummerte.

Meine Knie begannen zu zittern. In Todesangst krallte sich ein Gedanke in mein Gehirn, überschlug sich: Niemand wird das erfahren. Dein Tod bleibt ungesühnt. Ich habe sie unterschätzt. Zu wenig getan. Mörder. »Mörder!« wollte ich schreien, brachte aber kein Wort heraus.

»Legt an!«

Warum ich? Warum dieser Haß? Was habe ich getan? Ich bebte am ganzen Körper. Mein Herz schlug im Hals. Lieber Gott ...

»Feuer!«

....

....

Der Diesel wummerte.

Gibt es im Himmel Diesel?

Bin ich jetzt tot? ...

Ich lebte. Ich atmete.

Der Geruch des Diesels stach mir penetrant in die Nase.

Ich bewegte einen Finger. Er regte sich.

Ich lebte wirklich, stand immer noch an der Mauer, lauschte regungslos auf ein neues Kommando. Kein Laut, nur Dunkelheit und der lärmende Diesel.

Dann wurde ich plötzlich an den Armen gepackt. Wie in Trance ließ ich alles geschehen. Schweigend durchquerten wir Gänge. Der Geruch von Gefängnis. Wärme. Eine Zelle. Die Augenbinde wurde mir abgenommen. Die Handschellen ebenso. Von vorn wurde mir eine weiße Jacke übergestreift und deren überlange Ärmel auf dem Rücken verknotet. Alles geschah wortlos. Alptraumszene.

Ein Stoß, und ich fiel auf eine nackte Holzpritsche.

Die Tür fiel ins Schloß. Das Licht verlöschte.

Langsam, ganz langsam, löste sich die Angst. Ich spürte das Blut pulsen, die Wahrnehmung zurückkehren. Aber ich konnte nichts denken, lag einfach stumm und zusammengerollt auf der Pritsche.

Dann begann ich zu weinen. Leise, so, als hätte ich Angst, jemand könnte mich hören. Ganz plötzlich fühlte ich mich schuldig, so sehr schuldig, daß ich heftiger weinte. So dämmerte und schluchzte ich dahin, löste mich auf.

Das fahle Licht eines beginnenden Tages fiel in die Zelle. Ich war schon einige Zeit wach, fürchtete aber den Moment des totalen Wachseins und verharrte daher in einem gedankenleeren Zwischenstadium. Meine Arme auf dem Rücken schmerzten. Warum hatte man mir die Zwangsjacke angelegt? Ich wälzte mich auf den Bauch und richtete mich aus dieser Lage etwas auf.

Die Zelle war nicht für normale Bewohner eingerichtet. Außer der Pritsche befand sich darin nichts, von der schmalen Rippe eines Heizungskörpers einmal abgesehen. Ich war müde.

Schritte vor der Tür. Sie ging auf. Ich blieb einfach sitzen und starrte zwischen meinen Beinen auf den Fußboden. Es war egal, alles war egal, vor allem war es nicht mehr wichtig. Wichtig war, daß man mich in Ruhe ließ.

Ein Posten betrat die Zelle nestelte an meinen Armen, zog mich hoch. Die Fesselung wurde gelöst und die Jacke weggezogen. Wieder hatte ich das Gefühl, schmutzig zu sein. Der Posten sprach mich nicht an. Gegen Mittag brachte er mich wortlos in meine alte Zelle zurück.

In mir war es kalt. Ich suchte nach Erklärungen, nach Gründen. Es gab keine. Was blieb, war das Gefühl des Beschmutztseins, das Gefühl einer diffusen Scham. Ich konnte nicht wissen, daß das die üblichen Folgen eines solchen traumatischen Ereignisses waren. Entsetzen, Verzweiflung, Ohnmacht, Schmutzgefühle wechselten, ohne daß ich wußte, warum. So müssen Frauen empfinden, die vergewaltigt worden sind.

Es dauerte Wochen, bis ich aus der Lethargie erwachte und zu mir selbst zurückfand. Da war ich bereits mitten in den ersten Vernehmungen.

Ich schwor mir, keine Aussagen zu machen, was auch kommen sollte, keine Aussagen, sprach den Satz mehrmals laut vor mich hin: ›Ich mache keine Aussagen‹, damit er sich auch mental in mir verfestigte und es mir leichter fiel, dabei zu bleiben. Schon

wegen der immer wieder aufkeimenden, drängenden Schuldgefühle.
Offensichtlich hatte die perfide Inszenierung einer Hinrichtung nur diesen einzigen Sinn gehabt: mich gefügig zu machen, mich zu brechen, um damit eine Aussagebereitschaft zu erreichen, in der ich mich um alles bringen würde. Ganz sicher um meine Freiheit, vielleicht um mein Leben.

Der Vernehmer in Zimmer 436, ein Oberleutnant, schien von meiner Verfassung überrascht zu sein. Ich wartete, bis er mich ansprach, und erklärte ihm kurz und bündig, daß er sich alle weiteren Bemühungen in dieser Sache sparen könnte. Ich würde dazu keinerlei Aussagen machen und auch nichts unterschreiben. Irritiert, aber ohne mich zu unterbrechen, hörte er sich meine Erklärung an. Hin und wieder notierte er etwas auf einen Zettel.
»Nach dieser makabren Scheinhinrichtung sind die Fronten zwischen Ihnen und mir, zwischen dem Ministerium für Staatssicherheit und mir, zwischen der DDR und mir, ein für allemal abgesteckt. Als ich 1964 flüchten wollte, war es so, daß ich hier nicht leben wollte und nicht leben konnte, weil dieses System nicht meiner Überzeugung entsprach. Das MfS hat es geschafft, aus mir das zu machen, was ich niemals war: Einen kompromißlosen Feind. Einen Feind des Systems. Einen Feind dieses Staates. Sie haben mich gelehrt zu hassen. Sie schützen die Diktatur, Sie schützen die Funktionärselite der SED. Dafür gehen Sie buchstäblich über Leichen.«
Ich machte eine kleine Pause, in Erwartung eines Ausbruches oder anderer Reaktionen der Wut. Doch der Vernehmer blieb ruhig.
»Sprechen Sie, sprechen Sie weiter. Ich höre Ihnen zu.«
»Und je öfter Sie mich einsperren, je mehr Sie mich quälen, um so fester wird mein Wille, Sie zu bekämpfen. Sie, das MfS, sind das Instrument des Terrors der SED. Deshalb ist jedes Aufbegehren, jeder Widerstand gegen Sie legitim. Gegen Sie *kann* man

nicht etwas machen, gegen Sie *muß* man etwas machen. Im Interesse eigener Selbstachtung ... und im nationalen Interesse«, fügte ich hinzu.
Das war starker Tobak. Doch er unterbrach mich nicht. Er schrieb. Als er fertig war, sah er mich an.
»Ich verstehe Sie sogar«, begann er. »Ich bestreite nicht, daß bei Ihnen manche Fehler in der Vorgehensweise gemacht worden sind. Darüber sollten wir sprechen. Wir sind nicht so schlecht, und unsere Gründe sind nicht die von Ihnen genannten ...«
Während er weitersprach und weitschweifige Erklärungen und Quasientschuldigungen vortrug, bestätigte er mir, daß er ein psychologisch geschulter Offizier des MfS war, der flexibel auf eine Verhörsituation reagierte.
»Wir haben viel Zeit«, kam er zum Ende, »und können uns offen über alles aussprechen.«
»Entschuldigen Sie, aber dafür ist es längst zu spät. Außerdem: Es ist meine Zeit, über die Sie ungefragt verfügen. Wir sind keine gleichberechtigten Gesprächspartner, auch wenn Sie im Moment so tun. Ich bin Gefangener und weiß bis zur Stunde immer noch nicht, weshalb Sie mich festhalten. Ich habe keinen Kontakt zu meinen Angehörigen, ich darf nicht schreiben und ich bin völlig isoliert. Haben Sie das vielleicht vergessen?«
»Herr Welsch, Sie können jetzt essen gehen. Heute nachmittag unterhalten wir uns weiter.« Der Läufer holte mich ab. Noch lange klang mir dieses »Herr Welsch« im Ohr. Hatte er das übliche »Rechts – Links« nur vergessen?

Das Essen war noch nicht da, aber die Pritsche neben mir mit Bettwäsche bezogen. Unter dem Fenster stand ein älterer Mann. Er stellte sich vor: »Ich bin Georg, aus Westberlin.«
Ich war überrascht. Seit vielen Wochen, Monaten, der erste Mensch. Ich stellte mich vor. Noch während er mir erzählte, wie man ihn vor einigen Wochen in Ostberlin verhaftet hatte, weil er eine Ostberlinerin zur Flucht überreden wollte, ging die Klappe auf. »Rechts, kommen Sie zur Tür.« Der Posten reichte mir zwei

Blatt Papier und einen Bleistift herein. »Sie können nach Hause schreiben.«
Die Überraschungen an diesem Tag schienen kein Ende zu nehmen.
»Na, wie finden Sie Ihren neuen Mitgefangenen?« begrüßte mich der Vernehmer am Nachmittag. »Fühlen Sie sich jetzt besser?«
Ich bestätigte ihm, daß es zu zweit besser ist. Mehr nicht.
»Haben Sie Schreibpapier und Stift bekommen?«
»Ja.«
Nachdem er mir auf diese Weise vor Augen gehalten hatte, was er alles für mich tun konnte, hielt er wieder einen langen Monolog, eine Art Geschichtsunterricht, Geschichte aus der Sicht des MfS. Ich zählte die Karos an der verwaschenen Übergardine.
Auch Georg erzählte viel. Besonders von seinen ausgedehnten Trinkgelagen in West- und in Ostberlin. Dazwischen fragte er mich immer wieder, ob ich Mittäter hätte, ob die auch hier seien. Und ob man in Westberlin etwas von meinen Aktivitäten wüßte. Dabei hatte ich ihm überhaupt nichts erzählt, ihm vielmehr die abenteuerliche Geschichte einer gescheiterten Flucht über die Elbe aufgetischt. Gleichwohl vergingen die Tage in seiner Gesellschaft schneller und weniger monoton. Tiefgründige Gespräche konnte man mit ihm nicht führen. Doch als der Vernehmer mich nach Einzelheiten meiner geplanten Flucht über die Elbe fragte, da war es mit Georg und seinen Geschichten zu Ende.
Natürlich, sie gaben nicht auf. Doch meine Vorsicht hatte sich gelohnt. Als ich in die Zelle zurückgeführt wurde, war Georg schon nicht mehr da. Der Spitzel war »verbrannt«. Ein Neuer wurde nicht in meine Zelle verlegt. Auch gut, dachte ich. Das ersparte mir die angespannte Vorsicht bei jeder Unterhaltung.
Innerlich mußte ich lachen. Da fiel ihnen nichts Besseres ein, als mich durch einen Spitzel aushorchen zu lassen. Mich. Ein vielfach gebranntes Kind.
Als ich bis zum Frühjahr zu nichts anderem befragt wurde als zu den Kassibergeschichten, zu Peters und meinen Absichten, einen Film zu drehen, war ich fast sicher, daß sie nichts von meinen

wirklichen Aktivitäten wußten. Wie bisher schwieg ich und weigerte mich, Protokolle zu unterschreiben, die der Vernehmer gleichwohl unverdrossen aufsetzte.
Ende Juni wurde ich in das Besucherzimmer geführt. Welche Überraschung, ja Freude in meinen unendlich einsamen Tagen! Rechtsanwalt Vogel war gekommen und begrüßte mich. Nach dem üblichen Ritual der Vorsicht eröffnete er mir, daß ich am 9. Juli vor dem Berliner Stadtgericht zum Prozeß erscheinen müsse.
»Ich habe Ihre Verteidigung übernommen.« Ich dankte ihm.
»Sie kennen die Möglichkeiten, über die ich als Ihr Verteidiger verfüge, Sie sollten vor Gericht schweigen und nichts sagen. Alles ist vorhersehbar.« Ja, es war vorhersehbar: die Anklage, das Plädoyer, das Urteil!
»Danach werde ich mich für Ihre Freilassung einsetzen. Sie sollten, wenn es dazu kommt, Ihre Entscheidung richtig treffen.« Ein deutlicher Hinweis, doch hätte es seiner längst nicht mehr bedurft.
Ich bedankte mich. »Bitte richten Sie meinen Eltern Grüße aus. Sie möchten sich keine übermäßigen Sorgen machen.«
Die Wochen und Monate der Ungewißheit waren vorbei. Der Gerichtstermin war der nächste Fixpunkt, und danach: Wir werden sehen.

Der Prozeß begann und war, wie alle Prozesse bisher, ein Geheimprozeß. Und doch unterschied er sich in einem Detail von den vorangegangenen. Meine Mutter wurde als Zeugin der Anklage gehört. Die Stasi zeigte noch einmal ihre ganze Perversität. So wollte es das Regime: Kinder gegen Eltern, Eltern gegen Kinder. Am Ende: Sippenhaft.
Zur Anklage kam die Vorbereitung für einen »hetzerischen Film« gegen die DDR. Bei diesem einzigen Vorwurf blieb es: Paragraph 19 StEG, politischer Teil des Strafgesetzbuches. Genugtuung stieg in mir auf. Die Stasi hatte den absurden Vorwurf der Spionage fallengelassen, weil er sich nicht erhärten ließ. In aller Ausführ-

lichkeit wurde die Aussage des Denunzianten Arno Peters verlesen. Ebenso die Abschrift eines Tonbandmitschnitts von dem Gespräch im Pressecafé, das ich mit Peters geführt hatte. Er hatte mich in eine Falle gelockt. Fotos unseres Treffens rundeten den Beweis der Stasi ab. Das war alles. Ich konnte zufrieden sein. Alex, Pit und ich hatten keine Fehler gemacht. Nichts war entdeckt worden.

Dennoch schrie sich ein gewisser Staatsanwalt Wolf schier die Stimmbänder wund, als er auf die Unbelehrbarkeit, auf die Gesinnung, ja, er sagte wirklich Gesinnung, und auf die daraus resultierende Gefährlichkeit des Staatsfeindes Welsch abhob. Tobend gestikulierte er hinter seinem Tisch und schleuderte seinen Strafantrag mit wutverzerrtem Gesicht direkt in meine Richtung: Höchststrafe! Fünf Jahre Gefängnis!

Das war allerdings niederschmetternd. Damit hatte ich nicht gerechnet. Die Stasi hatte nichts als Vermutungen und einen kümmerlichen Tonbandmitschnitt in der Hand. Keine einzige Aussage von mir. Rechtsanwalt Vogel bewertete es ebenso. Er argumentierte ruhig, akzentuiert, ganz in meinem Sinne. Nur weniger offen, weniger deutlich: Sie, der Staat, haben etwas ausgesät. Jetzt ernten sie die Früchte. Ich hatte ihn gebeten, trotz seines Schweigegebotes ein kurzes Schlußwort sprechen zu dürfen. Vogel sah mich an. Dann lächelte er. »Ich verstehe Sie, natürlich, sprechen Sie Ihr Schlußwort.« Er wußte, was mich umtrieb. Ich wollte nicht wortlos abtreten.

Den Vorsitz führte wieder die Oberrichterin Gerda Klabuhn. Mir wohlbekannt. Sie erteilte mir das letzte Wort.

»Frau Vorsitzende«, begann ich. »Ich habe dem Staatsanwalt aufmerksam zugehört. Dabei konnte ich mich des Eindruckes nicht erwehren, daß er ein Fanatiker ist, ein Fanatiker des Bösen. In seinem Plädoyer hat er nicht eine einzige differenzierte Beschreibung meiner sogenannten Taten, meiner Absichten, oder sollte ich besser sagen, meines Denkens, meiner Gesinnung, erkennen lassen.«

»Angeklagter ...«

»Nein, jetzt lassen Sie mich ausreden. Ich habe den Staatsanwalt auch nicht unterbrochen.«
Zu ihm gewandt, fuhr ich fort: »Den Schwur der Antinazikämpfer im KZ Buchenwald haben Sie entweder nie gekannt, oder er interessiert Sie nicht. Damals hatte man gelobt, alles zu tun, mit allen Kräften dazu beizutragen, daß sich nie wieder Folter, Terror, Einkerkerung und Unterdrückung Andersdenkender wiederholen. Sie haben nichts gelernt. Was Sie hier und heute geboten haben, erinnert an den Volksgerichtshof, erinnert an Freisler ...«
»Angeklagter, ich entziehe Ihnen das Wort!« Vogel zupfte an meiner Jacke.
»... an Freisler, doch haben Sie nicht dessen demagogisches Format!«
»Angeklagter!!!« Die Klabuhn schrie.
»Danke, Frau Vorsitzende, ich bin fertig.«
Erschöpft, aber zufrieden setzte ich mich. Fünf Jahre sind fünf Jahre. Die aber bitte nicht wortlos. Wolf schnappte nach Luft, hochroter Kopf. Schlug Akten zu, um sie gleich wieder aufzuklappen. Konfusion auch am Richtertisch. Haßerfüllte Blicke trafen mich. Die Stasiposten: fassungslose Pappkameraden.

Bereits am Nachmittag des gleichen Tages beendete die Klabuhn den »kurzen Prozeß«. Wegen staatsgefährdender Hetze und Propaganda im schweren Fall, Höchststrafe: fünf Jahre Gefängnis. Sie begründete das Urteil mit den üblichen Plattitüden, bedauerte darüber hinaus aber ausdrücklich, daß das Gesetz ihr »nur« diesen Strafrahmen bot. Bei mir, einem erklärten Staatsfeind der Deutschen Demokratischen Republik, hätte sie gerne eine noch höhere Strafe verhängt. Zur Prävention. Ihr letzter Satz ist mir noch gut in Erinnerung: »So wird es jedem ergehen, der die gesellschaftlichen Grundlagen der Deutschen Demokratischen Republik antastet, der es wagt, die führende Rolle der Partei in der DDR in Frage zu stellen oder anzugreifen.«
Das war's.
Vogel drückte meine Hand und lächelte.

»Vergessen Sie nicht, Herr Welsch, kümmern Sie sich nicht um die Höhe des Strafmaßes. Es ist nach außen gesprochen. Ich setze mich für Sie ein. Sie müssen Geduld haben. Auf Wiedersehen.« Immerhin, er gab sich wirklich Mühe, mich aus dem tiefen Loch, in das ich wieder gefallen war, herauszuziehen, mir mit ein, zwei Sätzen Hoffnung und Perspektive zu geben.

DER »GLÄSERNE SARG«

Zurück in Pankow dachte ich lange über das Erlebte nach. Ich hatte, wie man sagt, Glück im Unglück gehabt. Wie konnte es möglich sein, daß die Stasi tatsächlich nichts von meinen doch recht ausgedehnten Aktivitäten wußte? Waren die doch nicht so gut? Gegen den Verrat hatte ich mich nicht schützen können. Aber dort, wo ich planmäßig vorgegangen war, verdeckt, verschleiert operiert und mich blitzschnell zurückgezogen hatte, lief die Stasi ins Leere.

Bis zum Herbst mußte ich noch in Pankow bleiben und warten. Allein. Am 18. Oktober ging der Transport in die Strafvollzugsanstalt ab, das Zuchthaus Brandenburg-Görden, bekannt als der »Gläserne Sarg«. Diesmal hatte man mir die Kategorie III verpaßt, die schärfste Haftstufe. Über die verfügte nur das Zuchthaus Brandenburg.
Aus roten Klinkersteinen erbaut, wurde es Mitte der dreißiger Jahre fertiggestellt. Den Spitznamen hatte es wegen seiner Glasdächer über allen Gefängnisflügeln bekommen. In der SED-Republik wurde trotz des abschreckenden Beispiels des »Dritten Reiches« und im Gegensatz zur Bundesrepublik die anachronistische, kannibalische Todesstrafe immer wieder in politischen und kriminellen Fällen verhängt und mit dem Fallbeil vollstreckt. Später durch Genickschuß. Demzufolge gab es hier auch Todeszel-

len. Leiter des Zuchthauses war ein ehemaliger Spanienkämpfer. Sein Name: Ackermann. Dienstrang: Oberleutnant. Über zweihundert Lebenslängliche, auf alle Flügel verteilt, ließen einen längeren Aufenthalt zum lebensgefährlichen Risiko werden. Hier war alles versammelt, was Rang und Namen als krimineller Schwerverbrecher im Lande der sozialistisch-glücklichen Menschengemeinschaft hatte. Dabei gab es so etwas wie Kriminalität offiziell gar nicht. Und folgerichtig auch keine Kriminalstatistik. Den Oberpriestern des amtlich-dialektischen Materialismus zufolge löste sich Kriminalität im Sozialismus sozusagen von selbst auf, weil sie eine Erscheinung der absterbenden bürgerlichen Klasse war. Im Sozialismus wuchs dagegen der neue Mensch heran, den man sich als Arno-Breker-Figur vorstellen muß: sportlich gestählt, vom Denken unbefangen, mit niedriger Stirn, aber emporgereckter Faust.

Ein solcher »Neuer Mensch« befand sich in meiner Zelle.

Vormals FDJ-Aktivist, hatte er sich aufs »Kochen« verlegt. Er vergewaltigte, ermordete und »kochte« sein Opfer, indem er es in eine Tonne mit heißem Straßenteer warf. Der »Teerkoch«, wie man ihn hier nannte, war wegen seiner Spitzeldienste gefürchtet. Über solche Fälle berichtete keine Zeitung der »Republik«.

Die Haftkategorie III zeigte sich vor allem in der Arbeit: Zwangsarbeit, wie in jedem Gefängnis der Diktatur. Zwangsarbeit im Akkord. Zum Wohle des sozialistischen Mehrwerts und des militärisch-industriellen Rüstungskomplexes.

Ich wurde dem Arbeitskommando »ELMO« zugeteilt. Wir produzierten mittelgroße Elektromotoren für alle möglichen Abnehmer, doch tatsächlich und ausschließlich für die ruhmreiche »Rote Flotte«, die sowjetische Kriegsmarine. Eine äußerst anstrengende und monotone Arbeit, in niedrigen, baufälligen, nach Schweiß, Hitze und Öl stinkenden Räumen, in denen 20, 30 Mann im 3-Schicht-System wie die Irren hämmerten, wuchteten, Drähte zogen und wickelten, um die Arbeitsnorm zu erfüllen. Während ich es in meiner Zelle ausschließlich mit Kriminellen zu tun hatte, bekam ich hier nach einigen Wochen Kontakt mit Politischen, darunter auch einige Westdeutsche. Sie machten den Eindruck von verläßlichen Männern, die wenig redeten und ebenso wenig arbeiteten. Das gefiel mir. Den Politischen waren Pluspunkte oder andere Vorteile der Normerfüllung nicht nur gleichgültig, sondern geradezu widerwärtig.

Als Wickler »schaffte« ich in den ersten Wochen gerade mal 8 % und war damit in guter Gesellschaft. Drähte wurden mit einer Wickelmaschine um einen Metallkern geführt, der sich drehte. Mit einem Holzhammer wurden die Wicklungen festgeschlagen. Bei einigen Vorfällen lernte ich »meine« Politischen besser kennen, die sich, bis auf eine Ausnahme, ruhig und besonnen verhielten. Zwei waren wie ich in Pankow gewesen, einer im Stasibau Magdalenenstraße. Die anderen hatten längere Zeit im »U-Boot« Hohenschönhausen verbracht, dem unterirdischen MfS-Untersuchungs- und Zentralgefängnis in Ostberlin.

Meyer schrie wie am Spieß, wenn es an einem Arbeitsplatz hakte oder der Arbeitsablauf stockte. Meyer war der Zivilmeister des Werkes und ein notorischer Antreiber, ein demobilisierter Major der VOPO. Für mich war erstaunlich, daß er die »Leistungen« der Politischen kaum beanstandete. Wir drehten und wickelten sozusagen außer Konkurrenz, waren, wie auch sonst, nicht ins System integriert. Stillschweigend tolerierte er unsere Arbeitsauffassung. Die Kategorie III hatte den Ruf, aus den gefährlichsten Leuten zu bestehen. Wir deuteten das so, daß wir im Hinblick auf unsere langen Haftstrafen nicht jeden Normenterror mitmachen mußten. Die Kategorie III wirkte sich in Brandenburg für uns also eher hafterleichternd aus.

Hin und wieder ließ sich der »Rote Papst« genannte Verbindungsoffizier der Stasi in Brandenburg blicken. Schnell durchschritt er die stinkenden, lärmerfüllten Räume und verschwand. Routinekontrolle für die Meldung an die Zentrale. Von Hermann, einem der Politischen, erfuhr ich, was mit den Elektromotoren weiter geschah. Über Zwischenlager in einem der unteren Kellerräume gelangten sie per Gabelstapler in das jenseits der Anstaltsmauern gelegene Außenlager. Von dort wurden sie in regel-

mäßigen Abständen mit Militär-Lkws abtransportiert. Ausweislich der Ladepapiere gingen sie nach Kaliningrad, dem früheren Königsberg, Haupthafen der baltischen Flotte.
Könnte man nicht, begannen meine Überlegungen, aus diesem interessanten Wissen einen Nutzen ziehen? Vorsichtig, sehr vorsichtig lenkte ich die Gespräche mit Hermann, dem Berliner Physikstudenten, in diese gefährliche Richtung. Würde er mitmachen?
Mein Plan war, die fertiggestellten Motoren, die Endkontrolle und Abnahme passiert hatten und im Keller lagerten, einer besonderen »Nachbehandlung« zu unterziehen. Sabotage hieß das, Sabotage an militärischen Gütern. In der DDR stand darauf die Todesstrafe.

Meine Blase hatte mich darauf gebracht. Wegen der Hitze trank ich dauernd Wasser, mußte des öfteren die Toilette aufsuchen, die sich ein Stockwerk tiefer befand. Da sich das Klo innerhalb des Gebäudes befand, bedurfte es keiner besonderen Genehmigung für den Gang zum Klo. Eine Treppe tiefer, in zwei, drei weiteren, sonst leeren Räumen, lagerten die Motoren auf den Paletten, bereit für den Abtransport ins Außenlager. Außerhalb jeder Kontrolle. Es gab nicht einmal Türen. Der Zugang über die Treppe war eine Sache von wenigen Sekunden.
Was könnte diesen kleinen verträumten Motoren im Keller nicht alles passieren? dachte ich bei mir. Ratten könnten an den Kabeln nagen, Feuchtigkeit und Korrosion wahre Kurzschlußorgien feiern. Und wenn das alles zu lange auf sich warten ließ, könnte man da nicht ein klein wenig nachhelfen? Hier ein Knips mit der Beißzange in einen Kabelstrang, dort in die Unterwicklung des Motors. Besonders letzteres wäre schwer zu orten.
Schon stellte ich mir Fregatten der »Roten Flotte« vor, auf denen Elektromotoren an allen möglichen, wichtigen, verborgenen Stellen summten und brummten, zum Beispiel um Munitionsnachschub aus dem Bauch des Schiffes nach oben zu transportieren, Ankerketten einzuholen, Ladeklappen zu öffnen, Maschinenka-

nonen zu justieren, Raketen zu positionieren. Wenn einer oder einige dieser dienstbaren, elektrischen Helfer, Rückgrat moderner Waffentechnik, in einem kleinen, grellen Blitz verkokelten und alles stillstünde, dann wäre der Stolz der roten Marine nur noch eine Attrappe.
Hermann grinste. »Warum bin i c h nicht darauf gekommen?«
»Du bist betriebsblind, mein Lieber. Doch keine Sorge, dafür gibt's kein Copyright.«

CODENAME »ABRÜSTUNG«

Beide sahen wir uns in den nächsten Tagen die Lagerräume im Keller an, testeten, wann der Gang zum Klo am unauffälligsten, Meyer außer Sicht oder nicht anwesend war. Wichtig war auch der »Brigadier«, der aber kein grundsätzliches Problem darstellte. Hermann hatte in einem leeren Marmeladeneimer Pflaumenschnaps angesetzt. Damit konnte der Staplerfahrer an kritischen Tagen und zur rechten Zeit ruhiggestellt werden. Sogenannte Seitenschneider lagen überall herum. Einen ließ ich für die Operation verschwinden und versteckte ihn vor Ort, hinter einem Heizungsrohr im Keller. Er sollte nur noch für diesen Zweck verwendet werden. Hermann hatte die Idee, die beiden Griffe mit Isolierband zu umwickeln, das man später abziehen konnte.
»Wegen der Fingerabdrücke«, wie er mir mit geheimnisvollem Lächeln erklärte.
Interessant war für mich auch die Tatsache, daß es im Zuchthaus von Rüstungsfirmen und Zulieferern nur so wimmelte. ELMO produzierte für den militärisch-industriellen Rüstungskomplex des »großen Bruders«, in einer anderen, größeren Halle produzierte die ›IFA‹ Panzerketten für den Warschauer Pakt, daneben auch Traktorenteile. Die Schneiderei stellte Uniformteile und Atomschutzmäntel für die NVA und die Warschauer-Pakt-Ar-

meen her. Einzig die Schreinerei nagelte zivile Schrankwände und Küchen für schwedische und finnische Vermarkter zusammen.
In einer dieser Exportküchen, deren spätere Käufer wohl kaum etwas von der Sklavenarbeit ahnten, fand eine Nachkontrolle in Schweden vor einiger Zeit einen Zettel. Der Schreiber zählte akkurat die Arbeitsnorm, Menge und Art des Essens und der Kaltverpflegung auf sowie die Begleitumstände der Produktion im Zuchthaus Brandenburg. Auch die Strafen für Arbeitsverweigerung. Dafür gab es gleich Prügel mit dem Gummiknüppel und zehn Tage Arrest bei Wasser und Brot. Beliebt war auch die »Schaukel« zur Abstrafung. Der Gefangene wird hierfür bäuchlings auf den Boden gelegt. Dann wird das linke Bein über dem Rücken mit dem rechten Arm, das rechte Bein über dem Rücken mit dem linken Arm mit Handschellen zusammengeschlossen. Der Wärter kann sein Opfer nunmehr auf dem Bauch zum Schaukeln bringen.
Diese »nette Behandlung« habe ich in Brandenburg etwas später auch kennengelernt. Da hieß sie »Kurzschließen« und war eine der brutalsten Foltermethoden.
Die Schweden, die davon nichts gewußt hatten, waren wohl schockiert und stornierten ihre Bestellungen. Seitdem, so wurde in Brandenburg kolportiert, unterlag der Zusammenbau der einzelnen Segmente ständiger Kontrolle.

Zur Tarnung gaben wir unserer Aktion den Codenamen »Abrüstung«. Das schien uns durchaus angemessen. Die »nachbehandelten« Motoren würden nach wenigen Minuten ihren Dienst quittieren und Teile ihres militärischen Einsatzgebietes lahmlegen. Das war Friedensarbeit im besten, wohlverstandenen Sinn.
In den kommenden Wochen wollte ich auf jeder Palette zunächst zwei, drei Motoren behandeln. Hermann, eloquent und überall bekannt, sollte meine Arbeit verbal absichern, indem er Posten vor dem Klo bezog, mögliche Kellerbesucher mit erfundenen Ereignissen oder skurrilen Begründungen aufhielt.

Bei allem sportlichen Enthusiasmus war mir völlig bewußt, welche Konsequenzen eine Entdeckung haben könnte.
Ich war bereit. Dieses menschenverachtende System zu bekämpfen lohnte jeden Einsatz: ob Dokumentarfilm oder Sabotage von Rüstungsgütern. Hauptsache war der Erfolg: Schwächung des Systems. Dazu war jedes Mittel recht. Die Sache war kinderleicht.
In weniger als fünf Minuten war ich zurück. Die in Frage kommenden Motoren hatte ich vorher ausgesucht. Vier Motoren in fünf Minuten zerstört.
Niemand unterbrach unsere Aktion. Hermann und ich verstanden uns blind.
Von nun an gingen wir bei der Zerstörung regelmäßig und systematisch vor. Für den ersten Teil der Schicht planten wir zwei, für den zweiten Teil drei Besuche im Keller.
Das waren täglich zwanzig Motoren.
An der unteren Seite des Motors, an der Schraublöcher in den Standplatten ausgespart waren, zerschnitt ich einen innen liegenden Draht der wuchtigen Wicklung. Zu sehen war nichts, und auch ein Test hätte keinen Hinweis auf den programmierten Totalschaden gegeben. Ich war zufrieden. Störungen gab es keine. Dennoch schärften wir uns vor jeder Aktion neu ein, sie beim geringsten Zwischenfall, bei der geringsten Störung sofort abzubrechen. Denn bei aller vordergründigen Leichtigkeit, wir spielten ständig mit unserem Leben.

Meyer war mit mir zufrieden. Einige Male hatte er schon bei der Arbeit hinter mir gestanden und mich beobachtet, wie ich meinen Arbeitsgang durchführte, langsam, sorgfältig und mit Bedacht.
»Gut, gut«, meinte er, »Sie arbeiten präzise. Aber können Sie das nicht auch schneller machen?«
»Eben nicht«, gab ich zur Antwort. »Ich bemühe mich um Qualität, Herr Meyer. Die ist ein natürlicher Feind von Masse. Die Norm werde ich nicht schaffen.«

Hermann führte Buch. In seinem Kopf. Er wußte genau, wie viele Motoren aktuell sonderbehandelt und unbrauchbar waren, Exportschrott sozusagen. Inzwischen hatten wir den Plan geändert, jeden Tag in den Keller zu gehen. Ein- bis zweimal die Woche machte ich jetzt meine Besuche und zerschnitt Drähte an allen Motoren, deren ich habhaft werden konnte. Dazu eigneten sich nur die oberen zwei Lagen auf einer Palette. An die unteren kam ich nicht mehr heran.

Als Hermann mir eines Tages mitteilte, daß sich bereits 840 Motoren vom geplanten sozialistischen Einsatz verabschiedet hätten, war die Freude groß. Wir kamen überein, die 1000 voll zu machen und danach eine gewisse Zeit zu pausieren. Niemand hatte bislang unsere Abrüstungsbemühungen bemerkt.

Meine Hände waren von den Drähten der Motoren im Keller zerstochen, die ich hoch- oder zur Seite biegen mußte, um eine Gelegenheit zum Schneiden zu finden. Die vielen kleinen Wunden entzündeten sich. Anstatt jede einzelne entzündete Stelle zu behandeln, bestrich der Sani die Hände mit einer rötlichen Flüssigkeit. Es brannte höllisch. Tatsächlich gingen einige Entzündungen zurück. Andere dagegen wurden größer, brachen auf. Ich wurde krank geschrieben und blieb auf der Zelle. Die Möglichkeiten der Pflege und des Sauberhaltens waren aber auch hier nicht optimal. Antibiotika gab es keine.

So laborierte ich mit meinen Händen einige Wochen herum. Eines Morgens wurde ich plötzlich verlegt. Zur IFA, wie ich feststellen mußte. Meyer mochte einen kranken Arbeiter nicht länger mit durchziehen. Die IFA-Arbeiter malochten in zwei riesigen Hallen, in denen überwiegend Drehmaschinen standen, aber auch Stanzen, Bohrmaschinen und andere, deren Sinn und Wirkung sich mir erst nach und nach erschlossen. Mit Hermann hatte ich zum Glück immer noch Kontakt. Wir trafen uns kurz beim Mittagessen, zu dem alle Arbeitskommandos zeitlich gestaffelt einrückten. Da fragte ich Hermann manchmal, was die »Abrüstung« machte.

»Nichts«, war seine Antwort, »wir haben den kalten Krieg und rüsten auf.« Allein machte er nichts.
In der IFA kam ich zunächst in die Lehrwerkstatt und lernte drehen. Ich tat mich schwer, und der Meister war nicht zufrieden mit mir. Trotzdem wurde ich nach einigen Wochen an eine Drehmaschine in der Halle gestellt. Unbearbeitete Metallrohlinge sollten auf Form gedreht werden. Die Rohlinge zu meinen Füßen waren Traktorenteile. Ich brauchte lange, bis sie fertig waren. Die Toleranzen beim Drehen waren so groß, daß man, wie man hier sagte, Hüte hätte durchwerfen können. Von meinen neuen Gefangenenkollegen wurde ich mitleidig belächelt. Fast alle waren perfekt auf ihren Maschinen, übererfüllten ihre Normen, manche bis zu 150 Prozent. Das Gegenteil davon war für mich erstrebenswert: möglichst unter 20 Prozent zu bleiben.
In der Halle lief ein politischer Gefangener herum, der nichts weiter tat, als mit dem Besen die Gänge sauberzuhalten. Das wäre genau die richtige Arbeit, dachte ich, nichts Produktives leisten und trotzdem aus der Zelle raus. Der da ständig mit dem Besen durch die Halle lief, war, so wurde von den Zivilmeistern, aber auch von den Wachen kolportiert, ein völliger Versager an der Drehmaschine, überhaupt an jeder Maschine.
Sehr bald kam ich mit ihm ins Gespräch. Dieter Voigt war Dozent an der Deutschen Hochschule für Körperkultur (DHfK) Leipzig gewesen, bevor er wegen versuchter »Republikflucht« in das Zuchthaus Brandenburg kam. Sein tumbes Verhalten entsprang einem taktischen Kalkül: Keinen Nutzen sollte das System ziehen aus seiner Hände Arbeit. Darin, aber auch in seiner kategorisch ablehnenden Grundhaltung gegenüber der real-sozialistischen Diktatur stimmten wir völlig überein. So konnte es nicht ausbleiben, daß wir Vertrauen zueinander entwickelten und uns bezüglich unserer Hoffnungen austauschten. Die sahen wir nach Lage der Dinge nur im Westen.
Einmal fehlte bei einem Zählappell ein Gefangener. Zwei Wärter gingen zurück in die Halle und riefen. Endlich eine Antwort. Es war Dieter. Langsam kam er mit seinem Besen aus einer der hin-

tersten Hallenecken hervor. Auf die unwirschen Fragen der Wachen, ob er nicht wie die anderen das Klingeln zum Zählappell gehört habe, antwortete er: »Gehört schon, aber die vielen Gänge zwischen den Maschinen, ich war verwirrt, habe den Ausgang nicht mehr gefunden.« Alles lachte, nur die Wachen nicht.
Als wir allein waren, lachte auch Dieter. Ihm fiel immer etwas Neues ein, um die Wachen zu nerven und den Lauf der Zuchthausordnung zu stören oder durcheinanderzubringen.

Dieter wurde bald in den Westen entlassen. Er hielt sein Versprechen mir gegenüber, indem er Kontakt mit Rechtsanwalt Stange in Westberlin aufnahm, der zusammen mit Vogel die Listen der politischen Gefangenen aufstellte, die dieser an die Stasi weiterreichte. Auch nahm er Kontakt mit dem Staatssekretär Rehlinger im Bundesministerium für innerdeutsche Beziehungen auf. Darüber hinaus wandte er sich an Amnesty International, Sektion Leeds/England, mit der Bitte, meinen Fall zu veröffentlichen und damit Druck auf die Regierung in Ostberlin auszuüben. Das alles geschah schon bald nach seiner Freilassung und Abschiebung in den Westen.
Ich wunderte mich deshalb sehr, als mir meine Mutter bei einem späteren Besuch Grüße von einem »Onkel aus London« ausrichtete. Klarer mochte sie im Sprechzimmer nicht werden, denn ein Wachtposten saß nahe dabei. Tage und Wochen grübelte ich über diesen rätselhaften Gruß nach, hatte ich doch überhaupt keinen Onkel in London. Ich kam zu dem Ergebnis, daß ein Gruß aus dem Westen nur positiv sein konnte.

In einer anderen Schicht der IFA arbeitete Michael Gartenschläger. Auch er war ein politischer Häftling. Wir unterhielten uns manchmal bei Schichtwechsel oder auch anläßlich der »Rotlichtbestrahlung«, wie eine Zwangsveranstaltung in Brandenburg hieß, zu der alle Gefangenen erscheinen mußten. Es handelte sich dabei um den Vortrag eines SED-Funktionärs, meist aus dem Institut für Marxismus-Leninismus beim ZK der SED, der uns in

der alten, zum »Kultursaal« umfunktionierten Anstaltskirche mit den neuesten Errungenschaften der DDR bekannt machen wollte. Eine Diskussion gab es nicht. Wer seinen Protest oder seine Ablehnung dadurch zum Ausdruck brachte, daß er schlief oder sich schlafend stellte, wurde von den umherwieselnden Wärtern herausgezerrt und vor dem Saal verprügelt.
Michael hatte sich auch zum evangelischen Gottesdienst eintragen lassen, der, ebenso wie der katholische, abwechselnd alle vier Wochen in diesem Saal abgehalten wurde. Nahezu alle Politischen nutzten in Brandenburg den Kirchgang, um Kontakt mit anderen Gefangenen aus anderen Abteilungen des Zuchthauses aufzunehmen und mit ihnen Nachrichten auszutauschen, Ereignisse zu kommentieren oder gemeinsame Aktionen, beispielsweise einen Hungerstreik, abzusprechen.
Michael produzierte an seiner Stanze jede Menge Ausschuß. Das spornte mich an, die Toleranzen an meinen fertig gedrehten Rohlingen noch größer werden zu lassen. Er wurde später freigekauft und in der Bundesrepublik dadurch bekannt, daß er an der innerdeutschen Grenze einen der mörderischen Selbstschußautomaten vom Typ SM 70 abbaute und der erstaunten Öffentlichkeit präsentierte. Das gefiel den Scharfmachern im Politbüro überhaupt nicht, die sich in ihrer verbrecherischen Vorgehensweise gegen Flüchtlinge entlarvt sahen. Die Stasi setzte alles daran, seiner habhaft zu werden oder von ihm angekündigte Folgeaktionen zu unterbinden.
Seine dritte Nacht-und-Nebel-Aktion an der Grenze, bei der er erneut einen SM 70 erbeuten wollte, war offenbar von seinem engeren Umfeld verraten worden. Er lief in die Falle einer Stasispezialeinheit, die sich vor dem letzten Grenzzaun im offenen Gelände eingegraben hatte. Ohne Anruf eröffneten Mielkes Mörder aus Maschinenpistolen das Feuer auf Michael, als er sich dem Grenzzaun näherte. Er war sofort tot.

EIN TAGEBUCH UND SEINE FOLGEN

Seit meiner Verlegung zum Arbeitskommando IFA war ich in einer winzigen Zelle untergebracht, deren Fenster mit einer Stahlblende verschlossen war. Es war eine der ehemaligen Todeszellen, die man aus Platzmangel den Arbeitskommandos zur Verfügung gestellt hatte. Auch hier schrieb ich mein Tagebuch fort, was wegen der Lichtverhältnisse nicht einfach war.

Am 21. Juni 1969 hatte ich es mal wieder aus dem Versteck geholt. Jetzt saß ich abends an meinem Tisch, mit dem Rücken zum Türspion über die Aufzeichnungen gebeugt, und schrieb. Es war mühsam, mit der kleinen Bleistiftmine auf dem Blatt für Blatt aneinandergeklebten Zigarettenpapier Buchstaben und Sätze aneinanderzureihen. Der Türspion klapperte kaum hörbar. Noch ehe ich reagieren konnte, sprang die Tür auf. Bei diesem, als »Schnellaufschluß« bekannten und gefürchteten Vorgang wurden Schloß und Riegel wie auf einen Schlag zugleich geöffnet.

Verstecken konnte ich die Aufzeichnungen nicht mehr. Also stopfte ich mir das Bündel Papier mitsamt der Bleistiftmine in den Mund, während ich mich umdrehte. Koch und Kellner, so hießen zwei berüchtigte Schläger unter den Wärtern, stürmten in die Zelle.

»Was hast du gerade in den Mund gesteckt?« schrie Koch. Ich konnte nicht antworten, war ich doch gerade bemüht, das Papierpaket klein zu kauen.

»Spuck aus du Schwein!« schrie Kellner.

Sie packten mich beide, einer versuchte meinen Mund zu öffnen, der andere drückte mir den Hals zu, um mich am Runterschlucken zu hindern.

»Spuck aus, oder ich brech' dir die Knochen!« Der Griff an den Hals nahm mir die Luft. Ich drehte und wendete mich wie ein Wurm. Vor Anstrengung keuchten alle.

»Das Schwein leistet Widerstand. Na warte.« Plötzlich spürte ich etwas Hartes, Kaltes zwischen meinen Lippen. Einer der beiden wollte mir mit dem schweren Kombischlüssel der Wärter den Kiefer aufbrechen. Diese Brutalität machte mich rasend. So stieß ich in einem Befreiungsschlag den beiden Wärtern rechts und links meine Ellbogen in den Bauch. Für einen Moment hatte ich mich aus ihrer Umklammerung befreit. Da warf mich ein wuchtig geführter Faustschlag zu Boden. Benommen packte ich eines der gestiefelten Beine und zog mit aller Kraft daran. Der Wärter stürzte zu Boden, halb auf mich drauf. Ich sah, wie der andere zur Zellentür stürzte, kurz nach draußen sah und sie dann zuzog.

»Mach ihn alle, mach ihn alle, draußen ist niemand«, grunzte Koch, der mit diesem Mordaufruf das Finale des ungleichen Kampfes einläutete. Ein wuchtig geführter Stiefeltritt gegen meine Rippen nahm mir den Atem. Schon hagelte es weitere Faustschläge überallhin, Stiefeltritte an Kopf und Körper. Bald spürte ich nichts mehr, sank in die Bewußtlosigkeit.

Als ich wieder zu mir kam, nahm ich zunächst die Holzbeine und die Verkleidung eines Schreibtisches wahr und den braunen Linoleumboden. Ich befand mich im Dienstzimmer am Ende des Zellentraktes. Lag auf der Seite in einer Blutlache und konnte mich nicht mehr bewegen. Mein Kopf schmerzte und dröhnte. Jemand war im Zimmer und telefonierte.

»Jawoll, Genosse Major, er liegt hier ... Nein, einige leichte Prellungen ... Jawoll, wir behalten ihn hier auf Station. Der Genosse Oberstleutnant ist benachrichtigt ... Gut, wir warten hier, Ende.«

Mit »Major« konnte er nur den »Roten Papst« meinen, den Verbindungsoffizier des MfS in Brandenburg. Also würde der gleich kommen. Der Oberstleutnant war der Anstaltsleiter, Ackermann. Und mein Mund war immer noch voll. Vorsichtig bewegte ich die Zunge. Etwas Warmes lief heraus. Blut. Doch war es nicht nur das. Ein Gemisch aus zerkautem Papier, Blut und Speichel füllte meinen Mund. Glück gehabt, war mein Gedanke, doppelt Glück, denn wie leicht hätte ich an meinem kleinen Tagebuch ersticken

können, als ich bewußtlos war! Und: Die Schläger haben es nicht bekommen.
Langsam kehrten die Schmerzen zurück. Ich stöhnte.
Koch kam um den Schreibtisch herum. Er war es, der telefoniert hatte. Ich sah seine Stiefel, als er vor mir stand. Er sagte nichts, und ich rührte mich nicht. Erst jetzt bemerkte ich, woher das viele Blut kam. Nicht aus meinem Mund. Mein Hemd war aufgerissen, und Blut quoll aus einer Wunde am Bauch. Und aus einer weiteren, tiefen Schnittwunde an der linken Hand.
Kurze Zeit später Stiefeltritte. Es mußten mehrere sein. Sie kamen in das Dienstzimmer, schlossen die Tür.
»Was haben wir denn hier für eine Schweinerei?« Der »Rote Papst« war da.
»Stehen Sie auf!« Ich blieb liegen, rührte mich nicht. Sie unterhielten sich. Koch gab einen Bericht von dem Vorfall. Natürlich log er, daß sich die Balken bogen.
»Woher hat der Strafgefangene die Verletzungen?« hörte ich den »Papst« fragen.
»Das wissen wir auch nicht. Die kann er sich nur beim Fallen zugezogen haben.«
»Hören Sie mich, Strafgefangener Welsch?« Abermals stöhnte ich. An Sprechen war nicht zu denken, da mein Mund mit dem aufgequollenen Brei gefüllt war.
»Wir müssen ihn ins HKH schaffen«, hörte ich den anderen Schläger, Kellner.
»Ins Krankenhaus? Kommt nicht in Frage. Der soll uns erst mal sagen, was er sich in den Mund gesteckt hat.« So ging es eine Weile hin und her. Schließlich bestimmte der Traktverantwortliche, ein sogenannter Leutnant des Strafvollzuges, daß mich zwei Gefangene auf einer Trage in das Krankenhaus bringen sollten. Sie legten mich auf eine eilig herbeigebrachte Trage und trabten los, begleitet von zwei Wärtern. Auf dem Weg dorthin gelang es mir, den Papierbrei aus der Mundhöhle herauszunehmen und in meine Tasche zu stecken. Selbst wenn sie ihn fänden, zu lesen gab es da nichts mehr.

Im HKH nahm uns der Leiter des Nachtnotdienstes in Empfang. Der Mann hieß Uthe und war für seine Plazebobehandlungen berüchtigt.
Uthe packte mich am Hemd und zog mich halb von der Trage hoch: »Markier hier nicht den Schwerkranken, sonst kriegst du eine besondere Behandlung.«
Mit der anderen Hand fingerte er unter seinem vormals weißen Kittel eine Stahlrute hervor und wedelte damit vor meinen Augen. »Erzähl uns, was du verschluckt hast. Was hast du auf die Zettel geschrieben?« Ich schwieg.
»Bringt ihn zurück. Wenn er nicht redet, gibt's auch keine Behandlung.«
Der hippokratische Eid war diesem »Mediziner« offenbar unbekannt. Also schleppten sie mich in den Zellenblock zurück. Die beiden Gefangenen legten mich vorsichtig auf das Bett. Einer flüsterte mir zu, daß er mich auf die morgige Liste für den Arztbesuch setzen würde. Die Tür fiel ins Schloß.
Meine Zelle war völlig verwüstet worden. Man hatte alles durchwühlt, durchsucht, zerbrochen, auf dem Boden verstreut. Aber im Augenblick war mir das egal. Irgendwann schlief ich trotz meiner Schmerzen ein.

Erklärung zum 5. Jahrestag meiner widerrechtlichen Haft!
Ich befinde mich in einer stinkenden Todeskandidatenzelle im Haus I des Zuchthauses Brandenburg. Sie ist 1,20 m breit und 3,50 m lang, halbdunkel ohne Sonne kaum Luft, da ein Stahlkasten vor dem Fenster dieses ausschließt und mich zur Dunkelhaft verurteilt. Mich umgeben nur Gewaltverbrecher, Mörder übelster Art. Ich werde zu kräfteverzehrender Akkordarbeit in 3 Schichten gezwungen. Ich spucke Blut, werde ohnmächtig stehe am Ende meiner physischen Kräfte aber nicht meines Willens.

Die Folgen der langen Haft und der seelischen Folterungen des Staatssicherheitsdienstes führten bereits zu zwei totalen Nervenzusammenbrüchen und die gegenwärtigen unmenschlichen Haftbedingungen gefährden ernsthaft mein Leben.

Das alles soll mich demoralisieren, mich systematisch brechen. Ich soll meiner Gesinnung abschwören und das an mir begangene politische Justizverbrechen für Recht anerkennen. Das werde ich niemals tun, denn ich bin für meine politische Überzeugung, die ich mit künstlerischen Mitteln öffentlich äußern wollte – entgegen allem Völkerrecht – eingekerkert worden, zu insgesamt 9 1/2 Jahren Gefängnis. Das ist Rechtsbeugung in Permanenz. Das ist Verbrechen gegen die Menschlichkeit.
Ich wende mich an die demokratische u. freiheitliche Öffentlichkeit der Bundesrepublik Deutschland und der ganzen Welt mit der Bitte: Helft! Erzwingt meine unverzügliche Freilassung in den freien Teil Deutschlands, der BRD! Rettet mein Leben!
Im Sommer 1969 – Mein Name, Beruf, Zuchthaus Brandenburg SBZ

Aus Brandenburg geschmuggelter, in England veröffentlichter Kassiber

Tatsächlich wurde ich am nächsten Tag mit anderen Gefangenen zum Haftkrankenhaus geführt. Ich hatte mich gewaschen, meine klaffende Bauchwunde gesäubert und mit einem sauberen Handtuch verbunden. Trotzdem mußte sofort etwas unternommen werden. Ich war besorgt.
Der Vorfall hatte auf der Station bereits die Runde gemacht, mein Zellennachbar Armin Kriwazcek, Westdeutscher und Politischer, Dieter Voigt, der auf dem gleichen Trakt lag, und andere Politische hatten die schweren Mißhandlungen mitbekommen. In der Wartezelle des Krankenhauses bekam ich spontane Hilfsangebote von den dort wartenden Gefangenen meiner Station: Milch, Butter, Cremes, Schmerztabletten und anderes wollten sie mir zukommen lassen. Das Bemerkenswerte daran war, daß es sich ausschließlich um Kriminelle handelte.

Der diensthabende Arzt untersuchte mich. Er stellte zwei gebrochene und eine angebrochene Rippe fest, diagnostizierte eine vermutliche Nierenquetschung, eine tiefe, zerfaserte Wunde in der Bauchdecke, diverse Prellungen an Kopf, Beinen und Armen, teilweise aufgeplatzt. Lippen, Mundhöhle und das Zahnfleisch waren mit Hämatomen übersät.

»Sie sehen aus, als kämen Sie von einem Nahkampf an der Front«, beschloß er gewollt spaßig seine Untersuchung. »Wer hat Sie denn so zugerichtet?«

»Koch und Kellner, zwei Wärter von Station vier.« Er schüttelte ungläubig den Kopf.

Er stellte keine weiteren Fragen und versorgte meine Wunden. Ein mächtiger Verband wurde um meinen Brustkorb gewickelt. Die Bauchwunde verschwand unter einem geklebten Verband. Mein Kopf war komplett bandagiert. Immerhin, die Wunden und Verletzungen waren versorgt.

»Melden Sie sich bitte nächste Woche wieder bei mir. Sie müssen sich sofort ins Bett legen. Absolute Bettruhe. Ich werde das vermerken.«

Ich war überrascht, was mir am nächsten Tag bei der Essensausgabe alles in die Zelle getragen wurde. Schmerztabletten, eine begehrte Ware und vom Arzt nicht verschrieben, halfen mir ebenso gut weiter wie die Lebensmittel. Auch die Schließer ließen mich in Ruhe. Koch und Kellner tauchten nicht wieder auf.

Die nächsten drei Wochen verbrachte ich mehr oder weniger im Bett, las oder schrieb an meinem neu begonnenen Tagebuch. Der Kalfaktor brachte mir auf meinen Wunsch ein Päckchen Zigarettenpapier und eine neue Bleistiftmine. Kostbarkeiten, für die ich meine West-Zahncreme und einige andere Dinge opfern mußte. Kurz nachdem mein Brustverband endgültig entfernt worden war, erschien der Stationsleiter und eröffnete mir, daß er meine Bestrafung wegen Widerstand gegen SV-Angehörige mit 21 Tagen Arrest verfügt habe. Dazu wurde ich am gleichen Tag in einen anderen Flügel des Zuchthauses geführt und dort in den Keller gebracht. Sämtliche Arrestzellen waren belegt. In der Zelle befand sich ein Gitterkasten, der wie ein Tigerkäfig aussah. Das war die eigentliche Arrestzelle. Es gab nur alle drei Tage eine lauwarme Wassersuppe, sonst aber nur trockenes Brot und Wasser. So gut es eben ging, richtete ich mich auf die zu erwartende Hungerzeit ein.

Drei Wochen später kehrte ich in meine Zelle zurück. Als erstes sah ich nach meinem Tagebuch. Es lag unberührt in seinem Versteck, dem doppelten Boden des immer noch halb gefüllten Abfallbehälters. Sofort fertigte ich eine Zeichnung des Tigerkäfigs an, dem ich gerade ziemlich abgemagert entkommen war. Bei der nächsten sich bietenden Gelegenheit wollte ich diese Aufzeichnungen nach draußen schmuggeln. Diese Gelegenheit kam aber so unverhofft, daß ich keine Möglichkeit hatte, mein Vorhaben zu verwirklichen. Ohne Vorankündigung wurde ich in das Verwaltungsgebäude geführt. Überraschenderweise war mein Vater gekommen. Er besuchte mich in Brandenburg zum ersten Mal.

Wir saßen uns an einem langen Tisch gegenüber, an dem zu meiner Linken zwei weitere Gefangene gerade mit ihren Besuchern sprachen. Ich erkannte sie sofort. Es waren zwei der grausamsten Mörder, die zudem in Spitzeldiensten der Anstalt standen. In meinen Augen war das eine eindeutige Provokation der Anstaltsleitung.

»Paß gut auf, was ich dir jetzt sage«, flüsterte ich hastig meinem Vater zu, ohne ihn zu begrüßen, denn was ich vorhatte, mußte schnell gehen.

»Neben mir sitzen zwei Mörder. Üble Gesellen, Spitzel. Ich bin ein politischer Gefangener, und ich werde es nicht hinnehmen, daß mich die Anstalt mit Kriminellen gleichstellt. Nach dem, was jetzt gleich passieren wird, stehst du auf und gehst raus, direkt zum Anstaltsleiter, Ackermann heißt der, und beschwerst dich über diese Behandlung mit den gleichen Argumenten wie ich. Ich bin sicher, wir sehen uns wenig später wieder. Hast du alles verstanden?«

Mein Vater nickte verblüfft.

»Na, dann los.« Ich erhob mich von meinem Platz. Der Wärter blickte zu mir herüber.

»Ich protestiere gegen die Durchführung der Sprechstunde mit meinem Angehörigen in Anwesenheit von Kriminellen. Ich bin nach dem Strafergänzungsgesetz, dem politischen Teil des Strafgesetzbuches der DDR, verurteilt. Ich bin ein politischer Gefangener. Ich wünsche als solcher respektiert und behandelt zu werden. Ich beende den Besuch und fordere eine neue Sprecherlaubnis, allein oder mit anderen politisch Inhaftierten. Sofort.« Ich blieb stehen. Die Gespräche waren erstorben. Alle starrten mich an. Hier, unter so vielen Zeugen, bekamen meine Worte das nötige Gewicht.

Das erste, was der verdutzte Wärter herausbrachte, waren die Worte: »Ich breche Ihre Sprecherlaubnis ab.«

»Das habe ich soeben selbst getan«, konterte ich sofort. »Führen Sie mich bitte hinaus.«

Ich konnte nur hoffen, daß mein Vater mit der Situation klarkam und seinerseits tatsächlich eine sofortige Beschwerde beim Anstaltsleiter anbrachte. Nur so konnte die Sache Wirkung zeigen. Der Wärter führte mich zurück in die Wartezelle. Nervös durchmaß ich den Raum mit langen Schritten.

Eine gute Stunde mochte bereits vergangen sein, als die Tür aufgeschlossen wurde.

»Kommen Sie mit.« Der Wärter führte mich in ein kleineres Besuchszimmer. An einem kleinen Tisch saß mein Vater. Er lächelte. Jetzt begrüßten wir uns endlich ausgiebig.

»Du gehst ja ganz schön hart ran«, meinte er. »Ich war bei einem Herrn Ackermann. Der hat sich meine Beschwerde angehört und das, was vorhin passierte. Dann hat er entschieden, daß ich dich alleine sprechen kann.«

»Na, das ist doch mal eine gute Nachricht. Vor allem konntest du einmal beides selbst erleben: Widerstand und seinen Erfolg. Direkt und unmittelbar.«

Mein Vater sagte nichts dazu, doch konnte ich mir lebhaft vorstellen, daß ihn dieses kleine Ereignis viel mehr über Sinn und Zweck

von Widerstand gelehrt hatte als alle meine früheren und auch späteren theoretischen Erklärungsversuche.
Natürlich hatte diese Begebenheit Folgen. Der »Rote Papst« wollte mich sprechen. Allein. Es war dies eine jener perfiden Situationen, die bei allen Gefangenen höchstes Mißtrauen hervorriefen. Allein mit dem »Papst«? Lag da nicht immer Verrat in der Luft? Keine Zeugen. Warum?
Was ich mir dabei gedacht hätte, als ich den »Zirkus bei der Sprechstunde« aufführte, wollte der »Papst« wissen. Wahrheitsgemäß erklärte ich ihm, was ich mir gedacht hatte.
»Sie glauben doch nicht im Ernst, daß Sie ein sogenannter politischer Häftling sind...«
Er fing an, mir zu erklären, daß es in der DDR keine politischen Gefangenen gäbe und daß ich meine Verletzungen sozusagen selbst verschuldet hätte.
Ich stand auf und machte meine Meldung: »Strafgefangener 151 248 meldet sich ab.«

Kurz vor Weihnachten traf ich Hermann im Speisesaal. Er lotste mich zur Essensausgabe, wo wir uns ungestört einige Augenblicke unterhalten konnten.
»Hast du schon gehört, dicke Luft in der ELMO. Seit einigen Tagen schnüffeln fremde Zivilisten in der ELMO herum, einige Zellen haben sie schon gefilzt. Stasitypen. Ich vermute, die haben das Echo der ›Abrüstung‹ gehört. Einige sind schon vernommen worden.«
»Ach du dickes Ei«, entfuhr es mir, »das ist bestimmt so eine Sonderermittlungsgruppe. Natürlich haben die vom großen Bruder eine Rückmeldung bekommen.«
»Auf mich kannst du dich verlassen, in meinem eigenen und im Interesse der Sache«, meinte Hermann trocken. »Mach dir deswegen keine Sorgen. Wenn die mich holen, ich weiß von nichts.«
»Danke dir, mein Lieber. Das gleiche wollte ich dir auch sagen. Wenn wir uns einig sind, erfahren die nichts. Niemals hat uns jemand gesehen.«
»Wie geht's dir sonst?«

Ich erzählte ihm kurz die Geschichte von dem Überfall wegen des Tagebuches. Die hatte sich schon herumgesprochen. Er wußte auch, was sich im Besucherzimmer abgespielt hatte.
»Du kennst doch Eberhard, er ist Ende August auf ›Aktion‹ gegangen.«
Eberhard war ein Politischer aus der ELMO. Zurückgezogen und verschreckt durch die Brandenburger Erfahrungen, war er kaum ansprechbar gewesen.
»Wie sieht es bei dir aus, wann gehst du?«
»Gute Frage.« Ich zuckte mit den Schultern. »Wird wohl noch etwas dauern, ich bin aber zuversichtlich. Seit den Grüßen aus London weiß ich, daß irgend etwas läuft.«
Wir verabschiedeten uns und verabredeten, Neuigkeiten hinsichtlich der Untersuchungen in der ELMO sofort auszutauschen.

Im Januar wurde ich wieder zum »Roten Papst« geholt. Wieder allein. Ich war sehr angespannt. Es konnte sich nur um die Ereignisse in der ELMO handeln. Etwas anderes lag zur Zeit nicht an. Nach einem üblichen Vorgeplänkel über Arbeitsleistungen im allgemeinen und meine schlechten im besonderen kam er zur Sache.
»Sie waren doch vorher im Kommando ›ELMO‹?«
»Ja.«
»Wie hat Ihnen die Arbeit dort gefallen?«
»Sie war schwer, aber nicht uninteressant. Allerdings habe ich mir dort eine Menge Löcher in die Hände gestochen.«
»Wie kam das?«
»Von den Drähten, ich verletzte mich ständig daran. Da die kleinen Löcher nicht sofort behandelt wurden, hatte sich alles entzündet.«
»Ist Ihnen im Arbeitskommando, in den Werkstätten irgend etwas aufgefallen?«
»Ja, die Arbeitsnormen waren utopisch hoch.«
»Das meine ich nicht«, entgegnete er unwirsch. »Wußten Sie zum Beispiel, wohin die fertigen Motoren gehen?«

»Ja, in das Außenlager.« Ich stellte mich so blöd, wie es nur ging. »Wollen Sie mich auf den Arm nehmen? Ich meine, ob Sie den Verwendungszweck, den Ort kannten, wo diese Motoren zum Einsatz kommen?«

»Sie können Fragen stellen. Woher soll ich das wissen? Ich habe die ganze Schicht vor meinen Motoren gesessen und mich mit dem Gummihammer und den Drähten abgequält. Offen gestanden hat mich das auch nicht im mindesten interessiert.«

Der »Papst« musterte mich eingehend. Wohl ein Restbestand seiner psychologischen Zusatzausbildung.

»Haben Sie Ausschuß produziert?«

»Jede Menge. Zuerst kam ich mit dem Bandlauf nicht klar. Sie verstehen, zu hoher Arbeitsdruck. Später saß ich einzeln, auch hier hat das nicht immer funktioniert. Ich bekam jeden Tag zwei, drei Motoren von der Endkontrolle zurück, zum Nacharbeiten. Am Ende waren sie aber alle in Ordnung.« Der »Papst« kam um den Schreibtisch gelaufen. Jäh schrie er mich an:

»Sie sind ein Saboteur, Sie haben mit Ihrer vorsätzlichen Sabotage Volkseigentum zerstört.«

»Das müssen Sie mir genauer erklären. Alle meine Motoren, auch die nachgearbeiteten, wurden von der Endkontrolle abgenommen, daß heißt, sie funktionierten eindeutig. Was soll ich sabotiert haben? Ich war zwar langsam, schließlich bin ich nicht vom Fach, dafür aber gründlich.«

»Welsch, Sie wissen ganz genau, was ich meine.«

»Ich habe keine Ahnung, wovon Sie sprechen.«

»Wir sehen uns wieder. Sollten Sie an irgendwelchen Schweinereien beteiligt gewesen sein, Welsch, dann wird Ihnen Ihre Ironie gründlich vergehen. Das verspreche ich.«

Der »Papst« hatte nur mal auf den Busch geklopft. Trotzdem war ich auf der Hut. Die Sonderermittler der Stasi waren sicher keine Schwachköpfe. Doch wo sollten sie ansetzen? Es gab, die Aktion »Abrüstung« betreffend, nicht den geringsten Ansatzpunkt, solange Hermann dichthielt.

Um die Osterzeit herum sah ich Hermann wieder. Die Stasi hatte zwei Gefangene mitgenommen, die dabei beobachtet worden waren, wie sie beim Einbau das eine oder andere Teil weggelassen hatten. Entweder hatten da noch andere abgerüstet oder einfach nur geschlampt, um schneller die Norm zu erreichen. Jedenfalls nahm das den Druck aus dem Kessel. Ich atmete auf. Hermann grinste wie immer.

Ich hoffte, in diesem Sommer zu den Freigekauften zu gehören. Doch der Sommer kam und ging. Nichts geschah. Dafür traf es Dieter: Er ging auf Aktion in den Westen. Und hielt sein Versprechen. Meine Mutter teilte mir beim Besuch mit, daß sich bei ihr ein Herr Voigt aus Bielefeld gemeldet habe. Ihre Augen signalisierten mir: »Du weißt schon, wer das ist, alles geht seinen Gang.« Zwischen ihren Besuchen schrieb ich nach wie vor an meinen Aufzeichnungen, die sie stets routiniert entgegennahm. Sie durfte mich alle drei Monate einmal besuchen. Eine halbe Stunde. Dafür reiste sie mit dem Zug aus Berlin an. Eine halbe Tagesreise. Auch das waren die Auswirkungen der Kategorie III. Ihre Zivilcourage war mächtig gewachsen. Sie ging so weit, daß sie meine Aufzeichnungen über den Tigerkäfig und andere Haftnotizen unter falschem Absender zu Dieter in den Westen schickte, wo sie veröffentlicht wurden, wie ich später erfuhr.

Das Essen in Brandenburg war weder ausreichend noch nahrhaft. Im Grunde hatte es diese Bezeichnungen nicht verdient. Mal waren von den fünf zugeteilten Schweinekartoffeln, welche als »Pellkartoffeln« ausgegeben wurden, vier verfault, mal waberte Verwesungsgeruch aus dem Fischkübel, oder in den dünnen Erbsen- oder Kohlsuppen schwammen alle möglichen Sorten von Raupen, Würmern und Käfern. Oft genug verließ ich den Speisesaal genauso hungrig, wie ich ihn betreten hatte. Mit der großen Mehrheit der anderen.

Setzte an den vollbesetzten Tischen Murren ein, einzelne, halblaute Rufe des Unmutes, wieselten sofort die Schließer durch die Gänge, ihren Gummiknüppel schlagbereit, um jeden größe-

ren Widerstand, jede eventuelle Meuterei schon im Keim zu ersticken.
Ende 1969 hatten auch die Zivilmeister der IFA von meiner mittlerweile exorbitant hohen Ausschußquote die Nase voll. Ich wurde zum Arbeitskommando Schneiderei verlegt und damit endlich in eine helle Zelle mit zwölf Mann. Die andauernde Dunkelhaft hatte mich zeitweilig doch sehr deprimiert. Dort wurde ich zunächst der Abteilung zugewiesen, in der Atomschutzmäntel für die Warschauer-Pakt-Armeen geklebt wurden. Der Kleber setzte gefährliche, toxische Gase frei, die sich in der gesamten Halle ausbreiteten, dann auf eine Höhe von etwa 80 cm herabsanken und dort herumwaberten. Absauganlage, Filter, alles Fremdwörter hier. Dafür war der »Brigadier« ein Doppelmörder. Er sorgte mit nie erlahmendem Eifer für die Erfüllung der Normen und spreizte sich mit seinem »Weisungsrecht« gegenüber den Mitgefangenen.
Die Krönung dieser pervers-verdrehten Horrorwelt aber bestand darin, daß er im Auftrag des Stationsleiters schriftliche Beurteilungen der Gefangenen abgab, deren Aussagekraft so gewaltig war, daß sie nicht nur zu den Akten der Betroffenen gelegt, sondern auch die Entscheidungen der Anstaltsleitung beeinflußten, wer wann oder wer nicht früher entlassen wurde.
Ein Protest gegen diese Zuteilung war sinnlos. Also verlegte ich mich sofort auf die »Voigt«-Methode: »beschränkt«.
Nach einigen Tagen der Einweisung bekam ich einen riesigen Stapel von »Taschen rechts« und »Taschen links«, außerdem zwei weitere Stapel Hosen und Jacken.
Der Gestank des offenen Kübels mit dem Kleber nahm mir fast den Atem. Also begann ich zu kleben: die linken Hosentaschen auf die rechte Jackenseite und umgekehrt. Dazu vertauschte ich verschiedene Applikationen, schön verteilt auf Jacken und Hosen. Heraus kamen Uniformteile, die dem braven Soldaten Schwejk wohl gut angestanden hätten.
Ich klebte, was das Zeug hielt. Die Teile sahen grausam aus.
Die immer gleichen Handgriffe begleitete ich mit einem netten Liedchen: Nimm ein Teil (Griff zur Tasche) / Leim zum Heil

(Griff zum Kleber) / denn gut aufgestrichen (Auftragen des Klebers) / ist schon halb verblichen (Glattstreichen).
Nach gut einer Woche versammelte sich eines Morgens vor dem Tisch der Endkontrolle eine Gruppe von Gefangenen, der »Brigadier«, der Zivilmeister und Wachpersonal. Heftig wurde diskutiert. Der Meister schrie und gestikulierte. Jemand zeigte nach hinten, dort, wo ich saß. Die Gruppe setzte sich schnellen Schrittes in Bewegung und blieb direkt vor meinem Arbeitsplatz stehen. Der Zivilmeister griff sich vom Stapel der »fertigen« Teile eine Hose. Erstarrte. Griff sich eine Jacke. Wechselte die Farbe. Ende des Liedes, dachte ich bei mir. Sie haben es gemerkt.
»Sind Sie wahnsinnig Mann! Was machen Sie denn hier? Sind Sie waaahnsinnig!« Seine Stimme kippte um in ein kreischendes Falsett. Alle Gefangenen schauten herüber zu mir.
»Aufhören, sofort aufhören! Sie haben alle Teile falsch geklebt! Sind Sie so blöd? So blöd kann doch keiner sein!« Dabei riß er den fertigen Stapel auseinander. Jeder der Umstehenden griff sich ein Uniformteil. Je nach Gemütslage zornentbrannt oder verständnislos. Einer grinste.
»Stehen Sie auf! Verschwinden Sie sofort von diesem Arbeitsplatz!«
Während des ganzen Tumultes und der Schreierei war ich sitzengeblieben und hatte ein gleichmütiges Gesicht aufgesetzt. Nun sah ich mich doch zu einer Erklärung veranlaßt.
»Ich habe nur das gemacht, was man mir gesagt hat: Ich habe geklebt.«
»Aber falsch, falsch! Warum hat den niemand kontrolliert? Wie lange sitzt der schon hier?« Mit mir wollte er nicht mal mehr sprechen. Schnell klärte sich auf, daß ich tatsächlich ein Anfänger war. Ich mußte in das Dienstzimmer mitgehen. Hier wurde ich noch einmal gefragt, wie es kommen konnte, daß ich viele hundert Uniformteile falsch geklebt hatte. Ich erklärte, daß für mich eine Tasche wie die andere ausgesehen habe, worauf der Zivilmeister zwei Taschen auf den Tisch warf.
»Erkennen Sie nicht den Unterschied?« Natürlich kannte ich ihn.
»Nein, für mich sind das alles gleiche Taschen.«

»Wer hat diesen Mann an diesen Platz gesetzt? Der darf doch keine Taschen kleben, wenn er überhaupt nicht weiß, wohin!« Dafür war der »Brigadier« verantwortlich, der sich nun wegen mangelnder Kontrolle verantworten mußte.
Ich hatte die Positivbilanz der »Brigade« ganz schön durcheinandergebracht. Glücklicherweise hatten einige Gefangene Verständnis für mein arbeitstechnisches Unvermögen. Jedenfalls rückte ich am nächsten Tag erneut in die Schneiderei aus. Allerdings nicht mehr zum Kleben.
Mein Ruf war so nachhaltig zerstört, daß der »Brigadier« es nicht mehr wagte, mich an einen separaten Arbeitsplatz zu setzen. So kam ich zu einem der 150prozentigen Normerfüller an der Nähmaschine. Mein Job bestand darin, den Lauf der Fäden zu beobachten und den letzten Nähfaden abzuschneiden. Keine aufregende Tätigkeit, aber auch keine Eigenproduktion mehr. Da dieser Gefangene gut verdiente und zudem jeden Tag einen halben Liter Milch bekam, partizipierte ich daran in Form von Anteilen an der Milch und am Einkauf. Deswegen hatte ich keine Skrupel. Ich hatte sie mir verdient.

BUNDESKANZLER + AMNESTY = FREIHEIT

Den Kontakt meiner Mutter zu Dieter Voigt wollte ich nutzen, um einen wahrhaftigen Hilferuf aus dem Gefängnis im Westen veröffentlichen zu lassen.

Der Kassiber mit meinem Aufruf an die Weltöffentlichkeit, sich für meine Freilassung einzusetzen, mit der Beschreibung des Terrors im sozialistischen »Arbeiter-und-Bauern-Staat«, ging beim nächsten Besuch meiner Mutter, Anfang 1970, hinaus. Der Hilferuf kam im Westen an. Dieter übergab das Papier einem Mitglied von Amnesty International Deutschland, Carola Stern, die es der

Gruppe in Leeds/England mit dem Auftrag übergab, sich für meine unverzügliche Freilassung einzusetzen. Mehrere englische Tageszeitungen veröffentlichten meine Aufzeichnungen und dokumentierten so den gewöhnlichen Sozialismus, den Terror der SED-Diktatur im authentischen Zeugnis eines politischen Gefangenen. So titelte die englische »Yorkshire Post«: »Cigarette paper starts Leeds bid to save prisoner.«

Am 24. Oktober führte der Sekretär für Sicherheitsfragen im Zentralkomitee der SED, Erich Honecker, mehrere Telefonate, darunter eins mit dem DDR-Ministerpräsidenten Stoph und eins mit MfS-Minister Mielke. Es wurde über sozialismusfeindliche Kräfte im westlichen Ausland gesprochen, die mit Berichten über einen verurteilten Staatsfeind der DDR eine negative Berichterstattung über die DDR provozierten und mit ihren Attacken nicht nur den friedlichen Aufbau in der DDR gefährdeten, sondern auch den Frieden allgemein.

Im gegenseitigen Einverständnis wurde vereinbart, den Staatsfeind Welsch bei passender Gelegenheit in den Westen abzuschieben, jedoch erst dann, wenn diese Aktion nicht mehr in Zusammenhang mit den Pressionsversuchen interessierter Kreise im Westen gebracht werden konnte.

Rechtsanwalt Vogel, der schon 1969 meinen Namen auf die offizielle Freikaufliste gesetzt hatte, von wo er jedoch von seinem langjährigen Verbindungsmann zum MfS, Heinz Volpert, wieder gestrichen worden war, setzte mich 1970 erneut auf die Liste. Prälat Zinke wie auch Rechtsanwalt Jürgen Stange, beide aus Westberlin, insistierten bei Vogel für meine Freilassung. Diesmal standen die Aussichten gut.

Dann überschlugen sich die Ereignisse. Bundeskanzler Willy Brandt traf sich in Erfurt mit dem DDR-Ministerpräsidenten Stoph. Zum Abschluß des Treffens übergab Brandt eine kleine Liste mit einigen Namen. Er bat darum, diese Menschen aus humanitären Gründen aus der Haft zu entlassen. Einer der Namen auf Brandts Liste war meiner.

Von der sich abzeichnenden dramatischen Wende bekam ich in Brandenburg zunächst nichts mit. Im Herbst wurde ich wieder einmal dem »Roten Papst« vorgeführt. Er fragte nach meinem Befinden. Ich witterte sofort eine Falle und erwiderte einsilbig, daß sich mein gesundheitlicher Zustand in Brandenburg unaufhaltsam verschlechtert habe. Zwar gebe es keine Übergriffe mehr, doch die Zustände in der Zelle, die seltenen Besuche meiner Mutter und die Härten der Haft hätten meine gesundheitliche Kondition erheblich geschwächt.
»Sie können eine Sondersprecherlaubnis mit Ihrer Mutter beantragen, außerdem einen Paketschein.« Ich war verblüfft. Weshalb aus heiterem Himmel derartige und ungewöhnliche Vergünstigungen?
»Wir sind nicht daran interessiert, daß sich Ihre gesundheitlichen Probleme verschlimmern. Wir sind um Sie besorgt.«
»Da kommen mir doch fast die Tränen vor so viel Anteilnahme.«
»Und wenn Sie wieder einmal Probleme haben sollten, wenden Sie sich bitte sofort an mich. Ich persönlich bin jetzt für Sie zuständig, nicht mehr der Stationsleiter.«
Die Sache war nicht nur tautologisch, sondern auch oberfaul. Wollte man unter den Politischen Mißtrauen säen? Mich desavouieren? Ich ließ Hermann über die Hofarbeiter sofort eine Nachricht zukommen. Es dauerte vierzehn Tage, bis wir uns endlich im Speisesaal trafen. Ich berichtete ihm von dem merkwürdigen Angebot des »Papstes«, von dessen Besorgnis hinsichtlich meiner Gesundheit, auch, daß er mir völlig verändert schien.
»Ist doch klar, Wolfgang, deine Kassiber sind im Westen angekommen, dort vielleicht sogar veröffentlicht worden. Du stehst auf der Liste und gehst beim nächsten Transport rüber. Mensch, freu dich doch mal. Du hast im Westen ein Gesicht und einen Namen.«
»Mensch, Hermann, ich kann das noch nicht glauben. Meinst du wirklich?«
»Das ist ganz sicher. Du hast doch bei anderen, die auf ›Aktion‹ gegangen sind, ähnliche Prognosen gestellt. Und, trafen die nicht alle zu?«
»Du hast recht, das stimmt.«

Ich versprach ihm, nach meiner Entlassung alles zu tun, damit er bald folgen könne. Zum Abschied umarmten wir uns.
»Danke, Hermann, für alles. Auf dich konnte man sich immer verlassen. Ich vergesse dich nicht.«
Die nächsten Wochen beobachtete ich meine Umgebung besonders aufmerksam. Ein kleiner Test sollte Hermanns Vermutungen bestätigen. Bei der nächsten »Rotlichtveranstaltung« blieb ich einfach in der Zelle hocken.
»Was ist mit Ihnen?« Der Schließer zeigte mit dem Gummiknüppel auf mich.
»Ich bleibe. Ich gehe da nicht mehr hin.« Er starrte mich an.
»Gut, dann bleiben Sie drin«, sagte er gleichmütig und schloß die Tür. Das war kaum zu fassen, unglaublich. Kerle, die sonst sofort zuschlugen, erklärten einfach: »Gut, dann bleiben Sie drin.«
Ich atmete tief durch. Bald würde alles ein Ende haben.
Plötzlich verging die Zeit äußerst schleppend. Nichts war mehr wie vordem. Die Tage flossen zäh dahin. Um so überraschender kam das Ende.
Eines Morgens, mittlerweile war es Ende Februar 1971, meine Schicht rückte zur Arbeit aus, hielt mich der Schließer an der Tür zurück:
»Sie packen alle Ihre Sachen. Sie werden dann abgeholt.« Die Tür ging zu.

Am Vormittag holte man mich. Zunächst ging es zur Kammer, ich mußte alles abgeben, unterschreiben, daß ich gesund die Anstalt verlasse. Ich weigerte mich. Wie konnte ich wissen, ob ich gesund sei? Es gab aber keine Probleme, die Weigerung wurde akzeptiert.
Mittags wurde ich aus der leeren Zelle geholt. Zwei Uniformierte von der Stasi führten mich auf den Hof. Dort stand ein größerer Gefangenentransporter, ein ›Robur‹ der Stasi. Bevor ich einstieg, hielt ich inne.
»Keine Handschellen, wir fahren so.« Der Stasimann hatte mein Zögern richtig gedeutet.

»Gehen Sie rein und setzen Sie sich irgendwohin.« In diesem Wagen gab es keine einzelnen, separaten Zellen. Ich setzte mich an das vordere Gitter zum Fahrerabteil. Der Wagen ruckte an.
Ich war allein. Der einzige politische Gefangene, der in diesen letzten Februartagen das Zuchthaus Brandenburg verließ. Stunden später erreichten wir Chemnitz, das Stasigefängnis auf dem Kasberg.

Dort wurde ich nur oberflächlich gefilzt. Nicht gründlich genug, um meine Tagebücher in meinem Körperversteck zu entdecken. Danach ging es in einen der Zellenflügel. Eine Tür wurde aufgeschlossen. Höflich bat man mich einzutreten. Jemand lag auf dem Bett und erhob sich halb, als ich eintrat. Die Tür fiel sanft ins Schloß.
»Mein Name ist Bernd Zenner«, stellte sich der Bewohner vor. Ich nannte ihm meinen Namen. Noch während wir uns bekannt machten, unterbrach uns eine Stimme an der offenen Futterluke: »Möchten Sie Kaffee, mit Milch ... Zucker?«
Ich war viel zu überrascht, um antworten zu können. Bernd bestellte:
»Zwei Kaffee bitte, mit Milch und Zucker.«
Ich sah mich um. Zwei Betten standen in der Zelle, richtige Betten, keine Pritschen. Es gab ein Waschbecken, tatsächlich mit verchromtem Wasserhahn und zwei Reglern. Sofort drehte ich daran: kaltes und warmes Wasser. Ich rang sichtbar um Fassung. Bernd lachte.
»Willkommen in der Nickelzelle. Willkommen auf dem Weg in die Freiheit.«
Der Kaffee schmeckte gut und ließ sofort meinen Puls steigen. Bernd war schon seit zwei Tagen hier. Er saß wegen »Republikflucht«, war Student an der TH Ilmenau.
Es dauerte fast einen Monat, den wir in Anbetracht der Umstände allerdings recht kommod verbrachten. Am 23. März war es soweit.
Das Prozedere war mir bereits aus dem Jahre 1967 bekannt.

»Wohin möchten Sie entlassen werden«, wurde ich knapp gefragt. Ebenso kurz war meine Erwiderung: »In die Bundesrepublik Deutschland.«
»Dann unterschreiben Sie hier Ihre Ausbürgerung.« Nichts tat ich lieber als das.
Nachdem die Formalitäten erledigt waren, lehnte sich der Stasioffizier zurück.
»Ich muß Sie noch darauf aufmerksam machen, daß Sie in der BRD nichts über Ihre Aufenthalte in den Strafanstalten der DDR publik machen dürfen, insbesondere nichts über die dortigen Vorgänge.«
Da mußte ich plötzlich lachen, lauthals und selbst für mich überraschend, denn ich hatte lange nicht mehr gelacht. Etwas brach aus mir heraus.
»Wissen Sie, genau das wird einer meiner ersten Schritte sein. Eigentlich dürften Sie mich nicht in den Westen entlassen, denn ich habe nichts vergessen von dem, was Sie mir angetan haben. Ich werde Ihrem Regime die Maske herunterreißen.«
Augenblicklich saß der Stasioffizier wieder gerade.
»Wenn Sie gegen uns arbeiten sollten, dann denken Sie daran, daß wir einen langen Arm haben. Wir werden Sie finden, egal wo Sie sich verstecken.« Unser Gespräch war beendet. Es war mein letztes Gespräch mit der Stasi, und wir sollten beide recht behalten.

Der Vorhang zum letzten Akt hob sich am Nachmittag des darauffolgenden Tages. Einzeln wurden wir aus der Zelle geholt, mittlerweile in ziviler Kleidung, die mir erheblich um die Knochen schlotterte. Ich mußte den Erhalt meiner Sachen quittieren und die Entlassung aus der Haft. Dann wurden wir über eine Treppe nach unten geführt, in einen dunklen Gang, den trübe funzelnde Glühbirnen erleuchteten. Im Gang waren zwei Reihen Uniformierter postiert, sechs rechts, sechs links, im Abstand von etwa einem Meter. Es war wie ein Spießrutenlauf. Jeder Posten senkte den Arm, versperrte den Weg in die Freiheit und fragte stereotyp: »Name? Geburtsdatum?«

24. März 1971

1. BREHM, Ulrich
geb. am 13. 9. 1949

2. BREIDENBEND, Peter
geb. am 20. 9. 1926

3. BRESIEN, Rainer
geb. am 22. 8. 1946

5. EFFENBERG, Jacques
geb. am 20. 6. 1949

6. FLEISCHMANN, Karin
geb. am 5. 1. 1952

7. GALLAS, Peter
geb. am 20. 9. 1949

8. HAAS, Beatrice
geb. am 11. 6. 1945

9. HAAS, Steffen
geb. am 26. 5. 1943

10. HOLLE, Jörg
geb. am 10. 1. 1942

11. HOLY, Wolfgang
geb. am 14. 5. 1939

12. van KOTEN, Jürgen
geb. 30. 9. 1935

13. KRANEFOER, John-Wilhelm
geb. am 17. 2. 1948

14. KUNTZKE, Heinz
geb. am 2. 3. 1924

15. MEIßNER, Jürgen
geb. am 5. 4. 1944

16. MASHRIQI, Mousa
geb. am 27. 1. 1945

17. MEWES, Wolfgang
geb. 2. 6. 1937

18. PEUKERT, Helga
geb. am 1. 1. 1939

19. PEUKERT, Wolfgang
geb. am 8. 8. 1936

20. REICHARDT, Wolfgang
geb. am 1. 10. 1944

21. REICHE, Günther
geb. am 5. 6. 1920

22. ROTH, Harry
geb. am 29. 3. 1951

23. SARTI, Luigi
geb. am 9. 3. 1941

24. SEILER, Walter
geb. am 23. 2. 1912

25. SPINDLER, Hilmar
geb. am 26. 11. 1942

26. SCHIWY, Charlotte
geb. am 30. 11. 1926

27. SCHMEIßER, Willy
geb. am 24. 1. 1933

28. SCHMIDT, Gerhard
geb. am 12. 3. 1948

29. SCHMIDT, Reino
geb. am 25. 2. 1946

30. SCHMUGGEROW, Heinz
geb. am 22. 2. 1942

31. SCHULZ, Jürgen
geb. am 4. 4. 1944

32. STEDE, Clark
geb. am 25. 11. 1949

33. STEIN, Monika
geb. am 22. 7. 1949

34. Dr. TEICHER, Gesine
geb. am 20. 9. 1941

35. THOMAS, Jürgen
geb. am 15. 6. 1938

36. TRIESCHMANN, Manfred
geb. am 9. 2. 1944

- 3 -

37. VOGEL, Reinhard
geb. am 24. 9. 1950

38. WARSCHUHN, Harry
geb. am 2. 2. 1936

39. WEIDAUER, Rolf
geb. am 11. 6. 1944

40. WELSCH, Wolfgang
geb. am 5. 3. 1944

41. ZENNER, Bernd
geb. am 1. 4. 1947

42) Greiner, Werner
geb. 19. 3. 39

Original-Freikaufliste des Rechtsanwalts Dr. Wolfgang Vogel

Der letzte Akt der Diktatur. Die Angst, ein Falscher könnte ihnen entwischen.
Der Hof. Gleißendes Sonnenlicht blendete. Dann sah ich ihn: einen wunderschönen, nagelneuen, glänzenden Reisebus. Vermutlich das letzte Mercedes-Modell. Mit weitgeöffneten Türen.
»Gepäck bitte in das seitliche Gepäckabteil ablegen und einsteigen.« Der letzte Befehl.
Nach und nach füllte sich der Bus mit Gefangenen. Männer, Frauen. Wiedersehensszenen. Ehepartner, seit Jahren getrennt, mit Lügen von angeblichen Scheidungen traktiert, rannten die wenigen Schritte aufeinander zu, umarmten sich, umklammerten sich wie Ertrinkende, wortlos, ließen nicht mehr voneinander, weinten haltlos. Viele hatten sich fünf, acht oder mehr Jahre nicht gesehen, nichts voneinander gehört.
Szenen wie diese vergißt man nicht. Vergißt man nie.
Insgesamt 42 Personen. 42 Schicksale. Auf der Liste, die mir Dr. Vogel später im Original übereignete, war ich die Nummer 40, alphabetisch korrekt eingeordnet, vor Z wie Zenner, Bernd.
Zwei Zivilisten stiegen zu, und die Türen schlossen sich. Die Gefängnistore gingen auf, und fast unhörbar glitt der Bus auf die Straße, reihte sich in den Chemnitzer Alltagsverkehr ein.

Alle schwiegen. Es gab keine überschäumende Freude, keinen Ausruf »Endlich!«. Der Bus glitt wie ein UFO durch eine für uns unwirklich gewordene Welt.
Nach etwa einer Stunde verlangsamte sich die Fahrt. Der Fahrer steuerte einen abgelegenen, leeren Rastplatz an und stoppte. Unmittelbar hinter uns hielt ein goldfarbener Mercedes der S-Klasse. Rechtsanwalt Vogel betrat den Bus. Nachdem er sich kurz vorgestellt hatte, eröffnete er uns, daß wir in wenigen Stunden in der Bundesrepublik sein würden.
Es war wie ein Befreiungsschlag. Die Spannung löste sich in Jubel. Einige weinten still vor sich hin.
»Bitte bewahren Sie Ruhe. Noch sind wir auf DDR-Territorium. Sie werden die Grenze zur Bundesrepublik bei Herles-

hausen überqueren. Dann sind Sie frei, und dann sehen wir uns wieder.« Herleshausen die »Zweite«, dachte ich. Schicksalsname. Als der Bus seine Fahrt wiederaufnahm, blinzelte ich in die Sonne, bewunderte die vorübergleitende Silhouette des Thüringer Waldes. Ein Gefühl des Friedens stellte sich ein. Aus dem Autoradio dudelte der Ohrwurm »Wieder Sonnenschein ...« von Michael Holm. Wie bestellt, dachte ich.

Gegen halb sieben am Abend, es war bereits dunkel, näherten wir uns dem Grenzübergang Herleshausen. Der Bus wurde langsamer, bog von der Straße ab, gewann über einen Feldweg Höhe und fuhr durch ein lichtes Waldstück. Wie eine helle, brennende Wunde lag er in der Landschaft: der Grenzübergang zur Bundesrepublik. Kein Verkehr war auszumachen. Nur die Lichter, die sich rechts und links am Grenzverlauf fortsetzten.
Der Bus stoppte in einem Wäldchen. Der Motor erstarb. Gespenstisches Dunkel. Im Bus brannten nur die Notlichter. Einer der mitfahrenden Stasileute ergriff das Wort: »Sie steigen jetzt einzeln aus, gehen am Gepäckabteil vorbei und greifen sich Gepäckstücke, egal welche, und tragen sie zum Gepäckabteil des anderen Busses. Danach steigen Sie in den anderen Bus ein.«
Ein angestrengter Blick in die Dunkelheit. Tatsächlich. Da stand er, der andere Bus. Er trug ein Kennzeichen, das mit »GI« begann, für Gießen. Dort befand sich das Notaufnahmelager.
Ich stieg ein und setzte mich. Die Türen schlossen, als alle umgestiegen waren. Die Stasizivilisten waren draußen geblieben. Merkwürdig, es gab keine Freudenausbrüche, kein Lachen oder befreiendes Schreien. Stille, absolute Stille herrschte, so, als ob wir nicht begreifen würden, was in diesen Minuten unseres Lebens mit uns geschah. Der Fahrer rangierte den Bus aus dem Wäldchen heraus. Langsam glitt er den Hügel hinunter. Über Lautsprecher begrüßte uns der Fahrer:
»Einen recht schönen guten Abend, meine Damen und Herren. Sie haben es geschafft. In wenigen Minuten passieren wir die innerdeutsche Grenze.« Das war westliche Terminologie: *»Inner-*

deutsche Grenze«. Jetzt ging Bewegung durch die Sitzreihen. Freudenlaute, dann frenetischer Beifall. Manche umarmten sich. Mein Herz klopfte bis zum Hals. Ich wollte meinem Nachbarn etwas sagen. Aber mir fehlten die Worte. Auch er brachte kein Wort heraus. Uns allen saß ein großer Kloß im Hals.
Der Bus bog in die Straße ein, hielt nun zügig auf den Grenzübergang zu. Trotz der Dunkelheit waren alle Einzelheiten der hell erleuchteten Grenze zu erkennen. Mehrere Schlagbäume, gestaffelt, standen nach oben gereckt. Alle Ampeln waren auf Grün geschaltet. Durchfahrt hieß das, freie Durchfahrt. Mit unvermindertem Tempo passierte der Bus den ersten Schlagbaum, die erste grüne Ampel. Ich stand auf, es riß mich förmlich vom Sitz. Alle sprangen auf. Konnten nicht glauben, was sie sahen. Salutierende Soldaten der Diktatur vor einem Bus mit Staatsfeinden. Sie salutierten vor einem Regierungstransport der DDR.
So passierten wir einen Schlagbaum, eine grün strahlende Ampel nach der anderen.

Es war genau 19:05 Uhr, als der Bus die sogenannte Staatsgrenze der DDR passierte. Tränen liefen über mein Gesicht. Ich schämte mich ihrer nicht. Ich war nicht der einzige. »Meine Damen und Herren, wir sind in der Bundesrepublik Deutschland. Sie sind frei«, ließ sich der Fahrer vernehmen.

Nach wenigen hundert Metern hielt der Bus auf einem Parkplatz. Die Türen sprangen auf. Vogel bestieg den Bus. Draußen stand ein Sanitätswagen. Eine Frau im Bus hatte einen Schwächeanfall erlitten und wurde zum Krankenwagen gebracht.
Vogel hielt im Mittelgang des Busses eine kleine Ansprache. Rot-Kreuz-Schwestern verteilten kleine Pakete mit Orangen, Obst, Zigaretten, Schokolade. Danach konnten wir für eine kurze Rast den Bus verlassen. Einige knieten nieder und küßten die Erde. Es erschien mir völlig normal. Alle befanden sich in einem völligen Ausnahmezustand der Gefühle. Der Druck des Leides und des

Leidens fiel ab, tief eingemauerte Regungen wurden freigelegt. In diesem Moment waren alle Gefühle echt und wahr.
So intensiv wie Liebe empfand ich das Gefühl von Freiheit. Dieses »fundamentale Menschenrecht« wurde begreifbar, erlebbar. Plötzlich empfand ich wieder Neugier, fühlte mich wie neu geboren und betrachtete die Welt voll neuem Vertrauen.

Jetzt war ich frei. Nach fast sieben Jahren oder 2430 langen Tagen der Unfreiheit, Mißhandlung und Folter.
Damit schloß sich ein Kapitel meines Lebens. Es war das bislang schwerste, bitterste, und zeitweilig hoffnungsloseste. Und es hat mich unauslöschlich geprägt, positiv wie negativ.

Welsch, Wolfgang — Berlin

Lfd. Nr.	Tag der Rechtskraft, Gericht und Aktenzeichen	wegen auf Grund von	zu	Verwirklichung
1.	28.9.64 Stadtger.v. Gr.-Berlin IA 176/64-	Hetze, vers.illeg. Verlassens der DDR- § 19 STEG, § 5 Pass VO i.d. F. des § 1 Pass-Änder. VO-	2 Jahren Gef. 006025	verw.am 21.5.66
2.	18.4.66 Stadtger.v. Gross-Berlin I A 42/66-	fortg.staatsgef.Hetze, Verbindungsaufnahme z. verbr. Oranisation en u. Vorbereitung zum illeg. Verlassens der DDR- § 16, 19 STEG, § 5 PVO, § 73 STGB-	2 Jahren u. 3 Mon. Gef.	teilverw..am 25.9.67. Bew.Zeit bis 24.9.69. Vol.zug 6.1.69 angeordnet. verw.am 24.3.71.
3.	26.7.68 Stadtger. v.Gross-Berlin 101 a BS 13/68 [illegible] 77/68	staatsgef. Hetze- § 19 STEG-	5 Jahren Freih.Str.	teilw. verw.am 24.3.71. Bew.Zeit 3 Jahre erl.am 16.4.74

TEIL II

KRIEG UND FRIEDEN

Jegliches hat seine Zeit, Streit und Friede.
Prediger Salomo, 3,8

Der Kampf der Menschen gegen die Macht
ist der Kampf der Erinnerung gegen das Verbrechen.
Milan Kundera

DIE ERLÖSUNG

Mein neues Leben hatte begonnen, die Aufnahmeprozedur im Notaufnahmelager Gießen lag hinter mir: Formulare, Anträge, Untersuchungen, Befragungen, Klamotten vom Roten Kreuz, das erste Westgeld und ein Ausgangsschein. Am Tag nach unserer Ankunft wagten Bernd und ich abends einen ersten Bummel durch Gießen. Total verunsichert irrten wir durch die Straßen dieses glitzernden Lichtermeeres, trauten uns nicht, selbst das einfachste Restaurant oder Café zu betreten. Würde man uns nicht sofort erkennen, sehen, woher wir kamen, anstarren wie Fremde von einem anderen Stern? Menschenscheu waren wir geworden.

Bernd ließ sich nach Heidelberg einweisen. Dort wollte er weiter Mathematik studieren. Er hatte mich gefragt, wohin er gehen sollte, und mir war nur die schönste Stadt Deutschlands eingefallen, die ich als Kind schon einmal kurz gesehen hatte.
Bei der Verwaltung lag ein Zettel für mich. Dieter Voigt kündigte mir darin seine Ankunft in Gießen an. Ich holte ihn vom Bahnhof ab. Wir hatten uns eine Menge zu erzählen.
Sein Bericht klärte einige für mich damals unverständliche, geheimnisvolle, Dinge.
Er bot mir ein Zimmer in Hannover an. Bei einer Bekannten könne ich kostenfrei die erste Zeit wohnen. Dieter hatte inzwischen ein Studium in Gießen aufgenommen, war Doktorand bei Prof. Helge Pross, einer bekannten Soziologin und gelegentlichen Kolumnistin einer Frauenzeitschrift.
Ich nahm sein Angebot an. Dieters Bekannte war eine äußerst liebenswürdige Frau, die mich die ganze Wohnung mitbenutzen ließ. In Hannover unterzog ich mich einer eingehenden medizinischen Untersuchung. Angesichts meines desolaten Gesundheitszustandes verschrieb man mir sofort eine sechswöchige Kur, die ich sogleich im Frühsommer antrat, in Langenargen am Bodensee.

Wolfgang Welsch als Student der Uni Gießen, ein Jahr nach dem Freikauf. (Foto: privat)

Ich genoß die Tage am Bodensee, unternahm Ausflüge in die nahe Schweiz und nach Österreich. Mein ausgezehrter Körper konnte Sonne auftanken. Doch immer noch machten Unruhe und Konzentrationslosigkeit ein sinnvolles Bearbeiten meiner Aufzeichnungen aus Brandenburg unmöglich. Wie sollte es weitergehen?

In Hannover bewarb ich mich beim Staatstheater Niedersachsen, dem »Theater am Aegi«. Nach einem Vorstellungsgespräch beim Intendanten, Herrn Reinhard, und einem Vorsprechen auf der Bühne des Theaters wurde ich als Schauspieler mit gleichzeitiger Verpflichtung zur Regieassistenz engagiert. Alles fügte sich überraschend reibungslos. Auch wurde mir eine erste Haftentschädigung schnell und unbürokratisch ausgezahlt, nachdem der Generalstaatsanwalt in Celle die gegen mich ergangenen Urteile für null und nichtig erklärt und mich de jure rehabilitiert hatte. Ein Flüchtlingsausweis »C« komplettierte meinen Status als ehemaliger politisch Verfolgter. Meine Arbeit am Theater machte mir Spaß. Doch immer schmerzhafter fehlte mir jemand, mit dem ich über die vergangenen Jahre reden konnte. Um die Leere zu vertreiben, nahm ich ein weiteres Engagement am »Privattheater« James von Berlepsch an. Hier traf ich Peter Millowitsch, den Sohn des bekannten Kölner Volksschauspielers. Wenig später nahm ich noch ein Engagement am »Kommödchen« in Düsseldorf an. In der Weihnachtsproduktion 1971 sollte ich eine kleine Rolle in dem Stück »Des Kaisers neue Kleider« spielen.

Es hätte alles so weiterlaufen können. Doch die Leere in meinem Kopf blieb. Ich war viel tiefer, viel schwerer verletzt, als ich es mir selbst eingestehen wollte und konnte. Die Folgen der Folter zeigten sich jetzt in einer geringeren Belastbarkeit, verbunden mit Konzentrationsstörungen, mit Dissonanzen bei der Wahrnehmung und beim Denken. Zwar hatte ich jetzt eine Freundin, ein enges, intimes Verhältnis, doch konnte ich mich ihr nicht mitteilen.

Bei der Generalprobe des Theaterstückes »Drei Jungen, ein Mädchen« im »Privattheater« kam es zu einem Eklat. Gab es früher beim Rollenstudium für mich nicht die geringsten Probleme, so hatte ich diesmal komplette Textpassagen einfach vergessen. Sosehr sich die Souffleuse auch mühte, ich fand den Faden, den Anschluß nicht mehr.

Dazu kam das Gefühl, das Falsche zu tun, den Kasper zu machen, anstatt für die Delegitimierung des Staates zu sorgen, der mich jahrelang gequält und erniedrigt hatte.

Bei einem Besuch in Gießen sprach ich mit Dieter darüber.

»Du solltest Politik studieren. Komm doch nach Gießen. Ich stelle dich der Frau Pross vor. Bei ihr bin ich Doktorand. Auch du könntest eine Doktorarbeit schreiben.«

Die Idee belebte mich, würde ich doch mit einer Materie zu tun haben, die ich kannte, die ich beschreiben und einschätzen konnte. Nach Lage der Dinge konnte meine Doktorarbeit nur das MfS zum Inhalt haben.

Die Frage, ob ich es schaffen würde, den Anforderungen und Erwartungen gerecht werden konnte, stellte ich mir nicht. Vielmehr verspürte ich einen großen, inneren Drang zu diesem Vorhaben. Bei meinen Besuchen in Gießen hatte ich aufmerksame Zuhörer und kritische Diskutanten gefunden, die mit dem, was ich sagte, etwas anfangen konnten. Ich mußte einfach mehr mit diesen mir immer noch weitgehend unbekannten Menschen kommunizieren. Ich mußte raus aus dem Panzer, mit dem ich mich gewappnet hatte.

Bei dem Entschluß, dem Theater den Rücken zu kehren, haben auch die Unterschiede zwischen dem Theater hier und dem in der DDR eine Rolle gespielt. Diese Unterschiede betrafen eher das Theaterleben als den Stil der Inszenierungen. In der DDR waren Künstler ein Teil der Gesellschaft, der sich vom Rest dadurch unterschied, individueller zu leben. Dieser ausgeprägte Individualismus paßte nicht zu den sozialistischen Plattenbauten, diesen »Fickzellen mit Fernheizung«, wie Heiner Müller sie treffend beschrieben hatte.

Theater im Osten hatte, wie jede andere Kunst, darüber hinaus noch eine andere Funktion: Es bot und verschaffte Freiräume in der Diktatur. Es gab viele Gelegenheiten, wider den Stachel zu löcken. Wenn der »Chor der Gefangenen« aus »Nabucco« in der Staatsoper Ostberlins erschallte, stand oft ein Teil des Publikums an dieser Stelle auf. Stille Demonstration ansonsten Verstummter. Im Westen hingegen glich Theater eher einem Betrieb, einem Kulturbetrieb, wobei mehr und mehr die wirtschaftlichen Aspekte die Oberhand über die künstlerischen gewannen. Die Solidarität zwischen den Schauspielern und denen, die Theater machten, war gering. Nach dem Ende einer Aufführung separierten sich alle und verzogen sich.

Wenig später fand das verabredete Gespräch mit Prof. Helge Pross in Gießen statt, an dem Dieter teilnahm. Sie bot mir an, meine Doktorarbeit zu unterstützen und zu befördern. Sie machte auf mich einen interessierten und präsenten Eindruck. Wir kamen überein, daß ich im Hauptfach Soziologie, in den Nebenfächern Politik und Philosophie studieren sollte. Das Studium sollte weder zum Staatsexamen noch zum Diplom führen, sondern mit der Promotion zum Doktor der Philosophie abgeschlossen werden.

Das Thema der Arbeit sollte lauten: »Aufgabenstellung, Arbeitsweise und Zielsetzung des Ministeriums für Staatssicherheit der DDR«. In Heuchelheim bei Gießen fand ich ein kleines, elf Quadratmeter großes Zimmer. Nachdem alle Theaterengagements in Hannover gekündigt waren, zog ich Anfang 1972 um.

Ich verfaßte eine erste, zwanzigseitige Zusammenfassung meiner fast siebenjährigen Haft. Vor dem Hintergrund der gerade deutschlandweit diskutierten Überlegungen Egon Bahrs und seiner These, im Verhältnis beider deutscher Staaten einen Wandel durch Annäherung zu erreichen, stellte sich die Frage, wer sich wandeln und wer sich wem annähern sollte. Nach meiner Einschätzung war ein Wandel der DDR ausgeschlossen. Ich ging davon aus, daß das auch Politiker wie Bahr wußten. Doch je tiefer ich in das Thema einstieg, um so mehr mußte ich feststellen, daß bundesdeutsche Politiker in der Beurteilung kommunistischer Machtpolitik total kenntnislos waren und falsche Schlüsse zogen. Die Fehleinschätzung des SED-Staates durch bundesdeutsche Politiker gab mir neuen Antrieb, dagegen anzuschreiben. Mit der SED-Diktatur, so hieß es in meiner Zusammenfassung abschließend, ist keine Koexistenz möglich. Eine abgestufte Konfrontation, die Hervorhebung aller Stärken der parlamentarischen Demokratie und im übrigen die Förderung der Selbstzerstörungskräfte dieser aggressiven Diktatur waren die einzigen Mittel, das Regime am Ende in die Knie zwingen zu können.

In zwei getrennt abgesandten Briefpaketen ging die Zusammenfassung nach Ostberlin. Eine Kopie übersandte ich der englischen Zeitung »Yorkshire Post« zur Veröffentlichung. Nur eines der Briefpäckchen erreichte den Adressaten in Ostberlin. Das andere blieb verschwunden, vom MfS abgefangen. Damit wußte der Gegner, daß ich mich zur »Front« zurückgemeldet hatte.

EISZEIT IN ATHEN

Überraschend hatte mich Dieter gefragt, ob ich mit ihm nach Griechenland fliegen wolle. Es gelte, dort ein diffiziles Problem zu lösen, bei dem ich helfen könnte: die Flucht eines Professors zu organisieren, den er aus DDR-Zeiten gut kannte und der jetzt flüchten wollte. Die ersten Vorbereitungen hatte er schon getroffen. Ich war dabei.

Meine Aufgabe bestand darin, einen Testflug auf der Strecke Athen – Sofia – Bukarest – Athen zu unternehmen, um die dabei erhaltenen Ein- und Ausreisestempel mit den von ihm nachgefertigten Klischees zu vergleichen. Es verstand sich von selbst, daß über diese Angelegenheit absolutes Stillschweigen bewahrt werden mußte.

So flogen wir nach Athen. Im Athener Vorort Glyfada, direkt am

Meer, bezogen wir in dem ruhigen Hotel »Olivia House«, nur 500 Meter vom Strand entfernt, Quartier. In den Hotelzimmern herrschte eine mörderische Temperatur. Es gab keine Klimaanlage. In der Hitze war die Stempelfarbe so dünnflüssig geworden, daß mit ihr nicht zu arbeiten war. Wir brauchten dringend Kühlung. An der Rezeption bestellten wir daher fünf Eisblöcke von je einem Meter Länge. Es dauerte eine Weile, bis unser ausgefallener Wunsch verstanden wurde. Doch kurze Zeit später schleppten zwei Männer mehrere Eisblöcke herein. Wir schichteten sie rund um das Bett zu einem Wall auf. Die Zimmertemperatur sank fühlbar auf ein erträgliches Maß ab. Endlich konnten wir darangehen, uns mit den Stempeln zu befassen. Dafür hatten wir später ein Wasserproblem.

Ein paar Tage später trat ich den Testflug auf der Reiseroute des Professors an.

Ich machte mir zu diesem Zeitpunkt noch keine Gedanken wegen meines Fluges und Aufenthaltes in Ländern des Ostblocks. Sie hatten, anders als die DDR, kein Einreiseverbot für ihr Staatsgebiet über mich verhängt.

Die Reise verlief glatt. Sie brachte als Resultat die Gewißheit, daß die Stempelformate nicht geändert worden waren.

Nach einigem Probestempeln setzte Dieter den Stempel in den Originalpaß des Flüchtlings. Er sah gut aus. Wir waren mit unserer Arbeit sehr zufrieden. Nun begann der zweite Teil der Aktion. Dazu mußte ich nach Sofia fliegen und dort den Professor treffen, ihm den präparierten Paß, die Flugtickets und das Geld aushändigen sowie letzte Instruktionen übermitteln. Er befand sich seit einigen Tagen in Sofia und wartete jeden Tag an einer vereinbarten Stelle der Stadt 30 Minuten. Den Reisepaß nähte ich im Deckel meines kleinen Handkoffers ein.

Ohne Schwierigkeiten erreichte ich Sofia. Am vereinbarten Ort wartete schon der Professor. Nachdem ich mich vergewissert hatte, daß niemand uns beobachtete, nahm ich den Kontakt auf. Der Professor machte einen gefaßten und selbstsicheren Eindruck. Das war für seine Reise wichtig und notwendig. Deshalb, und im

Wissen um unsere sorgfältige Vorbereitung, war ich vom Gelingen seiner Flucht überzeugt. Aus Sicherheitsgründen flog ich selbst erst zwei Tage später zurück. So konnte ich meinen Aufenthalt »touristisch« motivieren.

In Athen wurde ich schon ungeduldig von Dieter erwartet. Mein Bericht stimmte ihn zufrieden. In wenigen Tagen würde der Professor via Athen im Bundesgebiet eintreffen. Wir hatten unsere Arbeit getan und flogen mit »Olympic-Airways« nach Deutschland zurück.

Das geniale Prinzip dieser Flucht bestand in einem Identitätswechsel über den Wolken. Der Flüchtling wechselte im Flugzeug mit dem Paß seine Staatsbürgerschaft, nicht aber seinen Namen. Als »Müller Ost« hatte er das Flugzeug in Sofia bestiegen, als »Müller West« verließ er es nach einem anderthalbstündigen Flug in Bukarest. Indem der rumänische Grenzbeamte am Flughafen seinen Einreisestempel in den Westpaß des Flüchtlings setzte, erklärte er zugleich Paß und gefälschten Ein- und Ausreisestempel aus Bulgarien für rechtmäßig und gültig. Damit war der Paßinhaber ein Bundesbürger im Ostblock. Man konnte das auch als »First-Class-Flucht« bezeichnen. Nicht zuletzt wegen der Kosten für die umfangreiche und penible Vorbereitung unter Einbeziehung aller nur denkbaren Unwägbarkeiten. Dafür war der Sicherheitslevel nach menschlichem Ermessen sehr hoch. Niemals mißlang eine Aktion, weil sie schlecht oder ungenügend vorbereitet war.

Tatsächlich traf der Professor wenige Tage nach unserer Rückkehr in der Bundesrepublik ein. Die Flucht war geglückt.

Noch Wochen später war ich euphorisiert. Welch eine Gelegenheit, die Mauer durchlässig zu machen für viele Flüchtlinge, die sonst ohne Hoffnung sind! Und welche Gelegenheit, zugleich auch die Diktatur vorzuführen und ihr zu schaden!

Leider kamen bei waghalsigen Fluchtunternehmen immer wieder Flüchtlinge zu Tode, zumeist, wenn sie in eigener Initiative ihre Flucht planten und durchführten. Leider gab es auch gewissenlose Fluchthelfer, die weder motiviert noch fähig waren, die Risiken ihres leichtfertigen Handelns einzuschätzen. Im Prinzip gab es zwei Arten, Flüchtlinge aus der DDR zu holen: mit Gewalt oder mit List.

Im Zuchthaus Brandenburg kannte ich einen Politischen, der es mit der ersten Methode versucht hatte. Ein ehemaliger Unteroffizier der Grenztruppen. Fest entschlossen, sich den Weg in den Westen notfalls freizuschießen, verließ er seinen Posten und ging zum Grenzzaun. Von einer Doppelstreife des Nachbarabschnittes wurde er daraufhin ohne Anruf beschossen. Der Unteroffizier schoß mit seiner AK 47 sofort zurück, bis das Magazin leer war. Er berichtete später, daß danach niemand mehr den Kopf aus der Deckung nahm. Er überstieg zwei Zäune und war im Westen. Niemand wurde dabei verletzt oder getötet. Das war aber wohl eher Zufall. Geschnappt wurde er dennoch bei dem späteren Versuch, seine Verlobte über den Grenzzaun nachzuholen. Dieses Kamikaze-Unternehmen bezahlte er mit Lebenslänglich.

Die zweite Methode hatte gerade ihre Überlegenheit unter Beweis gestellt. Das war der bessere, effektivere und zweifellos intelligentere Weg, Menschen zu ihrem Grundrecht auf Freiheit zu verhelfen. Seine Problematik lag einzig im Preis, den die perfekte Organisation abforderte. Gleichwohl wollte ich diesen Weg anderen zugänglich machen, möglichst vielen anderen. Ich hatte den Krieg gegen die SED-Diktatur an einer neuen Front eröffnet. Als Fluchthelfer.

STUDENT UND FLUCHTHELFER

Im April begann ich mein Studium. Die Seminare waren überschaubar klein. Am besten gefiel mir ein Politikseminar. Der Professor war offenbar ein Anhänger der DDR, ein kritikloser Apologet auch der Sowjetunion. Die fünfte Kolonne der Kommunistischen Internationale führte ihren kalten Krieg also auch dort, wo es ihrer Meinung nach am wirkungsvollsten war: an den Universitäten und Hochschulen.

Unreflektiert und kritiklos, ohne wissenschaftliche Gegenbeweise zur Kenntnis zu nehmen, behauptete dieser Professor, daß der Sozialismus von allen Weltanschauungen und »Ismen« die menschlichste sei und darum ein zukunftweisendes Modell – auch für die Bundesrepublik. Das fand ich überhaupt nicht lustig. Der Mann hätte an der Ostberliner Humboldt-Universität lehren können, ohne dort unangenehm aufzufallen. Das war gar nicht so weit hergeholt, denn der Professor war Mitglied der DKP, der westdeutschen kommunistischen Partei. Die ja bekanntlich von den Genossen in Ostberlin alimentiert wurde.

Je länger ich seine Seminare besuchte, um so öfter stellte ich mir die Frage: Wo bin ich da nur hingeraten?

Offenbar wollten viele Studenten genau das hören, was der Professor von sich gab. Diese Studenten waren in Vereinigungen wie MSB Spartakus, DKP-Hochschulgruppe, Jusos, KPD/ML, KBW und anderen fundamentalistischen K-Gruppen organisiert. War das die Freiheit, auch die Lehr- und Meinungsfreiheit, von der ich immer geträumt hatte? Ich war entsetzt.

Die Jahre der Haft, der Isolation und des Defizits an Information hatten mich vom Geschehen allgemein und dem in der Bundesrepublik im besonderen ferngehalten. Die Gießener Universität war eine linke Universität. Woher hätte ich das wissen sollen? Ein einziger Student, ein gebürtiger Ungar, unterstützte meinen Widerspruch und mein Bemühen, den theoretischen Überbau und Gegenbeweis für die abenteuerlichen Theorien und Ansätze des Professors zu erbringen.

Für eine Seminararbeit mit dem Titel »Die Politik der Sowjetunion nach 1945« verweigerte mir der Professor gar den benötigten Schein mit der Behauptung, ich hätte unwissenschaftlich gearbeitet. Es störte ihn dabei nicht, daß mein fünfzehnseitiger Text mit zahllosen Hinweisen auf die Sekundärliteratur quellengesättigt und belegt war, die meine Darstellung sowjetischer Politik als rücksichtsloses Eroberungs- und Hegemonialstreben höchst eindrucksvoll unter Beweis stellte. Es half nichts. Als »Einzelkämpfer« hatte ich keine Chance. Ich brauchte Unterstützung, eine Gruppe, die mir Beistand und Rückhalt gewährte. Doch wo sollte ich sie an der Uni finden? Es gab einen Studentenverband, der der CDU nahestand und sich RCDS nannte, »Ring christlich demokratischer Studenten«. Name und Programm waren nicht schlecht, doch diejenigen, die diesen Anspruch vertreten sollten, waren ein eher trauriger Haufen. Saft- und kraftlos saßen sie in den Fachbereichsausschüssen und ließen sich ein ums andere Mal von den Chaoten niederbrüllen. Konnte man das ändern? Man konnte, wenn man wollte und motiviert war. Ich war es, also trat ich in den RCDS ein. Nach und nach ließ ich mich in alle akademischen Gremien und studentischen Vertretungen wählen. Dem RCDS war das gerade recht, dümpelte er doch wie ein leckgeschlagener Bananendampfer im Wellengang studentischer und akademischer Auseinandersetzungen an der Uni vor sich hin. Als gewählter Fachbereichssprecher genoß ich bald bei meinen linken Kommilitonen eine gewisse »Akzeptanz«. Die äußerte sich darin, daß sie mich wegen meiner persönlichen Vergangenheit beschimpften. Da wurde ich als »republikflüchtiges Schwein« tituliert, als »Nazi« und »Kapitalistenknecht«, als »Friedensfeind« und »Handlanger entspannungsfeindlicher Kräfte«. Das hätte von meinem MfS-Vernehmer in Berlin stammen können. Und doch waren das nur die harmloseren Etikettierungen meiner provinziell-verschatteten und links aufmunitionierten Kommilitonen. Der Vorsitzende der südhessischen Jusos, ein gewisser Fritsche, war einer der übelsten, keiner Sachargumentation zugänglichen Einpeitscher. Dieter lachte nur, wenn ich ihm von meinen Sorgen berichtete.

»Da mußt du durch. Das ganze linke Gesocks plappert nur Theorien nach, ohne je selbst den gewöhnlichen Sozialismus erlebt zu haben.«

Bereits im Mai hatte mich in Westberlin ein Freund gefragt, wie man Leute aus der DDR herausholen könnte. Er kannte eine Familie in Ostberlin, die mit dieser Bitte vor längerer Zeit an ihn herangetreten war. Bisher konnte er leider nicht helfen. Mich interessierte die Sache, und er bot mir an, mit mir nach Berlin-Zehlendorf zu fahren, wo Verwandte dieser Familie wohnten.

Sie empfingen uns freundlich und kamen gleich zur Sache. Der Mann erzählte mir von den andauernden Bemühungen seines in Ostberlin lebenden Bruders, Chirurg an der Charité, und dessen Familie, die DDR zu verlassen. Die Dienste eines bekannten Westberliners Fluchthelfers wollte er wegen dessen Unzuverlässigkeit nicht in Anspruch nehmen.

»Wie groß ist die Familie?«

»Er, seine Frau und zwei Kinder, Mädchen und Junge, vier und sechs Jahre alt.«

»Ich hätte eine Möglichkeit, Ihren Bruder in den Westen zu holen, mit Familie, ohne Risiko, noch in diesem Sommer.« Der Mann stand auf und wanderte im Zimmer umher. Seine Frau goß mir ununterbrochen Kaffee nach.

»Woher weiß ich, daß das, was Sie sagen, stimmt? Wissen Sie eigentlich, wovon Sie sprechen? Mit Kindern?« Nachdenklich ging er auf und ab.

»Ich kenne die Konsequenzen, deshalb wiederhole ich mein Angebot. Sicherheiten kann ich keine bieten. Sie müssen mir vertrauen. Ich war in diesem Jahr schon einmal an einer Fluchthilfeaktion beteiligt. Ich kann Ihnen darüber aus Sicherheitsgründen nicht mehr sagen, außer, daß ich ein persönliches Interesse daran habe, daß die Familie Ihres Bruders die DDR unbeschadet verlassen kann.«

Dann erzählte ich skizzenhaft meine Geschichte. So würde er besser meine Motive verstehen.

»Noch etwas sollten Sie wissen. Die Flucht wird nicht billig sein. Gute Planung und Vorbereitung fordern ihren Preis. Sie müssen mit etwa 20 000,– Mark rechnen. Nach erfolgreicher Beendigung

werde ich alle Ausgaben belegen. Fluchthilfe ist für mich kein Geschäft.«
Der Mann redete mit seiner Frau. Schnell einigten sie sich.
»Wir nehmen Ihr Angebot dankend an. Meine Frau und ich hoffen, daß alles gutgeht.«
Dann übergaben sie mir alle notwendigen Unterlagen, einschließlich Fotos und der genauen Beschreibung ihres Wohnortes, und wir besprachen die Modalitäten der Zahlungsweise. Der Betrag von 20 000,– Mark sollte schon nächste Woche auf mein Konto überwiesen werden.
Wir verabschiedeten uns. Mein Freund war sprachlos.
Jetzt hatte ich Leben und Zukunft einer Familie in meinen Händen.

Doch als ich auf dem Rückflug von Berlin die Einzelheiten des Fluchthilfeplanes zusammensetzte, stieß ich schnell auf ein großes Problem: die Pässe. Wo würde ich Pässe herbekommen, noch dazu mit den Namen der Beteiligten? Woher hatte Dieter den Paß? Natürlich, ich mußte ihn fragen.
In seinem Zimmer im Studentenwohnheim erklärte ich ihm die Lage.
»Es gibt da eine gewisse Möglichkeit. Die Leute, die das machen, stehen den Dingen ähnlich aufgeschlossen gegenüber wie wir. Deshalb müssen sie sicher sein, daß mit den Pässen nichts Verkehrtes angestellt wird, du verstehst. Die Pässe müssen zurückgehen, wenn der Fall abgeschlossen ist und die Leute hier sind.«
Ich war erleichtert und atmete auf. »Selbstverständlich bekommst du die Pässe zurück.«
Also kamen die Ausweise, so meine Vermutung, von staatlichen Stellen, welche heimlich die Fluchthilfe für DDR-Bürger unterstützten. Als nächstes mußte ich mit der Ostberliner Familie in Kontakt treten. Aus Sicherheitsgründen ging das weder telefonisch noch brieflich. Wegen des Einreiseverbotes kam ich selbst nicht ins Arbeiter-und-Bauern-Paradies. Nach Lage der Dinge

konnte ich also nur einen Kurier schicken, eine ebenso vertrauenswürdige wie vertrauenerweckende Person.
Besonders ein Kommilitone schien mir geeignet, diese Rolle zu übernehmen. Auf meine Frage, ob er bereit wäre, in Ostberlin jemanden aufzusuchen, kam prompt die Gegenfrage: »Warum?« Gute Frage, also erklärte ich ihm die wesentlichen Teile des Vorganges und welchen Part ich ihm dabei zugedacht hatte.
Er schien nicht überrascht zu sein, eher neugierig. Spontan erklärte er sich einverstanden. Natürlich würde ich die Kosten und Spesen dieser Reise übernehmen.
Danach rief ich den Bruder in Westberlin an, um weitere Informationen von ihm zu erhalten. Außerdem benötigte ich für die beiden Erwachsenen je zwei Paßbilder neueren Datums. Kinder werden in den Reisepaß der Mutter eingetragen und benötigen daher keine Bilder.
Als Termin für die Aktion legte ich den Juli des Jahres fest. Die Kinder hätten dann Sommerferien, der Arzt konnte unverfänglich seinen Urlaub nehmen. Für die Organisation blieben mir also knappe zwei Monate Zeit. Die müßten reichen.
Bei der Suche nach einem diskreten Hersteller von Stempelklischees stieß ich auf ein kleines Gießener Geschäft, das auf solche und ähnliche ausgefallene Arbeiten spezialisiert war. Ich verwickelte den Inhaber in ein kleines Gespräch, das von mir in Richtung Ost-West-Problematik gelenkt wurde. Ich hatte Glück. Der Mann hatte Verwandte in der DDR. Die Verhältnisse waren ihm im großen und ganzen nicht unbekannt. Und er lehnte die politischen Verhältnisse in der DDR völlig ab. Damit war das notwendige Vertrauen hergestellt. Ich legte meinen Reisepaß auf den Tisch und deutete auf die bulgarischen Ein- und Ausreisestempel. »Davon brauche ich jeweils ein Metallklischee. Die Mitte, in der sich das Datum der Ein- und Ausreise befindet, muß frei bleiben, damit später ein Datum eingefügt werden kann.« Er fragte mich, ob der Stempel in der Bundesrepublik zum Einsatz komme. Ich verneinte und fügte hinzu:
»Sie können sicher sein, daß damit nichts geschieht, was Sie je-

mals in Schwierigkeiten bringen könnte. Es handelt sich um eine Hilfsaktion für DDR-Bürger.«
Er war zufrieden, nickte und erklärte sich einverstanden, die Klischees zu fertigen.
»Hoffentlich geht das gut.«
»Worauf Sie sich verlassen können. Allerdings brauche ich eine absolut saubere Arbeit. Jeder noch so kleine Strich muß mit dem Original übereinstimmen.« Der Meister lächelte.
»Das bekomme ich hin. Bei meinen Klischees werden Sie später keinen Unterschied zum Original feststellen.« Nachdem wir einen Preis vereinbart hatten, verließ ich das Geschäft.
In einem Gießener Reisebüro besorgte ich mir alle Informationen über die Flugstrecke Sofia–Bukarest–Belgrad–Wien–Westberlin, über Frankfurt/Main, einschließlich der Sommerflugpläne von »Balkan Air«, der rumänischen »Tarom« und »Lufthansa«. In Bukarest sollten die Flüchtlinge einen kleinen Aufenthalt einlegen, einen, wie ich ihn nannte, »Unauffälligkeitspuffer« von drei bis vier Tagen, damit ihr Aufenthalt einen touristischen Anstrich bekam. Danach würde es weiter nach Wien gehen und von dort mit der nächsten Maschine über Frankfurt/Main nach Westberlin.
Die Tickets Sofia–Bukarest würde ich in Gießen kaufen. DDR-Bürger durften mit solchen im Westen gekauften Tickets fliegen. Auch der Anschlußflug Bukarest–Belgrad mußte vorab gebucht und bezahlt werden, denn Buchung und Kauf vor Ort gestalten sich wegen der mitunter chaotischen Zustände am rumänischen Hauptstadtflughafen sehr schwierig, besonders für DDR-Bürger, die im Ausland oft jegliche Selbstsicherheit vermissen ließen. So wurden sie übrigens auch von den Bulgaren behandelt, ihren ideologischen »Brüdern«. Als »die armen Deutschen«, mit ihrem mageren Kontingent nicht konvertierbarer DDR-Mark, von ihnen selbstironisch »Papp-Mark« genannt.
Außerdem saßen in den wenigen Reisebüros des Ostblocks überall die Spitzel der jeweiligen Staatssicherheitsdienste. Davon bin ich zumindest ausgegangen.

Ein weiterer Punkt, der Aufmerksamkeit verdiente, war die Kleidung. Jeder Hinweis auf DDR-Produkte, Markenzeichen, Aufhänger et cetera mußte eliminiert werden. Das Gepäck sollte sich überdies auf das Handgepäck beschränken, denn die Familie flog offiziell von Sofia lediglich zu einer kurzen Städtebesichtigungstour nach Bukarest.

Ihre Reise nach Bulgarien mußten sie selbst organisieren. Nessebar, der bulgarische Sonnenstrand am Schwarzen Meer, war in der DDR äußerst beliebt. Dorthin könnten sie fahren.

Ich traf mich erneut mit meinem Kurier. Mein Plan hatte inzwischen Konturen angenommen. Doch der Kurier würde lediglich die Einzelheiten des Planes erfahren, die er in Ostberlin an die Fluchtfamilie weitergeben sollte. Die Gesamtplanung würde ihm dagegen verborgen bleiben. Ich gab ihm eine kleine Liste mit Fragen und Verhaltensregeln für die Flüchtlinge mit.

Drei Tage später war er wieder zurück. Er hatte eine Menge Informationen mitgebracht. Die Wichtigste war: Die Vorbereitungen liefen bestens. Die Flüchtlinge in spe hatten Vertrauen und waren trotz völliger Unkenntnis der Details vom Erfolg der Aktion überzeugt. Der Kurier hatte gute Arbeit geleistet. Ich lud ihn in eines der besten Restaurants Gießens ein, wo wir ein nettes Arbeitsessen zelebrierten.

Bald darauf hatte Dieter die Pässe fertig. Saubere Arbeit.

Wenig später holte ich die Klischees ab. Im stilisierten Stempelflugzeug, Kennzeichen der Grenzkontrolle Flughafen Sofia, waren sogar die winzigen Fenster zu erkennen. Eine perfekte Kopie. Der Meister hatte nicht übertrieben und war sein Geld wert.

Die Flüge waren vorgemerkt, Stempelfarbe war ebenfalls da. Was immer noch fehlte, waren die genauen Reisezeiten. Gab es da Probleme? Hatte der Arzt eine »weiße« Kaderakte, das heißt, war er bei der Stasi ein unbeschriebenes Blatt, oder würden sie ihm die Reise verweigern? Für diesen Fall, so hatte der Arzt dem Kurier mitgeteilt, würde er erstmalig seine Reputation und sein Ansehen in die Waagschale werfen. Mit anderen Worten, er würde um die Genehmigung kämpfen. Das klang sehr gut. Er schien wirklich

bereit zu sein. Die Tage vergingen quälend langsam. Ich war nervös, ließ meine Arbeiten an der Uni schleifen.
Der Anruf kam spätabends. Die Reise war genehmigt, der Flug bereits gebucht. Beim staatlichen Reisebüro der DDR. Von Berlin-Schönefeld ging es direkt nach Sofia. Der Countdown lief.

Anfang Juli brach ich zur Testreise auf. Diesmal flog ich über Rom und von dort weiter nach Sofia. Flüge direkt von Deutschland aus erschienen mir wegen der politischen Lage nicht angebracht. In Sofia sah ich mich nach einer Örtlichkeit um, die geeignet schien, unauffällig die Übergabe der Pässe und Tickets zu bewerkstelligen. Eines der bekanntesten Bauwerke Sofias ist die Alexander-Newski-Kathedrale. Sie war immer geöffnet. Der Ort war geschützt, Eintritt und Aufenthalt unverdächtig. Zu jeder Tageszeit befanden sich Gläubige im Kirchenschiff. Ein Kontakt war hier deshalb problemlos.
Ohne Komplikationen reiste ich weiter nach Bukarest. Für den dortigen Aufenthalt der Flüchtlinge benötigte ich ein Hotel, das sowohl den Ansprüchen westdeutscher Bürger, als auch der Sicherheit und Tarnung von Flüchtlingen genügte. Das »Atheneum Palace« war die erste Adresse in der Stadt. Während dieses Haus äußerlich noch den Glanz der königlich-rumänischen Epoche abstrahlte, waren die Zimmer weitgehend verkommen und auf dem Ausstattungsniveau deutscher Vorstadt-Pensionen. Hier sollten die Flüchtlinge den Aufenthalt in Bukarest verbringen.
Nachdem auch dieser Punkt der Vorbereitungen befriedigend abgeschlossen war, flog ich zurück. In Gießen präparierte ich die Datumsstempel und sorgte dafür, daß Stempelfarben, Lage der Stempel und Abdruck ein insgesamt stimmiges Gesamtbild ergaben.
Alles war perfekt. Ich konnte keine Fehler, keine Unregelmäßigkeiten entdecken und war mit mir selbst sehr zufrieden. Die Aktion konnte beginnen.
In der vorletzten Juliwoche flog ich über Rom nach Sofia, miete-

te mich im Hotel »Europa« ein. Die Familie hielt sich laut Plan seit zwei Tagen in der Stadt auf und saß sicher wie auf glühenden Kohlen. Mit einem Taxi ließ ich mich zu ihrem Hotel fahren.
Sie waren da. Über die Treppe ging ich nach oben und klopfte an. Vorsichtig wurde die Tür einen Spalt geöffnet. Ich nannte das Codewort:
»Entschuldigung, waren Sie schon am ›Goldstrand‹?« Die Frau riß die Tür auf und zog mich herein, umarmte mich spontan.
»Wir haben schon sehr auf Sie gewartet«, begrüßte mich der Mann. Die Kinder saßen in einer Ecke, kamen zögernd näher und begrüßten mich auch. Ich legte den Finger zum Zeichen des Schweigens auf den Mund.
»Ich würde gerne mit Ihnen spazierengehen.«
Wenige Minuten später standen wir auf der Straße, durchquerten einen kleinen Park.
»Normalerweise hätte ich Sie nicht im Hotel besuchen dürfen, denn Sie könnten unter Beobachtung stehen. Man kann überhaupt nicht so abartig denken, wie das der Staatssicherheitsdienst tut. Deshalb habe ich nichts bei mir. Wir treffen uns heute abend, um sechs Uhr, in der Alexander-Newski-Kathedrale. Achten Sie bitte darauf, daß Ihnen niemand folgt. Sollten Sie später kommen, setzen Sie sich in die Reihe vor mir. Sollte ich später kommen, setze ich mich hinter Sie. Ich werde Ihnen bei der Gelegenheit sagen, wo Sie die Pässe, Flugtickets und zusätzlich 3000 Deutsche Mark, Westmark, finden werden. Außerdem einige schriftliche Anweisungen hinsichtlich Ihres weiteren Vorgehens und der Reiserouten, an deren Ende Sie am kommenden Dienstag in Westberlin ankommen werden. Dort sehen wir uns wieder. Vergessen Sie nicht, jeder Ihrer Schritte ist nicht nur von mir vorausgeplant und für sicher befunden worden. Auch die andere Seite schläft nicht. Alles, was Sie tun, muß konzentriert, überlegt und im Bewußtsein des Gelingens geschehen.
Beachten Sie bitte, daß Sie, sobald Sie Sofia verlassen, Westdeutsche sind und sich entsprechend verhalten. Die DDR-Reisedokumente vernichten Sie auf der Bordtoilette. Kleinschneiden mit der

Nagelschere. Haben Sie ein Versteck für die Pässe und weiteren Flugtickets?«
»Haben wir. Meine Frau näht sie in ihre große Handtasche ein. Nähzeug hat sie mitgebracht.«
»Das ist gut. Ich wünsche Ihnen eine gute Reise, guten Flug und ein Wiedersehen in Westberlin.« Wir umarmten uns. Ich schenkte dem Mädchen eine kleine Puppe, dem Jungen ein Schuco-Auto. Beides hatte ich kurz vor meinem Abflug auf dem Flughafen Frankfurt gekauft.

Kurz vor sechs betrat ich die Newski-Kathedrale. Draußen gleißte die Sonne, doch hier drin war es kühl und dämmerig. Der Arzt und seine Frau saßen in einer der mittleren Reihen. Ich versteckte das flache Paket mit den Unterlagen in einem kleinen Hohlraum in der letzten Bankreihe. Danach nahm ich hinter ihnen Platz. Leicht nach vorn gebeugt, beschrieb ich ihnen die genaue Lage des Paketes.
»Ich werde draußen warten. Sollten Sie es nicht finden, sprechen Sie mich an. Ist alles in Ordnung, gehen Sie einfach weiter. Viel Glück.«

Auf einer der morschen Parkbänke vor der Kirche hatte ich Position bezogen. Nach etwa zehn Minuten kamen sie heraus. Sie sahen mich, beachteten mich aber nicht. Langsam entschwanden sie über den Vorplatz zur Straßenkreuzung. Sie hatten sich professionell verhalten. Das war gut. Den weiteren Weg würden sie allein gehen.

Ohne sie noch einmal zu sehen, flog ich am übernächsten Tag nach Rom zurück und von dort nach Frankfurt. Jetzt hieß es einfach abwarten. Meine Arbeit war erledigt. Mehr konnte ich nicht tun. Den Bruder in Westberlin rief ich nicht an. Die Sache mußte geräuschlos ihren Lauf nehmen.
In der nächsten Woche flog ich mit der Frühmaschine nach Westberlin, bummelte, um mich abzulenken, über den Ku'damm, be-

trachtete die Schaufenster dieses eleganten Boulevards und aß in einem Steakhaus zu Mittag. Dann nahm ich den Bus zum Flughafen Tempelhof, den zu dieser Zeit die meisten Fluggesellschaften anflogen. Auch hier hatte ich noch eine Menge Zeit. Gegen vier Uhr schlenderte ich zum Ausgang und postierte mich strategisch so, daß ich jeden Ankommenden sehen konnte. Die Pan-Am-Maschine aus Frankfurt landete planmäßig.

Zuerst sah ich die Kinder. Dann den Arzt mit seiner Frau. Fast körperlich fühlte ich, wie eine Last von mir abfiel. Die Kinder entdeckten mich zuerst. Noch schüchtern und von der langen Reise erschöpft, rannten sie dennoch leichtfüßig auf mich zu, nachdem die Kontrollen passiert waren. Auch die Eltern sahen erschöpft aus, winkten aber und lachten, als ich schon vor ihnen stand.

»Herzlich willkommen im freien Teil Berlins ...« Doch da war mir die Frau schon um den Hals gefallen, und ich konnte nicht weitersprechen. Sie ließ ihren kleinen Handkoffer einfach zu Boden fallen, schluchzte und umklammerte mich. Durch ihren Körper lief ein heftiges Zucken. Die Flucht hatte ihr das Äußerste an Verstellungskunst abverlangt. Jetzt, wo die Spannung nachließ, brach sie fast zusammen.

»Danke ... danke«, stieß sie immer wieder hervor, bis sie sich endlich wieder löste. Ihr Mann umarmte mich gleichfalls. »Wir danken Ihnen so sehr!«

Natürlich hatte ich für jedes der Kinder eine Tafel Schokolade und einige andere Süßigkeiten gekauft, die von ihnen erst interessiert betrachtet und kurz darauf verzehrt wurden.

»Ist alles nach Plan verlaufen?« wollte ich wissen.

»Besser hätte es nicht laufen können.« Der Arzt lachte. Ich hatte ihn zuvor nie lachen sehen. Er wirkte ungeheuer entspannt.

»Kommen Sie, wir gehen erst mal in ein Restaurant, essen eine Kleinigkeit und stoßen auf Ihre Freiheit an. Außerdem müssen Sie mir alles erzählen, ich bin sehr gespannt.«

Ich genoß den stillen Triumph meiner Rache an der Stasi, an der Diktatur. In einer einzigen Aktion war es mir gelungen, die für unüberwindbar gehaltene, schwerbewachte Staatsgrenze zu überwinden und einem beruflich hochqualifizierten Ehepaar die Flucht in die Freiheit zu ermöglichen. Mit Kindern. Meine Freude ging tief.

»Die schlimmsten Minuten unseres Lebens«, erzählte der Arzt im Restaurant, »hatten wir, als wir in Bukarest vor der Einreisekontrolle standen. Diese Tortur dauerte glücklicherweise nur kurz, denn als der rumänische Grenzer endlich unsere Pässe in der Hand hielt, drückte er, nach kurzer Gesichtskontrolle, die Einreisestempel rein.«

»Dem ist also überhaupt nichts aufgefallen?«

»Nichts, absolut nichts.«

»Wie ging es dann weiter? Sind Sie nach Plan verfahren?«

»Genau, wie Sie es uns beschrieben hatten. Das Zimmer Im ›Atheneum Palace‹-Hotel war auf unseren Namen reserviert. Wir haben uns dann Bukarest etwas angeschaut. Unser Flug nach Belgrad verlief ebenfalls ohne Probleme. Alles ging völlig problemlos bis hierher.«

»So sollte es sein, wenn vorher alles bedacht wurde. Wie war die Ausreisekontrolle am Flughafen Sofia?«

»Ich hatte die Pässe im Boden meiner Handtasche eingenäht«, schaltete sich seine Frau ein. »Die Grenzkontrolleure schauten zwar rein, einige Sachen mußte ich sogar herausnehmen, doch dann konnten wir passieren.«

»Die DDR-Ausweise mit der Nagelschere zu zerschneiden war nicht so einfach, die Außenhülle war doch sehr hart.« Der Arzt lachte. »Am Ende lag ein Haufen Plastikschnipsel in der Toilette. Ich habe die DDR in den Abwassertank gespült, wo sie hingehört.«

»Ich bin sehr froh über das, was Sie mir berichten, denn Sie wissen, trotz aller Mühe und Bemühungen, es bleibt immer ein gewisses Restrisiko.«

»Ich glaube« – der Arzt nahm die Hand seiner Frau –, »das Restrisiko konnten wir gut tragen und ertragen.«

»Sie entschuldigen mich jetzt einen Moment, Sie können etwas bestellen, ich muß kurz mal telefonieren, mit Ihrem Bruder. Der

weiß nämlich noch nicht, daß Ihre Flucht gelungen ist und Sie bereits in Westberlin sind.«
Aus einer Telefonzelle in der Abflughalle rief ich beim Bruder in Zehlendorf an. Er war selbst am Apparat. Er war fassungslos vor Freude, als ich ihm sagte, daß sein Bruder samt Familie in Westberlin sei.
»Hören Sie«, erklärte ich ihm, »in etwa einer Stunde kommen wir alle mit dem Taxi nach Zehlendorf, okay?«
»Also, ich kann es noch nicht glauben. Wir freuen uns sehr. Es wird für uns sicher eine lange Stunde.« Wir beendeten das Gespräch, und ich kehrte zu meinen Schutzbefohlenen zurück. Wenig später brachte uns ein Taxi zum Haus des Bruders. Während der sehr emotionalen Begrüßung hielt ich mich im Hintergrund. Ich erinnerte mich an meinen eigenen Grenzübertritt und die Freude, die er ausgelöst hatte. Mein Auftrag war erfüllt.
Am späten Abend übergab ich meinem Gastgeber knapp 2000 Mark, die von der Anzahlung übriggeblieben waren, zusammen mit einer genauen Aufstellung der Kosten. Spontan nahm er die Scheine und drückte sie mir in die Hand.
»Eine kleine Anerkennung für eine großartige Arbeit. Darüber hinaus möchte ich sagen, daß Ihnen unser Haus jederzeit offensteht. Noch einmal meinen herzlichsten Dank.«
Nach etlichen ›Jack Daniel's‹ verabschiedete ich mich von allen. Sie wollten mich kaum gehen lassen. Nach einer Nacht im Hotel flog ich am nächsten Morgen nach Frankfurt zurück.

»OTTO-INSTITUT« GIESSEN

Meine erste Fluchthilfe, die ich allein und eigenverantwortlich von Anfang bis zum Ende durchgeführt hatte, sollte nicht die letzte bleiben. Der damit verbundenen Gefahren für mich war ich mir natürlich bewußt. Keineswegs hatte ich die Drohungen der

Stasi vergessen. In Zukunft würde ich anonym arbeiten. Die geflüchtete Berliner Familie hatte ich natürlich zu strengstem Stillschweigen verpflichtet.

Ihre Flucht hatte mich viel Zeit gekostet. Zum Glück während der langen Semesterferien, so daß ich nicht viel versäumt hatte. Anfang Oktober bekam ich dann den Auftrag, eine dreiköpfige Familie aus der DDR herauszuholen. Wie der Zufall es wollte, eine Arztfamilie aus Gera.

Schon vier Wochen später trafen die Flüchtlinge in Frankfurt ein. Auch bei dieser Aktion hatte ich die Testflüge selbst unternommen, was mir inzwischen einige Bauchschmerzen bereitete, denn ich fragte mich, ob meine vielen Flüge nach Bulgarien und Rumänien nicht irgendwann Mißtrauen erregen und somit zum Sicherheitsrisiko werden würden. In Gießen hatte ich mir inzwischen einen überschaubaren Personenkreis von guten Bekannten, Kommilitonen und Freunden aufgebaut. Enge Kontakte pflegte ich überdies zu einer Organisation, die sich für die ehemaligen politischen Häftlinge einsetzte. Sie war bundesweit organisiert und erhielt vom innerdeutschen Ministerium Fördergelder.

Aus diesem Umfeld konnte ich meine zukünftigen Helfer und Kuriere rekrutieren. Schon die »Oktober-Aktion« war anonym unter der Bezeichnung »Otto-Institut« abgewickelt worden. Mein eigener Name trat bei Auftraggebern und anderen Kontakten nicht mehr in Erscheinung.

Unbedingt mußte ich offiziell Zugang zum Notaufnahmelager der Stadt Gießen erhalten, wo ich interessante Möglichkeiten der Kontaktaufnahme sah.

Überraschend schnell gelangte ich an dieses Ziel, als man mich in einer außerordentlichen Wahlversammlung als offiziellen Beauftragten für das Notaufnahmelager Gießen vorschlug und ohne Gegenstimme wählte . Jetzt hatte ich unbeschränkten Zutritt zum Lager und konnte mit ehemaligen politischen Häftlingen oder Flüchtlingen unmittelbar nach ihrem Eintreffen in der Bundesrepublik sprechen. Daß ich die Bedeutung des Notaufnahmelagers in dieser Hinsicht nicht überschätzt hatte, zeigte sich daran, daß Jahre später der Leiter des Lagers als MfS-Agent entlarvt wurde.

In dieser Zeit lernte ich im Gießener »Scotch Club« Hilde kennen, eine Krankenschwester aus Weilmünster, einer Kleinstadt zwischen Limburg und Gießen. Sie war schüchtern und nett und vernachlässigte abrupt ihre Freundin, nachdem sie mit mir ins Gespräch gekommen war.
So kam, was nicht hätte kommen sollen: Wir begannen ein Verhältnis. Zunächst erwarteten mich einige Überraschungen. Ihre Wohnung in Weilmünster machte den Eindruck eines verwahrlosten Tierheims. Sie war von etlichen Hunden und Katzen bewohnt und stank bestialisch. Als wäre das nicht genug, lebte Hilde auch noch in einem lesbischen Verhältnis. Nicht gerade günstige Voraussetzungen für eine Beziehung. Aber da sie sich nun ganz plötzlich und drängend für mich entschieden hatte, handelte sie schnell und flexibel. Die Tiere wurden abgeschafft, das Verhältnis zu Paula beendet.
Natürlich kannte ich andere Mädchen. Bei allem, was ich versäumt hatte, hielt ich diese Affären für legitim. Jahrelang von Haß und Gewalt umgeben, war ich nun beinahe süchtig nach Liebe. Selbst Liebe zu schenken fiel mir indes schwer. Hilde unterschied sich von den anderen zumindest dadurch, daß sie in Nibelungentreue fest zu mir hielt. Oder, anders gesagt, daß sie sich an mich klammerte. Als ich mir dessen bewußt wurde, vor allem der Konsequenzen für mich, war es bereits zu spät.

Mittlerweile war ich auch in den Konvent der Universität gewählt worden. In dieser Eigenschaft beteiligte ich mich Ende des Jahres an einer informellen Reise zu den Universitäten Helsinki, St. Petersburg, dem damaligen Leningrad, Moskau und Warschau. Es war schon grotesk. Da saß ich in Leningrad mit den Vertretern der Universität zusammen, sogenannten Komsomolzen, Parteijugend der KPdSU, und hörte mir ihre Lobeshymnen über Brandts Politik der Öffnung nach Osten an. Und daß es doch besser wäre, mit den »sozialistischen Staaten« zu kooperieren, gemeinsame Politik für den Frieden, Abrüstung und so weiter. Ich machte mir nicht die Mühe, darauf einzugehen. Es schien mir völlig zwecklos, meinen Standpunkt hier ernsthaft darzulegen und zu diskutieren.

In Moskau wurden wir in der Lomonossow-Universität von Teilen des Lehrkörpers und Studenten empfangen. Nach den Ansprachen und gegenseitigen Beteuerungen der Achtung und des Respekts wurde zu einem überaus reichhaltigen Büffet geladen. Ideologische Gegensätze hatten angesichts der vollen Tische keine Chance. Hier trafen sich einfach die Menschen. So wurde es ein ganz und gar interessantes, harmonisches Treffen.

In Moskau lernte ich auch Natalie kennen. Zum ersten Mal bereute ich, in der Schule nicht besser Russisch gelernt zu haben. Immerhin reichte es, ihr zu fortgeschrittener Stunde auf russisch »Ya ljublju tebja« hinzuhauchen, worauf ihr die Worte auszugehen drohten. Doch so schön meine Moskauer Tage dann wurden, am Ende blieb etwas Wehmut.

Als die deutsche Botschaft für uns einen Empfang gab, erkundigte ich mich angelegentlich nach den Möglichkeiten der Ausreise für Sowjetbürger. Wie befürchtet erklärte mir dazu der Botschafter bei Tisch, daß die Hürden so hoch lägen, daß praktisch niemand darüber springen könne.

Ein Toast auf Willy Brandt brachte mich zeitweilig auf andere Gedanken.

Ich hatte nichts gegen Willy Brandt. Außer, daß er mir, wie viele andere bundesdeutsche Politiker, im Hinblick auf die DDR sehr blauäugig erschien und die von ihm geführte Bundesregierung nach meiner Ansicht eine Appeasementpolitik betrieb.

Im Sommer des vergangenen Jahres hatte ich ihm anläßlich einer Rede in Hannover meinen Dank dafür ausgesprochen, daß er sich für meine Freilassung eingesetzt hatte, und ihn an die vielen anderen politischen Gefangenen, die noch einsaßen, erinnert. Das war mir ein persönliches Anliegen gewesen. Mit seiner Politik konnte ich mich dennoch nicht identifizieren.

In Moskau besichtigten wir natürlich auch den konservierten Kadaver jenes Mannes, der wie kein zweiter in diesem Jahrhundert Tod und Elend über dieses und andere Länder gebracht hat: Lenin. An der langen Schlange der diszipliniert Wartenden vorbei wurden wir, der Klassenfeind, direkt in die Katakomben des Lenin-Mausoleums geführt, des Objekts der Anbetung, Glaubensersatzes für Millionen Atheisten. Man hatte der Leiche die Finger gebrochen, um sie zünftig zur Faust ballen zu können. Ein makabres, schier unwirkliches Bild. Im gekühlten Halbdunkel defilierte ich schweigend am Götzen des Kommunismus vorbei.
Der Abflug aus Moskau fiel mir ganz unerwartet schwer. Doch Lenin war daran nicht schuld.

In Warschau hatten wir eine interessante Begegnung mit dem stellvertretenden polnischen Außenminister. Nach dem offiziellen Empfang lud er Wolfgang, einen Jurastudenten, und mich privat in seine Wohnung ein. Es war der Silvesterabend 1972. Schon beim ersten Glas Wodka erklärte er, daß er vor allem Katholik sei. »Der russische Wodka taugt ebenso wenig wie die russische Politik«, erklärte er nach dem zweiten Toast mit polnischem Wodka, dem viele weitere folgten. Gegen Morgen war er vollständig abgefüllt, was ihn jedoch nicht daran hinderte, mir eine wertvolle Skulptur zu schenken, die aus Holz geschnitzte Pietà eines »bedeutenden polnischen Künstlers«, wie er betonte. Die Holzplastik habe ich immer in Ehren gehalten.

Zu Hause waren zwei Anfragen in Sachen Fluchthilfe aufgelaufen. Die Absender hatten sich beide auf Empfehlung der Berliner Familie, in deren Auftrag ich die Arztfamilie aus Ostberlin herausgeholt hatte, an mich gewandt. Wieder ging es um zwei Arztehepaare, diesmal aus Jena und Dresden. Eine Familie war kinderlos, die andere hatte eine zehnjährige Tochter.
Nachdem ich mich mit den Auftraggebern getroffen hatte, die Konditionen geklärt und die zweimal 2000 Mark eingetroffen waren, nahm ich Kontakt mit Klaus auf, meinem letzten Kurier.

Er erklärte sich bereit, diesmal sowohl die Flüchtlinge in Ostberlin zu treffen und zu instruieren als auch die Test- und Kurierflüge nach Sofia zu unternehmen. Die Vorbereitungen für die Flucht begannen wieder einmal mitten im Semester.
Für die kinderlose Familie wurde die dritte Februarwoche terminiert, für die Familie mit der zehnjährigen Tochter wegen der Ferien Ostern. Nachdem die Ein- und Ausreisedaten mit den Flügen und Visa der Flüchtlinge abgestimmt, die Stempel in den Reisepässen plaziert und vom Kurier in Sofia übergeben waren, begann das Warten. Anfang März traf die erste Familie in Frankfurt ein. Wenige Tage nach Ostern dann die Familie mit der zehnjährigen Tochter. Alle waren hoch zufrieden. Meine penible Vorausplanung hatte den Erfolg gesichert.

So hatte ich beispielsweise zusätzliche Ausweichflüge von Bukarest nach Belgrad gebucht, weil mir die Berliner Flüchtlinge seinerzeit berichtet hatten, daß sie wegen Überbuchung beinahe ihren Flug verpaßt hätten. Um diese Schwachstelle nicht zu einer ernsten Gefahr im Ablauf werden zu lassen, mußte ich einen zweiten Flug buchen. Das sollte sich bei der Osteraktion als weise Entscheidung herausstellen. Als die Familie einchecken wollte, waren ihre Plätze bereits weg und der Flieger voll. Die Anfragen häuften sich. Das »Otto-Institut« war zu einem Geheimtip in Sachen Fluchthilfe geworden. Und fast immer gab es Querverbindungen zu den bereits geholten Flüchtlingen bzw. ihren Auftraggebern.

DAS MEMORANDUM

Zum Abschluß des Wintersemesters hatte ich doch noch alle erforderlichen Scheine zusammengebracht. Ich war jetzt ein Jahr an der Justus-Liebig-Universität. Das Studium nahm mich sehr in

Anspruch, machte mir aber auch zunehmend Vergnügen. In der Universitätsbibliothek las ich alle erreichbaren Bücher über deutsche Geschichte und viele Arbeiten über deutsche Geheimdienste. Das war für meine Dissertation unverzichtbar. Doch das Material über den Bundesnachrichtendienst war ähnlich dünn wie das über das Ministerium für Staatssicherheit. Trotz eines Empfehlungsschreibens meiner Professorin stießen meine Anfragen bei westlichen Nachrichtendiensten auf eine Mauer des Schweigens.

Keineswegs vernachlässigte ich über dem Studium meine Absicht, die fortdauernden Verbrechen des SED-Staates öffentlich anzuprangern. Gelegenheit dazu bot sich, als ich den Moderator der im Westen heftig kritisierten und im Osten überaus populären TV-Sendung »ZDF-Magazin«, Gerhard Löwenthal, kennenlernte.

Der Co-Moderator der Sendung, Fritz Schenk, führte mit mir in der Sendung am 9. Mai ein Gespräch über die Haftbedingungen in den Gefängnissen der DDR. Erstmals konnte ein direkt Betroffener die Verbrechen des Regimes via Fernsehen benennen.

Der ZDF-Sendung folgte eine Rundfunksendung des Kölner Senders »Deutschlandfunk«. In einem Feature, zu dem mich Karl-Wilhelm Fricke eingeladen hatte, einer der besten Kenner des MfS und Buchautor, konnte ich erneut darlegen, daß es notwendig und möglich war, der SED-Diktatur Widerstand entgegenzusetzen.

Die Schweizer Zeitung »Der Bund« unterstützte in einem ganzseitigen Artikel mein Anliegen, auf die Verbrechen des SED-Staates hinzuweisen. Im gleichen Sinne schrieben die englische »Evening Post« und sogar der indische »Standard«. Andere Medien folgten. Als jedoch die »Passauer Neue Presse« vermeldete, daß ein Student an der Universität Gießen mit einer Arbeit über das Ministerium für Staatssicherheit der DDR promovieren wolle, konnte mir das nicht gefallen.

Damit war die Einleitung von Konteraktionen gegen mich nur eine Frage der Zeit. Gleichwohl fühlte ich mich sicher, Hunderte Kilometer von der Grenze zur DDR entfernt.

Im Frühsommer verdichteten sich die Nachrichten, daß die DDR um Aufnahme in die Vereinten Nationen nachsuchen würde. Als Termin für die Abstimmung über die Mitgliedsanträge beider deutscher Staaten wurde die Sitzung der UNO-Vollversammlung am 18. September des gleichen Jahres genannt. In der politischen Landschaft der Bundesrepublik war weit und breit kein Aufschrei der Empörung zu vernehmen. Im Gegenteil. Meinungsbildende Blätter wie »Die Zeit« und andere kommentierten, daß die DDR Anspruch auf Mitgliedschaft habe und die Bundesrepublik diesen Staat endlich anerkennen sollte. Das war natürlich ein Angriff auf den Alleinvertretungsanspruch Deutschlands durch die Bundesrepublik und bedeutete außerdem die Aufgabe rechtlicher Positionen des Grundgesetzes.

Was konnte ich tun, um dem dreisten Begehren der SED-Diktatur entgegenzutreten? Man mußte einen Protest dorthin tragen, wohin sich der Wunsch der DDR nach völkerrechtlicher Anerkennung richtete, zur UNO nach New York. Den Vereinten Nationen mußte die Wahrheit über das verbrecherische Regime in Ostberlin offenbart werden, abseits diplomatischer Rücksichtnahmen und gewundener Appeasement-Begriffe.

So begann ich mit der Arbeit an einem »Memorandum«, in dem die Menschenrechtsverletzungen und Verbrechen der SED-Diktatur benannt wurden und das vor einer Mitgliedschaft der DDR in den Vereinten Nationen warnte. Noch war ich mir nicht darüber im klaren, wie dieses Memorandum seinen Adressaten erreichen, ob sein Inhalt ernst genommen würde und wie es möglichst vielen, am besten allen Mitgliedsstaaten zur Kenntnis gebracht werden könnte. Schließlich waren die Vereinten Nationen eine Organisation von Staaten. Ich dagegen eine Privatperson.

Anfang August war ich mit der Arbeit fertig. Auf insgesamt acht Seiten hatte ich die Gründe zusammengetragen, die zwingend gegen eine Aufnahme der DDR in die Völkergemeinschaft der Vereinten Nationen sprachen.

Nachdem ich die institutionalisierten Verbrechen des DDR-Regimes aufgezählt hatte, verwies ich auf die unzähligen Gefängnis-

se, Lager und Psychiatrien, in denen sich zur Stunde politische Gefangene befanden. Darüber hinaus hatte die DDR die Vereinten Nationen als »verbrecherische Organisation« bezeichnet, in der sie jetzt Mitglied werden wollte.
So hatte es nämlich wörtlich in einer Anklageschrift gegen mich gestanden: *»... indem sich Welsch in einem hetzerischen und die DDR verleumdenden Schreiben an die UNO wandte, nahm er Verbindung mit einer verbrecherischen Organisation auf, strafbar nach ...«*

Zur Abstimmung über den Antrag der Bundesregierung sollte eine aus allen im Bundestag vertretenen Parteien paritätisch zusammengesetzte Delegation zum Sitz der UNO nach New York reisen. Hier sah ich eine Möglichkeit, mein Memorandum an den Ort seiner Bestimmung zu bringen.
Also klapperte ich Anfang August die Parteizentralen in Bonn ab. In der SPD-»Baracke«, wie das Ollenhauer-Haus genannt wird, zeigte man mir die kalte Schulter. Die FDP mochte sich damit überhaupt nicht befassen. Die CDU zeigte sich zwar interessiert, wollte sich aber nicht aus dem Fenster lehnen. Daher war meine Überraschung groß, als ich von einem CSU-Mitglied in das Sekretariat des CSU-Abgeordneten Franz-Josef Strauß geführt wurde. Dort empfing mich dessen Büroleiter Voß.
Ich trug ihm mein Anliegen vor und überreichte ihm das Memorandum. Er zeigte sich sehr interessiert und stellte mir einen Termin beim Abgeordneten Strauß, Franz-Josef Strauß, in Aussicht.
Herr Voß hielt sein Wort. Einige Tage später wurde ich von Franz-Josef Strauß herzlich begrüßt. Nach einem ungewöhnlich langen Vorgespräch, in dem er mich über meine Haft in der DDR, deren Gründe und insbesondere über meine Behandlung dort, sowie über meine gegenwärtige Tätigkeit und politische Orientierung befragte, nahm er endlich mein Memorandum entgegen. Schnell und konzentriert las er es bis zum Ende. Seine kurze Analyse ließ erkennen, daß er alles präzise aufgenommen hatte. Er pflichtete meiner Beschreibung der DDR ohne Abstri-

che bei, las einzelne Abschnitte erneut vor und meinte, daß sie auch seiner Überzeugung entsprächen.

Er dankte mir für mein »patriotisches Engagement«, wie er es ausdrückte, und versprach, sich dafür einzusetzen, daß das Memorandum von einem CSU-Mitglied der Delegation nach New York gebracht und dem Generalsekretariat der UNO übergeben würde.

»Was dann damit wird, liegt nicht in unserem Wollen und Handeln. Doch können Sie sicher sein, daß man sich damit sehr aufmerksam befassen wird. Das Problem ist natürlich grundsätzlich bekannt. Bedeutsam an Ihrem Papier ist, daß hier eine betroffene und kenntnisreiche Stimme den Finger auf diese deutsche Wunde legt. Wissen Sie, daß Sie damit Deutschland einen großen Dienst erweisen?«

Ich wußte es nicht. Ich wollte nur den endlosen Strom aus Lügen, Heuchelei, Betrug und Gewalt einmal sichtbar machen, der dick und dreist aus Ostberlin herüberquoll, demnächst sogar bis New York.

Er wünschte mir auf meinem weiteren Weg viel Erfolg und fügte abschließend hinzu: »Ich hörte, Sie studieren in Gießen. Das ist doch in Hessen. Warum ziehen Sie nicht nach Bayern? Wir, die CSU, können solche jungen, engagierten Menschen wie Sie gebrauchen. Ihnen stehen bei uns alle Türen offen, wenn Sie wissen, was ich damit sagen möchte.«

Ich verstand sehr wohl. Doch zunächst schwebte ich im Hochgefühl meines Erfolges.

OSTBERLIN – VIA LEIPZIGER MESSE

Nachdem mein Memorandum auf den Weg gebracht worden war, stellte ich mich einer neuen Herausforderung. In Ostberlin mußten noch immer Teile des damals abgedrehten Filmmaterials meines Dokumentarfilms lagern. Ich wollte es von dort herausholen.

Außerdem konnte ich bei der Gelegenheit persönlich Kontakt mit einem potentiellen Flüchtling in Berlin-Heinersdorf aufnehmen. Doch wie kam ich nach Ostberlin, wo ich unerwünscht war und Einreiseverbot hatte? Der Zufall kam mir in Gestalt von Gerhard Retelmans zu Hilfe, einem ehemaligen politischen Häftling, der wie ich eine Rechnung mit der DDR offen hatte und vor dem gleichen Problem stand: Einreisesperre. Retelsmans war ein Mann mit einem gewaltigem Gedächtnis. Er hatte den gesamten Sommer- und Winterfahrplan der Deutschen Bundesbahn im Kopf und wußte, wie man abgefahrene, entwertete und weggeworfene Fahrkarten wieder einsetzen konnte. Gerhard hatte mal Physik studiert, Atomphysik, das Studium dann aber aufgeben müssen, weil bei ihm, einfach ausgedrückt, die Grenzen zwischen Genie und Wahnsinn nicht mehr klar erkennbar waren.
Er hatte eine Möglichkeit gefunden, trotz Einreisesperre sowohl nach Ostberlin als auch in die DDR einzureisen. Der Plan war so einfach wie genial. Eine ganze Division in Zivil verkleideter Soldaten mit Waffen im Koffer hätte diesen Weg nutzen können. Der Grund lag wieder einmal in der enormen Devisen- und »Weltniveau«-Geilheit der DDR-Bonzen. Anlaß dazu gab die jährlich mit großem Aplomp inszenierte Leipziger Messe.

Besucherausweise für die Herbstmesse wurden auch in Westberlin verkauft. Zur Messezeit fuhr täglich vom Bahnhof Zoo aus ein DDR-Sonderzug nach Leipzig, dessen Insassen nur einer oberflächlichen Kontrolle unterzogen wurden. Diese Messebesucher, potentielle Devisenbringer, wollte man ja auf keinen Fall verärgern. Abends fuhr der Zug wieder zurück und kam rechtzeitig vor Visa-Ablauf im Bahnhof Zoo an. Und von Leipzig aus ließ sich per Bahn jede Stadt der DDR erreichen. Daß somit Westdeutsche oder Westberliner praktisch unkontrolliert in die DDR ein- und nach Belieben darin herumreisen konnten, sofern sie nur im Besitz eines für wenige Westmark erhältlichen Leipziger »Messeausweises« waren, hatte offensichtlich noch niemand bei der Stasi bemerkt.

Also flog ich nach Westberlin, besorgte mir ein 2-Tage-Messevisum und bestieg am nächsten Morgen auf dem Bahnhof Zoo den Sonderzug nach Leipzig. Mit Anzug, Krawatte und Aktenkoffer ausgestattet, entsprach ich dem DDR-Weltbild eines Handlungsreisenden aus dem kapitalistischen Ausland.
Als sich der Zug dem Grenzübergang Griebnitzsee näherte, wurde ich doch etwas nervös. Meine Abteiltür ging auf.
»Guten Morgen, Grenzkontrolle, Ihre Reisepapiere.« Ich reichte meinen Reisepaß, das Tagesvisum und den Messeausweis. Nach einer kurzen Sichtkontrolle meiner Papiere drückte der Grenzer den Einreisestempel in den Paß und gab ihn mir zurück.
»Gute Fahrt und gute Geschäfte in Leipzig.« Ich bedankte mich. Langsam fuhr der Zug im Grenzbereich weiter, stoppte mehrmals kurz. Rechts und links Stacheldraht. Eine gespenstische, bedrückende Szenerie. Türen schlugen. Die Suche nach Flüchtlingen war wohl beendet, denn der Zug nahm Fahrt auf. Wir waren in der DDR.
In Leipzig fuhr ich sofort zum örtlichen Polizeirevier, um mich für zwei Tage ordnungsgemäß anzumelden. Bei einem in der DDR unbequemen Schriftsteller hatte ich formell Quartier bezogen. Gleich nach der Anmeldung löste ich eine Fahrkarte nach Berlin, Ostbahnhof, wo ich wenig später ankam. Ich war in der Höhle des Löwen, trotz Einreiseverbot.
Ich fuhr direkt nach Niederschönhausen zu meinen Eltern. Ich klingelte. Meine Mutter öffnete die Tür, sah mich an und stand sekundenlang einfach nur da, sprachlos, mit geöffnetem Mund und aufgerissenen Augen. Ich fürchtete schon das Schlimmste und zog sie in die Wohnung. Da fand sie die Sprache wieder und umarmte mich weinend.
»Wie ist das möglich? Wie kommst du hierher?«
»Mit der Eisenbahn über Leipzig, Mama, doch das ist eine lange Geschichte.« Später kamen Vater und Bruder dazu. Sie waren ähnlich überrascht. Ich klärte sie schnell über das Risiko meines Besuches auf, der, was Ostberlin betraf, illegal war. Wir ließen die vergangenen Jahre Revue passieren. Meine Mutter zeigte mir den Rest meiner persönlichen Sachen. Meine Gedichte waren nicht

darunter. Die Stasi hatte sie bei der letzten Hausdurchsuchung beschlagnahmt und mitgenommen. Sie waren für mich verloren. Das war ein herber Schlag, handelte es sich doch um wenigstens hundert Gedichte und einige Aufsätze. Doch ich hatte inzwischen gelernt, Verluste relativ schnell zu akzeptieren.

Am Abend fuhr mich mein Bruder mit seinem Trabant nach Heinersdorf.

»Was du jetzt machst, mein Lieber«, sprach ich ihn ironisch an, »ist Beihilfe zur Fluchthilfe. In Heinersdorf wohnt nämlich mein nächster Fall. Ich muß ihn instruieren und ihm die nötigen Informationen geben.«

Er sagte nichts, fuhr aber weiter. Wer weiß, welche Qualen er dabei litt. Während Reinhard im Auto wartete, führte ich mit dem Arzt ein Gespräch. Er war außerordentlich erfreut, daß ich persönlich nach Berlin gekommen war, um die Vorbereitung seiner Flucht mit ihm zu besprechen. Auch ließ er keinen Zweifel an seinen ernsthaften Absichten aufkommen. Ich erklärte ihm das Notwendige.

Nach einer Stunde war alles erledigt, und Reinhard fuhr mich zurück.

Von zu Hause aus rief ich Alex, meinen damaligen Kameramann, an. Wir vereinbarten einen Treff am nächsten Vormittag in der Kantine des Deutschen Theaters. Das war kein öffentlicher Ort. Da konnten wir sicher sein.

Gleich nach der Begrüßung rückte er mit der Hiobsbotschaft heraus: Auch die Filmrollen waren verloren. Alex hatte sie, als er von meiner Verhaftung erfuhr, zunächst nach Babelsberg gebracht und sie bei einer Bekannten in der Requisite versteckt. Später kamen ihm Bedenken. Er holte sie aus dem Versteck und vergrub sie außerhalb des DEFA-Geländes in einem Waldstück. Doch vor einem Jahr wurde genau an dieser Stelle eine Baugrube ausgehoben. Die Lkws brachten den Erdaushub und mit ihm auch die Filmkassetten an einen unbekannten Ort.

»Mensch, Alex, das hat mich letztlich drei Jahre Gefängnis gekostet. Drei Jahre, für nichts und wieder nichts.«

»Wem sagst du das. Ich habe mir vor Wut fast ins Bein gebissen. Doch weg ist weg. Da läßt sich nichts ändern. Ich hoffe nur, daß die Stasi nichts gefunden hat.«

»Trotzdem muß ich dir danken, vor allem, daß du dichtgehalten und nichts verraten hast.«

»Geschenkt. Trotzdem, wir haben damals eine gute Arbeit geleistet. Weißt du noch ...« Alles wurde wieder lebendig. Ich erzählte ihm von meinen neuen Aufgaben im Westen, vom Studium, dem Memorandum und von meinen politischen Vorhaben, mit denen ich den Inhabern der »Schwimmkorken« das Leben so schwer wie möglich machen wollte. Als »Schwimmkorken« wurden die SED-Parteiabzeichen bezeichnet, an denen sich die Mitläufer, die Karrieristen und Anpasser festhielten, um nicht unterzugehen.

Das Thema Fluchthilfe sprach ich nur indirekt an. Nicht, weil ich ihm mißtraute, sondern aus grundsätzlichen Überlegungen.

Wir verabschiedeten uns. »Wenn du ein Problem hast, schreib mir oder ruf mich an. Ich werde dir jederzeit helfen, wenn es sein muß, ganz radikal.«

Es war bitter, mit leeren Händen nach Hause fahren zu müssen. An diesem Tag traf ich mich noch mit einigen anderen alten Freunden und Bekannten. Am Nachmittag trat ich die Rückreise an, nachdem ich mich von meinen Eltern verabschiedet hatte. Mein Bruder wollte mich im Zug bis Leipzig begleiten. Von dort ging gegen zwanzig Uhr der Sonderzug nach Berlin-Zoo zurück. Den mußte ich erreichen. Um Mitternacht lief mein Visum aus.

Kurz hinter Wittenberg blieb der Zug auf freier Strecke stehen. Die elektrische Oberleitung war heruntergefallen, und der Zug konnte nicht weiterfahren.

»Hier jeht nüscht mehr«, meinte ein Berliner. Ich schaute ihn völlig schockiert an.

Es war kurz vor sechs. Wenn ich nicht rechtzeitig in Leipzig ankam, verpaßte ich meinen Zug nach Berlin. Sofort malte ich mir die düstersten Szenarien aus. Festnahme an der Grenze. Untersuchungshaft, vielleicht sogar wieder in Pankow. Meine Haare

sträubten sich. Aus dem Spaß war ganz plötzlich furchtbarer Ernst geworden. Ein Reichsbahner ging durch den Zug und verkündete offiziell den Abbruch der Fahrt.
»Wir müssen auf eine neue E-Lok warten, die uns nach Wittenberg oder Berlin zurückschleppt. Der Stromabnehmer an unserer Lok ist kaputt.« Auch das noch.
Doch nach einer Stunde ging ein Ruck durch den Zug. Eine Dampflok hatte am anderen Ende angekoppelt. Langsam rollten wir in Richtung Wittenberg. Reinhard wollte jetzt doch lieber nach Berlin zurückfahren. Vielleicht spürte er die Gefahr. So verabschiedeten wir uns auf dem Bahnsteig in Wittenberg. Ich fuhr über Magdeburg nach Leipzig, das der Zug um 23 Uhr erreichte. Der Sonderzug nach Westberlin war natürlich weg. Nach dem Motto, daß Angriff die beste Verteidigung ist, sprach ich auf dem Bahnhofsgelände eine der ständig präsenten »Volkspolizei«-Streifen an: »Entschuldigen Sie, wo finde ich hier das Dienstzimmer des MfS?«
Zur Messe, aber auch sonst, das war Kennern bekannt, betrieb die Stasi am Leipziger Hauptbahnhof, am Flughafen Schkeuditz und an anderen Verkehrsknotenpunkten externe Dienststellen. Westbesucher, besonders wenn sie in Massen auftraten, waren der Stasi suspekt. Die Polizisten musterten mich. Ich wurde eingestuft. Jedenfalls kein DDR-Bürger. Der hätte eine solche Frage nicht gestellt. Außerdem sah ich wie ein Klassenfeind aus.
»Gommse bidde mit.« Sie nahmen mich in die Mitte. Ein beklemmendes Gefühl für mich. Am letzten Bahnsteig wiesen sie auf eine kleine, graue Stahltür. Dort sollte ich anklopfen.
Ich bedankte mich und steuerte direkt auf die Tür zu, die in Augenhöhe eine rechteckige, verschlossene Klappe hatte. Laut und vernehmlich klopfte ich an. Ich vernahm ein Echo irgendwo in mir drin, in Herznähe. Die Klappe wurde zur Seite geschoben. Ein Augenpaar starrte mich an.
»Entschuldigen Sie bitte die Störung, ich bin Geschäftsmann aus der BRD und habe ein kleines Problem, bei dem Sie mir vielleicht helfen können.« Die Klappe ging wieder zu.

Einen Augenblick passierte nichts.
Ich hörte, wie sich ein Schlüssel im Schloß drehte, die Tür aufgeschlossen und weit geöffnet wurde.
»Kommen Sie herein.« Ein Zivilist mit Stasigesicht. Ich trat ein.
In dem Dienstzimmer hielten sich etliche Zivilisten und Uniformierte auf. Sie blickten mich verwundert und interessiert an.
Mit unbefangener Miene gab ich meine Geschichte zum besten: Geschäftsmann aus dem Westen, der erfolgreiche Abschlüsse auf der Leipziger Messe getätigt, anschließend kräftig gefeiert, dabei überzogen und den Sonderzug nach Westberlin-Zoo verpaßt hatte.
Nachdem ich meine Geschichte erzählt hatte, entspannten sich die Gesichter. Nein, hier geschah nichts Staatsschädigendes. Im Gegenteil. Es ging um eine lächerliche Verspätung.
Jemand bot mir einen Stuhl an, ein anderer stellte eine Tasse hin, die ein dritter mit Kaffee füllte.
Der Wortführer grinste. »Jetzt machen Sie sich mal keine Sorgen. Sie nehmen einfach den nächsten Zug in die Hauptstadt. Dann fahren Sie zum S-Bahnhof Friedrichstraße und gehen über die Staatsgrenze. Das ist zwar eigentlich nicht gestattet, aber wir können schon mal eine Ausnahme machen.« Die Betonung lag auf »wir«. Er nahm meinen Paß und ging in ein Nebenzimmer. Mir fiel vor Schreck fast die Tasse aus der Hand. Was macht der da mit meinem Paß? Die Minuten gerannen zu Ewigkeiten, in denen ich die neugierigen Fragen der Uniformierten beantworten mußte. Dann kam er aus dem Nebenzimmer heraus. In der Hand meinen Paß.
»Ich habe mit den Genossen am Grenzübergang Friedrichstraße gesprochen. Die wissen Bescheid, wenn Sie kommen. Wir haben das Problem gelöst.« Ich atmete tief durch. Das war noch einmal gutgegangen. Ich bedankte mich. Jemand hatte auf dem Fahrplan den nächsten Zug nach Ostberlin herausgesucht. In gut einer Stunde würde er abfahren.
»Sie können auch hier bei uns warten.« Fast verdächtig schnell wehrte ich ab.

Ich verabschiedete mich. Dann öffnete sich die Stahltür, und ich stand auf dem gänzlich stillen Leipziger Hauptbahnhof.

Ohne Zwischenfälle kam ich am Ostbahnhof an und fuhr von dort zum Bahnhof Friedrichstraße weiter, dem Grenzübergang für Zugreisende. Zum ersten Mal betrat ich den »Tränentempel« genannten Pavillon vor dem Bahnhof. Wegen der bitteren Abschiedstränen, die dort so reichlich flossen. Der Pavillon war um diese Zeit gähnend leer. Es war kurz vor vier Uhr morgens. Ich steuerte auf einige Grenzer zu, in der Hand meinen Paß.
»Mein Name ist Welsch, ich komme gerade aus Leipzig ...«
Ein Grenzer nahm meinen Paß, klappte ihn auf und setzte knallend einen Ausreisestempel ein, klappte ihn, ohne einen weiteren Kontrollblick zu verschwenden, wieder zu und reichte ihn mir zurück. »Wir wissen Bescheid. Folgen Sie mir.« Er lief voraus. Am Ende eines weiteren Ganges wies er mit dem Finger nach oben. »Sie gehen die Treppe hoch, dann stehen Sie auf dem Bahnsteig. Die erste S-Bahn geht gegen fünf Uhr. Auf Wiedersehen.«

BERLIN–BERLIN

Daß ich den Heinersdorfer Arzt persönlich aufgesucht hatte, sollte sich als ein wahrer Glücksfall erweisen. Nicht nur, daß seine Flucht dadurch schneller organisiert werden konnte. Vielmehr avisierte mir der Mann eine Reihe weiterer, potentieller Flüchtlinge, darunter auch Kollegen für den Fall, daß seine Flucht komplikationslos verlaufen würde. Ich mußte mir also schleunigst neue Fluchtwege erschließen. Wegen des regen Zulaufes war abzusehen, daß die Route über den Balkan schon bald an ihre Grenzen stoßen würde. Ein möglichst kurzer Weg müßte das sein, der wenig Planungs- und Zeitaufwand erforderte. Beispielsweise mit einem Diplomatenfahrzeug einer in Ostberlin akkreditierten Botschaft als Fluchtfahrzeug. Nur, wie kommt man mit einer Ostberliner Botschaft in Verbindung? Ich gedachte, meine neuen politischen Freunde in Bonn um einen Gefallen zu bitten. Inoffiziell natürlich.

Die DDR war inzwischen Mitglied der Vereinten Nationen geworden, wie auch die Bundesrepublik. Dort in New York spielten andere Interessen eine Rolle. Ich war nicht so vermessen gewesen, zu glauben, daß mein Memorandum die Mitgliedschaft der DDR verhindern könnte. Aber die schlimmen Menschenrechtsverletzungen der Diktatur sollten wenigstens auf dem Tisch liegen. Um so überraschter war ich bei meinem Besuch in Bonn über die Mitteilung, daß das Memorandum nicht nur im Generalsekretariat übergeben, sondern dort ins Englische übersetzt und der Vollversammlung in Form eines »Infos« zur Kenntnis gebracht worden war. Das war mehr, als ich erwarten durfte. Es hatte also auf vielen Tischen gelegen. Dann hatte auch das neue UNO-Mitglied DDR Kenntnis davon.

Bei meinem Gespräch mit Herrn Voß lenkte ich das Gespräch zunächst und generell auf die Hilfe für Menschen in der DDR und kam damit zwangsläufig auf eine spezielle Form zu sprechen: die Fluchthilfe.

»Die Zahl der Fluchtwilligen, die mich kontaktieren, wächst, ich brauche zusätzliche, schnelle und sichere Wege. So bin ich auf die Überlegung gestoßen, Diplomaten in diese Hilfe einzubeziehen, Diplomaten, die in Ostberlin akkreditiert sind und freien Zugang von und nach Westberlin haben.«

Voß hörte mir aufmerksam zu. Doch wegen des schlechten Rufes, den die Fluchthilfe leider genoß, könnten er oder die CSU mir da nicht helfen. Er werde mir allerdings gerne die Telefonnummer eines Mannes in Berlin geben, der zu diesem Thema ein guter Ansprechpartner sei.

»Wenn Sie wollen, bleiben Sie noch etwas hier. Herr Strauß kommt gleich vorbei.«

FJS, wie er seinem Namenskürzel nach häufig bezeichnet wurde, begrüßte mich sehr freundlich.

»Was sagen Sie dazu, daß Ihr Memorandum der Vollversammlung vorgelegt wurde?«
»Das hätte ich weder geglaubt noch erwartet. Ich freue mich sehr, daß die Diktatur wenigstens an den Pranger gestellt worden ist. Ich möchte mich dafür bei Ihnen besonders und ausdrücklich bedanken.« Strauß lächelte.
Wir verabschiedeten uns. Er wünschte mir viel Erfolg beim Studium. Auf Hilfe zur Fluchthilfe sprach ich ihn nicht an. Mir reichte die Telefonnummer, die Voß mir gegeben hatte.
Sie gehörte jemand aus dem Westberliner Senat. Nachdem ich erklärt hatte, woher ich seine Telefonnummer hatte, entwickelte sich ein lebhaftes Gespräch.
»Hier in Westberlin haben wir eine Tradition in Sachen Fluchthilfe, sozusagen vom 13. August '61 an. Deswegen beurteilen wir sie auch anders«, erklärte mir Herr Lewanski, »anders jedenfalls als beispielsweise die Politiker in Bonn.«
Dann gab mir Herr Lewanski eine weitere Telefonnummer in Westberlin.
»Rufen Sie diese Frau an und bestellen Sie Grüße von mir. Sie wird Sie nach Berlin einladen und dort mit ihrem Freund bekannt machen. Haben Sie sonst noch etwas auf dem Herzen?«
Ich überlegte einen Moment, bevor ich bejahte.
»Ich brauche eine verläßliche Quelle, von der ich nach Möglichkeit offizielle Reisepässe beziehen kann, die mit überprüfbaren Daten von Flüchtlingen ausgefüllt werden. Man kann sich so etwas auch auf weniger legalen Kanälen beschaffen. Die Benutzung wäre aber risikobehaftet, da die Herkunft nicht bekannt ist.«
»Ich habe mir schon gedacht, daß Sie mir diese Frage stellen. Wenn es soweit ist, bringen Sie mir die persönlichen Daten, und Sie bekommen am selben Tag die fertigen Pässe. Sie müssen sie aber nach längstens acht Wochen wieder abliefern.«
»Ich verstehe, selbstverständlich bekommen Sie die Pässe zurück.«
Zufrieden beendete ich das Gespräch. Die neue Verbindung nach Berlin erwies sich als überaus vielversprechend.

Noch am selben Tag rief ich die Frau an. Nachdem ich Grüße von Lewanski ausgerichtet und den Wunsch geäußert hatte, sie und einen Freund »von der anderen Seite« kennenzulernen, bestellte sie mich zum Wochenende in ein kleines Restaurant draußen in Lankwitz, am Rande Berlins.

Sie erschien pünktlich. Eine elegante Dame, Mitte 30, jugendlich und mit ausgesuchtem Geschmack gekleidet. An ihrer Seite ein etwas düster blickender Mann um die 40, schwarzer Schnurrbart, schwarze Haare, schwarze Augen. Sie begrüßte mich überaus liebenswürdig. Dann stellte sie mir ihren Begleiter vor, zweifellos ein Araber, der mich mit wachen Augen im ansonsten regungslosen Gesicht musterte. Frau Trexler, wie sie sich vorgestellt hatte, erklärte sogleich, daß wir offen sprechen könnten. Sie habe durch Herrn Lewanski von meinem Wunsch gehört, der darauf hinauslaufe, in Kontakt zu einem Diplomaten zu treten, der in Ostberlin akkreditiert ist.

»Ich nehme einmal an«, fügte sie hinzu, »daß Ihr Wunsch im Zusammenhang mit DDR-Flüchtlingen steht?« Dabei blickte sie mich fragend an.

»Das kann ich bestätigen. Haben Sie denn« – dabei wandte ich mich an den Begleiter Frau Trexlers, der bis dahin nur wortlos zugehört hatte – »die Möglichkeiten und den Vorsatz, Flüchtlingen zu helfen, und sind Sie zeitlich ausreichend flexibel? Verzeihung«, fügte ich hinzu, »ich habe Ihren Namen nicht verstanden.«

Der Araber lächelte zum ersten Mal. »Ich hatte ihn auch nicht genannt. Nennen Sie mich Abd el Kader, oder einfach nur ›Kader‹. Ich bin Diplomat und an meiner Botschaft unter anderem so etwas wie ein Sicherheitsbeauftragter. Das mag in diesem Zusammenhang seltsam klingen, doch für die von Ihnen in Aussicht gestellte Tätigkeit kann dies nur nützlich sein.« Kader sprach ein weitgehend fehlerfreies Deutsch. Auffällig war nur sein rollendes R.

»Bevor Sie mir Einzelheiten erklären, möchte ich darauf hinweisen, daß unser Gespräch nie stattgefunden hat. Wir sind uns nie begegnet, Sie kennen mich nicht und werden niemals auch nur den Versuch unternehmen, mich in der Öffentlichkeit anzusprechen, zu kontaktieren oder jemals zu erwähnen. Das hätte schlimme Folgen ... für uns beide«, fügte er nach einer kleinen Pause hinzu.

»Sie können unbesorgt sein, das kann ich Ihnen hiermit in aller Form zusichern. Ich verbürge mich für die Personen, die ich auswählen und zu einem Ort in Ostberlin bringen werde, über den wir noch sprechen müssen.«

»Den Ort werde ich Ihnen nennen«, schaltete sich Kader ein. »Nur hier und heute bezeichne ich Ihnen die Stelle, an die sich die Personen begeben müssen. Er befindet sich im Ostberliner Stadtteil Friedrichshain.« Er nannte mir Straße und Hausnummer.

»Die Hausnummer befindet sich direkt über einer Toreinfahrt. Darüber ist ein Mietshaus. In der Toreinfahrt gehen rechts und links zurückgesetzte Hauseingänge ab. Hinter der Toreinfahrt durchquert der Fahrweg offenes Gelände mit Bäumen, um am Ende erneut durch eine Toreinfahrt auf die Parallelstraße zu treffen. In der ersten Toreinfahrt halte ich mit dem Wagen genau fünf Sekunden. Der oder die Flüchtlinge müssen im rechten Hauseingang, in Fahrtrichtung gesehen, stehen, und dann sofort durch die hintere Tür einsteigen. Sie ist entriegelt und offen. Es wird ein viertüriger Wagen sein. Fünf Sekunden, denken Sie daran. Keine Sekunde länger. Ich warte nicht und steige auch nicht aus. Sie sind dafür verantwortlich, daß alles reibungslos abläuft.«

»Ich habe verstanden.« Ich hatte mir einige Notizen gemacht. »Wie kann ich Ihnen die Übernahmezeit und Anzahl der Personen übermitteln?«

»Sie rufen Frau Trexler an und sagen ihr am Telefon nur eine Zahl. Spätestens drei Tage danach ruft Sie Frau Trexler zurück und teilt Ihnen Tag und Uhrzeit mit.«

»Ich kann mich darauf verlassen?«

Kader lächelte erneut. »Auch ich gebe Ihnen darauf mein Wort und meine Hand.« Er erhob sich halb und reichte mir seine Hand, die ich ergriff und drückte.

»Zu jeder Operation brauche ich einen Zeitvorlauf von zwei bis

drei Tagen, und ...«, er blickte mich eindringlich an, 10 000 DM am Ankunftsort in Westberlin. Bar. Ich denke, daß dieser Preis angesichts der Umstände und Gefährdungen angemessen ist.«
Das konnte ich ihm nur bestätigen. Kader machte einen zuverlässigen und glaubhaften Eindruck auf mich. Was spielte es da für eine Rolle, daß Kader nicht uneigennützig handelte und entlohnt werden wollte? Das war ihm weder moralisch noch sonstwie vorzuwerfen. Gemessen am Ergebnis war der Preis gerechtfertigt. Und lag außerdem weit unter den Sätzen, die der Stasi für den Verkauf politischer Häftlinge von der Bundesregierung gezahlt wurden.

Drei Wochen später holte ich den Heinersdorfer Arzt vom Flughafen Frankfurt/Main ab. Ich fuhr ihn zu meinem Auftraggeber und rechnete ab. Von den knapp 5 000 DM, die ich nicht verbraucht hatte und zurückgeben wollte, überreichte er mir 3 000 DM als persönliche Anerkennung. Der Flüchtling selber hatte seinen Identitätswechsel über den Wolken eigentlich nicht als Flucht empfunden. Der war »kalt wie Hundeschnauze«, würde Klaus sagen. Den konnte nichts aus der Ruhe bringen. Wir würden in Verbindung bleiben und schon bald wieder zusammentreffen.
Für einige Wochen vergrub ich mich in das Studium, um die verpaßten Vorlesungen, Übungen und Seminare einigermaßen nachzuholen. In gewisser Weise kam jetzt erschwerend hinzu, daß ich nicht mehr allein war. Hilde wartete ungeduldig auf mich. Zwar hatte ich mit ihr aus Berlin telefoniert, sie jedoch über die Gründe meiner Reise im unklaren gelassen. Daran wollte ich auch in Zukunft nichts ändern. Fast täglich war sie jetzt bei mir und versorgte mich, was ich bei meiner unsteten Lebensweise als durchaus angenehm empfand. Inzwischen kannte sie den wichtigsten Teil meines Lebens, wußte, daß ich viele Jahre als politischer Gefangener gelitten hatte. Auf meinen mittlerweile regelmäßigen Reisen zu den Wochenendseminaren des Münchner »Studienzentrums für Ost-West-Probleme« begleitete sie mich regelmäßig. Dort sprach ich als Referent über wechselnde Themen, die DDR betref-

fend, mal über deren Kulturpolitik, dann wieder über das Ministerium für Staatssicherheit, über die Haftbedingungen in DDR-Gefängnissen oder die Opposition in der DDR. Die Honorare konnte ich als Zubrot zu meinem Bafög gut gebrauchen. Rudolf Riemer, der Leiter des Studienzentrums, erwies sich als ein ebenso kenntnisreicher wie entschiedener Verfechter der Aufklärung und Information über die gesellschaftlichen Zustände in der DDR. Unsere Zusammenarbeit war beiderseitig von großem Nutzen. Nicht allen meinen Zuhörern auf den Seminaren des Studienzentrums gefiel jedoch die Wahrheit. Als ich über die »Tigerkäfige« genannten Arrestzellen im Zuchthaus Brandenburg sprach, die ich schließlich genau kannte, verwahrte sich der Präsident des Gesamtdeutschen Institutes in Bonn, Kühn, gegen diese »Verleumdung der DDR«. Er drohte damit, jede weitere Förderung der deutschlandpolitischen Bildungsseminare des Studienzentrums durch das gesamtdeutsche Institut in Bonn einzustellen. Doch Rudolf Riemer hat sich nicht einschüchtern lassen. Das sprach für ihn.

EINE HOCHZEIT, DREI GEBURTEN

Anfang 1974 teilte mir Hilde mit, daß sie schwanger sei. Ich war überrascht. Wie war das möglich, wo sie doch die Pille nahm und als Krankenschwester bestens wußte, wie man verhütet. Teils fühlte ich mich »überfahren«, teils freute ich mich. Irgendwie beschlich mich das Gefühl, daß sie Druck auf mich ausübte. Dennoch wollte ich dieses Verhältnis – auch dem Kind zuliebe – legalisieren. Das Aufgebot war rasch bestellt, eine gemeinsame Wohnung schnell gefunden. Mitte Mai wurde geheiratet.

Im selben Monat wandte sich eine verzweifelte Frau aus dem hessischen Friedrichsdorf an mich. Christa Müller hatte bei ihrer

Flucht aus der DDR ihre damals zwölfjährige Tochter zurücklassen müssen. Jetzt suchte sie schon seit Monaten einen zuverlässigen Fluchthelfer. Zunächst stellte sich der Fall als sehr kompliziert dar. Beide, sowohl der Kindesvater in Leipzig, als auch sie, hatten von den jeweiligen Behörden das Sorgerecht erhalten. Frau Müller verfügte zudem nur über begrenzte finanzielle Mittel. Doch dann zeigte sie mir den letzten Brief ihres geschiedenen Ehemannes. Darin erklärte sich dieser zur »Herausgabe« des Kindes bereit, wenn sie ihm vorab einen Pkw »Wartburg« über die Firma »Genex« kaufte und dieser ihm in Leipzig ausgehändigt würde.
»Genex« war eine Firma mit Sitz in einem westlichen Drittland, deren Geschäftspartner aber Bundesbürger waren. Sie profitierte von dem angeblich nicht existierenden Wohlstandsgefälle zwischen der BRD und der DDR. So konnten Westdeutsche aus dem »Genex«-Katalog hochwertige Konsumgüter made in DDR aussuchen und mit Westmark bezahlen. Die Ware, in der DDR schwer erhältliche Luxusgüter vom Kühlschrank über die Wasch- und Spülmaschine bis hin zum Auto, wurde an den Begünstigten in der DDR ausgeliefert. Für den SED-Staat war das eine zusätzliche und willkommene Devisenquelle. Die Geschäfte liefen gut.
In diesem Fall wollte der Mann seine Tochter regelrecht verkaufen. Es war natürlich ein besonderer, ein höchst kritischer und gefährlicher Fall, den ich angesichts der schwierigen Umstände – ein minderjähriges Kind ohne Begleitung – nur über die Transitstrecke nach Berlin abwickeln könnte. Alle anderen Möglichkeiten schieden hier aus.

Klaus, mein zuverlässiger Kurier, sollte die Situation vor Ort in Leipzig erkunden.
Ein zusätzliches Risiko lag darin, daß Frau Müller in Briefen an ihren Exmann mehrfach geäußert hatte, ihre Tochter nicht aufzugeben und in jedem Falle aus der DDR herausholen zu wollen. Das hatte eine permanente Überwachung der Tochter zur Folge, was die Kontaktaufnahme nicht gerade erleichterte. Außerdem brauchte ich einen größeren Personenwagen, der über ein gut

plaziertes Versteck verfügte. Die größte Schwierigkeit sah ich jedoch darin, einen geeigneten Fahrer zu finden. Er mußte nicht nur über besonders starke Nerven verfügen, sondern auch unauffällig und hoch motiviert sein. Nur wenige Tage später hatte ich ihn gefunden. Ein Student, dem ich seinen Mut mit 5 000 Mark vergüten wollte. Er war sich über die Risiken seines Auftrages und deren mögliche Konsequenzen im klaren. Selbst politisch aktiv, wollte er die Chance nutzen, einer Mutter zu helfen und dem Regime einen Schlag zu versetzen.

Bei EPS, einer Berliner Fluchthelferorganisation, mit der ich Kontakt hatte, holte ich mir technischen Rat und Hilfe hinsichtlich eines geeigneten Autos. Das war deren Spezialität. Außerdem sollte die im Rheinland lebende Schwester von Frau Müller in die Operation einbezogen werden. Sie, die Tante, sollte als Kontakt- und Vertrauensperson das Mädchen von der Straße wegführen, zu einem Ort, an dem die Übergabe stattfinden konnte.

Die Planungen liefen vom ersten Tag an unter Hochdruck. Nie zuvor hatte ich eine Flucht unter derart extremen Bedingungen geplant. Frau Müller kratzte ihre gesamten Ersparnisse zusammen. Das waren gerade mal 10 000 Mark. Ich mußte ein Fahrzeug kaufen und umbauen lassen. Das allein verschlang weit über die Hälfte des Geldes. Den Umbau ließ ich in einer Karosseriewerkstatt vornehmen. Zwischen den Rücksitzen des Opel Admiral und dem Kofferraum wurde ein spezieller Einstieg mit beweglichen und von unten arretierbaren Sitzen eingebaut. Eine Abschlußplatte täuschte das Ende des Kofferraumes vor.

Klaus kam kurz darauf von seiner Testreise zurück. Er sollte auch die Zeit stoppen, die er für die Übernahme des Kindes benötigen würde. Er brauchte eine knappe Stunde. Das war kurz, doch möglicherweise zuviel für mißtrauische Grenzer.

Meine Planung sah folgendermaßen aus: Die Tante sollte Bettina vor der Schule abfangen, mit ihr unverzüglich in ihrem Auto zum Leipziger Hauptbahnhof fahren und im dortigen Restaurant auf den Fahrer warten. Die Ankunftszeiten der Tante und des Fahrers im Restaurant waren plus/minus eine halbe Stunde aufeinander abgestimmt. Das war, unter Berücksichtigung eventueller Unwägbarkeiten bei der Einreise, das Optimum. Dort sollte der Fahrer das Mädchen übernehmen und sich bei ihr mit einem beschrifteten Bild der Mutter ausweisen. Der Einstieg in das Versteck mußte während der Fahrt erfolgen.

Es war wichtig, daß alles schnell ging. Denn eines war klar: Würde Bettina nicht zur üblichen Zeit wieder in der Wohnung ihres Vaters eintreffen, würde der die Polizei einschalten. Das bedeutete automatisch Stasifahndung an allen Grenzen auf Grund der besonderen Verhältnisse des Falles.

Die Kosten lagen inzwischen bei über 13 000 DM. 3 000 hatte ich selbst zur Aktion beigesteuert, und das würde noch nicht reichen.

Die Aktion begann am Freitag morgen, in aller Frühe. Während sich unser Fahrer mit dem präparierten Fahrzeug auf den Weg nach Leipzig machte, bestieg ich mit Christa Müller die Mittagsmaschine nach Berlin. Vom Flughafen fuhr Frau Müller ins Café »Uhlandeck«, wo wir alle zusammentreffen sollten. Kurz nach vierzehn Uhr fuhr ich mit dem Taxi zur Raststätte vor dem Kontrollpunkt Dreilinden. Ich war nervös und aufgeregt.

Alles kam darauf an, wer schneller war, die Stasi oder wir.

Es war ein heißer Tag. Die Sonne brannte unbarmherzig vom Himmel. Doch ich schwitzte mehr vor Aufregung als vor Hitze. Meine Erregung steigerte sich, als es sechzehn Uhr wurde und sich nichts tat. Kein weißer Opel unter den hereintröpfelnden Autos an der Kontrollstelle. Mit meinem kleinen Zeiss-Fernglas konnte ich bis zur Biegung der Autobahn Einsicht nehmen. Dort war schon Niemandsland. Wer dort auftauchte, hatte die DDR-Grenzkontrollen erfolgreich passiert.

Nach einer Weile nahm ich das Glas herunter. Ruhe, sagte ich zu mir selbst, ganz ruhig bleiben. Alles ist perfekt geplant. Der Fahrer hat gute Gründe für seine Fahrt nach Westberlin. Dort wohnt seine Mutter. Die knappe Stunde mehr an Fahrzeit wird er mit einer Rast in Michendorf, einer DDR-Raststätte, ebenfalls ausreichend und glaubhaft erklären können. Und letztlich hatten wir

ein ausgezeichnet präpariertes Fahrzeug, dessen Versteck auch bei einer intensiveren Kontrolle nicht entdeckt werden würde.
Unruhig war ich auf dem Parkplatz hin und her gelaufen. Als ich wieder zum Kontrollpunkt aufblickte, erschrak ich vor Freude. Da stand er, der weiße »Admiral«. Er befand sich bereits auf Westberliner Territorium. Der Fahrer wechselte einige Worte mit dem Westberliner Zoll und beschleunigte. Sanft fuhr er in die Zufahrt zur Raststätte ein, zog direkt neben mir auf die Parkspur und stoppte. Angespannt, doch lächelnd stieg mein Helfer aus.
»Aktion erfolgreich beendet.« Ich umarmte ihn.
»Das war eine tolle Leistung von dir. Danke. Hat alles nach Plan funktioniert?«
»Bestens. Ich habe sie am Bahnhof übernommen, und sie ist später nach hinten eingestiegen. Die Flügelmuttern des Rücksitzes habe ich während der Fahrt angezogen. Ich denke mal, sie wird ganz schön schwitzen. Holen wir sie da raus.«
Wir öffneten die hinteren Türen, drehten die Schrauben heraus. Ich klappte den Rücksitz nach vorn. Da lag sie, Bettina, hob ihren Kopf und blickte mich fragend an.
»Herzlich willkommen in Westberlin, Bettina. Du hast es geschafft. Gleich wirst du deine Mutter begrüßen können.« Wir halfen ihr aus dem engen Versteck. Dann stand sie auf dem Parkplatz, die Haare hingen ihr naß und verklebt am Kopf. Sie war total verschwitzt und müffelte deutlich vor sich hin.
»Bin ich wirklich in Westberlin?« Sie sächselte, wie nur ein Leipziger sächseln kann. Zum erstenmal fand ich den Dialekt niedlich.
»Wirklich, ganz wirklich, du bist in Westberlin.« Ich nahm sie in den Arm.
»Wir fahren jetzt sofort zu deiner Mutter. Sie wartet auf dich und wird hoffentlich vor Angst noch nicht gestorben sein. Ich glaube, sie hat dich sehr lieb. Sie hat sich selbst, dir und uns eine Menge zugemutet. Das ist jetzt alles vorbei.«
Ja, es war vorbei. Ein Glückgefühl durchströmte mich. Wieder war ich der Sieger.
Wir fuhren zum Kurfürstendamm. Noch vor dem »Uhland-Eck«,

wo ihre Mutter wartete, verabschiedeten wir uns vom Fahrer. Dann betrat Bettina an meiner Hand das Café. Von weitem sah ich Frau Müller. Sie saß allein an einem Tisch. Dann blickte sie auf, wechselte die Farbe wie ein Chamäleon, erst totenblaß, in der nächsten Sekunde schoß ihr das Blut ins Gesicht. Sie sprang auf, rannte auf Bettina zu, die ihr entgegenlief. Sie umarmten sich und weinten. Dabei ließ ich sie allein und bestellte mir eine große Coca-Cola. Die brauchte ich jetzt.

Auch meine Anspannung fiel nun von mir ab. Später, nachdem sich Mutter und Tochter wieder gefaßt hatten, setzte ich mich zu ihnen. Jetzt waren wir uns alle sehr nahe. Frau Müller umarmte mich und bedankte sich mit überschwenglichen Worten. Sie war glücklich, eine glückliche Mutter.

»Das ist heute wie eine zweite Geburt von Bettina«, meinte Christa, die Mutter. »An diesen Tag werde ich mich mein Leben lang erinnern.«

»Du mußt nachher zur Polizei am Flughafen, eine provisorische Reisegenehmigung für Bettina ausstellen lassen, mit der sie in die Bundesrepublik ausreisen kann«, erklärte ich ihr. »Außerdem mußt du spätestens morgen in Leipzig anrufen, damit dort die Fahndung abgeblasen wird.« Sie versprach es.

Wie vermutet, starteten die DDR-Behörden wenige Stunden nach Bettinas Verschwinden in Leipzig eine großangelegte Suchaktion. Christas Schwester hatte nämlich auf der Fahrt von der Schule zum Bahnhof Bettinas Schulranzen aus dem fahrenden Auto geworfen, um keine belastenden Indizien bei sich zu haben. Der wurde von der Polizei gefunden.

Kurz darauf wurde der Leiter der Bezirksverwaltung des Ministeriums für Staatssicherheit in Leipzig, Generalmajor Hummitzsch, zur Berichterstattung nach Berlin zitiert. Der stellvertretende Minister, Generalleutnant Neiber, empfing ihn. Es sollte eine sehr heftige Diskussion werden, in deren Verlauf sowohl Dienstrang als auch Position des Leiters der Bezirksverwaltung zur Disposi-

tion gestellt wurden. Die Vorwürfe des stellvertretenden MfS-Ministers entzündeten sich an der offenbar mißlungenen Observation der Leipziger Schülerin, die eine derart »dreiste Entführung«, wie sich der Minister-Stellvertreter ausdrückte, möglich gemacht hatte. Vom Vater des Kindes hatte man inzwischen erfahren, daß die Schülerin von ihrer Mutter in die Bundesrepublik geholt worden war. Ein Vorgang, den »diese Verräterin und Staatsfeindin unmöglich alleine hat durchführen können«, wie er seinen Leipziger Statthalter anschrie. »Die Entführung kann nur auf dem Transitweg erfolgt sein, das heißt, die vertraglichen Vereinbarungen mit der BRD-Regierung sind verletzt worden. Wir müssen in der Transitkommission Protest einlegen und von den BRD-Behörden Aufklärung verlangen.«
»Vor allem müssen wir eines«, brüllte Neiber zurück, »wir müssen die Transitstrecken besser überwachen.«
»Ich will wissen, wer dahintersteckt. Das waren professionelle Fluchthelfer. Ich will die Namen. Die werden wir uns kaufen.«

Noch hatte das MfS keine Ahnung, wer die Flucht organisiert hatte. Das änderte sich wenige Wochen später. Frau Müller wurde in Friedrichsdorf observiert, um genau das herauszufinden. Zunächst tauchte ich dort nicht mehr auf. Die Flucht war abgeschlossen. Doch Christa organisierte eine Feier, zu der sie mich einlud und der ich mich aus verständlichen Gründen nicht entziehen konnte. Dabei wurden alle Gäste fotografiert und die Kennzeichen ihrer Fahrzeuge notiert. Obwohl ich aus Sicherheitsgründen weitab parkte, entging ich dieser Beobachtung nicht. Der Rest war Arbeit für die Spezialisten. Mein Name war somit ermittelt.
Doch erst als das MfS meine Akten gefunden hatte, dämmerte es ihnen, mit wem sie es da zu tun hatten. Nicht mit irgendeinem Fluchthelfer, der das Geschäft aus Gewinnsucht betrieb. Sie waren auf jemanden gestoßen, der nach seiner Haftentlassung aus der DDR keinen Zweifel daran gelassen hatte, was er in Zukunft zu tun gedachte:
»… Die ultima ratio meines zukünftigen Handelns wird der kom-

promißlose Kampf gegen eine Diktatur des Verbrechens und der Menschenverachtung sein …«
Dieser Satz fand sich in einem Brief, der von der PZF, einer Stasisondergruppe (Post, Zoll, Fahndung) in der Poststelle Berlin-Mitte geöffnet, gelesen und der Abteilung VI des MfS zur Weiterverwendung überstellt worden war. Es war genau jener Brief von zweien, der 1971 ›verloren‹ging. Ich hatte Wort gehalten.

Am 26. Juli desselben Jahres fand eine Besprechung im Gebäudes des Ministeriums für Staatssicherheit in Berlin-Lichtenberg, Ruschestraße, statt, an der der Leiter der ZKG, Generalmajor Niebling, der Leiter der Abwehr, Oberst Teschner, der Leiter der Bezirksverwaltung Leipzig, Generalmajor Hummitzsch, der Leiter der Berliner Hauptabteilung VI, Generalmajor Fiedler, einige Abteilungsleiter der Bereiche Tourismus, Kfz und Transitüberwachung sowie der Leiter der OPD Berlin, Oberst Mattern teilnahmen.
Einziges Thema: Die »Kriminelle Menschenhändlerbande Welsch«, kurz KMHB, und deren Bekämpfung. Am Ende der vertraulichen Dienstbesprechung wurde unter der Nummer MfS/ XV/ 3359 die Akte »Skorpion« angelegt, geführt im Ministerium für Staatssicherheit Berlin. In der dortigen Hauptabteilung VI sollten zur weiteren Koordinierung der Abwehrmaßnahmen alle Fäden zusammenlaufen. Damit war ich ins Fadenkreuz der Geheimpolizei der SED geraten. Der operative Vorgang »Skorpion« war geboren.

Von dieser Verschwörung hatte ich damals keinerlei Kenntnis. Gleichwohl nahm ich den Fall Müller zum Anlaß, meine Sicherheitslage zu überprüfen. Danach kamen illegale Reisen wie die nach Ostberlin via Leipziger Messe unter keinen Umständen mehr in Frage. Selbst Länder des Ostblocks konnte und wollte ich aus Sicherheitsgründen nicht mehr aufsuchen. Die Gefahr war zu groß, daß ich erkannt und verhaftet und für lange Zeit oder auf Nimmerwiedersehen verschwinden würde.

Es sollte ein durch und durch turbulenter Sommer werden, der

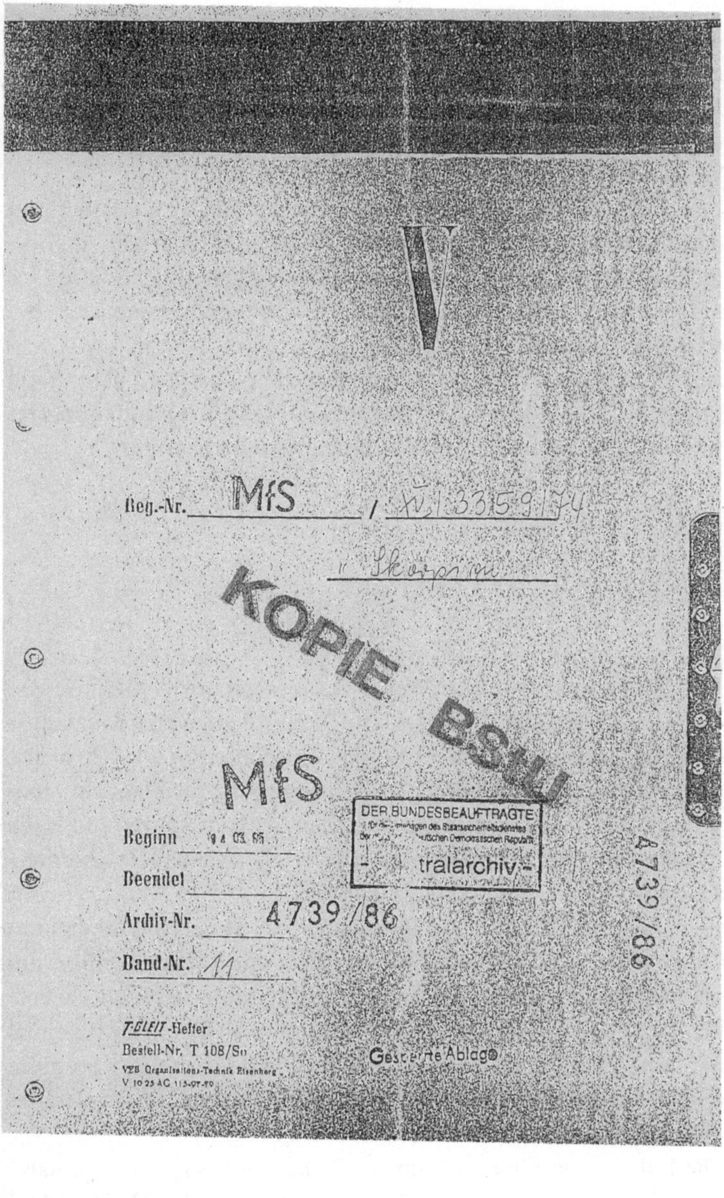
V

Reg.-Nr. MfS / XV/ 3359/74

"Skorpion"

KOPIE BStU

MfS

DER BUNDESBEAUFTRAGTE

-tralarchiv-

Beginn 14.03.85

Beendet

Archiv-Nr. 4739/86

Band-Nr. 11

4739/86

T-GLEIT-Hefter

Bestell-Nr. T 108/So

Gesperrte Ablage

Eines der Deckblätter der MfS Akte »Skorpion«

insgesamt zwölf Flüchtlingen die Freiheit brachte, wovon eine Familie mit einem Kind die Balkan-Route nutzte, die anderen acht Personen über die neue Berlin–Berlin-Verbindung, die sich in ihrem Ablauf als höchst zuverlässig und effizient erwies, in den Westen gelangten.

Für einige Wochen flog ich in die USA, um mich zu erholen und darüber nachzudenken, wie meine Tätigkeit noch besser zu koordinieren wäre. Darüber hinaus konnte ich etliche Bücher und Unterlagen durcharbeiten, die mich im kommenden Semester beschäftigen würden.

Am 28. August wurde unter heftigen Komplikationen unser Kind geboren. Ein Mädchen. Wir nannten es Nathalie Dominique. Das war die dritte Geburt in diesem ereignisreichen Sommer.

ESKALATION DES KRIEGES

Den Kategorien von Max Weber zufolge strebt die Gesinnungsethik das Gute ohne Rücksicht auf Verluste an. Verantwortungsethik dagegen stellt immer auf die Konsequenzen ab. Ich wollte mich letzterer nicht völlig verschließen, mein Handeln aber grundsätzlich unter die Prämisse stellen, daß der kompromißlosen Bekämpfung der SED-Diktatur sich letztlich beinahe alles unterzuordnen hatte. Und ich hatte Erfolge.

Je mehr ich in Theorie und Praxis über das MfS, seine Mentalität, Qualität, seine Macht und brutale Rücksichtslosigkeit erfuhr, um so mehr verdichtete sich bei mir die Erkenntnis, daß ich wesentlich flexibler reagieren und agieren konnte als der vom Potential her weit überlegene Gegner. Insofern stellte auch das Studium eine geradezu ideale Ergänzung zu den Auslandsoperationen des »Otto-Institutes« dar.

Die bulgarische Fluggesellschaft »Balkan Air« sowie die rumänische »Tarom« hatten inzwischen so etwas wie den geheimen Sta-

tus einer »Rot-Kreuz-Airline« erlangt. Vom zeitigen Frühjahr bis zum Spätherbst 1975 nahmen etwa 26 Flüchtlinge, ein Großteil davon ausgebildete Fachärzte, die beiden Staatslinien für ihren Identitätswechsel, sprich, für ihre Flucht in Anspruch.
Die von Lewanski gelieferten Pässe waren von gleichbleibend guter Qualität, eben Originalpässe. Normale deutsche Reisepässe mit unterschiedlichen Numerierungen. Abgestempelt in Oldenburg oder Hamburg.
Da kam es mitunter schon zu skurrilen Szenen, wenn beispielsweise ein gebürtiger Sachse mit Hamburger Paß am Bukarester Einreiseschalter auftauchte. Zum Glück kannten die Rumänen die »feinen« sprachlichen Unterschiede der deutschen Sprache nicht. Trotzdem bezog ich solche Sicherheitslücken in die nächsten Planungen mit ein. Da ein Schnellkurs in Sachen Sprecherziehung wohl kaum genutzt hätte, erging die Order: Nicht sprechen; wenn doch, nur wenig und möglichst hochdeutsch. Vorsichtshalber.
Mehrmals war ich von »gewöhnlich gut informierten Kreisen« ermahnt worden, bei meinen Aktionen äußerste Vorsicht walten zu lassen. Die Gegenseite würde nicht schlafen. Tatsächlich schlief die Stasi zu keiner Minute.
Die Hauptabteilung VI/MfS hatte mittlerweile eine Vielzahl von Fäden und Verbindungen in das Bundesgebiet gesponnen, die einzig dem Ziel dienten, meiner Mitarbeiter habhaft zu werden. Die aber bewegten sich in der DDR mitunter wie die Fische im Wasser, auch in der Nähe von Haien, ohne in ihrer Wachsamkeit auch nur einen Moment nachzulassen.

Kader war ein ebenso vorsichtiger wie schlauer Partner. Er verdiente mit seinem Diplomatenwagen nicht schlecht. Das berührte mich im Grunde aber überhaupt nicht. Entscheidend für mich war, daß er überaus pünktlich und zuverlässig in der Friedrichshainer Durchfahrt auftauchte, die dort wartenden Flüchtlinge aufnahm und nach Westberlin brachte. Niemals gab es an der Grenze Probleme, etwa Durchsuchungen oder gar einen Verdacht. So unnahbar würdevoll, ernst und entschlossen, wie ich ihn kennengelernt hatte, würde er auch an der Grenze beeindrucken. Ich ließ es mir nicht nehmen, jedesmal nach Westberlin zu fliegen und die Flüchtlinge persönlich zu empfangen. Und bei der Gelegenheit Abd el Kader sein Kuvert in die Hand zu drücken.

Meine Frau weihte ich in die Berlin–Berlin-Strecke nicht ein. Da meine betagte Großmutter in Westberlin wohnte, hatte ich für meine häufigen Flüge dorthin eine glaubhafte Erklärung. Gelegentlich besuchte ich dann im »Haus am Checkpoint Charly«, in dem sich das Fluchtmuseum befand, Pressekonferenzen, welche die »Arbeitsgemeinschaft 13. August« gab. Ich kannte den Leiter Dr. Rainer Hildebrandt persönlich.

Dort versammelte sich ein Milieu, in dem der Virus des Verdachts, des Verrats und der Verleumdung einen hervorragenden Nährboden fand und sich bestens entwickelte. Irgendwann erfuhr ich über Dritte, daß mich Hildebrandt insgeheim der Tätigkeit für das MfS verdächtigte. Ich habe ihn darauf nie angesprochen.

So kam ich zu der Überzeugung, daß sich in Hildebrandts unmittelbarer Umgebung Zuträger und Informanten des MfS tummelten, die Gerüchte ausstreuten und gierig jede Information aufsogen. Zu den Pressekonferenzen erschienen alle möglichen »Freiheitskämpfer«, Möchtegernfluchthelfer, Wichtigtuer der Rechtspresse, aber auch die eigentlichen Späh- und Zielobjekte der Stasi: politische Redakteure angesehener Tageszeitungen, Mitarbeiter des Verfassungsschutzes, Bonner und Berliner Politiker, Unternehmer, geflüchtete DDR-Ärzte, andere ehemalige Flüchtlinge oder politische Häftlinge, Tunnelbauer, Studenten und so weiter. Ein buntes Spektrum. Ich hielt mich da sehr zurück.

Doch anläßlich einer Pressekonferenz der Arbeitsgemeinschaft fing mich ein Reporter des »Senders Freies Berlin« vor dem Gebäude am »Checkpoint Charly« ab und bat mich um ein Statement zu der Ermordung Michael Gartenschlägers, den eine Sondereinheit der Stasi geradezu hingerichtet hatte, als er an der innerdeutschen Grenze einen weiteren Selbstschußautomaten vom Typ SM 70 demontieren wollte. Das Interview mit mir wurde noch am gleichen Abend gesendet.

Die Stasi, die mitsah und mithörte, was in Westberlin geschah, witterte ein Komplott, weil ich von einer »Sondereinheit des MfS« sprach, die Gartenschläger ermordet hatte, während die Presse die Meldung kolportierte, daß er von Grenzern erschossen worden sei. Woher wußte der Welsch von der Sondereinheit? Für sie war damit der Beweis meiner Protektion durch westliche Geheimdienste erbracht. Doch bin ich von sogenannten Geheimdiensten nie unterstützt worden, weder theoretisch noch praktisch. Im übrigen hätte ich darauf keinen Wert gelegt. Auf meinem Gebiet war ich mittlerweile besser als sie. Und da ich mich gründlich mit der Vorgehensweise des MfS, den Strukturen, der Ideologie und der Aufgabenstellung befaßt hatte, war mir klar, daß dieser feige Mord eben nur von einer zuverlässigen Sondereinheit des MfS in Uniformen der DDR-Grenztruppe begangen worden sein konnte. Mielke, selbst ein Mörder, hatte darin schließlich genügend Erfahrung.
Micha Sievert war nach seinem Freikauf Student in Gießen und 1974 einer meiner Trauzeugen. Er bot dem MfS an, mich zu bespitzeln. Unter seinem nom de guerre IM »Alexander« gab er dem MfS den Hinweis auf meinen Ferienort in der Ägäis, die griechische Halbinsel Pilion, an deren unterem Ende der kleine Fischerort Platania lag. 1979 nahm er den Namen seines spanischen Vaters an und nannte sich fortan »Michael Manuel Leria de la Rosa«. Er erfand die Geschichte meiner angeblichen Arbeit für den südafrikanischen Geheimdienst, worauf seine Berichte zur streng geheimen »Ministervorlage« für Mielke avancierten. Genau betrachtet, haben seine erlogenen Berichte die »Kampfmaßnahmen« des MfS gegen mich dynamisiert.
De la Rosa war kein Verräter aus irregeleitetem Idealismus. Er war ein Täter aus Geldgier. Gegen ein »Kopfgeld« verriet er mehr als 20 Flüchtlinge. Um mehr Geld zu erhalten, bot er dem MfS an, mich »schnellstmöglichst zu liquidieren«. Der Haß des MfS hatte sich auf seine Hilfskräfte übertragen. Ein potentieller Mörder auf Abruf.

Bereits im Sommer dieses Jahres hatte ich dem Dortmunder Rechtsanwalt Schöttler ein Mandat erteilt, Haftentschädigungsansprüche gegen die DDR geltend zu machen. Schöttler schrieb darauf an den Ministerrat der Deutschen Demokratischen Republik sowie an die ständige Vertretung der DDR in der Bundesrepublik, zu Händen Herrn Staatsminister Michael Kohl:

> »Mein Mandant saß sechs Jahre und acht Monate – völlig unschuldig – in politischer Haft in der DDR ein ...
> Wenn mein Mandant pro Tag eine Entschädigung von nur 30,- DM für 80 Monate verlangt, ergibt sich eine Summe in Höhe von 72.000,– DM.
> Diese 30,- DM sind selbstverständlich bei weitem untersetzt. Aus diesem Grunde werden pro Tag als Entschädigung 120,– DM geltend gemacht.
> Demnach ergibt sich eine Entschädigungssumme in Höhe von 288.000,– DM.
> Mein Mandant fordert weiterhin für die entgangenen Gagen als Schauspieler pro Monat 1.200,– DM. Das ergibt für sechs Jahre und acht Monate einen Betrag von 96.000,– DM. Hinzu kommen die Rentenversicherungsbeiträge in Höhe von 9.600,– DM.
> Es ergibt sich demnach ein Betrag in Höhe von 105.600,– DM.
> Man hat das Eigentum meines Mandanten beschlagnahmt, z. B. seine Gedichte in einem editierten Lyrikband, Manuskripte, usw.
> Mein Mandant macht insoweit mindestens einen Betrag in Höhe von weiteren 10.000,– DM geltend.
> Mein Mandant wurde gefoltert. Das geschah über weite Zeiträume hinweg. Insoweit macht mein Mandant einen weiteren Betrag, nämlich ein Schmerzensgeld in Höhe von weiteren 80.000,– DM, geltend.
> Insgesamt ergibt sich zunächst ein Teilbetrag in Höhe von 483.600,– DM.
> Selbst wenn der Antragsteller, Herr Welsch, einige wenige Gelder durch die Bundesrepublik Deutschland als Haftentschädigung bekommen hätte, so ist dennoch für die hier vor-

liegende Sache einzig und allein die Deutsche Demokratische Republik (DDR) zuständig. Im Gebiet der DDR hat Herr Welsch die Schäden erlitten, wurde er eingesperrt, mißhandelt und gefoltert.
Demnach ist Passivlegitimierte nur und allein die DDR.
Ich fordere die DDR hiermit auf, den Betrag von 483.600,– DM als Teilbetrag umgehend, spätestens jedoch in 25 Tagen, an mich zu zahlen.
Ich habe Geldempfangsvollmacht.
Andernfalls werden gerichtliche Schritte eingeleitet.
Die Menschenrechtskommission in Straßburg wurde von mir unterrichtet.
Desgleichen der Herr Bundesminister für Innerdeutsche Beziehungen, Bonn.
Die ständige Vertretung der DDR in Bonn mag die Sache forcieren.

Hochachtungsvoll
– Schöttler –
Rechtsanwalt«

Mir war klar, daß die SED den Vorgang als eine gewaltige Provokation ansehen und selbstverständlich nicht zahlen würde. Genau darauf kam es mir an. Ich wollte sie provozieren, in Atem halten, ihnen kleine Stiche versetzen.
De la Rosa war ihr Mann, inoffizieller Mitarbeiter in der Stasi-Begriffssemantik, mit dem operativen Auftrag, meine Fluchthilfe zu verhindern, wenigstens aber aufzuklären und zu zersetzen. So fertigte er als Gast in meiner Wohnung schon einmal Nachschlüssel an, um während meiner Abwesenheit in Ruhe die nächsten Aktionen anhand vermeintlich angelegter Akten zu erkennen. Einer der besonders widerlichen Verräter.
Im Herbst des gleichen Jahres erreichte mich ein Hilferuf aus Dresden.
Dieter Mittelsdorf, im Dresdner Interhotel »Newa« als Barkeeper beschäftigt, wollte angeblich aus der DDR flüchten. Die Art der

Anfrage und der berufliche Hintergrund des Klienten machten mich mißtrauisch. Schließlich war seine Stellung an der Bar eines Interhotels für den Kenner eine ideale IM-Position, die sich die Stasi nach allgemeiner Erfahrung nicht entgehen ließ. So konnte ich zunächst nur vermuten, daß es sich bei dieser Anfrage um die erste, von mir erkannte, Operation des MfS gegen mich handeln mußte, die das Ziel hatte, Fluchtwege in Erfahrung zu bringen, in die Organisation einzudringen. Das würde zudem bedeuten, daß sie irgendwie herausgefunden hatten, daß ich für die nicht unbeträchtliche Zahl verschwundener Ärzte und deren Familien aus der DDR verantwortlich war. Vielleicht sogar hinter dem Fall Müller. In Westberlin, wo sich Agenten aller möglichen Dienste tummelten, war ich mehr als einmal fotografiert und identifiziert worden, als ich mit Flüchtlingen zu den Wohnungen der Auftraggeber fuhr. Diese Information hatte ich von einem Landesamt für Verfassungsschutz, immerhin. Wenigstens die standen mir wohlwollend zur Seite.

Ich wollte der Sache auf den Grund gehen und beschloß eine Konteroperation.

Drei Jahre zuvor hatte mir die Staatsanwaltschaft in Köln mitgeteilt, daß das Verfahren gegen Arno Peters vorläufig eingestellt worden sei. Es war jener Peters, der sich mir 1967 als Geldgeber für meinen Film angedient hatte und mich kurz darauf an die Stasi verriet. Um so überraschter war ich, als mir die Staatsanwaltschaft Köln wenig später wörtlich mitteilte, daß sich der Peters mittlerweile im Bundesgebiet aufhalte, in Hannover. Ich möchte doch Kontakt mit ihm aufnehmen und ihn zur Klärung meiner strafrechtlichen Vorwürfe selbst befragen. Sollte sich daraus eine Erhärtung des Verdachts ergeben, werde sie die Ermittlungen fortführen.

Ich nahm den Kontakt zu Peters auf, dessen Anschrift mir die Staatsanwaltschaft praktischerweise gleich mitgeteilt hatte. Auf meine Bitte kam er nach Gießen. Hier nahm er zu den Vorwürfen Stellung und behauptete, nicht er, sondern seine damalige Freun-

din, die von ihm eingeweiht worden war, hätte sich an das MfS gewandt und damit meine Verhaftung ausgelöst. Er bat mich, die Anzeige doch zurückzuziehen, weil er sonst Schwierigkeiten an seinem neuen Arbeitsplatz bekäme. Da ich ihm seine Einlassungen nicht widerlegen konnte und mit einer Feststellung seiner Schuld oder einem Schuldspruch nicht zu rechnen war, entsprach ich seiner Bitte. Meinen Verdacht konnte er dennoch nicht entkräften. Er bedankte sich und bot mir an, mich bei irgendeiner gegen die DDR gerichteten Aufgabe zu unterstützen, um dadurch letzte Zweifel an seiner Glaubwürdigkeit auszuräumen.
Das Verfahren wurde auf meinen Antrag hin eingestellt. Den Kontakt zu ihm brach ich dennoch ab.
Doch jetzt paßte er gut in meine Überlegungen:
Sollte die Fluchtwilligkeit des Dresdner Barkeepers nur vorgetäuscht, sollte sie tatsächlich eine Operation des MfS sein, dann würde mein Kurier in eine Falle laufen. Sollte Peters mich damals verraten haben, wovon ich nach wie vor überzeugt war, dann verfügte er sicherlich über Kontakte zum MfS, war vielleicht IM. Würde ich Peters als Kurier in die DDR schicken, würde die Stasi sich bei seinem Auftauchen ihrem eigenen Mann gegenübersehen.
Allein der Gedanke an die konsternierten Stasigesichter in Ostberlin bereitete mir Vergnügen. Ich rief Peters an. Er war sofort bereit, den Auftrag zu übernehmen.
Ich gab ihm Instruktionen und wies ihn in seine Aufgabe ein. Am nächsten Wochenende sollte er nach Berlin fahren. Dort sollte er Mittelsdorf am Neptunbrunnen vor dem Fernsehturm treffen. Den Barkeeper hatte ich vom Bundesgebiet aus an seinem Arbeitsplatz im Interhotel »Newa« angerufen, was ich sonst stets vermied und was zudem ungewöhnlich auffällig war. Dennoch fand der Treff wie vorgesehen statt. Daraus zog ich den Schluß, daß das MfS nicht sehr viele Informationen über mich hatte und sich deshalb an den sprichwörtlichen »Strohhalm« klammern mußte.
Es versteht sich von selbst, daß sich in meinen Anweisungen nichts über den Fluchtweg oder andere operative Details fand. Im Gegenteil. Ich hatte Peters aufgetragen, auszurichten, die Flucht

gehe wahrscheinlich per Flugzeug über Polen nach Ulan Bator/Mongolei, von dort weiter, entweder über Japan oder Hongkong. Dafür, so ließ ich übermitteln, sei eine Anzahlung von 50.000,- DM zu leisten. Das war absurd, das war lächerlich. Doch Peters bestätigte mir nach seiner Rückkehr, daß Mittelsdorf zahlen wolle und werde. Er wolle nur noch wissen, wie denn genau seine Reise und die Flucht verlaufen werde. Was für einen Dilettanten glaubten die eigentlich vor sich zu haben?
Ich ließ mir nichts anmerken und setzte Peters erneut in Marsch. Klaglos und aus eigenem Antrieb traf sich Peters weiter mit Mittelsdorf in Ostberlin, mal im Interhotel »Stadt Berlin«, mal im Restaurant »Moskwa«, mal im Interhotel »Berolina«. Von dort fuhr er direkt nach Hause. Ich wollte ihn nicht mehr in meiner Wohnung sehen. Für mich war klar, daß auch Peters für die Stasi arbeitete.
Im April '76 brach ich die Kontakte zu allen Beteiligten überraschend und ohne Begründung ab. Ich wußte jetzt, daß die Stasi wenig wußte. Doch selbst das Wenige war zuviel.

Wie ich zu Recht vermutet hatte, war Dieter Mittelsdorf Mitarbeiter des MfS. Er wurde unter dem Decknamen IMF »Wanja« von der MfS-Bezirksverwaltung (BV) Dresden, Abteilung VI, geführt. Sein Führungsoffizier war MfS-Major Seibt.
Arno Peters war Informant des MfS, der seine Dienste, wie schon im November 1967, dem MfS Anfang 1976 erneut angeboten hatte. Die Tatsache, daß beide nichts ausrichten konnten, ändert nichts an ihrem Verrat. Besonders Peters war zum untersten Bodensatz an Verkommenheit gesunken. Einmal Verräter, immer Verräter.

Parallel zu meinen Versuchen, den Wissensstand des MfS auszuloten, gelang mir eine riskante Operation. Es war die Fluchthilfeaktion für Elfriede Tiefschwarz, eine angesehene Funktionärin aus Hettstedt, einem Ort zwischen Aschersleben und Eisleben.
In den Ferien fuhr sie gerne an den Sonnenstrand nach Bulgarien,

Schwarzes Meer. Diese Gegend bevorzugte auch ein Landtagsabgeordneter einer bekannten Partei in der Bundesrepublik. Am Sonnenstrand begegnete man sich und kam sich schnell näher. Dabei prallten zwei Welten aufeinander, wie sie unterschiedlicher nicht hätten sein können. Elfriede lobte ihr sozialistisches Heimatland über den grünen Klee, während der Landtagsabgeordnete zunächst geduldig zuhörte. Ihn interessierten weniger ihre Ansichten als Elfriede selbst. Doch irgendwann gab er ihr Kontra. Die Diskussion wogte hin und her. Tagelang, bis zum Ende ihres Aufenthaltes. Es kam zu keiner Gemeinsamkeit. Trotz der Gegensätze blieben sie in Verbindung und trafen sich im nächsten Jahr wieder. Ihre Debatten waren nun weniger heftig.

»Freiheit ist unter anderem«, führte er aus, »wenn ich dich zu Hause besuchen kann, du mich aber nicht.«

»Ich würde dich auch gerne besuchen, es geht aber nicht.«

»Doch es geht, dann aber für immer.«

»Wie soll das aussehen?«

»Indem ich dich holen lasse. Es gibt Leute, die das organisieren können. Und in wenigen Tagen bist du bei mir.« Ihre Gefühle, die längst erwacht waren, verdrängten ihre Ängste.

»Wenn du meinst, daß es geht, dann mach es.«

»Heißt das, du willst?«

»Ja«, sagte sie nach einer Pause, »ich will.«

Auf verschlungenen Wegen war dieser Abgeordnete an mich geraten. Ich fuhr in den Westerwald, wo er zu Hause war. Dort führten wir erste Gespräche. Er gab mir den Auftrag, Frau Tiefschwarz aus der DDR zu holen, sowie alle dazu notwendigen Unterlagen für einen Kontakt und einen handgeschriebenen Brief, den der Kurier ihr aushändigen sollte. Einen Flug nach Sofia konnte sie nicht antreten. Ihr Visumkontingent war erschöpft. Eine Reise nach Berlin war auf Grund ihrer beruflichen Stellung nicht möglich. So blieb als letzte Variante nur die Transitstrecke. Doch die verlief weit entfernt von ihrem Wohnort. Zu weit für einen westdeutschen Kurier. So kam ich auf Charly, mit dem ich seit meinem Freikauf in den Westen in regem Briefwechsel stand.

Meine Frau Hilde war damit einverstanden, ihn in Ostberlin aufzusuchen und meine Bitte zu überbringen, eine oder mehrere Kurierfahrten in der DDR für mich durchzuführen.
Sie besuchte Charly in seiner Wohnung in Weißensee und erklärte ihm den Auftrag. Dann übergab sie ihm einige hundert Mark zur Deckung seiner Unkosten und fuhr nach Westberlin zurück.
Kurze Zeit später hielt Frau Tiefschwarz den Plan ihrer Ausschleusung in den Händen.
Nahe dem Schkeuditzer Kreuz in Fahrtrichtung Gera/Hof sollte sie hinter einem großen Busch warten. Charly würde sie mit seinem Pkw dorthin bringen. Etwas Verpflegung und Wasser sowie warme Kleidung für die Nacht sollte sie unbedingt mitnehmen. Der Busch war weder von der Autobahn noch vom Hinterland aus einzusehen. Rastplätze oder Raststätten waren für eine Aufnahme zu gefährlich und deshalb nicht geeignet. Auf ihnen trieb sich ständig die Stasi auf der Suche nach Flüchtlingen herum. Die Aufnahme sollte nachts stattfinden. Sie sollte auf ein Fahrzeug warten, das zweimal kurz die Lichthupe betätigte und kurz darauf unmittelbar neben dem Busch hielt. Sie mußte nur herausspringen, die hintere Tür öffnen und sich in das Fahrzeug werfen. Das weitere würde ihr der Fahrer während der Fahrt erklären.
Der letzte Satz der Handlungsanweisung lautete: »Warten Sie bitte hinter dem Busch unbedingt so lange, bis Sie genau dort abgeholt werden. Das wird in jedem Fall geschehen!«
Frau Tiefschwarz, ich, der Fahrer, niemand konnte ahnen, wie wichtig diese Sätze werden würden. Der Fahrer unseres umgebauten Mercedes, der die Strecke und insbesondere den Aufnahmeort auf einer Testreise überprüft hatte, war zwei Tage vorher ohne besondere Vorkommnisse in Westberlin eingetroffen. Das Fahrzeug selbst war in einer Vertragswerkstatt gründlich auf technische Mängel untersucht worden. Außer einem Paar neuer Wischerblätter war nichts zu erneuern gewesen.

Gegen neunzehn Uhr verließ der Wagen Westberlin und rollte über den Kontrollpunkt Dreilinden/Drewitz in Richtung Leipzig. Der Fahrer fuhr konstant die vorgeschriebenen 100 Stundenkilometer. Kurz hinter der Abfahrt Belzig gab es einen gewaltigen Schlag. Eine der tückischen Bodenwellen hatte der offenbar angeschlagenen Achse den Rest gegeben. Die Fahrt war beendet, noch ehe sie richtig begonnen hatte. Jetzt war guter Rat teuer.

Weit und breit war niemand zu sehen, der Verkehr mäßig. Nach einer Weile hielt ein Lada mit Ostberliner Kennzeichen unmittelbar hinter dem Mercedes. Der Wagen war mit zwei Männern besetzt. Der Fahrer des Lada stieg aus und kam vorgelaufen.

Auf die Frage, ob er eine Panne habe, zeigte ihm der Fahrer des Mercedes das Malheur. Dann ging er nach hinten, um eventuelles Mißtrauen im Vorfeld auszuräumen. Er öffnete den Kofferraum.

»Sehen Sie, hier, mit diesem Werkzeug und dieser Ausrüstung ist da nichts zu machen.« Tatsächlich beugte sich der Mann über den Kofferraum. Und überzeugte sich wohl bei dieser Gelegenheit von dessen jungfräulicher Leere.

»Da haben Sie aber Pech gehabt, oder vielleicht auch Glück. Ich werde den Abschleppdienst rufen.« Er ging zum Lada zurück und stieg ein. Der Fahrer sah ihn telefonieren und grinste. Stasi. Er war auf eine zivile Streife der Stasi gestoßen. Doch in diesem Fall bedeutete das wirklich Glück. Ein Abschleppwagen war auf einer DDR-Autobahn zu dieser Stunde gar nicht anders zu bekommen.

Der Stasimann kehrte zurück. »Ich habe den Abschleppdienst gerufen. In etwa einer Stunde ist er hier. Er wird Sie zur Grenze nach Westberlin schleppen. Wir warten solange hier.«

»Das ist aber sehr freundlich von Ihnen.« Der Fahrer bot ihm eine Zigarette an. Der Stasimann bediente sich. Jetzt stieg auch der Beifahrer aus. Der hatte inzwischen sicher das Kennzeichen telefonisch überprüfen lassen. Ergebnislos, weil der Wagen kurz zuvor auf den Namen des Fluchthelfers angemeldet worden war. Zwischen ihm und den Stasileuten entspann sich ein Gespräch, vom Fahrer geschickt gelenkt. Doch innerlich war er angespannt.

Was würde aus der Frau werden? Würde sie warten? Wie lange würde die Reparatur in Westberlin dauern?

Charly hatte Frau Tiefschwarz mit seinem Wagen abgeholt. Sie trug eine kleine Reisetasche, war nervös und fahrig. Charly beruhigte sie. »Ich kenne den Organisator Ihrer Flucht sehr gut. Sie brauchen sich keine Sorgen zu machen. Alles wird gut, wenn Sie genau das tun, was Ihnen gesagt wurde. Der Mann arbeitet absolut zuverlässig.«
Kurz vor zwanzig Uhr stoppte er auf einem Feldweg. »Wenn Sie diesen Weg geradeaus gehen, stoßen Sie nach etwa 200 Metern auf einen großen Busch. Unmittelbar dahinter verläuft die Autobahn. Dort warten Sie. Viel Glück.« Schnell entschwand die Frau in der Dämmerung. Nach einem kurzen Fußmarsch erreichte sie den Busch und kauerte sich seitlich dahinter, so daß die Lichter der vorbeifahrenden Fahrzeuge sie nicht trafen. Ihre Gedanken waren bei ihrem Freund.

Der Abschleppwagen war angekommen und hatte den Mercedes angehängt. Knapp zwei Stunden später erreichten sie den DDR-Kontrollpunkt Drewitz. Die Grenzer winkten das Gespann auf eine leere Spur. Der Fahrer zeigte seinen Paß und erklärte die Situation. Dann entlohnte er den Fahrer des Abschleppwagens, in Westgeld, worüber der sich sehr freute.

Mittlerweile war es weit nach Mitternacht. Immer wieder hatte Frau Tiefschwarz die Scheinwerfer der ankommenden Fahrzeuge fixiert und vergeblich auf das verabredete Zeichen gewartet. Doch dieses blieb aus. Stunde um Stunde verging. Müdigkeit und Kälte krochen langsam in ihr hoch. Bis es dämmerte, hielt sie durch. Dann kroch sie tief in den Busch hinein und legte sich schlafen. Anfangs überschlugen sich ihre Gedanken. Warum kommt das Auto nicht? War etwas passiert? Hatte man den Fahrer geschnappt? Ich soll unter allen Umständen warten, rief sie sich den letzten Satz der Anweisungen ins Gedächtnis. Also werde ich warten. Jetzt ist es sowieso zu spät zur Rückkehr. Sie schlief tief und traumlos.

Die Tür des Kontrollraumes wurde aufgerissen. Zwei Grenzer standen davor.
»Kommse mit!« kommandierte einer. Der Fahrer war sofort hellwach. War etwas passiert? Hatte man das Versteck entdeckt? Draußen stand mit gelb blinkender Dachleuchte ein Abschleppwagen des ADAC. Er entspannte sich. Der ADAC-Mann trat auf ihn zu: »Sind Sie der Fahrer?«
»Ja, ich hatte auf der Transitstrecke einen Achsbruch. Der Wagen muß zurück nach Westberlin.«
»Ich bringe Sie rüber und zur nächsten Mercedes-Werkstatt. Dann werde ich die Kiste mal an den Haken nehmen.«
Nach einer flüchtigen Kontrolle von Paß und Fahrzeug durch die Grenzposten stieg der Fahrer in den ADAC-Wagen. Bald lag die Grenze hinter ihnen. Es war halb vier morgens.

In dieser Nacht wartete ich vergeblich auf den verabredeten Anruf. Spät ging ich zu Bett. Am nächsten Morgen klingelte das Telefon. Es war der Fahrer. Er schilderte mir ausführlich die Situation.
»Laß die Reparatur so schnell wie möglich durchführen, dann kommst du unter den gleichen Umständen in der nächsten Nacht zurück, hast du verstanden?«
»Habe verstanden.«

In der Werkstatt handelte der Fahrer nach heftigem Disput die Reparaturzeit von vier Tagen auf maximal zwei Tage herunter.

Als Frau Tiefschwarz erwachte, war es bereits später Nachmittag. Sie packte einige belegte Brote aus der Tasche und trank etwas von dem mitgebrachten Tee. Dann analysierte sie in aller Ruhe ihre Situation. Sowohl die Kontakte mit dem Kurier als auch die Handlungsanweisungen hatten auf sie einen vertrauenerweckenden Eindruck gemacht. Und ihrem Freund vertraute sie ohnehin. Etwas Unvorhergesehenes mußte passiert sein, etwas, was den Fahrer hinderte, sie abzuholen. Andernfalls wäre die Stasi schon am Busch gewesen und hätte sie herausgeholt. Doch alles war friedlich. Sie beschloß, auch die kommende Nacht in ihrem Versteck zu bleiben und abzuwarten.

Der Fahrer schlug inzwischen in der Stadt die Zeit tot. Am späten Nachmittag rief er die Werkstatt an. Der Meister erklärte ihm, daß die Achse inzwischen da sei und am nächsten Tag eingebaut werde. Die Antriebswelle sei unbeschädigt. »Also morgen«, murmelte er. »Hoffentlich hält das die Frau so lange aus. Hoffentlich wartet sie und rührt sich nicht.«
Er rief mich an und informierte mich.

Auch die nächste Nacht wartete Frau Tiefschwarz vergeblich. Stunde um Stunde starrte sie in das Dunkel, das nur von den gleichförmigen Lichtern vorüberfahrender Autos zerschnitten wurde. Gegen Morgen schlief sie erschöpft ein. Ihr Körper tat weh, sie konnte sich kaum bewegen und wollte den Busch auch nicht verlassen. Diesmal plagten sie wilde Alpträume. Mehrmals wachte sie auf. Gegen Mittag endgültig. Die Stunden bis zum Abend tröpfelten unendlich langsam. Diese Nacht werde ich noch abwarten, beschloß sie. Danach muß etwas passieren.

Der Fahrer hatte sich in einer Pension einquartiert. Bereits am Vormittag rief er in der Werkstatt an. Der Meister war am Telefon.
»Wie sieht es aus? Klappt alles mit dem Einbau?«
»Heute nachmittag können Sie den Wagen abholen. Bis dahin ist er fertig.«
Kurz vor vier Uhr stand er vor der Werkstatt. Die Mechaniker waren gerade mit den letzten Handgriffen beschäftigt.
»Ich muß noch eine Probefahrt machen«, erklärte der Meister, »dann können Sie ihn haben.« Wieder verrannen die Minuten.
»Alles in Ordnung, Sie können fahren.« Der Fahrer konnte einen

Seufzer der Erleichterung nicht zurückhalten. Nachdem er bezahlt hatte, rief er bei mir an und meldete seine Abfahrt. Mit 48 Stunden Verspätung machte er sich erneut auf den Weg. Der Wagen lag ruhig auf der Straße.

Die dritte Nacht war angebrochen. Frau Tiefschwarz hatte die letzten Stunden vor sich hin gedöst. Als es dunkel wurde, begann sie erneut, Ausschau zu halten. Sie war entschlossen, diese Nacht noch zu warten und am nächsten Morgen das Versteck zu verlassen. Sie war schmutzig, hungrig und durstig, hatte sich nur einmal mit einem Teerest das Gesicht anfeuchten können. Monoton heulten die Motoren der vorbeifahrenden Autos. Ihre Lichter streiften im Vorüberfahren den Busch, um als rote Punkte in der Dunkelheit zu verschwinden. Auto um Auto zog vorbei. Sie starrte aus ihrer Deckung nach vorn.

Nachdem der Fahrer die Grenzkontrollen passiert hatte, gab er Gas. Die Spannung wuchs, je mehr er sich Leipzig näherte. Mehrmals wurde er von schnelleren Autos mit singenden Reifen überholt. Verrückte, dachte er, die Vopo lauert mit ihren Radargeräten hinter Büschen, um abzukassieren. Das konnte er sich nicht leisten. Als er das Schkeuditzer Kreuz passierte, stieg sein Adrenalinspiegel. Nur noch wenige Kilometer.

»Er muß kommen, er muß«, murmelte Frau Tiefschwarz vor sich hin. Abwechselnd kniete sie, um nach einer Weile wieder in die Hocke überzugehen. Sie war völlig verdreckt, aber jetzt war ihr alles egal. »Wir werden zusammenkommen, und wenn ich hier Wurzeln schlage.«
Ein Lichtblitz traf sie. Ihr Herzschlag setzte einen Moment aus. Was war das? Noch ein Lichtblitz. Der zweite. Das Zeichen. »Das Zeichen!« schrie sie leise auf. Ein Auto näherte sich ungewöhnlich langsam ihrem Busch. Er war da, der Fahrer. Sie ergriff ihre Tasche und stürzte aus dem Busch. Die Zweige peitschten ihr ins Gesicht, doch sie spürte jetzt keinen Schmerz. Der Wagen stand

mit laufendem Motor am Rand der Autobahn. Endlich war sie draußen. Taumelnd rannte sie das kurze Stück zum Wagen. Ihre Beine mochten sie kaum tragen. Zu lange hatten sie reglos verharren müssen. Die hintere Tür war bereits geöffnet. Sie sprang in den Wagen, der im gleichen Moment mit heulendem Motor wieder beschleunigte. Mit letzter Kraft schloß sie die Tür und ließ sich in das Polster fallen. Geschafft!

Auf den letzten Kilometern hatte der Fahrer darauf geachtet, daß sich kein Fahrzeug hinter ihm befand. Zwei, drei Autos überholten schnell, nachdem er sich absichtlich hatte zurückfallen lassen. Er war entschlossen, anzuhalten und auszusteigen, wenn keine Reaktion auf seine Lichtsignale erfolgen würde. Da, der Busch, im Scheinwerferlicht deutlich auszumachen, das Prachtexemplar eines Busches. Er blinkte einmal, noch einmal, zog langsam zum Fahrbahnrand und hielt. Ein Blick in den Rückspiegel, kein Auto in Sicht. In diesem Moment sah er sie. Sie hatte tatsächlich gewartet. Er atmete auf.

»Ich hatte eine Panne«, eröffnete er das Gespräch, »die Vorderachse war gebrochen. Daß Sie so lange gewartet haben, ist ein Wunder. Wie haben Sie das nur fertiggebracht?« Frau Tiefschwarz spürte die angenehme Wärme im Auto, das tiefe Summen des Motors. Für sie zählte nur, daß sie im Auto saß, das sie Kilometer um Kilometer endlich ihrem Ziel näher brachte. Endlich.

»Frau Tiefschwarz, Sie müssen die hintere Rücklehne an den beiden oberen Enden entriegeln und sie nach vorne klappen. Dahinter befindet sich ein Versteck. Sie kriechen hinein und nehmen eine bequeme Position ein. Ich werde die Rückenlehne wieder hochklappen und verriegeln. Machen Sie sich keine Sorgen, für Atemluft ist gesorgt. Verhalten Sie sich ganz ruhig, husten und niesen Sie nicht. Wenn alles vorbei ist, hole ich Sie wieder raus.«

Nach drei Stunden erreichte er die Grenze bei Hof. Die Kontrollen waren mäßig. Der Verkehr war es auch. Nachdem er sich eingereiht hatte, hielt er an der Kontrollbaracke und reichte seinen Reisepaß hinaus.

»Haben Sie etwas im Kofferraum?« fragte der Grenzoffizier. »Nein.« Der Fahrer lächelte. »Aber Sie können gerne nachschauen. Ich habe mich verspätet, hatte vor drei Tagen einen Achsbruch bei Belzig.« Das war zwar ohne Zusammenhang, verfehlte aber seine Wirkung nicht. Der Offizier drückte ihm den abgestempelten Paß in die Hand und wünschte gute Weiterfahrt.
Nachdem er auch die hell erleuchtete westdeutsche Kontrollstelle Hirschberg passiert hatte, hielt er auf dem Parkplatz der Raststätte Hirschberg an.
»Es ist vorbei, wir haben es geschafft«, verkündete er so laut, daß Frau Tiefschwarz es hören konnte. Er schraubte vorsichtig die Rückenlehne ab. Erst nachdem er sich vergewissert hatte, daß niemand in der Nähe war, bat er sie herauszukommen. Er half ihr, bis sie hinten saß. Nachdem die Rückbank wieder angeschraubt war, stieg er ein und fuhr rückwärts bis in die Tankstelle.
»Ich tanke jetzt, und danach gehen wir in die Raststätte. Sie können sich ausgiebig frisch machen, danach essen, dann telefonieren. Ist die Reihenfolge in Ordnung?«
Frau Tiefschwarz nickte. Noch war sie benommen, konnte die neue, nächtlich-bunte Welt nicht einordnen, die sich ihr auf einer bundesdeutschen Grenztankstelle bot. Doch die Möglichkeit, jetzt gleich mit ihrem Freund zu telefonieren, belebte sie augenblicklich.
Gegen Mitternacht klingelte das Telefon bei mir zu Hause. Es war der Fahrer. »Alles in Ordnung. Es gab keine Schwierigkeiten. Sie hat tatsächlich gewartet und ist jetzt bei mir. Gegen drei oder vier Uhr werden wir in Gießen ankommen.« Ich rief sofort den Abgeordneten an. Er schien neben dem Telefon gewartet zu haben, so schnell meldete er sich.
Wer die Bitten um Hilfe, die Vorbereitungen, Planungen, Zwischenfälle, das Zittern um den Erfolg, die geglückte Flucht, Freude und Tränen von Flüchtlingen und Angehörigen, die Dankesworte, diese Dankbarkeit nicht selbst erlebt hat, das Glück der Flüchtlinge, endlich frei zu sein, der kann nicht nachempfinden, welch tiefe Genugtuung mir jede gelungene Operation vermittel-

te. Und immer wieder habe ich daraus die Kraft gezogen für neue Taten. Der Fall Tiefschwarz, ein Fall mit außergewöhnlichen Hindernissen und einer außergewöhnlich couragierten Frau, zeigte, wie wichtig es ist, daß alle Beteiligten bei einem solchen Unternehmen die Ruhe bewahren.
Ich stellte den Wecker auf vier und legte mich schlafen.

Gegen sechs Uhr trafen sie ein, übermüdet und aufgekratzt vor Freude. Nachdem der Fahrer ausführlich berichtet hatte, verabschiedete er sich und fuhr nach Hause.
Frau Tiefschwarz duschte ausgiebig, dann frühstückten wir zusammen. Am Vormittag fuhr ich sie zu ihrem Freund. Minutenlang lagen sie sich an der Haustür in den Armen.

DIE »BULGARIEN-CONNECTION«

Auch für das Jahr 1976 lagen bereits Aufträge für Fluchthilfeaktionen vor. Das Schwergewicht lag nach wie vor auf der Balkan-Route. Der Unterschied zu den zuvor durchgeführten Aktionen bestand diesmal darin, daß ich die Semesterferien überwiegend in Griechenland verbringen würde. Ich hatte mich entschlossen, den Platania-Tip zu testen und somit das Angenehme mit dem Nützlichen zu verbinden. Die Kurierdienste und Testflüge überließ ich inzwischen anderen, da sich meine Aktionen gehäuft hatten und mein persönliches Risiko mit jedem weiteren Einsatz unkalkulierbarer wurde.
Einen ersten Testflug hatte meine Frau in diesem Jahr erfolgreich absolviert. Es gab keinen Grund, warum sie nicht auch Kurier sein konnte, und es sparte Kosten. Zwei Jahre nach unserer Eheschließung kannte sie die wesentlichen Planungsvorgänge der Balkan-Route. Sie wußte, daß diese Reisen ungefährlich waren.
Insgesamt hatte ich für den Sommer sechs Fluchthilfeunterneh-

men über diese Route geplant. Alle Pässe, Tickets und sonstige Unterlagen hatte ich nach Griechenland mitgenommen. Über meinen codierten Anrufbeantworter mit Fernabfrage stand ich mit den Auftraggebern in Verbindung. Von Platania aus wickelte ich die letzten Buchungen ab. Sobald die Flugbestätigungen vorlagen, konnte ich die notwendigen Datumstempel einsetzen. Inzwischen waren rot-grüne, mittig zusammenfließende sogenannte Verlauf-Farben im Gebrauch.

Am Mittwoch, den 18. August 1976, flog meine Frau mit den in ihrem Beautycase eingenähten Unterlagen von Athen/Hellenikon nach Sofia. Diesmal sollte das DDR-Paar Hartung/Lürmann geholt werden. Meine Frau, die ich zum Flughafen begleitet hatte, erklärte plötzlich, daß sie ein ungutes Gefühl wegen dieser Reise habe. Unsere zweijährige Tochter Nathalie flog aus Tarnungs- und Sicherheitsgründen mit ihr. Woher hatte sie ihre dunkle Vorahnung? Ich dachte an die wartenden Flüchtlinge, die alle Hoffnung auf uns setzten.
»Es ist deine Entscheidung, dein Auftrag, dein Flug. Ich sehe keine Hinderungsgründe«, erklärte ich ihr. So flog sie ab.

Doch ihr Gefühl hatte sie nicht getrogen. Hätte sie mir vorher berichtet, was genau auf ihrer Testreise passiert war, hätte ich mich nicht auf dumpfe Vorahnungen beschränken müssen wie sie, sondern wäre sicher gewesen, daß diese Aktion verraten worden war. So aber blieb ich ahnungslos und in dem Bewußtsein zurück, wieder einmal alles Menschenmögliche getan zu haben, um ein DDR-Ehepaar aus Sofia herauszuholen.
Meine Frau kannte sehr wohl das oberste Prinzip der Fluchthilfe, das da lautet: Konspiration. Kein Außenstehender, und dazu zählten auch Angehörige oder Auftraggeber, durfte in Details eingeweiht sein. Wie ich später, nicht von ihr, erfuhr, hatte sie dieses Grundprinzip auf haarsträubend leichtsinnige Weise verletzt.
Sie hatte in Sofia einen schwarzen Studenten aus Ghana kennengelernt. Da man niemanden kennenlernen muß, war hier eindeu-

tig Vorsatz im Spiel. Darüber hinaus leistete sie den konspirativen Offenbarungseid, indem sie diesem Mann, mit dem sie gerade mal ein paar Worte gewechselt hatte, sowohl ihren Klarnamen wie auch ihre Anschrift in der Bundesrepublik nannte. Überdies gab sie ihm ein Foto von sich und versprach, in nächster Zeit wieder nach Sofia zu kommen. Sie hatte sich wie ein verknallter Teenager verhalten, nicht wie ein Kurier.

Aus dem Verhältnis, auf das sie sich da eingelassen hatte, entwickelte sich ein Briefwechsel an mir vorbei. Die Krönung des Ganzen war aber ihre heimlich geschriebene Ansichtskarte an den Ghanaer, womit sie faktisch die geheime Mission zum Scheitern verurteilte: *»Ankomme Sofia 18.8.76, 23:30 Uhr mit ›Tarom‹. Hole mich bitte ab, Hilde.«*

Das tat der »Student aus Ghana«, der sich »Mangali« nannte, auch. Vermutlich war er Mitarbeiter und Lockvogel des bulgarischen Staatssicherheitsdienstes, der mit dem MfS kooperierte, dem das Verschwinden vieler DDR-Leute in Bulgarien aufgefallen war.

Fest steht, daß sie vom Zeitpunkt ihrer Ankunft in Sofia an lückenlos überwacht wurde. Eine Einsatzgruppe von Zielfahndern des MfS, von den bulgarischen Genossen alarmiert, war nach Sofia gereist. Diese Gelegenheit wollte sich MfS-Generalmajor Fiedler nicht entgehen lassen.

Die Übergabe der Unterlagen an die Flüchtlinge ging wie vereinbart vonstatten: Mit der Parteizeitung »Neues Deutschland« als Erkennungszeichen unter dem Arm betrat Hilde gegen zwölf Uhr die Alexander-Newski-Kathedrale, gab sich per Codewort zu erkennen und teilte den Flüchtlingen mit, wo sie das Päckchen finden würde. »Hauptausgang«, flüsterte sie im Vorübergehen, »zweite Bank von hier aus, Abfallkorb. Päckchen aus Zeitungspapier.« Dann verließ sie, mit dem Kind an der Hand, die Kathedrale.

Zehn Minuten später kamen die Flüchtlinge aus der Kirche und schlenderten zur Bank. Die Frau setzte sich, während der Mann blitzschnell das Päckchen aus dem Abfallkorb angelte und unter seiner Jacke verbarg. Wie aus dem Boden gewachsen, umringten plötzlich vier, sechs Männer die Bank und verhafteten die beiden.

Meine Frau war unbehelligt in ihr Hotel zurückgekehrt. Die zwei Tage bis zu ihrem Rückflug ließ man sie an der »langen Leine« laufen in der Hoffnung, sie könnte vielleicht noch jemanden kontaktieren. Das war nicht der Fall. Ein weiteres Treffen mit den Flüchtlingen war nicht geplant. So erfuhr sie nichts von deren Verhaftung und erschien am Tag des Rückfluges am Flughafen. Kurz vor dem Einstieg in die Maschine versperrten ihr zwei Männer auf dem Vorfeld den Weg. »Sie Frau Welsch?« Nachdem sie das bejaht hatte, wurde sie in einen Raum neben der Paßkontrolle geführt. Einer der beiden Männer telefonierte auf bulgarisch. Auf ihre Frage, was sie von ihr wollten, antwortete der Deutsch Sprechende: »Sie sind festgenommen. Wir fahren jetzt in Stadt.«
In der Zentrale des bulgarischen Staatssicherheitsdienstes »Drzaven Sigurnost« wurde sie in eines der Büros gebracht, in dem sich bereits mehrere Personen befanden, auch ein Mann, dem Aussehen nach ein Deutscher, der während der nun folgenden Vernehmung aber kein Wort sprach. Ein MfS-Mann.
»Ich bin Untersuchungsrichter der bulgarischen Staatssicherheit. Sie haben zwei DDR-Bürgern gefälschte westdeutsche Papiere übergeben. Äußern Sie sich dazu.« Sie bestritt den Vorwurf. Einer der Zivilisten fächerte vor ihr einen Stoß Fotos auseinander. Ihr Herzschlag stockte. Man hatte sie in der Newski-Kathedrale fotografiert. Die Flüchtlinge und sie selbst waren deutlich zu erkennen. Je mehr Fotos sie sich betrachtete, um so deutlicher wurde ihr die Lage. Gestochen scharfe Bilder, auf denen auch zu erkennen war, wie sie das Zeitungspapierpäckchen mit den Pässen und Unterlagen in den Abfallkorb versenkte.
»Kommen Sie mit«, forderte der Bulgare sie barsch auf. Zwei Zimmer weiter öffnete er eine Tür und bedeutete ihr einzutreten.

Einer der Flüchtlinge, der Mann, saß dort auf einem alten Sofa. Ihm gegenüber auf einem Stuhl jemand, der ihn offenbar verhörte.
»Ist das die Frau?« fragte der Untersuchungsrichter den DDR-Flüchtling. Ehe dieser antworten konnte, schrie der Vernehmer in bestem Sächsisch: »Ja, ja, das ist sie, das ist die Frau!«
Ein Stasimann. Damit war meine Frau offiziell als Fluchthelferin identifiziert worden. Panische Angst erfaßte sie. Was würde mit ihr werden, vor allem mit unserer Tochter?

Selbstverständlich hatten wir solche Situationen durchgespielt. Dabei hatte ich ihr immer wieder eingebleut, daß ihr so lange nichts passieren würde, solange die kommunistischen Behörden Druck und Interesse aus dem Westen verspüren. Für den würde ich allemal sorgen. Außerdem sollte sie sich niemals, unter keinen Umständen zu irgendwelchen Aussagen hinreißen lassen. Sie konnte sicher sein, daß ich alles in meiner Macht Stehende tun würde, um sie aus dieser Lage zu befreien.
Nichtsdestoweniger verriet meine Frau bereits bei der ersten Vernehmung, daß sie in meinem Auftrag gehandelt habe und daß ich, ihr Ehemann, der Leiter einer Organisation sei, die Fluchthilfe aus politischen Gründen mit zunehmendem Erfolg in großem Umfang betreibe. Das war nicht nur sehr dumm von ihr, das war das Gefährlichste, das Unverzeihlichste, das Verräterischste, was sie tun konnte. Überdies nannte sie nahezu alle ihr bekannten Namen, auch den Namen von Dr. Karl Manis, dem Mann, der mir die Reisepässe beschaffte. Das war eindeutig Verrat, weder mit Angst noch mit dem Schock der Festnahme zu rechtfertigen. Während sie »sang« wie eine Heidelerche, so schnell, so viel, daß die Bulgaren oft mit dem Schreiben nicht mitkamen, wurde unsere Tochter unruhig. Man brachte beiden Getränke und Essen. Sie sollten bei Laune bleiben.
Nach der mehrstündigen, sehr ergiebigen Erstvernehmung erklärte der Bulgare gegen Mitternacht: »Mit Rücksicht auf Ihre Tochter lasse ich Sie auf eigene Kosten in ein Hotel und nicht ins

Gefängnis bringen. Vergessen Sie aber nicht, das ist nur vorläufig. Die Vernehmung geht morgen weiter.«

Man brachte sie und das Kind einige Straßen weiter im Hotel »Witoscha« unter. Paß und Geld hatte man einbehalten und in der Lobby zwei bulgarische Geheimdienstler zur Bewachung postiert.

Der bulgarische Staatssicherheitsdienst war nach vorliegenden Erkenntnissen der am engsten mit dem sowjetischen KGB verbundene Geheimdienst des Ostblocks. Seine Aktivitäten im Ausland richteten sich hauptsächlich gegen Emigranten, besonders gegen jene, die im Münchner Sender »Radio Free Europe« arbeiteten. Er war grausam und rücksichtslos in seinen Methoden. Die Ermordung Staschinskys in München ging auf sein Konto. Er ging aber mit Frauen, insbesondere solchen mit Kindern, weitaus nachsichtiger um als das MfS, welches das Kind in einem solchen Fall in ein Heim und die Mutter ins Gefängnis gesteckt hätte.

Ich war zum Flughafen Hellenikon gefahren, um meine Familie dort in Empfang zu nehmen. Doch sie war nicht unter den Passagieren der Maschine aus Bukarest. Es war etwas Schwerwiegendes passiert, das wußte ich sofort. Entweder waren die Flüchtlinge beschattet worden oder die Kurierin. Beides konnte nur eine Ursache haben: Verrat. Ich war durcheinander. Die Niederlage kränkte mich. Zugleich machte ich mir Sorgen um meine Frau und meine Tochter. Was war mit den Flüchtlingen geschehen?

Das wirklich Schlimme an der Sache war, ich konnte meine Frau nicht erreichen, die Verbindung zu ihr war total unterbrochen. Ich entschloß mich, unverzüglich nach Deutschland zurückzukehren. Nur von dort aus konnte ich Licht in das Dunkel bringen und Hilfe für sie organisieren. Zugleich mußte ich alle laufenden Aktionen unverzüglich stoppen.

Ich buchte die nächste Maschine nach Frankfurt und flog zurück.

Kaum zu Hause, klingelte das Telefon. Meine Schwiegermutter. Ihre Tochter hatte sie aus Sofia angerufen und ihr mitgeteilt, daß die bulgarischen Behörden sie dort festhielten. Mein Verdacht fand sich bestätigt.

In dieser Situation war nur eine Stelle kompetent genug, Hilfe zu leisten: das Auswärtige Amt in Bonn. Ich machte mich unverzüglich auf den Weg in die Bundeshauptstadt und suchte sogleich das Auswärtige Amt auf. Nach einigem Hin und Her konnte ich mit einem Mitarbeiter sprechen, der sich den Sachverhalt kurz berichten ließ und mich dann an die Rechtsabteilung des Auswärtigen Amtes verwies.

Dort wollte man mich zunächst abwimmeln, doch es gelang mir, zum Chef dieser Rechtsabteilung vorzudringen. »Graf Schirnding, Leiter« stand auf einem kleinen Schild neben der Tür, die ich nach kurzem Zögern öffnete. Ein großer, schlanker Mittvierziger saß hinter einem Schreibtisch. Als ich meinen Namen nannte, erhob er sich, durchquerte das Zimmer und begrüßte mich: »Wir sind bereits von der Festnahme Ihrer Ehefrau in Sofia benachrichtigt worden. Vom bulgarischen Außenministerium«, fügte er hinzu. »Wir müssen jetzt abwarten, was die Bulgaren Ihrer Frau vorwerfen und ob es zu einem Gerichtsverfahren kommen wird. Erst dann können wir uns für sie einsetzen.«

»Heißt das, daß Sie im Vorfeld überhaupt nichts tun werden?«

»Nichts möchte ich nicht sagen. Ihre Frau wird selbstverständlich von unserer Botschaft betreut werden. Wie kam es überhaupt zur Festnahme Ihrer Frau?«

Ich berichtete ihm, wie und warum ich einer Reihe von DDR-Bürgern die Flucht in den Westen ermöglicht hatte.

»Dann stimmt also, was die Bulgaren sagen. Sie sind Fluchthelfer.«

»Das ist korrekt. Ich bin Fluchthelfer. Aber woher wissen das die Bulgaren?«

»Kann ich Ihnen nicht sagen. Sie kennen aber das Problem der kommerziellen Fluchthilfe. Sie verdienen doch damit Geld, oder?«

»Ist mir bekannt. Allerdings bin ich kein sogenannter kommerzieller Fluchthelfer. Ich versuche ausschließlich, verfassungsmäßig garantierte Rechte durchzusetzen, deren Verlust ich am eigenen Leib gespürt habe. Das halte ich, wenn Sie so wollen, für meine patriotische Pflicht.«
»Herr Welsch, was soll ich sagen? Mir sind die Hände gebunden. Ich handle nur auf Weisung, sosehr ich Ihre Ansichten auch teile. Warten Sie die nächsten Tage ab. Ich werde Sie sofort benachrichtigen, wenn ich etwas Neues erfahre.«
Wir verabschiedeten uns. Ich gab ihm die Telefonnummer meiner Pension.

Auch meine Frau hatte eine unruhige Nacht. Was hatten die Bulgaren sich vorgestellt? Wie sollte es weitergehen? Wie sollte sie sich und das Kind verpflegen, nachdem man ihr alles Geld abgenommen hatte? Das sei nur vorläufig, hatte ihr der Untersuchungsrichter erklärt. Das konnte nur bedeuten, daß man sie in absehbarer Zeit doch in ein Gefängnis stecken würde. Allein der Gedanke daran jagte ihr Angst ein, vor allem, daß man ihr das Kind wegnehmen würde.
Am nächsten Morgen ging sie schon früh mit Nathalie in die Hotelhalle. Ihre Bewacher postierten sich in der Nähe der Rezeption. Während sie in einer Sesselgruppe Platz nahm und über einen Ausweg nachdachte, nahm ein junger Mann neben ihr Platz. Ein Angestellter des Hotels. Er sprach sie an. Mühsam versuchte er sich auf englisch zu verständigen. Das ging so leidlich. Meine Frau erklärte ihm, daß sie im Hotel unter Bewachung stehe, und deutete versteckt auf die beiden bulgarischen Stasimänner an der Rezeption.
»Kein Geld, verstehen Sie, ich habe kein Geld. Wo ist die Deutsche Botschaft in Sofia«, wollte sie von ihm wissen, »The German Embassy, Federal Republic of Germany?«
»Ah, deutsche Botschaft, ist nicht weit.« Er beugte sich näher zu ihr und flüsterte halblaut: »Ausgang rechts, zweite Straße rechts, 100 Meter. Second street, second street«, wiederholte er. »Ha-

ben Sie Hunger? Ich bringe Essen.« Meine Frau nickte. Er verschwand und kam kurz darauf mit einem Teller belegter Brote zurück.

Vor dem Hoteleingang hielt ein Reisebus. Einzeln und in Gruppen kamen Touristen herein. Die Halle füllte sich mit Menschen. Ihre Bewacher waren im Gedränge vor der Rezeption nicht zu sehen, denn eine Gruppe der Ankommenden hatte sich dazwischengeschoben. Jetzt oder nie, dachte sie, die Gelegenheit war günstig. Sie nahm das Kind fest in ihre Arme und schlich leicht geduckt zum Ausgang. Raus, bloß raus hier! Sie rannte auf die Straße.

Nach rechts, hämmerte es in ihrem Kopf, second street, zweite Straße rechts.

Sie rannte los. Niemand folgte ihr. Ihre Bewacher hatten nichts bemerkt. Atemlos erreichte sie die Ecke. Ein letzter Blick zurück. Niemand.

Sie rannte weiter. Schon von weitem sah sie die deutsche Fahne. Die Botschaft. Rannte durch einen Vorgarten bis zur Tür. Völlig außer Atem drückte sie den Klingelknopf. Die Tür sprang auf, und sie stürzte hinein. Geschafft! In Sicherheit!

Die Türwache sprach sie an: »Guten Tag, Sie wünschen bitte?«

Sich immer wieder verhaspelnd, vom Laufen schwer atmend, stieß sie hervor: »Ich bin Deutsche, Welsch, mein Name ist Welsch. Der bulgarische Staatssicherheitsdienst will mich verhaften. Bitte, ich bitte um Asyl.«

»Warten Sie bitte einen Moment, ich hole jemand.« Der Mann griff zum Telefon.

Erschöpft vor Angst und vom Laufen sank sie auf einen Stuhl.

Jemand kam eine Treppe herunter, direkt auf sie zu.

»Guten Tag, mein Name ist Schmidtberger, Legationsrat, ich bin Mitarbeiter der Botschaft. Was kann ich für Sie tun?«

Sie erzählte ihm die Geschichte ihrer Kurierreise, erzählte, daß sie zwei DDR-Bürgern bundesdeutsche Pässe nach Sofia gebracht hatte und daß sie bei ihrer eigenen Ausreise auf dem Flughafen verhaftet worden war.

»Haben Sie für eine Organisation gearbeitet?« wollte Schmidtberger wissen.
»Ja, für die meines Mannes. Ich weiß nicht, warum es diesmal nicht funktioniert hat, warum man mich am Flughafen verhaftet hat.«
»Warten Sie hier bitte einen Moment, ich komme gleich zurück.«
Nach einer Viertelstunde erschien Schmidtberger und setzte sich ihr gegenüber.
»Es tut mir leid, Frau Welsch, Ihnen das sagen zu müssen, aber wir, die deutsche Botschaft, können Ihnen kein Asyl geben. Asyl für Bundesbürger gibt es bei uns nicht. Wir können Sie auch nicht hier behalten, weil wir nicht die guten deutsch-bulgarischen Beziehungen belasten oder gar stören dürfen. Das müssen Sie verstehen. Wir können Ihnen einen Kaffee anbieten, einen kleinen Imbiß, doch dann müssen Sie die Botschaft leider wieder verlassen. Es tut mir wirklich leid.«
»Aber draußen steht vielleicht schon die Stasi ...«
Schmidtberger hob langsam, wie bedauernd, seine Schultern, um sie gleich wieder fallen zu lassen.
»Sie müssen die Suppe jetzt auslöffeln, die Sie sich eingebrockt haben.«
Der Mann meinte, was er sagte. Das war kein Scherz. Die schickten sie eiskalt zurück auf die Straße. Sie überlegte krampfhaft.
»Können Sie mir wenigstens sagen, wo die amerikanische Botschaft ist?«
Schmidtberger lächelte. »Frau Welsch, auch da werden Sie kein Glück haben.«
»Bitte, wo ist die amerikanische Botschaft?«
»Wenn Sie hier rausgehen, gehen Sie rechts die Straße weiter runter, bis Sie an ein großes Gebäude stoßen, auf dessen Dach steht groß der Name ›XEMYS‹. In der gegenüberliegenden Straße befindet sich die amerikanische Botschaft.«
»Danke.« Sie stand auf.
Grußlos verließ sie die Botschaft.
Draußen nahm sie das kleine Mädchen auf den Arm und rannte

los, die Straße hinunter, vorbei an dem Haus mit den Neonbuchstaben »XEMYS« auf dem Dach. Noch ein paar Meter, und sie konnte bereits die Sterne und Streifen der amerikanischen Flagge sehen. Niemand war ihr gefolgt. Dann drückte sie entschlossen auf die Klingel. Ein Summer öffnete die Tür, und sie betrat das Gebäude. Vorn rechts war eine Art Rezeption oder Pult, hinter dem ein Uniformierter saß. Sie trat näher.

»Ich bin deutsche Staatsbürgerin und bitte um Asyl in der amerikanischen Botschaft«, sagte sie auf englisch.

Sie fing an zu weinen. Sie war am Ende ihrer Kräfte. Der Soldat telefonierte.

Nach wenigen Minuten erschien eine Frau und setzte sich neben sie.

»Ich bin Mrs. O'Neill, United States Embassy. Kann ich Ihnen helfen?«

Sie wischte sich die Tränen aus dem Gesicht. Zum zweiten Mal an diesem Morgen erzählte sie ihre Geschichte, die ihr schon deshalb nicht leichter fiel, weil sie nach englischen Vokabeln suchen mußte. Die Amerikanerin unterbrach sie nicht und hörte interessiert zu.

»Incredible«, war zunächst alles, was Mrs. O'Neill herausbrachte. Doch wollte sie den Wunsch nach Asyl sofort weiterleiten.

Für den Moment waren Hilde und das Kind sicher. Gegen Mittag brachte ein Marinesoldat einen Imbiß.

Kurz danach kam Mrs. O'Neill zurück.

»Mrs. Welsh, gute Nachrichten. Sie und Ihre Tochter können vorläufig hierbleiben. Congratulations!« Sie lächelte.

Am Tag nach meinem Besuch in der Rechtsabteilung des Auswärtigen Amtes klingelte das Telefon. Am Apparat war Graf Schirnding.

»Herr Welsch, kommen Sie bitte sofort in die Rechtsabteilung. Es ist etwas passiert.«

Schwer atmend betrat ich kurze Zeit später sein Dienstzimmer.

»Herr Welsch, Ihre Frau ist aus dem Hotel geflüchtet, in dem die

bulgarischen Behörden sie untergebracht hatten ...« Ich saß kerzengerade.
»Ja, und wohin?«
»In unsere Botschaft.«
»Na, das ist doch phantastisch. Dort ist sie sicher. Das ändert die Situation und ...«
»Herr Welsch«, unterbrach er mich, »dort *ist* Ihre Frau nicht mehr.«
»Waas? Ja wo, um alles in der Welt, ist sie denn jetzt? Und warum ist sie da nicht mehr?«
»Da konnte man ihr, Sie müssen das verstehen Herr Welsch, nicht helfen. Unsere Diplomaten haben strikte Weisung, in solchen Fällen jede Konfrontation mit den bulgarischen Behörden zu vermeiden.«
Ich dachte, ich hörte nicht richtig. Was redete der da?
»Wo befindet sich meine Frau jetzt?«
»Genau darüber wollte ich mit Ihnen sprechen. Ihre Frau befindet sich zur Stunde in der Botschaft der Vereinigten Staaten, und dort hat man ihr heute nachmittag politisches Asyl gewährt.«
»Das ist aber mal eine gute Nachricht.«
»Herr Welsch, das ist keine gute Nachricht. Können Sie sich vielleicht vorstellen, wie man außen jetzt über uns denken wird?«
»Das kann ich gut. Wahrscheinlich genauso wie ich selbst. Sie haben meine Frau eiskalt auf dem Altar der sogenannten Neuen Ostpolitik geopfert, die ich für falsch halte.«
Graf Schirnding schwieg. Das Telefon klingelte. Er nahm ab. Nach einem Moment ließ er den Hörer sinken: »Ihre Frau, Herr Welsch, aus der amerikanischen Botschaft in Sofia.« Ich sprang auf und nahm den Hörer: »Welsch.«
»Ich bin's, ich rufe aus der amerikanischen Botschaft an. Man hat mir heute Asyl gewährt, was soll ich machen? Ich gehe davon aus, daß du über alles bereits informiert bist.«
»Ja, bin ich. Sag mir zuerst, wie es dir geht.«
»Jetzt geht es mir wieder gut. Die Amerikaner sind sehr nett zu

mir. Die schimpfen auf die deutsche Botschaft, vor allem auf den Botschafter.«

»Wie heißt er?«

»Fritz Menne.«

»Ich werde dafür sorgen, daß dieser Fritz Menne eine ›gute Presse‹ in der Bundesrepublik bekommt. Das ist ja wohl das Letzte.«

»Hör gut zu. Die Amerikaner wollen mich in einigen Wochen hier rausbringen, in die USA. Und von dort darf ich das erste Jahr nicht ausreisen. Das heißt, wir sehen uns lange nicht mehr. Kannst du nicht doch noch etwas im Auswärtigen Amt erreichen?«

»Okay, ich werde alles daransetzen, doch hier sind die neuen Ostpolitiker am Zug. Es wird nicht einfach sein. Trotzdem: mach dir keine Sorgen mehr, jetzt, wo du in Sicherheit bist. Ich werde alles tun, um dich so schnell wie möglich da herauszuholen, hast du verstanden?«

»Ja, ich danke dir.«

»Danke lieber den Amerikanern. Gib Nathalie einen Kuß von mir. Viel Glück!«

Das Gespräch war beendet. Ich informierte Graf Schirnding.

Die Dinge waren in Bewegung geraten.

Zum gleichen Zeitpunkt trafen sich in Ostberlin, im Ministerium für Staatssicherheit, der Leiter der Hauptverwaltung VI, Generalmajor Fiedler, Abteilungsleiter Herfurth, HA/VI/I, der Leiter AG Koordinierung, Major Dorfmeister, der Leiter OPD Berlin, Oberst Mattern, und andere. Fiedler wandte sich an die Anwesenden: »Genossen, ich muß wohl nicht besonders hervorheben, daß das bulgarische Bruderorgan bei der Bewachung der KMH Welsch eklatant versagt hat. Bei uns wäre eine solche Schweinerei nicht passiert. Frau ins Gefängnis, Kind ins Kinderheim, Basta. Die Welsch hat das natürlich ausgenutzt und ist abgehauen. Warum sie die BRD-Botschaft wieder verlassen hat, ist noch unbekannt. Wir werden das aber bald erfahren. Interessant ist für uns die Tatsache, daß sich die Welsch zur Stunde in der amerikanischen Botschaft aufhält. Wie unsere Freunde mithören konnten, hat man sich dort der Zustimmung des amerikanischen Außenministeriums versichert, der Welsch Asyl zu geben. Die wissen offenbar nicht, worauf sie sich einlassen. Genossen, unsere nach Sofia entsandte Sonderermittlungsgruppe der BV Dresden bleibt so lange vor Ort, so lange sich die KMH Welsch in der imperialistischen Botschaft aufhält. Wir werden die bulgarischen Genossen vom D. S. mit allen nötigen Informationen aus dem hier anliegenden Material versorgen, insbesondere über die ständigen und kriminellen Verletzungen des bulgarischen Staatsgebietes durch die KMHB Welsch, zum Zwecke der Übergabe von gefälschten BRD-Pässen und der Fälschung von bulgarischen Ein- und Ausreisestempel. Weitere koordinierende Maßnahmen nach Absprache mit der ZKG und unseren bulgarischen Freunden. Für die zu realisierenden Maßnahmen wird in Zusammenarbeit mit der HA VI/I ein gesonderter Operationsplan erarbeitet. Genossen, gehen wir an die Arbeit.«

Zu Dienstbeginn betrat ich am nächsten Tag das Zimmer von Graf Schirnding.

»Sie sind etwas zu früh, aber nehmen Sie Platz.« Im Verlauf der nächsten zwei Stunden beobachtete ich ein reges Kommen und Gehen. Das Telefon klingelte ununterbrochen.

»Wissen Sie eigentlich, was Ihre Frau da angerichtet hat?« fragte mich in einer Pause der Graf.

»Jetzt machen Sie aber mal einen Punkt. Angerichtet hat Ihre Botschaft etwas. Meine Frau hat nur reagiert. Die Folgen hat dieser famose Herr Menne zu verantworten, besser sein Chef, Außenminiser Genscher.« Das Telefon klingelte schon wieder.

»Herr Welsch, für Sie, die deutsche Botschaft in Sofia.«

Ich ging zum Schreibtisch und meldete mich: »Welsch.«

»Legationsrat Schmidtberger, deutsche Botschaft Sofia. Guten Tag, Herr Welsch, es geht um den Fall Ihrer Ehefrau. Sie hat uns in eine schwierige Lage gebracht, indem sie in der amerikanischen Botschaft um Asyl nachgesucht und dort berichtet hat, wir würden ihr jede Hilfe verweigern. Das stimmt nicht. Wir helfen ihr gerne, aber sie sollte das Asylangebot der Amerikaner nicht annehmen. Könnten Sie ihr das vielleicht ausrichten? Ich habe schon mit ihr gesprochen, doch sie lehnt jeden weiteren Kontakt mit uns ab.«

»Herr Schmidtberger, ich verstehe Ihre Sorgen, doch haben die nichts mit meinen oder unseren Sorgen zu tun. Ihnen geht es doch wohl ausschließlich um die Reputation der deutschen Botschaft nach ›außen‹. Was Sie mir jetzt anbieten, kommt doch nur durch den Druck der Ereignisse zustande. Erklären Sie mir klipp und klar, daß der Rauswurf meiner Frau durch Ihren Botschafter Fritz Menne eine Fehlleistung war, politisch veranlaßt durch die sogenannte ›Neue Ostpolitik‹, und wir haben eine Gesprächsgrundlage. Herr Schmidtberger, wenn ich hier in Bonn von der Rechtsabteilung des Auswärtigen Amtes eine schriftliche Zusicherung erhalte, aus der deutlich hervorgeht, daß sich meine Frau so lange in der deutschen Botschaft aufhalten kann, bis ihre freie Ausreise mit den Bulgaren ausgehandelt ist, dann stimme ich zu und werde meine Frau auch davon überzeugen.«

»Gut, Herr Welsch, ich melde mich heute nachmittag wieder.«

»Haben Sie gehört?« wandte ich mich an Graf Schirnding. »Das ist einfach nicht zu fassen. Das sollte die deutsche Öffentlichkeit mal hören. Die eigenen Staatsbürger liefert man der kommunistischen Gewalt aus.«

»Herr Welsch, es ist nicht immer leicht, in solchen diffizilen Situationen die richtigen Entscheidungen zu treffen. Sie müssen auch uns, das Auswärtige Amt, verstehen. Wir sind gehalten, uns mit den Realitäten abzufinden, sie aufzugreifen und im Interesse aller das Beste daraus zu machen. Im Einzelfall kann es da schon zu gewissen Härten kommen. Ich gebe durchaus zu, daß Ihr Fall auch für uns eine Herausforderung ist. Sie können das daran erkennen, daß sich der Bundesaußenminister eingeschaltet hat.«

»Ich glaube nicht, daß er sich wegen der Härte des Einzelfalles eingeschaltet hat, sondern weil er die Auswirkungen einer falschen Politik reparieren muß. Wäre meine Frau nicht in die US-Botschaft gelaufen, kein Hahn hätte mehr nach ihr gekräht.«

»Wenn Sie heute nachmittag wiederkommen, habe ich ein Schriftstück vorbereitet«, beendete Graf Schirnding unseren kleinen Dialog.

Am Nachmittag reichte er mir ein Blatt Papier mit dem Briefkopf und der Zusage des Auswärtigen Amtes. Das war ein Erfolg.
»Jetzt können Sie mit Ihrer Frau sprechen und sie dazu bewegen, in die deutsche Botschaft zu kommen«, erklärte mir Graf Schirnding, nachdem ich das Papier gelesen hatte. Er ließ eine Verbindung zur amerikanischen Botschaft Sofia herstellen, und kurz darauf sprach ich mit meiner Frau.
»Wie geht es dir, wie behandelt man dich und Nathalie?«
»Danke, uns geht es gut. Die Amerikaner sind wirklich sehr nett und liebenswürdig.«
»Okay, dann will ich dir etwas mitteilen. Das Auswärtige Amt hat erklärt, daß es dir jetzt allen Schutz bietet, wenn du in die deutsche Botschaft zurückkehrst. Du kannst dort bleiben, bis die Bulgaren ihre Ermittlungen abgeschlossen haben.« Ich las den Text des Schreibens.
»Gut, dann mache ich das. Nur, wie komme ich dahin? Die Amerikaner haben mir die beiden Autos vor der Botschaft gezeigt. In denen wartet die bulgarische Staatssicherheit. Die stehen direkt vor der Tür.«
»Das kläre ich gleich. Das Auswärtige Amt wird sich mit den Amerikanern in Verbindung setzen und sie bitten, daß sie dich rüberfahren.« Ich wandte mein Gesicht zu Graf Schirnding. Der nickte.
»Das ist mir gerade bestätigt worden. Also ist dieser Punkt auch geklärt.«
»Ich möchte nach Hause, Nathalie will auch nach Hause.« Sie begann zu weinen.
»Ich verstehe das, natürlich, ich will auch, daß du nach Hause kommst. Du kannst völlig sicher sein, daß ich alles tun werde, damit das recht schnell geschieht. Von der deutschen Botschaft aus ist die Entfernung nach Deutschland schon wesentlich geringer

als von der amerikanischen«, versuchte ich zu scherzen. »Sieh das mal positiv. Es wird alles gut werden. Verlaß dich auf mich.«
Das Gespräch war beendet.

Gegen Abend desselben Tages bestieg meine Frau auf dem Gelände der amerikanischen Botschaft ein Dienstfahrzeug der Amerikaner.
Eskortiert von einem Begleitfahrzeug verließ der weiße »Oldsmobile« in schneller Fahrt das Botschaftsgelände und traf wenig später ohne Zwischenfälle vor der deutschen Botschaft ein. Die Eingangstür stand weit offen. Legationsrat Schmidtberger begrüßte sie.

»Guten Tag, Frau Welsch, willkommen in der deutschen Botschaft.« Im Innern der Botschaft warteten zwei Frauen. Eine von ihnen stellte sich als »Frau Menne«, vor, die Frau des Botschafters. Sie begann meiner Frau sogleich zu erklären, was in der Botschaft erlaubt und was verboten war, welche Zimmer sie nicht betreten durfte und daß das Kind nicht auf der Treppe zu spielen habe. Was für ein Unterschied zu den Amerikanern! Aber sie war nun mal Deutsche.
»Das hier wird Ihre Unterkunft sein«, erklärte Frau Menne, und deutete auf eine fensterlose, leer geräumte Besenkammer, in die man zwei Feldbetten gestellt hatte.
Wenn meine Frau an das vollständig eingerichtete Zimmer bei den Amerikanern dachte, dann konnte sie sich des Eindruckes nicht erwehren, daß sie hier unerwünscht war, daß man ihr einen längeren Aufenthalt verleiden wollte.

Inzwischen hatte ich den ZDF-Journalisten und Moderator Fritz Schenk telefonisch über das wenig diplomatische Hickhack wegen meiner Frau und über die Hintergründe informiert.
»Wir haben am kommenden Dienstag Redaktionskonferenz. Wenn Sie mir bis dahin noch einige Fotos bringen würden, von Ihrer Frau und Ihrer Tochter, würden wir in unserer Sendung

darüber berichten.« Ich bedankte mich und versprach, die Bilder rechtzeitig zu liefern.
Etwa zeitgleich nahm ich auch Kontakt mit dem »Spiegel« auf. Auch der »Spiegel« erklärte sich bereit, die Hintergründe zu recherchieren, teilte aber einige Zeit später mit, daß er auf eine Berichterstattung verzichten wolle, weil »diese Sache im Moment nicht in die politische Landschaft passen« würde. Da war er wieder, der Kotau vor dem Zeitgeist, der da »Neue Ostpolitik« hieß und in Wirklichkeit eine Politik der Anbiederung darstellte. Daß ausgerechnet der »Spiegel« kneifen würde, überraschte mich. Jahre später sollte er das wieder tun. Auch er ein Opfer falscher Erwartungen, genährt durch eine falsche Politik.
Das ZDF würde jedenfalls einen Bericht senden. Das hatte eine gute und eine schlechte Seite. Die gute war, daß der Fall damit öffentliche Aufmerksamkeit erregen würde und dadurch Druck erzeugt werden konnte. Andererseits gab ich mich damit endgültig als Fluchthelfer zu erkennen. Das konnte meiner Arbeit nicht unbedingt nützlich sein. Ich wollte darüber nachdenken.
Nach wie vor tauchte ich jeden Morgen zu Dienstbeginn in der Rechtsabteilung auf, so, als würde auch ich meinen Dienst dort antreten. Graf Schirnding mißfiel das zunehmend. Er wies mich darauf hin, daß ich den »ordnungsgemäßen Ablauf seiner dienstlichen Obliegenheiten stören« würde. Das hatte er aber mal im feinsten Bürokratendeutsch formuliert. Jetzt war auch ich ein mühsam geduldeter Gast geworden.

Das Telefon klingelte. Die Botschaft. Meine Frau war am Apparat. Sie kam gleich zur Sache und berichtete mir von der unmöglichen Unterbringung und daß sie beide nachts kaum schlafen könnten. Sie würden auch kein Essen bekommen …
»Was«, unterbrach ich sie, »ihr bekommt kein Essen?«
»Nein, der Botschafter hat angewiesen, daß ich mir mein Essen selbst kaufen solle. Dabei habe ich weder Geld, noch kann ich die Botschaft zum Einkaufen verlassen. Wenn mir die BGS-Leute nicht belegte Brote geben würden, für Nathalie mal eine Banane,

wir hätten hier absolut nichts zu essen. Das sind die einzigen, die nett und freundlich sind. Telefonieren darf ich eigentlich auch nicht.«

»Das ist unglaublich, was ich da höre. Ich verspreche dir, auch das wird sich ganz schnell ändern.«

»Das ist noch nicht alles. Der Schmidtberger will, daß ich jeden Morgen zur Stasizentrale fahre und mich vernehmen lasse.«

»Das meint er doch nicht im Ernst.«

»Doch, er sagte, ich solle die Sache endlich hinter mich bringen.«

»Was meint er damit?«

»Die Bulgaren haben der Botschaft gesagt, daß ich von meiner Gefängnisstrafe nur die Hälfte absitzen müsste, dann könne ich ausreisen.«

»Ach, und das meint Schmidtberger mit ›hinter dich bringen‹.«

»Ja. Ich weiß nicht mehr, was ich tun soll, die Mitarbeiter der Botschaft sind sehr unfreundlich zu mir. Der Herr Menne soll in den nächsten Wochen nach Nigeria versetzt werden. Der feiert eine Abschieds-Cocktailparty nach der anderen. Ich interessiere den überhaupt nicht. Wenigstens kann ich von den Resten des Büffets Nathalie immer etwas mitbringen.«

»Gut, daß du mich angerufen hast. Ich habe bereits mit dem ZDF gesprochen und hoffe, daß die, so schnell es eben geht, über den Herrn Menne und seine Mannen berichten.«

»Ich muß Schluß machen. Melde dich. Mach bitte etwas.«

Diese Nachrichten mußte ich erst mal verdauen.

»Hat Ihre Frau Ärger in Sofia?«

»Das kann man wohl sagen.« Ich berichtete Schirnding von den Umständen, unter denen sie campieren mußte, »aber das ist nur eine Sache. Herr Schmidtberger rät meiner Frau, ins Gefängnis zu gehen. Wörtlich sagte er, sie solle es hinter sich bringen. Ist das mit Ihrer Zusage vereinbar? Haben Sie wirklich vor, meine Frau zu erpressen? Wissen Sie überhaupt, wie es in einem kommunistischen Gefängnis zugeht? Ich könnte Ihnen davon eine Menge berichten. Ich war fast sieben Jahre in einem solchen Gefängnis. In der DDR. Ich fasse es nicht. Glauben Sie, ich nehme das einfach so hin?« Ich hatte mich in Rage geredet. Graf Schirnding zog es diesmal vor, zu schweigen. Was hätte er auch erwidern sollen?

Zwei Tage später war wieder die Botschaft am Telefon. Legationsrat Schmidtberger.

»Guten Tag, Herr Welsch. Ich wollte mich erneut an Sie persönlich wenden und Sie bitten, auf Ihre Frau dahingehend Einfluß zu nehmen, daß sie die Angelegenheit endlich hinter sich bringt. Damit meine ich, daß sie sich den bulgarischen Behörden stellt und damit auch einem Verfahren in der Volksrepublik Bulgarien. Sie kann nicht auf Dauer in der Botschaft bleiben.«

»Herr Schmidtberger, lassen Sie mich dazu etwas Grundsätzliches sagen. Meine Frau wird sich niemals dem Verfahren einer kommunistischen Diktatur stellen, weil es dort soviel Recht gibt wie Anstand in Ihrer Botschaft, nämlich keines. Ich habe die Zusicherung des Auswärtigen Amtes, daß meine Frau bis zum Abschluß dieser leidigen Angelegenheit in der Botschaft verbleiben kann. Meine Frau wird die Botschaft nicht verlassen. Sie wird sich keinem Verfahren stellen. Das ist alles, was ich Ihnen dazu sagen kann. Guten Tag, Herr Schmidtberger.« Ich legte auf.

Jetzt reichte es mir. Ich würde jetzt die Initiative ergreifen. Noch in der Nacht rief ich Klaus in Gießen an. Ich hatte in den letzten Tagen mehrfach mit ihm telefoniert. Jetzt brauchte ich seinen Rat. Klaus hörte sich den Plan an, den ich ausgeheckt hatte, um die Freilassung meiner Frau und meiner Tochter voranzutreiben. Auch er fand daran mehr Pluspunkte als Schwachstellen.

»Mach es. Denke daran: Niemand kann Größe erlangen, ohne bereit zu sein, zu versagen und vor aller Welt lächerlich gemacht zu werden.«

Der nächste Vormittag war trüb und regnerisch. Trotzdem entschloß ich mich, zu Fuß zu gehen. Mein Ziel war die bulgarische Botschaft in Bonn. Ich hatte Anzug und Krawatte angelegt, meinen Aktenkoffer mit Unterlagen mitgenommen.

Gegen zehn Uhr traf ich vor der Pforte ein und klingelte. Es summte, und ich öffnete die Tür. In der Eingangshalle roch es säuerlich. Zerschlissenes Mobiliar stand in einer Ecke. Aus einer gläsernen Loge heraus starrte mich der Pförtner an.

»Guten Tag, mein Name ist Welsch.« Ich bemühte mich, deutlich und akzentuiert zu sprechen. »Ich hätte gerne einen diplomatischen Angehörigen Ihrer Botschaft gesprochen. Es ist wichtig und dringend.«

»Haben Sie Termin?«

»Nein, einen Termin habe ich nicht. Dringend ist es trotzdem.«

»Egal, sprechen nur, wenn Sie Termin haben.«

»Gut«, sagte ich. »Das dachte ich mir. Dann werde ich meinem Wunsch jetzt Nachdruck verleihen.« Ich blickte mich suchend in der Halle um. Da war es, ein Heizkörper ragte mit seinen Rohren und Rippen in den Raum. Ich ging darauf zu, öffnete meinen Aktenkoffer und entnahm ihm ein Paar Handschellen. Blitzschnell hatte ich mein Gelenk an ein Heizungsrohr gefesselt. In der Botschaft der Volksrepublik Bulgarien. In Bonn. Den Schlüssel versteckte ich an mir. Sofort kam der Wächter herbeigelaufen. Er schrie mich an:

»Aufmachen, sofort, oder ich hole Polizei.«

»Prima«, sagte ich, »darauf warte ich, darauf warten auch die Journalisten vor der Botschaft. Ich sehe schon die Schlagzeile vor mir. Ich glaube, dann haben Sie ein Problem. Was ist? Rufen Sie die Polizei, ich warte!«

Der Wächter sagte nichts. Er ging zurück zur Loge und begann zu telefonieren und zu gestikulieren.

Etwa zwanzig Minuten waren vergangen, als ich Schritte auf der Treppe hörte. Ein gepflegter, älterer Mann mit verschlossenem Gesicht stieg die letzten Stufen herunter und kam zu mir. In der Hand hielt er einen weinroten Diplomatenpaß. Er zeigte mir die Paßbildseite. Es war sein Bild, und er hieß Stojanoff.

»Was wollen Sie?«

»Mit Ihnen sprechen.«

»Sprechen Sie.«

»Ich bitte Sie, doch nicht hier.«

»Gehen wir nach oben.« Blitzschnell öffnete ich die Handfesseln, verstaute sie im Koffer und folgte Herrn Stojanoff in sein Dienstzimmer im ersten Stock. Hinter einem schmucklosen Schreibtisch nahm er Platz. Direkt über seinem Kopf hing Todor Schiwkoff in einem Rahmen. Der bulgarische Staats- und Parteichef.

»Bitte schön, nehmen Sie Platz. Eine ungewöhnliche Art, einen Mitarbeiter der Botschaft sprechen zu wollen. Ich sollte Sie der Polizei übergeben.« Ich setzte mich.

»Das könnten Sie tun. Besser wäre es, wenn Sie es nicht tun, und zwar besser für Sie. Herr Stojanoff, ich unterstelle einfach einmal, daß Sie inzwischen wissen, daß meine Frau in der deutschen Botschaft Sofia Zuflucht vor Ihrem Staatssicherheitsdienst gesucht hat. Ich unterstelle weiter, daß Sie das Grundgesetz der Bundesrepublik Deutschland kennen, unsere Verfassung. Danach ist Fluchthilfe aus patriotischen Motiven, aber nicht nur aus diesen kein Straftatsbestand, sondern eine Handlung nationaler Identität. Gerade Ihnen, einem Bulgaren, muß ich nichts von nationaler Identität sagen. Sie haben sie selbst während der Türkenherrschaft zwischen 1396 und 1878 lange genug und schmerzlich vermißt. Vielleicht können Sie deshalb meine Handlungsweise und die meiner Frau besser verstehen. Ich habe überhaupt nichts gegen Ihr Land. Im Gegenteil. Ich frage mich, warum Sie sich von einem fremden Geheimdienst, dem Ministerium für Staatssicherheit der DDR, vorschreiben lassen, was Sie zu tun oder zu lassen haben. Berührt das etwa nicht Ihre nationale Identität?«

»Sind Sie gekommen, um mir einen Vortrag über nationale Identität zu halten?«

»Entschuldigen Sie, natürlich nicht. Ich wollte mit diesem kleinen Exkurs nur um Ihr Verständnis werben.« Ich richtete mich auf.

»Herr Stojanoff, ich möchte der Regierung der Volksrepublik Bulgarien ein Angebot machen. Sie nennen mir einen Preis, zu dem meine Frau freigelassen wird, ohne weitere Ermittlungen, ohne Verfahren, sofort. Damit ist die Sache aus der Welt. Andernfalls wird meine Organisation einen Ihrer Diplomaten in

Westeuropa so lange ›sicherstellen‹, bis meine Frau unter den gleichen Bedingungen ausreisen kann. Nur diesmal ohne Bezahlung.«

Einen Moment blieb Stojanoff bewegungslos sitzen. In seinem Gesicht arbeitete es. Dann stand er auf. Stand kerzengerade.

»Mein Herr, nehmen Sie zur Kenntnis: Die Volksrepublik Bulgarien läßt sich nicht erpressen. Unser Gespräch ist beendet.« Ich lächelte ihn an.

»Ich bedanke mich für Ihr freundliches Interesse. Guten Tag. Ich finde den Ausgang alleine.«

Ich lächelte auch dem Wächter zu, als ich an seinem Glaskasten vorbeikam. Dann verließ ich die Botschaft. Meine Mission war erfüllt. Keine Polizei, keine Gewalt. Ich hatte die Bulgaren richtig eingeschätzt.

Auf der Konrad-Adenauer-Allee suchte ich erst mal ein Café auf. Telefonierte mit Klaus und berichtete ihm vom Ergebnis meiner Mission. Er war völlig aus dem Häuschen.

»Dein Auftritt war filmreif, gewagt, historisch, war total heftig. Genau so muß man mit denen sprechen.«

»Danke, das weiß ich natürlich auch, die Sprache verstehen sie. Warten wir ab, was passiert.«

Es hatte etwas aufgeklart. Ich verließ das Café und machte mich auf den Weg zur Rechtsabteilung. Als ich das Dienstzimmer des Leiters betrat, legte Graf Schirnding gerade den Telefonhörer auf die Gabel. Er stürzte hinter seinem Schreibtisch hervor.

»Herr Welsch, sind Sie wahnsinnig? Sie bringen sich und uns in Teufels Küche!«

»Was ist denn los? Was haben Sie?« mimte ich den Überraschten.

»Was los ist? Das kann ich Ihnen sagen. Die Bulgaren haben eine Démarche angekündigt. Unser Botschafter in Sofia wurde in das bulgarische Außenministerium einbestellt.«

»Graf Schirnding, ich habe getan, was ich tun mußte. Ich habe den Bulgaren ein Angebot gemacht, das sie nicht ablehnen können.«

»Was haben Sie gemacht? Die Bulgaren sind wütend und erbost. Und mit Recht, wie ich meine. So kann man die Probleme nicht lösen. Man verschärft sie nur.«
»Da bin ich anderer Ansicht«, erwiderte ich kalt.

Nur zwei Tage später rief mich Graf Schirnding in der Pension an und bestellte mich für den kommenden Vormittag in seine Dienststelle. Er begrüßte mich aufgeräumt und freundlich.
»Herr Welsch, ich habe Ihnen eine gute Mitteilung zu machen. Die bulgarische Seite hat angeboten, daß Ihre Frau gegen eine Zahlung von 18.000 Lewa sofort ausreisen darf.«
»Das ist in der Tat eine gute Mitteilung. Ich darf Sie in diesem Zusammenhang an meinen Besuch in der bulgarischen Botschaft erinnern. Wissen Sie noch? Sie haben sich darüber furchtbar aufgeregt. Das bulgarische Angebot entspricht genau meinen dort erhobenen Forderungen.«
»Herr Welsch, die geforderten 18.000 Lewa sind umgerechnet 50.000,- DM. Haben Sie das Geld? Können Sie bezahlen?« Ich glaubte, mich verhört zu haben.
»Ich bitte Sie, wo sollte ich 50.000,– DM hernehmen?«
»Aber Sie verdienen doch an der Fluchthilfe?«
»Entweder haben Sie mir nicht zugehört, oder Sie wollen nicht akzeptieren, daß es auch Fluchthilfe der anderen Art gibt, einer Art, die sich an den Erfordernissen der Lage, der Not der Menschen, der Sicherheit der Flüchtlinge und am Schadenspotential für die DDR bemißt.«
»Also haben Sie keine 50.000,– DM?«
»Nein.«
»Und wer soll das dann bezahlen?«
»Auch diese Frage habe ich erwartet. Sie wissen doch ebensogut wie ich, daß es hierzulande mehrere Möglichkeiten gibt. Es gibt Haushaltsmittel des Bundes, die sich in den einzelnen Ressorts verbergen und die für humanitäre Zwecke gedacht sind, beispielsweise für den Freikauf von politischen Häftlingen aus der DDR. Zum Glück ist meine Frau noch kein Häftling.

Doch das ist nicht Ihr Verdienst. Wollen Sie etwa so lange warten?«

»Nein, natürlich nicht. Ich weiß nicht, ob das Auswärtige Amt über diese Mittel, von denen Sie sprechen, verfügt.«

»Kein Problem, das läßt sich feststellen. Ich kann es Ihnen spätestens heute nachmittag sagen.«

»Was? Wie wollen Sie das feststellen? Bei wem?«

»Graf Schirnding, ich habe auch Verbindungen. Ich denke da an einen Abgeordneten, der zugleich Vorsitzender einer im Bundestag vertretenen Partei ist. Ich kenne ihn persönlich, und ich weiß, daß er für mich ein offenes Ohr hat.«

»Meinen Sie Herrn Strauß?«

»Den meine ich.«

»Das ist ganz schön, aber wir werden uns doch lieber selbst darum bemühen. Können Sie das Geld wenigstens zurückzahlen?«

»Natürlich nicht. Das ist doch lächerlich. Ich verstehe nicht, warum Sie ausgerechnet in diesem Fall auf einer privaten Rückzahlung bestehen. Das ist ein, ich sage es noch einmal ganz deutlich, politischer Fall. Sie können das allein daran erkennen, daß Herr Genscher mit Herrn Mladenow Verbalnoten austauscht, was wohl schwerlich in einem normalen Fall von Urkundenfälschung oder Paßmißbrauch der Fall sein dürfte. Deshalb bin ich sicher, daß das Auswärtige Amt die von den Bulgaren geforderte Freikaufsumme zahlen wird.« Graf Schirnding lenkte ein.

»Ich werde die deutsche Botschaft veranlassen, die Kosten zu übernehmen.«

»Das ist eine kluge Entscheidung«, pflichtete ich ihm bei.

»Ich werde Sie rechtzeitig davon in Kenntnis setzen, wann die Übergabe des Geldes und die Ausreise Ihrer Frau, Zug um Zug, stattfindet.«

»Danke, ich bin Montag morgen wieder bei Ihnen.« Er hatte pflichtgemäß versucht, das Geld bei mir locker zu machen. Ich trug es ihm nicht nach.

Nach meinem Besuch in der bulgarischen Botschaft entwickelten

sich die Dinge schnell. Meine Frau und meine Tochter würden schon bald aus Bulgarien ausreisen können.
Bis zur Stunde hatte ich keine Ahnung, welche Aussagen meine Frau vor dem bulgarischen Staatssicherheitsdienst gemacht hatte. Auch wußte ich nichts von dem Studenten aus Ghana. Aber ich befürchtete stark, daß diese Vorkommnisse Auswirkungen auf die Balkan-Fluchtroute haben würden. Die Verhaftung meiner Frau jedenfalls führte ich auf Verrat zurück. Eine andere Erklärung schied für mich aus. Dazu waren der Weg und die begleitenden Sicherheitsmaßnahmen zu umfänglich und erprobt.

»... dann sollen die Mitarbeiter an ihre Privatkonten gehen. Die Sache duldet keinen Aufschub und muß unverzüglich geregelt werden, haben Sie verstanden? Gut, bitte benachrichtigen Sie mich auf dem üblichen Weg. Danke. Auf Wiederhören.« Graf Schirnding knallte den Hörer ungehalten auf die Gabel. Seine letzten Worte hatte ich nach meinem Eintreten gerade noch mitbekommen.
»Schön, daß Sie da sind, Herr Welsch. Das Problem ist, daß uns die Bulgaren unter Zeitdruck setzen. Am Mittwoch, den 8. September muß Ihre Frau bis dreizehn Uhr das Land verlassen haben. Am 9. September ist ihr Nationalfeiertag und danach das Wochenende. Einschließlich heute, haben wir noch drei Tage Zeit, um das Geld aufzutreiben.«
»Wie soll das Geld jetzt beigebracht werden?«
»Das lassen Sie mal unsere Sorge sein. Es wird am Mittwoch nächster Woche in der Botschaft zur Verfügung stehen.«
»Meine Frau fliegt also kommenden Mittwoch nach Athen?«
»Ja, ihr Flug wurde auf eine Maschine über Bukarest nach Athen gebucht. Abflugzeit dreizehn Uhr. Wir wollen das Angebot unbedingt nutzen, damit in der Botschaft endlich Ruhe einkehrt. Das werden Sie doch verstehen?«
»Natürlich. Ganz in meinem Sinne. Sagen Sie: Können Sie eine Verbindung zur Botschaft herstellen? Ich muß meine Frau unbedingt sprechen.«

Kurz darauf stand die Verbindung.
»Ich grüße dich. Ich bin immer noch in Bonn. Du wirst sicher schon aufgeatmet haben, als du von dem Angebot der Bulgaren gehört hast.«
»Ja, ich konnte es erst nicht glauben. Es kam so plötzlich, überraschend. Mittwoch mittag fliege ich ab.«
»Deswegen rufe ich dich an. Flieg bitte von Athen weiter nach Skiathos. Dort hole ich dich ab. Du mußt das Prepaid-Ticket am ›Olympic‹-Schalter abholen. Alle unsere Sachen sind in Platania. Das Auto steht am Flughafen. Ich warte in Skiathos an unserer Anlegestelle auf dich. Hast du alles verstanden?«
»Ja, ich habe verstanden.«
»Noch etwas Wichtiges. Dein Flug geht über Bukarest. Verlasse in Bukarest unter keinen Umständen den Transitraum. Unter keinen Umständen, hörst du?!«
Nachdem der Fluchtweg bekannt geworden war, könnte die Stasi einen letzten Zugriff in Bukarest versuchen. Ihr traute ich jede Schweinerei zu.

Am Mittwoch vormittag fand im Konferenzraum der deutschen Botschaft in Sofia die Geldübergabe statt. Legationsrat Schmidtberger war mit dem Rechtsanwalt der Botschaft erschienen, einem Bulgaren. Die bulgarische Seite war durch den Untersuchungsrichter und einen weiteren Bulgaren vertreten. Meine Frau saß mit unserer Tochter zwischen Schmidtberger, dem Anwalt und Legationsrat Schonlau.
Schmidtberger blickte an meiner Frau vorbei zum Anwalt. Der nickte. Er öffnete ein Kuvert und zählte daraus 50.000,– DM auf den Tisch, das meiste davon in Tausendmarkscheinen. Als er damit fertig war, schob er den Stapel in die Mitte des Tisches. Auf der anderen Seite hatte der Untersuchungsrichter seine Aktentasche geöffnete. Auch er sortierte einige Papiere, den Paß, Flugticket, und einige hundert Mark an Bargeld, die er laut vorzählte. Er bückte sich und stellte eine Reisetasche sowie – meine Frau traute ihren Augen nicht – das Beauty-Case auf den Tisch, in

dem, wie die Bulgaren wußten, die Reisepässe der Flüchtlinge eingenäht waren.

Auch er schob nun diesen Stapel in die Mitte des Tisches.

Danach nahm jeder der Parteien das ihr zugedachte Bündel in Besitz.

Die Bulgaren standen auf und verließen in Begleitung des Anwalts der Botschaft den Raum. Das Geschäft war abgewickelt. Ein Geschäft, das überall im Ostblock funktionierte: Mensch gegen Geld.

»Da wäre noch etwas, Frau Welsch. Sie müssen uns quittieren, daß wir das Geld für Sie bezahlt haben. Hier ...« Damit schob Schmidtberger ihr einen gelben Formbogen über den Tisch und wies mit dem Finger auf die Unterschriftzeile. »Hier müssen Sie unterschreiben, bei Antragsteller.«

Meine Frau studierte das Blatt Papier. Die fettgedruckte Titelzeile lautete: ›Verhandlung über die Gewährung von Hilfe gemäß § 5 Konsulargesetz‹.

»Das unterschreibe ich nicht. Hier steht« – sie tippte mit dem Finger auf einen kleingedruckten Text unter der Titelzeile –, »›... ich anerkenne, daß der Bundesrepublik Deutschland in Höhe des nebenstehenden Erstattungsbetrages ein Rückforderungsanspruch gegen mich zusteht‹.«

»Das ist nur eine Formsache, Frau Welsch. Natürlich haben wir für Ihren besonderen Fall keine speziellen Formulare, so daß wir auf ein normales Formular über konsularische Hilfe zurückgreifen mußten.«

»Hier steht aber, daß ich das Geld zurückzahlen muß. Das war nicht vereinbart. Ich unterschreibe nicht.«

»Frau Welsch, wir müssen doch gegenüber dem Auswärtigen Amt unsere Ausgaben belegen.« Schmidtberger deutete auf seine Armbanduhr. »Wir haben nicht mehr viel Zeit, wir müssen zum Flughafen. Bitte unterschreiben Sie. Wir brauchen den Nachweis.«

Total entnervt, unter dem Druck eines falschen Versprechens sowie in Sorge, ihren Flug zu verpassen, unterschrieb sie das Papier. Inzwischen war es zeitlich eng geworden. Schonlau und ein wei-

terer Botschaftsangehöriger drängten zur Abfahrt. Meine Frau ergriff ihre Taschen und das Kind. Dann verließ sie zusammen mit Schmidtberger, Schonlau und Frau Sabisch die Botschaft.
Schonlau startete den Wagen, und in schneller Fahrt bog das Fahrzeug in den Sofioter Stadtverkehr ein. Über eine Ausfallstraße erreichten sie den Flughafen. »Wir kommen mit Ihnen bis zum Transitraum«, beruhigte Schmidtberger sie. »Damit Ihnen wirklich nichts mehr passiert.«
Mein Frau checkte ein. Vor der Kontrolle verabschiedete sie sich formlos von Schmidtberger und Schonlau. Wenige Minuten später hastete sie mit dem Kind zum Gate und reichte die Bordkarten. Erschöpft sank sie auf ihren Platz in der TU 124 nach Bukarest.

Bereits am Montag hatte ich mich von Graf Schirnding und der mir mittlerweile vertraut gewordenen Rechtsabteilung des Auswärtigen Amtes verabschiedet. Er rang sich anerkennende Worte für mich ab. Er hätte sich überzeugen können, daß ich ideell motiviert sei, nicht zuletzt dadurch, wie ich mich für meine Frau eingesetzt habe.
»Passen Sie bei Ihren nächsten Unternehmungen besser auf«, gab er mir mit auf dem Weg.

Ich flog nach Athen. Bangen Herzens suchte ich auf dem Parkplatz am Flughafen nach meinem Auto. Ich hatte die Scheibe offengelassen, doch das Gepäck lag vollständig im Innenraum. Glück gehabt!
Auch das Zelt in Platania fand ich verschlossen und intakt vor, ebenso das Boot. Ich hatte es auf den Strand gezogen, weit nach oben. Am nächsten Morgen machte ich mich sehr früh auf die Seereise. Von der südlichen Spitze der Halbinsel Pilion, dem Fischerort Platania, waren es etwa acht Seemeilen bis zur Sporaden-Insel Skiathos. Hafen und Flughafen lagen in einer Bucht im Nordwesten der Insel, dicht beieinander. Die Maschine aus Athen kam um neun Uhr an. Gerade als ich in das Hafenbecken einfuhr,

setzte das Flugzeug dicht über der See zur Landung an. Majestätisch schwebte es über mein kleines Motorboot ein, während ich im Hafen festmachte. 30 Minuten später hielt ich meine Frau und meine Tochter am Kai in den Armen. Sie waren zurück und frei. Ich hatte eine Niederlage einstecken müssen und daraus einen Sieg gemacht. Der Krieg indes würde weitergehen.

Auf der Rückfahrt im Boot über das Meer berichtete sie mir Einzelheiten der Vorfälle in Sofia. Die Festnahme bei der Ausreise hatte sie völlig überrascht.

»Hast du bei der bulgarischen Stasi irgend etwas ausgesagt?«

»Nichts. Ich habe absolut nichts gesagt. Ich habe gesagt, daß ich nur telefonisch den Auftrag entgegengenommen habe, die Pässe nach Sofia zu bringen. Natürlich haben sie behauptet, sie wüßten, daß du alles organisiert hast. Sie wollten Nathalie zu deinen Eltern nach Ostberlin schicken. Damit haben sie mir ständig gedroht. Und daß ich anschließend ins Gefängnis komme. Der Schmidtberger hat die Bulgaren in jeder Hinsicht unterstützt. Der Botschafter, Fritz Menne, hat ein einziges Mal mit mir gesprochen. Der war äußerst ungehalten, daß ich den ordnungsgemäßen Ablauf der Arbeit der Botschaft störe. Menne gab eine Cocktailparty nach der anderen. Da mußte ich mit Nathalie immer in die Besenkammer verschwinden, damit ich nicht störe. Die BGS-Leute, junge Männer, haben mich dann in den Nachrichtenraum geholt. Das war zwar verboten, doch hat das niemand kontrolliert. Ich habe alle ein- und ausgehenden Telexe und Nachrichten mitbekommen, die in meinem Fall zwischen der Botschaft und dem bulgarischen Außenministerium, dem Auswärtigen Amt und den Amerikanern gewechselt wurden. Da konnte ich lesen, daß Genscher gegen meine Aufnahme in der Botschaft war. Die haben getobt, als du in der bulgarischen Botschaft in Bonn warst.«

»Klar, weil ich in ihre politsche Suppe gespuckt habe. Was haben die Amerikaner gesagt, als du bei ihnen warst?«

»Die konnten überhaupt nicht fassen, daß mich die eigene Botschaft vor die Tür setzt. Frau O'Neill hat mir ein Telex von Genscher gezeigt, in dem er sich für mein Verhalten entschuldigte und sie ersuchte, mich auch vor die Tür zu setzen. Ich hätte mich nach bulgarischem Recht strafbar gemacht und müsse mich vor einem bulgarischen Gericht verantworten.«

»Das hat Genscher geschrieben? Unfaßbar. Er mißachtet unser Grundgesetz und kollaboriert mit Kommunisten. Ein Verräter.«

»Die Amerikaner haben geantwortet, daß die Angelegenheit politisch ist und ich politisch verfolgt würde und somit nach amerikanischem Recht Anspruch auf Asyl hätte. Das haben sie an das Auswärtige Amt geschickt. Dauernd gingen sogenannte Verbalnoten hin und her. Wenn mich die jungen Männer vom BGS nicht mit Broten und Obst versorgt hätten, wir hätten nichts zu essen gehabt. Schmidtberger und Schonlau erklärten ständig, ich solle mich stellen, dann würde ich auch regelmäßig zu essen bekommen. Die haben mich glatt erpreßt. Ich mußte gestern noch, als Schmidtberger in der Botschaft das Geld übergeben hatte, ein Papier über konsularische Hilfe unterschreiben. Ich habe mich geweigert, und Schmidtberger hat mir gesagt, wenn ich nicht unterschreibe, dann fliege ich nicht. Was sollte ich tun? Ich habe die Rückzahlungsverpflichtung durchgestrichen und unter Vorbehalt unterschrieben. Die wollen bestimmt das Geld von uns zurückhaben.«

Wir waren in Platania angekommen. Das Meer lag unbeeindruckt blau vor uns. Wir erholten uns von den Strapazen, ehe es am 26. September zurück nach Deutschland ging.

TEIL III

»OPERATION SKORPION«

Die wilden Tiere, Skorpione,
sind auch zur Rache geschaffen.
Sirach, 39,36

Wer nicht an Wunder glaubt,
ist kein Realist.
Richard Fehr

OSTBERLIN, MINISTERIUM FÜR STAATS-SICHERHEIT

Meine Frau hatte mich verraten. Und während ihr Verrat schon seine schrecklichen Früchte trug, ahnte ich noch immer nichts. Sie hatte umfangreiche Aussagen gemacht, Aussagen von unfaßbarem Ausmaß. Ohne Not hatte sie Details unseres ehelichen Zusammenlebens preisgegeben, sogar den Grundriß der Wohnung ihrer Mutter beschrieben und aufgezeichnet. Sie hatte Namen genannt, Namen von Personen, über denen fortan das Damoklesschwert der Festnahme schweben würde.

Sie hätte mir gleich nach ihrer Rückkehr davon berichten können, nein, müssen, hätte auf den Druck hinweisen können, dem sie ausgesetzt war, daß sie es gemacht hatte, weil sie glaubte, für sich und unsere Tochter Vorteile herauszuschlagen, oder schlicht, weil sie Angst hatte. Es wäre verständlich und auch verzeihlich gewesen, wenn es auch an den Tatsachen nichts geändert hätte. Dann hätte ich mich besser absichern, vorhandene Kontakte durch neue ersetzen, alle jetzt bekannten Strukturen auflösen und neu organisieren können. So aber bekam die »Operation Skorpion« einen erheblichen Anschub. Das MfS wurde in der Einschätzung meiner Gefährlichkeit bestätigt, was letztlich in dem Beschluß, mich zu liquidieren, mündete. Das läßt sich anhand später aufgefundener Akten genau rekonstruieren.

Außerdem hätte sie sich dem deutschen Verfassungsschutz offenbaren müssen. Sie tat nichts von dem. Sie schwieg oder log.

Nachdem die Sonderermittlungsgruppe des MfS, BV Dresden, von ihren politisch-operativen Aufgaben aus Sofia zurückgekommen war, erstattete ihr Leiter, Major Metz, dem Leiter der AG Koordinierung der Hauptabteilung VI, Major Dorfmeister, Bericht. Demzufolge war es mit Hilfe eines »Ragna« genannten Mitarbeiters gelungen, den Kurier der KMHB Welsch nebst begleitendem Kind festzusetzen. Doch durch die Flucht der KMH

Welsch und die Aktion ihres Mannes in Bonn sowie durch die dadurch veranlaßten diplomatischen Aktivitäten war der verdeckte Ablauf der Operation zunichte gemacht worden.
Auch hieß es in dem Bericht, daß »die befreundeten Organe der VR Bulgarien die KMH Welsch in der Folge zur Mitarbeit und zu umfangreichen Aussagen bewegen konnten, die die Struktur der KMHB Welsch in vielen Bereichen transparent machten und zudem ihr Zusammenwirken mit imperialistischen Geheimdiensten, unter Duldung bzw. Beteiligung offizieller Stellen der BRD, verdeutlichten.«
Wie berechtigt meine dringende Bitte an Hilde gewesen war, den Transitbereich unter keinen Umständen zu verlassen, verdeutlicht folgende Passage: »In Verfolg der Operation wurden die rumänischen Freunde veranlaßt, die KMH Welsch auf dem Flughafen Bukarest bei ihrer Zwischenlandung festzunehmen, weil sie auch gegen rumänische Gesetze verstoßen hatte. Das scheiterte daran, daß die KMH Welsch den Transitraum des Flughafens nicht verlassen hat.«
Und abschließend hieß es: »Das Ziel operativer Kampfmaßnahmen gegen die KMHB Welsch ist mit deren Vernichtung klar definiert. Erreicht wird es durch die koordinierte Heranführung eines IM an diese Organisation mit dem Ziel, sie zu lähmen, zu zerstören und ihren Leiter zu liquidieren.«

Am 17. November 1976 verbreitete ADN die Meldung, daß Wolf Biermann die weitere Aufenthaltsberechtigung für die DDR entzogen worden war, weil er sich bei seinem Auftritt in Köln feindlich-negativ gegen die DDR verhalten habe.
Ein nicht unbedeutender Teil von Kulturschaffenden, wie sie in der DDR-Terminologie bezeichnet wurden, protestierte öffentlich gegen die Ausweisung. Biermann selbst zeigte sich betroffen. Es ist seine persönliche Tragik, daß er sich von Anfang an in bezug auf den realen Sozialismus in der DDR Illusionen hingab, nicht begreifen konnte oder wollte, daß mit diesem Staat kein »Staat« zu machen war.

Er war »vom Regen in die Jauche« gekommen, wie er bezeichnenderweise seine neue, ungewohnte Freiheit bezeichnete. Das konnte man ihm als verletzte Eitelkeit durchgehen lassen. Daß er dann aber öffentlich verkündete, sich jetzt für »sozialistische Dissidenten« einsetzen zu wollen, hat ihm zwar den Beifall der Linken und weitere Auftritte im Westen eingebracht, war aber, genau betrachtet, ein Schlag gegen den Widerstand inner- und außerhalb der DDR, der sich seit Jahren aus patriotischen Gründen und mit klarem Bewußtsein gegen das verbrecherische System im anderen Teil Deutschlands einsetzte.

Der Bericht der Sonderermittlungsgruppe bildete die Grundlage für die jetzt eingeleiteten, konzentrierten Kampfmaßnahmen des MfS gegen mich.

Damit war die Stunde des IM »Alfons« gekommen, eines MfS-Agenten, dessen große Einsatzbereitschaft und Erfahrung bei der Bespitzelung von Fluchthilfeorganisationen bereits Lob und Beifall seiner Führungsoffiziere bekommen hatte. Dieser IM zeichnete sich durch bedingungslose Treue und Erfüllung aller in ihn gesetzten Erwartungen aus. Oberst Mattern von der OPD Berlin hatte zu ihm ein besonders gutes Verhältnis. Er war gewissermaßen sein »Ersatzvater« und erster Führungsoffizier.

Jetzt wurde »Alfons« auf seine neue Aufgabe vorbereitet, die die Krönung seiner Arbeit für das MfS darstellen sollte. Der Befehl an IM »Alfons« lautete: Welsch zu töten.

General Fiedler, der seit geraumer Zeit ein Studium an der Juristischen Hochschule des MfS in Potsdam/Eiche absolvierte, arbeitete parallel zur »Operation Skorpion« an einer Promotion über die »Zerschlagung von kriminellen Fluchthilfeorganisationen auf dem Staatsgebiet der BRD«. Mit der theoretischen Handlungsanweisung zum Mord promovierte Heinz Fiedler zum Dr. jur.

PASSENTZUG UND PLATANIA

Am 14. Januar '77 tickerte eine Eilmeldung der Deutschen Presseagentur überall in die Redaktionen:

»passentzug nach missglueckter fluchthilfe fuer ddr-buerger«

Der weitere Text lautete:

lahn/giessen, 14. januar 77 dpa/lhe - mit passentzug wurde die 25jährige krankenschwester hilde welsch aus giessen fuer einen missglueckten fluchthilfeversuch fuer zwei ddr-bürger bestraft. wie ihr anwalt mitteilte, soll sie dem bund ein darlehen von 50 000 mark zurueckzahlen.

mit dieser summe hatte die deutsche botschaft in sofia im september vergangenen jahres h. welsch und deren zweijährige tochter ausgelöst, nachdem die beiden drei wochen zuvor von den bulgarischen behoerden festgenommen worden waren. hilde welsch hatte in sofia zwei ddr-buergern deutsche pässe überreicht, um ihnen die flucht in den westen zu ermoeglichen.

mit einem antrag auf erlass einer einstweiligen anordnung versucht ihr anwalt beim verwaltungsgericht wiesbaden den pass wieder zu beschaffen, bevor er in einem hauptverfahren die rechtmässigkeit des passentzuges klaeren lassen will, auch über die rückzahlung. 14. jan 77 1884 nnnn

Das war der Auftakt zu einem Rechtsstreit mit dem Auswärtigen Amt, das meine Frau bereits im Oktober des vergangenen Jahres schriftlich aufgefordert hatte, 50.000,– DM an sie zurückzuzahlen. Als meine Frau mir nach ihrer Rückkehr aus Sofia von ihrer Unterschrift unter eine »Konsularvereinbarung« berichtet hatte, ahnte ich, daß Ungemach auf uns zukommen würde.
Zwar hatte meine Frau den Absatz mit dem Regreßanspruch auf dem Formular durchgestrichen und ihre Unterschrift nur unter Vorbehalt geleistet. Doch schien das alles nicht sonderlich zu interessieren.
Namens und im Auftrag meiner Frau schrieb ich also an das Bundesverwaltungsamt, daß sie auf keinen Fall 50.000,– DM zurückzahlen könne und werde. Dabei berief ich mich auf die getroffenen Vereinbarungen und benannte die Namen der Botschaftsangehörigen sowie des Leiters der Rechtsabteilung des AA als Zeugen.
Als ich danach nichts mehr hörte, glaubte ich, die Sache hätte sich nunmehr erledigt.
Anfang Januar begleitete ich meine Frau in einer familiären Angelegenheit in das Ordnungsamt der Stadt Gießen. Die Angestellte dort fragte meine Frau, ob sie ihren Reisepaß bei sich habe. Die bot ihren Personalausweis zur Identitätskontrolle an. Die Beamtin bestand jedoch auf den Reisepaß, begründete das ungewöhnliche Begehren jedoch nicht. Um des lieben Friedens willen gab meine Frau ihr den Paß, die damit in einem Zimmer verschwand. Wenig später trat ein Mann auf uns zu, der sich mit »Schauß, Leiter des Ordnungsamtes« vorstellte. Zu meiner Frau gewandt, erklärte er:
»Ich habe Ihren Reisepaß beschlagnahmt. Sie bekommen ihn nicht wieder.«
»Und warum?« mischte ich mich ein.
»Das kann ich Ihnen nicht sagen.«
»Wenn das so ist, werde ich jetzt in Ihr Zimmer gehen und den Paß meiner Frau dort wieder herausholen.«
»Dann rufe ich die Polizei.«

»Tun Sie das bitte, denn dann müssen Sie erklären, warum Sie grundlos und unter Vortäuschung eines falschen Sachverhalts meiner Frau den Reisepaß entzogen haben.« Schauß hatte mit keiner Gegenwehr gerechnet. Schließlich war er eine »Respektsperson«. Er wurde weiß und begann zu zittern.
»Gut«, erklärte er mühsam beherrscht. »Warten Sie.«
Gleich darauf kehrte er mit einem Blatt Papier zurück. Schauß verlas den Text des Schreibens. Darin teilte das Hessische Innenministerium mit, daß meiner Frau auf Grund ihrer Weigerung, dem Auswärtigen Amt in Bonn die geschuldete Summe von 50.000,– DM zurückzuzahlen, der Reisepaß entzogen wird. Der Entzug wurde weiter mit dem Verdacht begründet, daß meine Frau sich erneut in ein Land des Ostblocks begeben und dort in eine Situation geraten könnte, die abermals mit erheblichen Geldaufwendungen des Auswärtigen Amtes verbunden wäre.
Ich war empört über den schändlichen Wortbruch der Diplomaten in Sofia, die das konsularische Hilfspapier ganz offensichtlich zur »Darlehensbearbeitung« an das Bundesverwaltungsamt weitergeleitet hatten. Doch so einfach wollte ich es ihnen nicht machen.
Rechtsanwalt Schöttler stellte sofort einen Antrag auf Erlaß einer einstweiligen Anordnung beim Verwaltungsgericht Wiesbaden. Das entschied binnen weniger Tage, daß der Paß zurückgegeben werden müsse. Die Begründung war ein Schlag ins Gesicht der Behörden. Darin wurde die Täuschung meiner Frau und die Begründung der Beschlagnahme mit der Vorgehensweise von DDR-Behörden verglichen.
Danach ließ sich die Innenbehörde etwas Neues einfallen. Zwar trug der Paß, den Schauß einige Zeit später meiner Frau aushändigte, keinen Stern, dafür aber war der Text »Gültig für alle Länder« durchgestrichen und mit dem Zusatz »Siehe Seite 5« versehen. Dort waren, säuberlich mit der Schreibmaschine eingetippt, alle Ostblockstaaten aufgezählt, die dem Ordnungsamtsleiter Schauß eingefallen waren und für die der Paß fortan ungültig sein sollte.

Ein paar Länder wie Kuba, China oder die Äußere Mongolei hatte er zwar vergessen, dennoch handelte es sich hier um eine unglaubliche Instinktlosigkeit. Meine Frau hatte einen Reisepaß zweiter Klasse zurückerhalten. Ich formulierte eine Strafanzeige aus allen rechtlichen Gründen und überließ den Fall im übrigen dem Anwalt.

Prof. Pross, meine Doktormutter, hatte einen Ruf an die Gesamthochschule Siegen angenommen. Das politische Klima an der Gießener Uni, geprägt von Intoleranz, verbaler und manchmal auch physischer Gewalt gegen Andersdenkende, hatte ihr nicht behagt.

An der Uni wurde gegen alles und jeden protestiert, vor allem aber gegen ferne und fernste Militärdiktaturen rechter Provenienz. Gegen die Diktatur im anderen Teil Deutschlands fiel indessen kein Wort. Der »Sozialismus« war die heilige Kuh der Linken. Dabei kannte ihn niemand so richtig, und niemand wollte ihn auch richtig kennenlernen.

Schon vor einiger Zeit hatte ich Fäden nach England gesponnen. Zu einer Universität in Mittelengland. Dort promovierte ich gegen Ende des Sommers mit meiner ins Englische übersetzten Dissertation über das MfS zum Dr. phil.

Im selben Jahr verhalf ich 23 DDR-Bürgern, ausschließlich über den »diplomatischen« Weg Berlin–Berlin, in den Westen.

Das Konzept eines Schwaben aus Heilbronn faszinierte mich. Er gab ein kleines Faltblatt heraus, in dem er die Ergebnisse seiner Testessen in guten Restaurants beschrieb. Objektiv und ohne Respekt vor dem Namen oder Ruf des jeweiligen Etablissements. Das Resultat waren erfrischend offene Berichte, auch von Restaurants, in denen die »Szene« zu speisen pflegte. Das Konzept war entwicklungsfähig, die »nouvelle cuisine« im Kommen. Die wirklichen Gourmets hatten die Nase von der üblichen Hofberichterstattung gestrichen voll. Sie wollten wissen, wer wirklich gut war, wer mit frischen Produkten die leichte und neue Küche praktizierte.

So stieg ich unternehmerisch und journalistisch in die Topgastromie ein, in deren publizistische Abteilung sozusagen, indem ich mich mit 49 Prozent am Kapital der jungen Firma beteiligte und als Auslandskorrespondent nach England ging. In London, später in Schottland und Irland testete ich Restaurants, machte Fotos und schrieb die Texte. Unser Chefredakteur, Werner Müller-Reymann, der von einem renommierten Blatt zu uns gewechselt war, redigierte die Texte. Die österreichische Lebensgefährtin meines neuen Partners war verantwortlich für das Layout, mein Partner selbst akquirierte alles, was Rang und Namen hatte. Unsere Tester meldeten ihre Besuche nicht an, wie das die millionenschwere Konkurrenz bislang tat, und sie urteilten objektiv. Das wurde letztlich von allen honoriert, auch von Firmen, die unser aufstrebendes Blatt als guten Werbeträger erkannten. Es enthielt Anzeigen von allem, was gut und teuer war: Porsche und Moët, Mouton-Weine und Gucci, Davidoff und Lufthansa.
Zum ersten Mal verdiente ich Geld, wenn man von meinen kurzen Engagements am Theater einmal absieht, viel Geld.
Das machte mich beweglich. Und zufrieden.

Während meiner Tätigkeit als Korrespondent in England flog ich regelmäßig in die Bundesrepublik. Nicht nur, um meine Berichte abzuliefern, sondern auch, um mit neuen Auftraggebern über Fluchthilfe zu reden, mir ihre Bitten anzuhören und die Hilfe zu organisieren.
Frau Trexler war mir dabei eine äußerst gewissenhafte und zuverlässige Partnerin. Auch auf Kader war Verlaß wie auf ein Chronometer der Marke Lange & Söhne. Bis zum Sommer des Jahres 1978 konnten auf diesem Weg erneut neunzehn Flüchtlinge dem SED-Staat entkommen. Während ich mich im Juli und August mit meiner Familie in Platania aufhielt, vermittelte ich von dort weitere vier Fahrten per Telefon. Die Gelder brachte Klaus zum vereinbarten Übergabeort nach Berlin.

Mit unserem großen Schlauchboot mit Außenbordmotor, festgezurrt auf einen Trailer, waren wir nach Platania aufgebrochen. Ungeachtet des diskriminierenden Stempels im Paß meiner Frau reisten wir über Maribor nach Jugoslawien ein. Sie zeigte einfach ihren Personalausweis vor und bekam das Einreisevisa auf einem Extrapapier. Damit war die Sperre – zumindest für Jugoslawien – völlig wirkungslos.

Auch diesmal wollten wir kleine Seereisen unternehmen, die Inseln der Nördlichen Sporaden, Skiathos, Skopelos und Alonissos kennenlernen.

Eines Abends saßen wir in einem der kleinen Restaurants Platanias, in denen typisch griechische Küche angeboten wurde: Moussaka, Stifada, Lammfleisch, Satziki, tranken Samos und unterhielten uns. Am Nebentisch saß ein junger Mann: Schnauzbart, Khakianzug, Kamera. Er sah aus, als hätte er sich von einer Tropensafari hierher verirrt. Er unterhielt sich mit einem Mädchen, sie sprachen deutsch. In dieser Gegend waren deutsche Touristen noch eher selten. So entspann sich schnell über die Tische ein Gespräch, mit dem Ergebnis, daß der junge Mann sich zu uns setzte.

Am folgenden Tag besuchte er uns in Mikro, einem kleinen Strand außerhalb des Ortes. Auch an den Folgetagen sollte er nicht mehr von unserer Seite weichen. Mit unserem neuen Bekannten entwickelte sich eine lockere Urlaubsfreundschaft, um so leichter, als er sich hilfsbereit und aufgeschlossen zeigte, unsere Unternehmungen zur See und an Land mit Interesse verfolgte und sich dabei besonders unserer Tochter annahm. Peter Haack, wie er sich vorstellte, lebte in London. Dort hatte er ein Fotostudio. In Anbetracht meiner eigenen Tätigkeit in England interessierte mich das natürlich. Als unser Urlaub zu Ende war, vereinbarten wir, in Kontakt zu bleiben.

Peter Haack (IM »Alfons«) links, Wolfgang Welsch, 1978 in Platania, Griechenland. (Foto: privat)

Dem MfS war es trotz der Ereignisse in Bulgarien nicht gelungen, meine Tätigkeit ernsthaft zu stören oder gar zu gefährden. Nach wie vor verschwanden Leute aus der DDR, ohne daß ihr Verschwinden, ganz im Gegensatz zu vielen Fluchthilfeaktionen anderer Fluchthelfer, von der HA/VI aufzuklären war. Sie wußte lediglich, daß die Aktionen aller Wahrscheinlichkeit nach vom Gießener »Otto-Institut« durchgeführt wurden. Also von mir.
Nun konnte die HA/VI des MfS einen weiteren Erfolg verbuchen. Ihr Topagent mit Spezialjob, Peter Haack, inzwischen zum IMF »Alfons« – zum informellen Mitarbeiter mit Feindberührung – avanciert, war fernab von Deutschland, dezent und erfolgreich an mich herangespielt worden, nachdem er sich bereits im Vorjahr an unserem Urlaubsort in Platania unauffällig umgesehen und das Terrain zur Kontaktaufnahme für günstig befunden hatte.

Bis Ende 1978 kamen noch einmal elf Flüchtlinge bei fünf Aktionen in den Westen, so daß es in diesem Jahr insgesamt 34 waren, davon 16 ausgebildete Fachärzte, teilweise mit ihren Frauen und Kindern, sowie ein Parteifunktionär aus Berlin. Sie alle hatten ausschließlich auf Empfehlung oder durch Mund-zu-Mund-Propaganda zu mir gefunden. Bei dem Parteifunktionär hatte ich anfangs Bedenken gehabt, ob er nicht ein Lockvogel war, geschickt, um meinen wichtigsten, schnellsten und zuverlässigsten Weg auffliegen zu lassen. Deshalb aktivierte ich wieder einmal Charly, damit er den Mann prüfte. Er war »sauber«. Als ich ihn nach geglückter Flucht mit den Worten »Guten Morgen, Ihre Reise ist beendet, willkommen in Westberlin« begrüßte, war er völlig fassungslos. Er kannte die tödliche Mauer, die monströsen Sicherheitsanlagen, Alarmdrähte, Hundelaufanlagen, Kolonnenwege, schwerbewaffneten Grenzsoldaten, Türme, den Schießbefehl, die Ideologie und so fort. Urplötzlich stand er nun in einer anderen Welt, deren Geschäftigkeit und Normalität nichts mit seinen Schreckensbildern zu tun hatte. Er war sichtbar beeindruckt, vielleicht sogar geschockt. Ich brachte ihn in das Notaufnahmelager nach Marienfelde. Von dort würde er sich selbst bei meinem Auftraggeber melden. Sicher war er im SED-Staat ein Kollaborateur gewesen, hatte mit den Mächtigen zusammengearbeitet, ihre Ideologie vertreten. Doch irgendwann muß ihn der Ekel gepackt, muß er seinen entsetzlichen Irrtum begriffen und korrigiert haben. Das Recht auf Irrtum hat jeder.

DAS BOMBENATTENTAT

Über einen Münchner Rechtsanwalt, der selbst eine spektakuläre Flucht mit einem Hubschrauber aus der Tschechoslowakei organisiert hatte, lernte ich einen zuverlässigen Mann aus Bayern kennen, einen Pferdehändler, der mir anbot, Flüchtlinge mit einem umgebauten Pferdetransporter über Drittländer herauszuholen. Mit ihm traf ich mich in Deggendorf/Bayern. Sein Konzept funktionierte, er hatte damit schon zwei- oder dreimal DDR-Flüchtlinge aus Ungarn herausgebracht. Seine beruflichen Kontakte zu ungarischen Gestüten brachten es mit sich, daß er des öfteren die Grenze von Ungarn nach Jugoslawien mit dort gekauften Pferden passierte. Sein Risiko ließ sich der Bayer mit 6.000,– DM vergüten. Das war die Alternative für weniger Begüterte, zumal sich meine eigenen Kosten auf die Entsendung eines Kuriers nach Ungarn beschränken würden.

Auf meiner Warteliste befand sich auch ein Ehepaar mit Kind. Ich wußte, daß sie in diesem Sommer Urlaub in Ungarn machen wollten. Mit dem Bayern verabredete ich, daß er das Ehepaar an dessen Urlaubsort am Plattensee traf und es auf seine Weise bis zur österreichisch-bayerischen Grenze brachte. Dort wollte ich sie in Empfang nehmen. Ihren Trabant sollten die Flüchtlinge so verstecken, daß er erst Tage oder Wochen später aufgefunden werden konnte.

Das Versteck im Pferdetransporter war ein geschickt konstruierter Hohlraum unter der Ladefläche, in unmittelbarer Nähe der Fahrerkabine. Maximal vier erwachsene Personen konnten sich darin für etwa fünf bis acht Stunden ohne größere Schwierigkeiten aufhalten. Er war innen gepolstert und mit mehreren Luftzuleitungen versehen. Der Einstieg erfolgte von der Seite, indem eine Platte mit Spezialschrauben gelöst wurde. Die Schrauben wurden während der Flucht mit zähflüssigem Unterbodenschutz unkenntlich gemacht.

Problemlos kontaktierte mein Kurier die Flüchtlinge, ein junges Ehepaar aus Leipzig mit seiner siebenjährigen Tochter. Sie waren aufgeregt, aber gefaßt und bereit. Nachdem er sie instruiert hatte, zog sich der Kurier seinerseits zur Beobachtung zurück, um in meinem Auftrag die Übernahme und die Weiterfahrt zur Grenze zu verfolgen. Am Fluchttag folgte er ihnen mit seinem Wagen in gebührendem Abstand zum Übernahmeort an einer Kreuzung mit Feldwegen und einer kleinen Hütte.

Zum vereinbarten Zeitpunkt näherte sich aus Richtung Budapest ein Mercedes-Lkw. Die Straße war nur wenig befahren. Dem Kurier fiel jedoch auf, daß der Übernahmeort von allen Seiten gut einzusehen war. Für weitere Aktionen, so sein später akzeptierter Vorschlag, mußte diese Schwachstelle beseitigt werden.
Jedenfalls konnte sich der Kurier davon überzeugen, daß den Flüchtlingen niemand gefolgt war. Die Fluchthilfeaktion gelang, und ich übernahm meine Schützlinge an der bayerischen Grenze bei Passau.

Haack, von dessen Doppelleben ich nicht das geringste ahnte, traf ich auch in diesem Sommer in Platania. Zwischen uns entwickelte sich eine echte Freundschaft. Nach dem Urlaub bezog ich mit meiner Familie unser neues Haus in Weinheim an der Bergstraße. Es gab Probleme mit den elektrischen Leitungen im Haus. Da rief ich Haack in London an und bat ihn um Hilfe. Am nächsten Tag war er noch vor dem Mittagessen bei mir in Weinheim und half mir beim Legen der Leitungen. Er machte das wirklich professionell. In einer von ihm gelegten Steckdose fand eine Mannheimer Spezialfirma noch zehn Jahre später Reste eines Minimikrofons, das seine Energie von der elektrischen Leitung bezog. Was ich als Freundschaftsdienst ansah, erleichterte ihm in Wahrheit seinen Auftrag.
Die Stasi hatte meinen Tod beschlossen, und mein Mörder war schon im Haus. Allerdings waren seine Tötungsoptionen sehr eng: Nicht der Hauch eines Verdachts sollte auf Haack oder auf das MfS fallen. Deshalb kam ein normaler Mord nicht in Frage. Zu diesem Zweck hatte man vielmehr Plastiksprengstoff in die Bundesrepublik geschafft und Haack zur Verfügung gestellt, nachdem man ihn in Ostberlin im Umgang damit geschult hatte. Seine Fähigkeiten reichten aus, eine Bombe mit einem komplizierten Zeit-Geschwindigkeitszünder zu basteln.
Während er bei uns in Weinheim wohnte, hatte er Zugang zu meinen beiden Fahrzeugen, einem Jeep und einem Golf. Den Sprengsatz plazierte er mit Zünder und Verzögerungsmechanismus unter dem Armaturenbrett des Golf, weil er wußte, daß ich

mit diesem Fahrzeug in Kürze in die Redaktion des Gourmetmagazins nach Langen/Mörfelden fahren würde.

Das Walldorfer Kreuz lag hinter mir, und die Autobahn erstreckte sich über Kilometer frei und ohne Hindernisse. Mit etwa 140 Stundenkilometern näherte ich mich auf der dritten von vier Fahrspuren der Abfahrt Langen/Mörfelden, als eine Explosion schlagartig Rauch und Flammen im Innenraum verbreitete. Für Augenblicke verlor ich die Kontrolle, und der Wagen schleuderte. Blind versuchte ich nach links zu lenken, an die Mittelleitplanke, um mich daran abzubremsen. Die Frontscheibe knisterte, auf meiner Jacke glommen überall kleine Brandherde. Mit aller Kraft trat ich auf die Bremse. Die Reifen kreischten, und die Lenkung stieß. Endlich stand der Wagen. Wie wild schlug ich auf die Flammenherde ein. Das Armaturenbrett war total zerstört. Aus vielen kleinen Wunden im Gesicht, den Händen und Armen sickerte Blut. Ich lehnte mich auf den Beifahrersitz zurück und trat mit beiden Beinen voller Kraft gegen die Tür. Sie sprang auf, und ich hechtete mit einem Satz nach draußen.
Andere Autos hatten gehalten. Zwei Männer rannten mit Feuerlöschern herbei und sprühten in das Innere des Fahrzeuges, bis nur noch Rauch und weißes Löschpulver aufstiegen. Benommen lehnte ich mich an das kalte Metall der Leitplanke. Mein Gesicht schmerzte. Es war gespickt mit einer Unmenge kleiner Kunststoffsplitter, wahrscheinlich vom zerfetzten Armaturenbrett, die sich wie Nadeln tief in meine Haut eingegraben hatten. Meine Hose bedeckte nur noch in Streifen die Beine, an denen das Blut aus vielen kleinen Wunden herablief. Über ein Pannentelefon alarmierten die Helfer die Feuerwehr, Polizei und Krankenwagen, deren Sirenen einige Zeit später zu hören waren.
Noch am Unfallort wurde ich im Krankenwagen medizinisch erstversorgt und danach in eine Frankfurter Klinik gefahren. Dort diagnostizierte man diverse Splitterverletzungen im Gesicht- und Halsbereich und an den Beinen, eine offene Wunde an der Schulter, eine Rauchvergiftung und einen Schock.

Derweil untersuchte die Polizei mein Auto. Später teilte man mir mit, daß es sich vermutlich um einen Kabelbrand durch elektrischen Kurzschluß mit anschließender Verpuffung gehandelt habe. Nähere Prüfungen wurden nicht vorgenommen.

Die Klinik konnte ich am nächsten Tag wieder verlassen.

Ich hatte großes Glück gehabt. Kein elektrischer Kurzschluß, auch keine Verpuffung hatten mich fast ins Jenseits befördert, sondern eine Bombe, die IMF »Alfons«, mein Freund Peter, unter dem Armaturenbrett installiert hatte. Daß das Attentat nicht zum gewünschten Erfolg führte, war reiner Zufall. Doch hatte ich zu der Zeit nicht den geringsten Verdacht. Ich war völlig ahnungslos.

CAMPING AM BALATON

Nachdem die erste Fluchthilfeaktion in Ungarn so problemlos abgelaufen war, bezog ich weitere Listenplätze in die neue Variante ein. Durch die lebhaften Geschäftsbeziehungen des Bayern zu ungarischen Gestüten waren seine häufigen Fahrten nach Ungarn, um im Jargon des MfS zu sprechen, ausreichend legendiert. Da das größte Problem von DDR-Individualurlaubern in Ungarn darin bestand, daß rund um den Plattensee, den Balaton, keine ausreichende Hotelkapazität zur Verfügung stand, bedeutete das für meine Flüchtlinge, daß sie eben selbst für ihre Unterkunft sorgen mußten. Dafür boten sich Zelt- oder Campingplätze an.

Eine Familie nach der anderen verließ so via Ungarn das Arbeiter-und-Bauern-Paradies. Besonderen Wert legte ich nach wie vor darauf, den familiären Hintergrund und die Fluchtgründe jeder einzelnen Familie genauestens abzuklären. Sicher war, daß die Stasi früher oder später auch von den Aktionen am Balaton Wind bekommen würde. Die Reisen ohne Rückkehr, die in Ungarn verbliebenen DDR-Fahrzeuge würden deutliche Spuren hinterlassen.

Meine Frau hatte ich nur sporadisch und teilweise in bestimmte Fälle eingeweiht. Diese Maßnahme entsprang der Gewohnheit und richtete sich nicht gegen sie, denn ich hatte keinen Verdacht.

Zwei Männer aus Cottbus, beides Schauspieler, wurden mir vermittelt. Sie bestanden darauf, daß sie bereits in der DDR kontaktiert wurden, nicht erst in Ungarn. Der Grund war schnell ermittelt. Sie hatten furchtbare Angst. Sie waren von den Erfolgsmeldungen des »Neuen Deutschland« gegen sogenannte organisierte Menschenhändlerbanden, wie sie im offiziellen DDR-Jargon hießen, sehr beeindruckt und verunsichert. Einer von ihnen hatte sich überdies an eine westdeutsche Institution gewandt und angefragt, ob und wie Fluchtwilligen geholfen werden könne. Eine Antwort hatten sie nie erhalten. Wahrscheinlich, eher sicher, war der Brief abgefangen worden. Vielleicht lagen die Häscher schon auf der Lauer und warteten nur auf konkrete Anstalten der beiden zur Flucht. Jedenfalls war ihre Verhaftung nach derartigen Aktivitäten über kurz oder lang sehr wahrscheinlich. Ihnen einen Kurier zu schicken war aber zu gefährlich. Also ließ ich ihnen verdeckt den Rat zukommen, sich unverzüglich um eine Urlaubsreise nach Ungarn zu bemühen. Dort würde man Kontakt mit ihnen aufnehmen und alles weitere besprechen. Ich ließ keinen Zweifel daran, daß sie das entweder akzeptieren oder ihre Flucht selbst organisieren müßten. Sicherheit ist kein Verhandlungsobjekt.

Ich weiß nicht, wie sie es schafften, aber im Sommer waren sie, neben vielen anderen, zum Camping am Balaton. Dank der Fotos und einer genauen Beschreibung ihres Campingplatzes war es dann nicht mehr schwer, sie dort aufzuspüren. Daß sie nicht schon wegen des Briefes verhaftet worden waren, grenzte an ein Wunder. Wie auch immer – die Leute hatten Glück.

Wie sich vor Ort herausstellte, waren sie tatsächlich nur übertrieben ängstlich und zudem von dem, wie ich es nannte, »Sänftensyndrom« befallen. Sie wollten kein Risiko eingehen, keinen Finger rühren, aufwachen und im neuen Haus im Westen sein.

Mein Kurier mußte am Balaton erst einiges in den Köpfen der beiden Männer zurechtrücken und ihnen nachdrücklich verdeutlichen, welche einmalige Chance ihnen geboten worden war. Dann endlich stimmten sie einer Fluchthilfeaktion zu.

Der Kurier folgte ihnen am Übernahmetag, bis sie, nun an einem erstklassig gedeckten Punkt, in den Lkw eingestiegen waren. Erst als er völlig sicher sein konnte, daß dem Wagen niemand gefolgt war, fuhr er zurück nach Budapest.

Der eigentliche Grenzübertritt war Routine. Der Bayer hatte wieder drei Pferde in Ungarn eingekauft und reichte den umfangreichen Papierwust, einschließlich der veterinärmedizinischen Atteste, dem ungarischen Grenzsoldaten. Der war Pferdekenner. Und so entspann sich ein fachmännisches Gespräch, das dem leutseligen Bayern gerade recht war. Ohne weitere Vorkommnisse erreichte er später die bayerische Grenze.

In Passau nahm ich die beiden Schauspieler aus Cottbus in Empfang. Gemeinsam fuhren wir zu ihren Auftraggebern nach Coburg. Unterwegs konnten sie sich nicht fassen, daß die Sache »so einfach« war, wie einer sich ausdrückte. »Wenn Ihre Flucht Ihnen einfach erschien, fasse ich das als Auszeichnung für die umfangreichen Planungs- und Sicherheitsvorkehrungen auf, die Sie nicht bemerkt haben. Tatsächlich ist alles nicht so einfach, wie es den Anschein erweckt.«

Bis zu meiner Abreise nach Griechenland gelangten insgesamt 26 Flüchtlinge auf dieser Strecke in den Westen. Weitere acht sollten auf »diplomatischem« Weg die DDR verlassen.

Während ich in Berlin weilte, um einen neuen Flüchtling von Kader in Empfang zu nehmen, mußte ich an eine Begebenheit denken, die sich wenige Monate vor unserem Umzug in meiner Abwesenheit vor unserer Wohnung in Gießen ereignet hatte. Auch damals war ich in gleicher Angelegenheit in Berlin gewesen.

Gegen elf Uhr vormittags ging meine Frau mit einer Plastiktüte voller Küchenabfälle nach draußen zur Mülltonne. Sie hatte gera-

de den Deckel wieder geschlossen, als plötzlich, wie aus dem Boden gewachsen, zwei Männer vor ihr standen.
»Kriminalpolizei«, sprach sie einer an. »Sie sind doch Frau Welsch? Wir haben ein paar Fragen an Sie. Kommen Sie mit.«
Einer der Männer packte sie am Arm. Einer plötzlichen Ahnung folgend, riß sie sich los und rannte zurück in die Wohnung. Sie verschloß sofort alle Türen und wählte die Nummer der Polizeistation Gießen. Weder die örtliche Polizei noch die Kriminalpolizei wußten etwas von einer Vorladung. Da die geschilderte Vorgehensweise den Versuch einer Entführung nahelegte, veranlaßte die Polizei sofort eine Ringfahndung nach den Männern, die meine Frau recht gut beschreiben konnte. Außerdem rief sie mich sofort in Berlin an und informierte mich vom Geschehen in Gießen. Trotz der polizeilichen Maßnahmen schienen die unbekannten Männer wie vom Erdboden verschluckt.
Doch erneut war ich gewarnt worden. In Westberlin bewegte ich mich danach überaus vorsichtig und vermied es, mit der S-Bahn oder U-Bahn zu fahren. Letztere durchquerte immerhin, ohne anzuhalten, einige Stationen Ostberlins. Sollte ich nur einen Schritt vor die »westliche Haustür« setzen, wäre das mein Ende.

EIN TELEX UND SEINE FOLGEN

Das MfS führte den Krieg gegen mich mittlerweile an vielen Fronten. Anfang 1980 erschien in »horizont«, der außenpolitischen Zeitschrift des SED-Staates, eine Artikelserie mit dem Titel »Keine Chance für Menschenschmuggler«. Darin wurde ich als einer der gefährlichsten und rücksichtslosesten »Menschenschmuggler« aus der BRD bezeichnet. Meine Gefährlichkeit wurde damit belegt, daß zur Standardausrüstung meines Pkw »ebenso wie der Wagenheber auch eine Maschinenpistole« zählen würde. Darüber hinaus würde ich »ständig eine Waffe bei mir

tragen«. Das hatte mit der Wirklichkeit nicht das geringste zu tun. Als Autor zeichnete ein »Claus Wolf«, der immerhin mit bemerkenswerten Detailkenntnissen hinsichtlich meines Aufenthaltes im DDR-Gulag glänzen konnte.
In dem Artikel wurde der Versuch unternommen, die Legitimation meiner Ermordung publizistisch vorzubereiten.

Hinter diesem Namen Claus Wolf verbarg sich ein Autorenkollektiv des MfS. Ich beschloß, diese schmutzige Breitseite adäquat zu beantworten und mich direkt an die Redaktion von »horizont« zu wenden, die in der Karl-Liebknecht-Straße in Ostberlin residierte. Die würden mit Sicherheit mein Telex an das MfS weiterleiten. Die Telexnummer war schnell ermittelt, und ich formulierte den Text, den ich zunächst auf Lochstreifen eingab.
Über unser Telexgerät in der Redaktion wählte ich die Nummer und begann mit einer Frage:

```
0069114854++++ΩΩΩΩΩ
ist dort die redaktion »horizont« + ? ΩΩΩΩΩ
```

Die Antwort kam sofort:

```
ja bitte sie können senden
```

Ich schob den vorbereiteten Lochstreifen ein, und das Telexgerät ratterte los:

```
redaktion »horizont«
karl-liebknecht-str. 29
ddr-1056 berlin

betr.: horizont-report »keine chance fuer
menschenschmuggler«
von claus wolf (ausgabe 2-9 / 1980)

sehr geehrte damen,
sehr geehrte herren,
```

nicht ohne interesse habe ich den in ihrer wochenzeitung erschienenen report »keine chance fuer menschen-schmuggler« gelesen, zumal ich selbst darin genannt worden bin.
leider schreiben sie gar nichts über die gesellschaftlichen ursachen der fluchthilfe, naemlich die lebensumstaende in der ddr. so haette auch der report-autor mit der frage beginnen muessen, warum eigentlich immer noch und immer mehr buerger aus der »geborgenheit« des sozialismus fluechten wollen, was darueber hinaus meine erfolgschance betrifft, potentiellen fluechtlingen in ihrer not zu helfen, so wuerde ich sie keineswegs so pessimistisch beurteilen, wie es ihr autor tat.
ich habe die lage nicht geschaffen, aus der heraus sich zunehmend mehr buerger der ddr an mich um hilfe wenden. koennten diese buerger freizuegig reisen, haette sich meine taetigkeit erledigt.
gegenwaertig ist es ja wohl noch so, dass auch die regierung der ddr am »geschaeft des menschenhandels« partizipiert, indem sie jaehrlich eine gewisse anzahl politischer haeftlinge an die bundesrepublik deutschland verkauft.

mit demagogie loest man keine probleme, man verschaerft sie nur. Unter der politischen maxime der ihnen nicht fremden rosa luxemburg, fuer die freiheit immer freiheit des andersdenkenden war, waere die voraussetzung geschaffen, gespraeche ueber die im report angeschnittenen fragen und probleme zu fuehren.
ich bin dazu bereit und erwarte gerne ihre antwort.

```
mfg

wolfgang welsch
institut dr. ulrich otto
postfach 110821
d - 6300 giessen 2

15.mai 1980
+
114854z bzv dd
```

Die Ziffern am Ende waren die automatische Bestätigung des in Ostberlin stehenden Telexgerätes für den einwandfreien Empfang der Sendung.

Ich schaltete mein Gerät ab. Es brauchte nicht viel Phantasie, um sich vorzustellen, was demnächst im MfS passieren würde. Dabei hatte ich, gemessen am rasenden Haß des Artikels, an seiner versteckten Mordhetze, eine zwar sarkastische, aber letztlich doch verbindliche Antwort erteilt.

Der Leiter der Hauptabteilung VI, Generalmajor Fiedler, telefonierte.

Am anderen Ende der Leitung lauschte der Minister für Staatssicherheit, Armeegeneral Erich Mielke.

»Genosse Minister, ich beziehe mich auf das GVS-Schreiben an Sie. Wie Sie dem Bericht entnehmen können, drängen wir auf eine unmittelbare Erledigung des ZOV ›Skorpion‹. Ich möchte Ihre Zustimmung zu einer tschekistischen Operation im imperialistischen Ausland einholen. Es geht, wie Sie bereits wissen, um den kriminellen Menschenhändler Welsch.«

»Ja, ja, habe davon jehört. Darüber ist mit dem Jenossen Generaloberst Wolf jesprochen worden. Sie meinen England. Er stellt die Logistik zur Verfügung. Det is sein Aufgabenbereich.«

»Sie geben Ihr Einverständnis für die Liquidierung?«

»Natürlich. Keine Faxen mehr. Weg damit. Dieser Verbrecher hat uns lange jenuch jeschadet. Wie konnte der uns so ein Telex schicken?«
»Die internationalen Verbindungen zum ›horizont‹-Verlag sind frei zugänglich.«
»Ick möchte, daß die Sache mit diesem Verbrecher endlich erledigt wird. Der muß weg. Det is ein Staatsfeind, und damit halten wa uns nicht länger uff.«
»Zu Befehl, Genosse Minister, die Sache wird erledigt.«
Das Telefongespräch fand – laut Akten – am 18. Mai 1980 in den Räumlichkeiten des Ministeriums für Staatssicherheit statt.

Für das neue Haus in Weinheim fehlten uns Möbel. Die alten Einrichtungsgegenstände aus Gießen hatten wir weitgehend verkauft. So besuchte ich manchen Antiquitätenmarkt, um nach Lampen, Bildern, Tischen und Stühlen zu fahnden. Doch entweder fand ich nichts Passendes, oder es war zu teuer. Peter Haack, der gelegentlich nach Weinheim kam, begleitete mich dabei einige Male. Zwar kam es mir ein wenig merkwürdig vor, daß er stets größere Geldsummen mit sich führte, wenn er nach acht oder zehn Wochen wieder bei mir auftauchte. Doch gab er dafür glaubhafte Erklärungen ab.
Mal hatte er auf einem Ölförderturm in der Nordsee fotografiert, mal war er als Standfotograf mit einem Fernsehteam unterwegs gewesen. Diese Jobs würden sehr gut bezahlt, wie er betonte. Im Gegensatz dazu war es irgendwie seltsam, daß die Fotos, die er privat machte, keinerlei professionelle Qualitäten erkennen ließen. Doch war ich viel zu sehr mit mir selbst und meinen Aufträgen beschäftigt, um dieses offensichtliche Mißverhältnis zwischen Anspruch und Wirklichkeit überhaupt wahrzunehmen.
Meine Ahnungslosigkeit zeigte sich darin, daß ich Peter bat, den Telefonanschluß in unserem Haus auf seinen Namen anzumelden, um die Spur zu mir zu verwischen. Jetzt prangte der Name des MfS-Agenten Haack für die nächsten Jahre im Weinheimer Telefonbuch. Auf ein Namensschild an der Tür hatte ich aus Si-

cherheitsgründen auch verzichtet. Das hätte ich mir alles sparen können.
Die Stasi kannte bereits die Farben meiner neuen Gardinen, noch ehe sie an der Stange hingen. An einem Grundsatz habe ich jedoch auch Haack gegenüber immer festgehalten: Niemals sprach ich mit ihm über Fluchthilfeaktionen. Niemals bekam er Aufträge, Akten und Listen zu sehen. Über Politik oder die DDR wurde zwischen uns nie geredet. Das sollte sich als eine überaus wirksame Maßnahme erweisen.

DAS GEHEIMNIS DES MARKUS WOLF

In Südengland, in der Grafschaft Kent, in einem kleinen Ort südlich von Canterbury, gebe es ein Antiquitätengeschäft, das über ausgesucht gute Stücke verfüge, aus viktorianischer Zeit bis hin zur Tudor-Epoche. Der Laden sei zwar ständig geschlossen, doch seine Besitzerin, eine alte Dame, würde bei Kaufinteresse aufschließen und zu günstigen Preisen verkaufen, erklärte mir Haack eines Tages. Anfangs zeigte ich wenig Interesse, nur für ein paar Möbel diese lange Strecke zurückzulegen. Doch immer wieder brachte Haack das Gespräch darauf, bis ich zuletzt einwilligte, mit ihm nach England zu fahren.
Aus meiner Londoner Zeit kannte ich einige Geschäfte auf der Portobello Road oder Kings Road. Generell mußte man auf der Portobello Road vorsichtig sein, denn dort wurden häufig gut gemachte Falsifikate angeboten und als echte Antiquitäten verkauft. Die Geschäfte auf der Kings Road hatten dagegen gute Ware, waren aber unverschämt teuer. Also war ich gespannt, was die alte Dame in Wingham, wie der Ort hieß, zu bieten hätte.

In der Frühe fuhr ich mit Peter nach Mannheim. Dort hatte er bei »Hertz« einen gelben Mercedes-Kastenwagen reservieren lassen.

Meinen Wagen ließ ich dort stehen. Nach Erledigung der Formalitäten starteten wir zur französischen Grenze und fuhren weiter durch Nordfrankreich bis zur Küste nach Calais. Während ich fuhr, unterhielt mich Peter mit irgendwelchen skurrilen Geschichten. Am Terminal zur Englandfähre mußten wir etwa eine Stunde warten. Peter verschwand und tauchte erst nach einer halben Stunde wieder auf. Er hatte etwas gegessen, erklärte er mir. Endlich war es soweit, wir rollten auf die Fähre nach Dover, die »Herald of Free Enterprise«. Jahre später sollte sie im Ärmelkanal spektakulär untergehen. Gegen fünfzehn Uhr kamen wir in Dover an und waren wenig später auf der Autobahn M 2 in Richtung London.

Kurze Zeit zuvor hatte der IMF »Alfons« eine Besprechung im Dienstzimmer von Generalmajor Fiedler gehabt. Dabei war es um die letzten Vorbereitungen seines Einsatzes in England gegangen. In langen Vorgesprächen hatte man bereits die verschiedensten Vorschläge erörtert, so zum Beispiel, Welsch in Griechenland mit einer Bombe mitsamt seiner Jacht in die Luft zu sprengen. »Alfons« hatte nämlich mal wieder übertrieben und aus meinem fünf Meter langen Wiking-Schlauchboot mit Außenbordmotor eine Motorjacht gemacht. Als der Vorschlag mit der Bombe kam, mußte er das natürlich abwiegeln.

»Und wenn wir ihn einfach erschießen«, schaltete sich Generalmajor Fiedler ein, »durch einen von uns positionierten Scharfschützen?«

»Das wäre möglich, doch in Griechenland ist alles zu heiß, zu sprunghaft und zu vage, entzieht sich einer festen Planung. Weinheim ist zu gefährlich. Wie wäre es mit England? Der sucht gerade Möbel für sein Haus. Ich könnte ihm in England eine gute Einkaufsadresse für antiquarische Möbel anbieten. Davor oder danach könnte man etwas arrangieren.«

»Glaubst du denn«, wandte sich Mattern väterlich an seinen Schützling, »daß der nichts merkt und sich von dir genau an den Ort bringen läßt, an dem wir ihn haben wollen?«

»Doch, das glaube ich schon. Um nach London zu kommen, muß er die Autobahn benutzen. Habt ihr eine Karte?« Es dauerte eine Weile, doch dann breiteten sie eine Karte von England auf dem Tisch aus.

»Hier.« Haack tippte auf eine Stelle an der englischen Kanalküste. »Hier ist Dover. Also hier würden wir ankommen. Und von hier könnten wir auf der Autobahn M 2 direkt bis London fahren. Egal wo der Schütze steht, wir müssen ihn passieren. Er kann sich sozusagen den günstigsten Platz und Schußwinkel aussuchen.«

»Du müßtest aber mitfahren und dabei neben ihm sitzen«, warf Fiedler ein.

»Wie, neben ihm, meint ihr, auch dann, wenn da jemand auf Welsch wartet und schießt? Und was ist, wenn der nicht ihn, sondern mich trifft?«

Die Runde lächelte.

»Na, da sei mal ganz beruhigt, Peter.« Mattern sah sich um. »Wir werden nur den Besten schicken, der einer Fliege auf 100 Meter das linke Auge ausschießt. Du müßtest nur dafür sorgen, daß Welsch an einem ganz bestimmten Tag zu einer festgelegten Uhrzeit eine bestimmte Stelle an dieser Autobahn passiert. Den Rest erledigen wir.«

»Was mache ich, wenn er getroffen wird und tot hinter dem Steuer sitzt, bei 120 Sachen?«

»Bremsen, Peter, bremsen. Bremsen, nach links, ja, links, ist ja Linksverkehr, den Wagen abfangen und die englische Polizei rufen. Du hast das beste Alibi, dich wird man als Zeugen vernehmen, und dann kannst du den Wagen zurück in die BRD bringen. Niemand, nicht einmal Scotland Yard, wird auf die Idee kommen, daß wir dahinterstecken.«

Haack erklärte sich einverstanden.

Von nun an bereitete die Hauptabteilung VI die streng geheime Aktion »Regina« vor.

Generalmajor Gerhard Niebling, Leiter der ZKG, stellte den Kontakt zu Generaloberst Markus Wolf her, Stellvertreter von

Erich Mielke und Leiter der Hauptverwaltung A (HVA), wie die Auslandsspionageorganisation des MfS bezeichnet wurde.
Es ging um flankierende Maßnahmen der HVA für die Operation »Skorpion« im NATO-Land England. Die HVA sollte nicht nur den Rückzugsraum für den nach England geschickten Killer zur Verfügung stellen, sondern insbesondere die Operation gegenüber dem britischen Secret Service absichern. Für Wolf war so ein Auftrag nichts Außergewöhnliches. Seit seinem Studium auf einer sowjetischen Parteihochschule hatte er niemals nach Sinn und Zweck von Dienstaufträgen gefragt oder diese hinterfragt. Es ging einfach darum, einen Staatsfeind auf dem Territorium eines anderen Landes zu liquidieren. Dazu würde er seinen Apparat in Bewegung setzen, um den Ausführenden die notwendige technische und logistische Unterstützung zu gewähren.

Natürlich ist die Behauptung, die HVA sei ein elitäres, aristokratisches Element im ansonsten brutalen Apparat des MfS gewesen, völliger Unsinn. Sie war weder eigenständig, noch hatten ihre Mitglieder weiße Westen.
Wolf selbst hatte intern mehrfach zum Ausdruck gebracht, daß auch die Mitarbeiter der HVA Teil der »Kampfgemeinschaft aller Tschekisten« seien, daß hieß konkret, daß auch an ihren Händen Blut klebte.
Den Vorgaben von Mielke mußte sich die HVA immer unterordnen. Das hat Wolf stets lautlos und geschmeidig getan. Seine Anpassungsfähigkeit hatte er auf sowjetischen Schulen und Lehranstalten ausgiebig trainieren können. Von dort brachte er sein ausgezeichnetes Russisch, seinen sowjetischen Paß und seine absolute Nibelungentreue gegenüber der Partei mit.
Als Mielkes Stellvertreter war Markus Wolf mit Sicherheit über die Todesurteile, die sein Chef gegen Überläufer, Staatsfeinde und Fluchthelfer verhängte, informiert.

Nachdem wir die Autobahn erreicht hatten, trieb Haack mich zur

Eile. Er wollte gleich nach London und erst auf dem Rückweg mit mir den Antiquitätenladen der alten Dame aufsuchen.
So fuhren wir ohne Stopp in Richtung London. Es war ein für englische Verhältnisse ungewöhnlich klarer Tag. Der Verkehr war mäßig, so daß ich trotz des ungewohnten Linksverkehrs zügig vorankam.

Während Peter im Terminal von Calais für eine Weile verschwunden war, betrachtete ich mir das Treiben im Hafen.
Peter Haack telefonierte. Er gab über einen, »Distrikttelefon« genannten, unverfänglichen Anschluß in Ostberlin seinem Führungsoffizier, Major Pätzold, die Abfahrtszeit unserer gebuchten Fähre nach Calais, die Ankunftszeit in Dover und die voraussichtliche Dauer unserer Fahrt auf der M 2 nach London durch.
Typ, Farbe und Nummernschild des »Hertz«-Mietwagens kannte man in Ostberlin bereits. Jetzt erhielt Haack – codiert – die Instruktion, daß er f ü n f Meilen vor dem Autobahnkreuz Dartford dafür sorgen mußte, daß der Kleinlaster nicht schneller als 80 Stundenkilometer fuhr.
»Okay, verstehe. Auf Wiedersehen.«
»Auf Wiedersehen und viel Spaß in London.«
Der französische Geheimdienst SDECE fand an diesem Telefonat nichts Auffälliges.

Wir hatten bereits die Abfahrt Gravesend passiert. London war jetzt nicht mehr weit und ich freute mich auf die leckeren »Sundae's«, cremegefüllte Kekse, eine englische Spezialität, die ich in Deutschland vergebens gesucht hatte. Noch fünf Meilen bis Dartford. Das Hinweisschild flog gerade an uns vorbei.
»Äh, du kannst jetzt langsamer fahren, wir liegen absolut gut in der Zeit. Im Großraum London gibt es viele Polizeistreifen. Äh, die lauern quasi hinter jedem Busch«, meldete sich Haack plötzlich.
»Gut, ich bin auch froh, daß wir gleich da sind.« Ich nahm etwas Gas weg, und das Dieselgeräusch ging von einem hohen Pfeifen in ein sonores Brummen über. Wenig Verkehr. Nur selten wurden

wir überholt. Linker Hand tauchte eine lange Kette dieser typisch englischen, rotgeklinkerten Reihenhäuser auf.

»Weißt du, wo mein Tabak ist?« fragte ich Peter. Einen Moment ging ich mit dem Fuß ganz vom Gas. Ich wollte meine Pfeife aufheben. Die war schon vor einiger Zeit vom Sitz gerutscht und hatte mich die ganze Zeit am Boden gestört. Mit meinen Schuhen ertastete ich sie.

»Dein Tabak ist hier.« Peter hatte das Handschuhfach geöffnet und reichte mir die Dose. Ich bückte mich, um die Pfeife aufzuheben. In diesem Moment tat es einen Schlag. Mit der Pfeife in der Hand tauchte ich wieder nach oben. Die Frontscheibe knisterte. Von dem kreisrunden Loch in der Windschutzscheibe, etwa in Augenhöhe, breiteten sich scharfe Linien spinnennetzförmig nach allen Seiten aus.

»Was ist das?« schrie ich. Ich konnte kaum noch etwas erkennen. Ich bremste den Wagen herunter und rollte nach links auf den Randstreifen.

»Hast du das gesehen? Das Loch, jemand hat auf uns geschossen!« Peter sagte nichts. Der Wagen stand, und wir stiegen beide aus. Ich ging nach vorn und betrachte mir den Schaden.

»Jemand hat auf uns geschossen, das darf doch nicht wahr sein! Wer macht so was?«

»Vielleicht war das nur ein Stein, hochgeschleudert von einem vorausfahrenden Fahrzeug.«

»Vorausfahrendes Fahrzeug, daß ich nicht lache! Vor uns war überhaupt kein Fahrzeug.«

»Dann hat eben jemand mit einem Luftgewehr in der Gegend rumgeballert.« Peter war deutlich bemüht abzuwiegeln, die Sache nicht so hoch zu hängen.

»Mit einem Luftgewehr? Sieh dir das an, steck mal deinen Finger in das Loch. Das war doch kein Luftgewehr!« Mir kam eine Idee. Ich mußte die blecherne Rückwand nicht lange absuchen. Ein schönes Loch starrte mir schwarz entgegen. Auch im Laderaum war das Loch deutlich zu erkennen. Ein schwacher Lichtstrahl fiel hindurch. Er kam direkt durch die kleine runde Öffnung in der vorderen Trennwand. »Das muß ich fotografieren. Setz dich mal rein, ich mach' ein Bild von dir und du eins von mir.« Wir machten die Fotos. Dabei bemerkte ich, daß sich das Einschußloch haargenau auf Kopfhöhe befand.

Peter Haack, unmittelbar nach dem Attentat. (Foto: privat)

»Da habe ich aber verdammtes Glück gehabt. Sieh mal, die Kugel hätte mich genau in den Kopf getroffen, wenn ich mich nicht gerade nach meiner Pfeife gebückt hätte. Das nenne ich Glück.«
»Stimmt«, bemerkte er lakonisch. »Da hast du Glück gehabt. Wir müssen die Scheibe hinausschlagen, so können wir nicht weiterfahren.« Er suchte und fand einen Schraubenzieher. Vorsichtig schlug er mit dem Griff Teile der Scheibe hinaus und arbeitete sich bis zu den Rändern vor.

»Du mußt dir mal das Loch in der Rückwand ansehen. Ganz schön großes Kaliber.«

»Wer weiß, welcher Idiot da auf Autos schießt. Der macht sich bestimmt einen Spaß.«

Ich half ihm, die letzten Reste der Scheibe aus der Gummilippe des Rahmens herauszuklauben. Ich hatte mich umgesehen. Aus einem dieser Reihenhäuser mußte der Schuß gekommen sein.

»Laß uns schnell weiterfahren, bevor der noch mal schießt.« Merkwürdigerweise kam mir nicht einmal der Gedanke, die Polizei zu rufen.

Also stieg ich wieder ein, und wir fuhren los. Ohne Frontscheibe. Peter hatte schon den Londoner Stadtplan auf den Knien und suchte die nächste »Hertz«-Station in London.

»Wir geben den Wagen dort ab und bekommen einen neuen. Wir sagen einfach, ein Stein wäre durch die Windschutzscheibe geflogen. Ich bezeuge das. Da haben wir weniger Ärger und einen kürzeren Aufenthalt.«

»Okay.« Endlich stopfte ich meine Pfeife und zündete sie an. »Weißt du, Peter, dabei fällt mir ein, daß Rauchen manchmal geradezu gesundheitsfördernd sein kann.« Dabei stieß ich dicke Rauchwolken aus. Er antwortete nicht.

Wir mußten ziemlich weit in das Stadtzentrum fahren, ehe wir in der Nähe von Knightsbridge eine hell erleuchtete »Hertz«-Autovermietung. fanden. Es war mittlerweile dunkel geworden. In der Agentur erklärten wir, was passiert war. Niemand war über die Geschichte besonders erstaunt oder fragte nach. Man gab uns ein neues Fahrzeug. Rückgabe und Tausch verliefen zügig und völlig problemlos. Nach etwa zwanzig Minuten saßen wir im neuen Transporter und fuhren zu Peters Wohnung in die Basset Road, wo wir übernachteten.

Die Nachricht erreichte die HA/VI noch am selben Tag. Der Mordanschlag auf Welsch war mißlungen. Das schlimmste daran war, daß niemand, nicht einmal der Mörder, der den Abzug seines Spezialgewehres bedient hatte, wußte, woran das gelegen hatte.

Als Mielke davon erfuhr, brachte er die allgemeine Stimmung auf den Punkt: »Det is eine riesengroße Sauerei.« Letztlich war es auch eine Schlappe für den britischen Geheimdienst SIS, der nichts mitbekommen hatte.

GEHEIME KOMMANDOSACHE: MORD

In den Wochen nach dem Vorfall in England, den ich ebensowenig als Mordanschlag erkannte wie die Explosion einer Stasibombe in meinem Auto, führte ich sechs Fluchthilfeaktionen erfolgreich durch. Anfang 1980 wurde mir ein Brief aus Ostberlin zugestellt. Adressiert an das »Otto-Institut«, also an mich. Als ich den Namen der Absenderin las, sträubten sich mir die Haare. Diesen Namen hatte ich nicht vergessen. Dieser Name klang nach Leidenschaft und Verrat. Es war Notburga Kalitzki, die mir schrieb. Und was sie schrieb, ließ in mir alle Alarmglocken schrillen. In ihrem Brief fragte sie den »sehr geehrten Herrn Otto«, ob er ihr bei einer gewünschten »Familienzusammenführung« im Westen behilflich sein könnte. War das Ministerium für Staatssicherheit wirklich so dumm, anzunehmen, ich würde mich nicht an diesen Namen erinnern oder gar auf eine offene briefliche Offerte zur Fluchthilfe, direkt aus Ostberlin an mich herangetragen, eingehen?

Daß die Kalitzki für das MfS arbeitete, wußte ich seit ihren Aussagen vor der Stasi gegen mich. Tatsächlich war sie inzwischen als IM »Maria« zur Mitarbeiterin der Stasi avanciert. Wie schon im Falle des IMF »Wanja«/Mittelsdorf, jenem Barkeeper aus Dresden, entschloß ich mich, zum Schein auf ihr Angebot einzugehen. In meinem Antwortschreiben tat ich so, als kennte ich sie nicht, und bot ihr meine Hilfe an. Wieder nannte ich eine völlig unrealistische Summe, die ein solches Unternehmen kosten würde. Wie

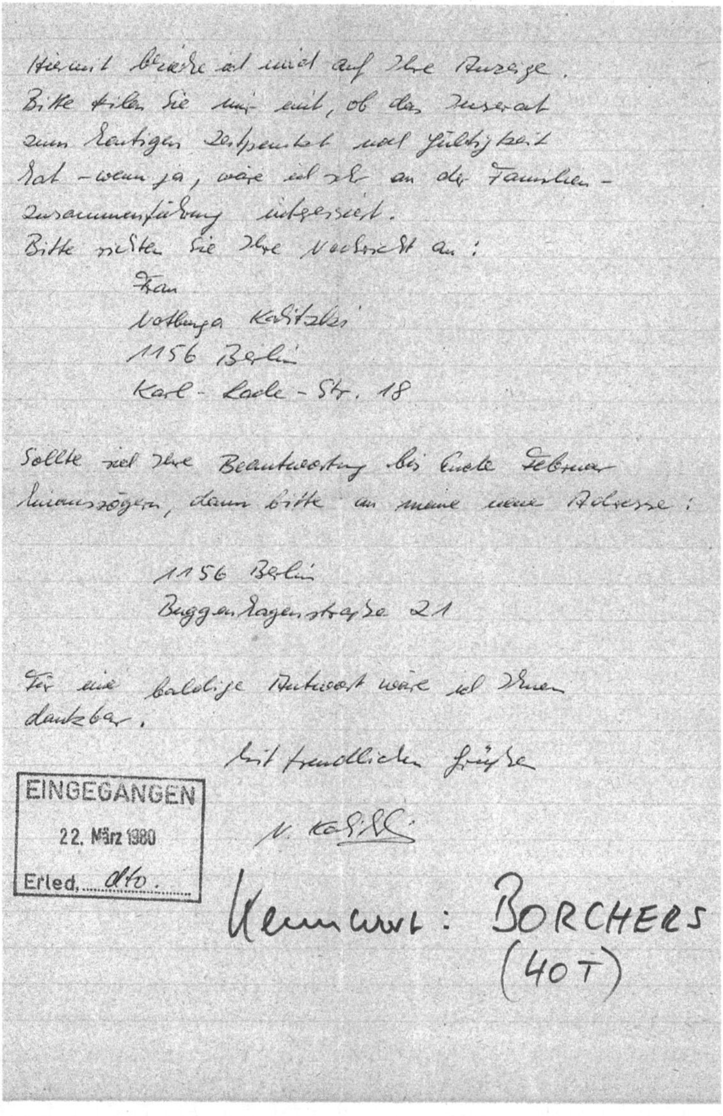

Hiermit bewerbe ich mich auf Ihre Anzeige.
Bitte teilen Sie mir mit, ob das Inserat zum heutigen Zeitpunkt noch Gültigkeit hat – wenn ja, wäre ich sehr an der Familienzusammenführung interessiert.
Bitte richten Sie Ihre Nachricht an:

Frau
Notburga Kalitzki
1156 Berlin
Karl-Lade-Str. 18

Sollte sich Ihre Beantwortung bis Ende Februar hinauszögern, dann bitte an meine neue Adresse:

1156 Berlin
Buggenhagenstraße 21

Für eine baldige Antwort wäre ich Ihnen dankbar.

Mit freundlichen Grüßen

N. Kalitzki

EINGEGANGEN
22. März 1980
Erled. Otto.

Kennwort: BORCHERS
(40T)

Kontaktaufnahme der N. Kalitzki (IM »Maria«) mit dem Otto-Institut.

vermutet, schreckte sie das nicht ab. »Mit großer Freude«, schrieb mir die Verräterin wenig später, »habe ich Ihre Nachricht erhalten und freue mich, daß Sie sich meiner Angelegenheit annehmen wollen.« Die Stasi hatte wieder einmal angebissen.

In der Folge entwickelte sich ein reger Briefwechsel zwischen uns. Mir war das recht, konnte ich doch vielleicht anhand ihrer Briefe die Taktik der Stasi erkennen. So schrieb sie, daß sie nicht genug Bargeld habe, um die Auslagen für die Fluchthilfe zu bestreiten, zum Ausgleich jedoch über einige wertvolle Antiquitäten verfüge. Also schrieb ich ihr ebenso offen, daß sie mir die großen Stücke benennen und die kleineren per Post schicken solle. Im nächsten Brief wurde es noch dreister. Darin schlug sie vor, daß sie mit einem Teil der Antiquitäten nach Prag kommen werde. Sie nannte ein Hotel am Wenzelsplatz, in dem wir uns an einem bestimmten Tag treffen könnten. Jetzt war ich beleidigt. Wie konnte die Stasi nur annehmen, daß ich so dämlich sein und nach Prag kommen würde?

Richtig wach wurde ich jedoch, als die Kalitzki anfragte, ob es nicht einen besonders kurzen und sicheren Fluchtweg gebe, den sie mit ihren Kindern gerne gehen würde, »beispielsweise von Berlin nach Berlin«, wie sie wörtlich schrieb. Der Berliner würde sagen: »Nachtijall, ick hör' dir trapsen!«

Es war keine Frage, allein ihre Wortwahl war für eine DDR-Bürgerin völlig ungewöhnlich und konnte ihr nur von einem Insider in die Feder diktiert worden sein. Bedenklich war dieser Hinweis für mich dennoch. Konnte das nicht ein Wink des MfS sein, der da bedeutete: »Wir kennen auch diesen Weg, nimm dich in acht!«

Immer wieder geisterte in Westberliner Kreisen und bei Fluchthelfern das Gerücht herum, es gäbe einen Weg Berlin–Berlin. Natürlich gab es den, ich benutzte ihn ja schon einige Jahre ohne einen einzigen Verlust. Aber wissen konnte davon kein Außenstehender. Ich schrieb der Kalitzki, daß ich nicht wüßte, was sie damit meine, und ließ den Kontakt einschlafen. Das war zwar nicht besonders originell, erfüllte aber seinen Zweck. Das MfS schaltete die IM »Maria« ab. Sie hatte die in sie gesetzten Erwartungen nicht erfüllen können.

Bei den fünf Aktionen, die ich bis zum Juni des Jahres mit Kader abwickelte, war ich jedesmal in Westberlin. Und jedesmal forschte ich die Flüchtlinge noch intensiver darüber aus, wie sie den Friedrichshainer Übernahmeort erreicht hatten, ob ihnen jemand gefolgt oder ob ihnen etwas aufgefallen war. Alles negativ. Kaders häufige Besuche in Westberlin fielen nicht auf. Er hatte mir berichtet, daß viele, wenn nicht alle, Angehörigen westlicher Missionen in der DDR zum Einkaufen nach Westberlin fuhren.
Hatte die Stasi also nur auf den Busch geklopft?

Im Frühjahr 1981 überschlugen sich die Aktivitäten in der Hauptabteilung VI. Eine Dienstbesprechung jagte die andere. Hatten die Schriftstücke, die zwischen den einzelnen Abteilungen AG Koordinierung und ZKG gewechselt wurden, bis dahin noch die Bezeichnung VERTRAULICH oder NUR FÜR DEN DIENSTGEBRAUCH getragen, so zierte jetzt jeden Vorgang der Stempelaufdruck GVS, Geheime Verschlußsache. Ab dem Frühsommer dann GKS, Geheime Kommandosache.
Die Telefonanschlüsse meines Bruders und der Eltern in Ostberlin wurden rund um die Uhr abgehört.
Keine Frage, da braute sich etwas zusammen. Nur schwer konnte die Spitze des MfS ertragen, daß alle Anschläge auf mich negativ verlaufen waren und der offenbar gutabgeschottete Fluchthelfer Welsch weiterhin erfolgreich Flüchtlinge herausbrachte und sich in gelegentlichen Telexen über das MfS auch noch lustig machte. Eine neue Mordaktion wurde deshalb gegen mich vorbereitet. Diesmal mit garantiert letalem Ausgang. Der Showdown hatte begonnen.

Haack war nun öfter in Ostberlin als gewöhnlich, und ich sah ihn deshalb seltener, hatte aber keinen Grund zum Argwohn. Im April war ich ein vorläufig letztes Mal in London, um Peter zu besuchen. Da ich es bedauerlich fand, daß er keine Freundin hatte, wollte ich ihm zu einer verhelfen. Mit Dieter, meinem Partner im Verlag, meiner Frau und einer befreundeten jungen Griechin,

Maria, flogen wir also nach London. Peter hatte uns eingeladen, bei ihm zu wohnen, in 16 Bassett Road, W 10 London.
Das Wetter war schön, unsere Sightseeing-Touren waren unterhaltsam, doch zwischen Peter und Maria funkte es einfach nicht. Schade. Hatte ich mir doch erhofft, über sie Peter näher kennenzulernen und seine Vorsicht, seine Verschlossenheit mir und anderen gegenüber etwas aufzubrechen.
In London sprachen wir auch über die Planungen für den Sommer. Peter erwähnte, daß er im Juli in Israel sein werde. Er habe einen Job bei »Antenne 2«, einem französischen Fernsehsender, der die Raketenangriffe der PLO mit »Katjuschas« aus dem Libanon auf israelische Kibbuze filmen wollte. Da gebe es zwischendurch immer ein paar freie Tage. »Wir könnten uns ein Auto mieten und quer durch Israel fahren, bis zum Roten Meer.« Der Vorschlag war überlegenswert. Ich kannte Israel, wenn auch nur flüchtig.
1979 war nämlich das Wetter in Griechenland ausgesprochen schlecht gewesen. Deshalb war ich kurzfristig mit meiner Familie nach Israel geflogen, um dort Sonne zu tanken und einige Tage das Land zu erkunden, das mich seit dem Sechstagekrieg faszinierte.
Damals, im Juni 1967, saß ich im Zuchthaus Bautzen ein. Das ND brachte regelmäßig Berichte über den Kriegsverlauf und geißelte die »zionistischen Kriegstreiber«. Strich man die Propaganda, blieb eine eindrucksvolle Skizzierung des täglichen Vormarsches der israelischen Armee. Binnen weniger Stunden wurden damals die Luftstreitkräfte Ägyptens und Syriens durch den Präventivschlag der Israelis an Boden zerstört, ausgedehnte Gebiete – der Sinai, das Westjordanland, der Gaza-Streifen und die Golanhöhen – gerieten unter die Kontrolle der israelischen Armee. So erging es Staaten, die das Existenzrecht Israels mit Krieg bedrohten. Das bestärkte mich in meiner Überzeugung, daß nur die Sprache der Gewalt von denen verstanden wird, die selbst Gewalt predigen.
Ich sagte Peter zu. Wir würden im Juli nach Israel kommen. »Okay, dann werde ich alles vorbereiten, Unterkunft, Auto und so

weiter«, versprach er. In den nächsten Wochen rief er noch mehrmals an. Flugbuchungen, Ankunftstermine, Aufenthaltsdauer mußten abgestimmt und vereinbart werden. Am 12. Juli flog ich mit meiner Familie nach Israel. Es sollte nach den Plänen des MfS eine Reise in den Tod werden.

Der in den Frühsommertagen 1981 organisierte, nach dem Willen des MfS letzte Teil der »Operation Skorpion«, bestand kurz gesagt darin, mich nach Israel zu locken und dort mit Gift umzubringen. Zeitweilig waren noch andere Tötungsvarianten in der Diskussion, doch schälte sich nach und nach Gift als ein Mittel heraus, mit dem sich schon KGB und GRU bei zahlreichen Anschlägen und Attentaten in Westeuropa ihrer Widersacher erfolgreich entledigt hatten.

In seinen Details folgte der Plan ganz jenen Ausführungen, wie sie der Chef der Hauptverwaltung VI , Generalmajor Dr. Heinz Fiedler, in seiner geheimen Dissertationsarbeit zum »Dr. phil.« an der juristischen Hochschule des MfS in Potsdam/Eiche als konkrete Handlungsanweisung zum Mord schriftlich niedergelegt hatte. Fiedler schmückte sich also mit einem akademischen Grad, den er sich durch die Planung eines Verbrechens erworben hatte, die »Liquidierung des Fluchthelfers Welsch«. Praktischerweise übernahm er in dieser kriminellen Inszenierung auch gleich die Rolle des Regisseurs.

Ausführungen über die hohe Kunst des Mordens, der Folter, der kriminellen Geldbeschaffung hatte das MfS schon immer gerne mit akademischen Titeln honoriert. So wurden im Juli 1975 sieben MfS-Mitarbeiter für die 227 Seiten starke Arbeit mit dem Titel »Organisierung der Vorbeugung, Aufklärung und Verhinderung des ungesetzlichen Verlassens der DDR und der Bekämpfung des staatsfeindlichen Menschenhandels« ausgezeichnet.

Verfasser waren unter anderem Generalmajor Manfred Hummitzsch, Leiter der Leipziger Bezirksverwaltung des MfS, Generalmajor Heinz Fiedler, Leiter der Berliner Hauptabteilung VI, verantwortlich für die Verfolgung von Flüchtigen und Fluchthelfern, und der ebenso berüchtigte Hauptabteilungsleiter IX, Generalmajor Rolf Fister. Ihre Namen durften nicht einmal auf dem geheimgehaltenen Titelblatt der Dissertation erscheinen.

Bei der Lektüre der Schrift wird die Zurückhaltung klar. »... Die Bekämpfung der kriminellen Menschenhändlerbanden müssen deren Wirkungsmöglichkeiten systematisch einengen, verunsichern und zersetzen und letztlich ihre Liquidierung erreichen«, heißt es dort. Also eine Aufforderung zum Mord.

Fiedlers Taktiken gaben später auch dem MfS-Kriminellen Horst Zank den letzten Schliff. Er war als Lehrstuhlinhaber an der MfS-Hochschule für die »Untersuchungsarbeit im MfS« zuständig. Seine Arbeit über die »Vervollkommnung der Vernehmungstaktik«, die er mit drei weiteren Verhörspezialisten geschrieben hatte, brachte ihm 1986 den Professorentitel ein. Zank praktiziert heute als Rechtsanwalt und ist in Potsdam als »Professor Dr. Horst Zank« eingetragen. Ein Demokrat durch und durch.

Der Spion Guillaume wurde »Ehrendoktor«, Schalck-Golodkowski erhielt den Dr. jur. für sein bahnbrechendes Werk über die »Erwirtschaftung zusätzlicher Devisen im Bereich Kommerzielle Koordinierung«. »Doktorvater« dieser Arbeit war der Kriminelle Mielke. Grotesker hätte selbst Kafkas Phantasie nicht blühen können.

Generalleutnant Neiber wollte schon seit langem eine Giftliste erstellen lassen, die das Töten von Gegnern in den verschiedensten Formen und Anwendungsbereichen aufzeigen sollte, sozusagen ein Nachschlagewerk des Giftmords. Dazu kam es erst einige Jahre später durch Dr. Walter Katzung, Wissenschaftler an der Humboldt-Universität und Offizier im besonderen Einsatz (OibE) des MfS. Im Auftrag Neibers verfaßte er die »Toxdat«-Liste, eine Aufstellung toxischer Substanzen, ihre Wirkungsweise, insbesondere ihre erschwerte Nachweisbarkeit. Für ihr Vorhaben konnte die HA/VI auf bereits erprobte Methoden zurückgreifen.

Eines der heimtückischsten Gifte im Arsenal des MfS, aber auch des KGB und anderer Ostblockdienste, war Thallium. Ein Schwermetall mit langer Inkubationszeit. Die Mörder, die das Gift verabreichen, haben ausreichend Zeit, sich vom Opfer abzu-

setzen und ihre Spuren zu verwischen. Der Tod tritt nach großen Qualen und unbeschreiblichen Schmerzen erst Wochen nach Verabreichung ein. Diesen Tod hatte Generalmajor Fiedler mir zugedacht. Ich sollte durch Thallium sterben. Dr. Katzung erstellte nach dem Untergang der DDR ein Gutachten für die ZERV über die Wirkung von Thallium. Als Experte.
Am Abend des 12. Juli landete ich mit meiner Familie in einer Maschine der israelischen Gesellschaft »El Al« in Tel Aviv. Peter erwartete uns am Flughafen. Meine Tochter, meine Frau und ich stiegen in sein Auto, und wir fuhren los. Trotz der Abendstunde war es immer noch sehr heiß.
»Wir fahren jetzt nach Cäsarea«, erklärte Peter während der Fahrt. »Dort habe ich euch im Gästehaus eines Kibbuz einen Bungalow gemietet, direkt am Meer.«
Cäsarea, nördlich von Tel Aviv, zwischen Netanya und der Hafenstadt Haifa gelegen, war eine kleine Küstenstadt. Gleich hinter der Stadt lag der Kibbuz. Es war bereits dunkel, als Peter von der Straße zum Meer abbog. Kurz darauf hielten wir vor einem Bungalow. Das Meer war in der Dunkelheit nicht zu erkennen, doch das Rauschen der Brandung konnte man vernehmen. Ein Geschmack von Salz lag in der Luft. Peter verabschiedete sich eilig. »Ich muß zurück nach Tel Aviv, komme aber morgen, spätestens übermorgen zurück.«
Wir richteten uns im Bungalow ein. Der nächste Morgen brachte eine unangenehme Überraschung: Direkt neben den Gästehäusern erhob sich ein riesiges Elektrizitätswerk mit einem 100-Meter-Schlot. Aus ihm quoll dicker, weißer Rauch. Der Lärm der Turbinen übertönte fast die Brandung. Der Strand war entsetzlich verschmutzt. Schnell waren wir uns einig, hier würden wir nicht lange bleiben. Nachmittags tauchte Peter auf. Ich erläuterte ihm unser Problem.
»Dann treten wir unsere Rundreise eben eher an«, meinte er. Zwei Tage mußten wir es allerdings noch neben dem riesigen, rauchspeienden Ungetüm aushalten, bis er uns am frühen Morgen des 15. Juli nach Bath-Jam, einer kleinen Wohnstadt nördlich

des Stadtkerns von Tel Aviv fuhr. Zwischen Wohnblöcken und engen Zufahrtsstraßen lenkte er den Wagen auf einen Parkplatz. »Hier ist die Vermietung. Wartet einen Moment, ich komme gleich wieder.«
Er verschwand in einem vierstöckigen Wohnblock und kam kurz darauf mit einem jungen Mann zurück, der Englisch sprach. Der hatte die Papiere für das Campingmobil sowie das rosa Formular eines Mietvertrages der Firma SUNSHINE MOTORHOME TOURS GMBH aus Darmstadt in der Hand. Der junge Mann, der eben noch englisch gesprochen hatte, füllte den Mietvertrag in deutscher Sprache aus. Mietpreis für eine Woche: 490,– $. Kurz darauf bog das eben angemietete Fahrzeug, ein orangefarbenes »Bedford-Motorhome« um die Ecke. Es trug Aufkleber der israelischen Firma SUN TOURS, deren repräsentatives Büro auf der Corniche von Tel Aviv mir aufgefallen war. Merkwürdigerweise trug das Wohnmobil das deutsche Kennzeichen DA – CE 195. Doch machten diese Ungereimtheiten mich nicht stutzig. Wir waren im Urlaub, gleich würde unsere Israel-Rundreise beginnen. Also stiegen Frau und Tochter in das komfortable Innere des Wagens, Peter erklomm den Beifahrersitz, und ich zwängte mich hinter das Lenkrad. In seine Fahrkünste hatte ich kein Vertrauen mehr, seit er in Weinheim, in unserer Wohngegend, mit 120 durch die Straßen gebrettert war.

Auf das deutsche Kennzeichen des israelischen Mietwagens angesprochen, erklärte Peter, daß das Fahrzeug erst kürzlich aus Deutschland importiert worden war. Nachdem auch das zwanglos geklärt war, steuerte ich zunächst die Altstadt Jaffa an, wie Tel Aviv früher hieß. Vor einem Supermarkt stoppten wir und kauften Lebensmittel für die Fahrt. An Bord befand sich eine komplett ausgestattete Küche mit einem geräumigen Kühlschrank, in dem Obst, Gemüse, Fleisch und Getränke »gebunkert« wurden. Unser nächstes Ziel war Jerusalem, das wir über die alte Autobahn nach gemächlicher Fahrt am frühen Nachmittag erreichten. Unterwegs war Peter ungewöhnlich schweigsam.

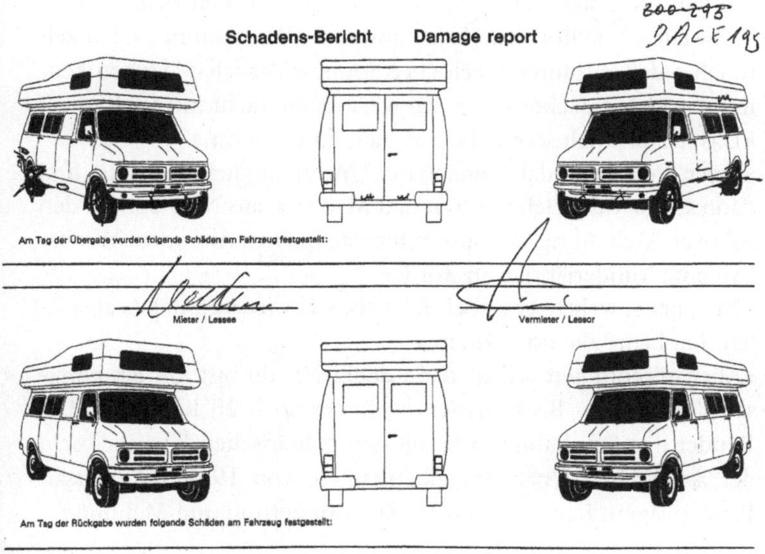
Schadens-Bericht Damage report

Am Tag der Übergabe wurden folgende Schäden am Fahrzeug festgestellt:

Mieter / Lessee

Vermieter / Lessor

Am Tag der Rückgabe wurden folgende Schäden am Fahrzeug festgestellt:

Das angemietete Wohnmobil »Bedford«.

»Hast du was?« sprach ich ihn an. »Etwas bedrückt dich doch, ich spür's.«

»Es ist nur ...«, begann er nervös und unsicher zu stottern. »Also«, nahm er einen neuen Anlauf, »vor einigen Tagen, noch vor eurer Ankunft, hab' ich ein Mädchen kennengelernt ...«

»Peter«, unterbrach ich ihn, »das ist doch phantastisch! Du und ein Mädchen. Fast glaub' ich das nicht.«

»Doch, es ist wahr. Sie ist aber keine Israeli, sondern eine Touristin, eine amerikanische Jüdin aus New York. Für zwei Wochen im Land. Ich habe sie gefragt und sie würde uns gerne auf unserer Fahrt nach Sharm el Sheikh begleiten. Hast du, habt ihr etwas dagegen?«

Ich gab die Frage durch das Schiebefenster in den rückwärtigen Teil weiter. Von dort kam kein Einwand. »Wie kommt's«, frotzelte ich, »daß du unter israelischer Sonne plötzlich Mädchen kennenlernst? Ich dachte schon, du wärst daran nicht interessiert.«
»Das hat sich halt so ergeben, Zufall, du verstehst.«
»Peter, Peter, erst der Unnahbare, Unempfängliche, Spröde, und dann steigst du gleich mit fremden Mädchen aus New York in den Alkoven. Ach, übrigens: bitte keine nächtlichen Aktionen. Wir haben eine Minderjährige an Bord.«
»Nee, nee«, wehrte er unbeholfen ab, »da wird sich nichts abspielen. Ich kenn' die doch kaum.«
»Aber mitkommen soll sie dann doch. Na, du bist mir ein komischer Vertreter.« Bis Jerusalem waren es noch 25 Kilometer. Die Ränder der Autobahn waren mit den militärischen Überbleibseln der israelischen Unabhängigkeitskämpfe von 1948/49 übersät: Panzerwagen, Kanonen, Tanks. Zur Erinnerung und Mahnung.

»KING DAVID«, JERUSALEM

Es gab durchaus Frauen im Leben Peter Haacks, von denen ich nur nichts wußte. Doch lebten sie in Ostberlin. Mit einer von ihnen, Ulrike Schenk, war er sogar verheiratet. Sie ahnte von seinem Doppelleben nicht das geringste. Eine andere Frau gab es in der MfS-Zentrale. Sie hieß Ingrid Kirchherr und war zu seiner Betreuung abkommandiert. Sie war für die psychologischen Streicheleinheiten zuständig, damit der »Held« der HA/VI gut funktionierte. Deshalb und aus einsatztaktischen Gründen hatte die Griechin Maria in London bei ihm nicht landen können.

Inzwischen waren wir in den Außenbezirken Jerusalems angekommen.
»Wo wartet sie denn, deine New Yorkerin?«

»Im ›King David‹-Hotel.«
»Im ›King David‹, ausgerechnet. Das scheint aber eine wohlhabende Amerikanerin zu sein.«
Das beste Hotel Israels und des ganzen Nahen Ostens zu finden war kein großes Problem. Da ich es unpassend fand, mit dem Wohnmobil vorzufahren, parkte ich deshalb etwas abseits.
»Sie wartet in der Lobby auf mich«, beschrieb er den Treffpunkt. Gemeinsam betraten wir das Hotel über die Auffahrt. Zwei Rotlivrierte grüßten uns freundlich.

Das »King David« ist eine Institution. Das luxuriöseste Hotel Israels und vermutlich der gesamten Region. Es war berühmt für seine Liebesaffären und spielte eine Rolle in nicht wenigen Spionageaffären.
Im Januar 1931 hatte das »King David« seine ersten Gäste begrüßt. Darunter waren hohe Militärs, Generäle, Feldmarschälle und immer wieder Könige und Prinzessinnen, Präsidenten und Außenminister aus vielen Ländern. Das Hotel wurde ein internationaler Treffpunkt. 1936 zog die britische Verwaltung in das »King David« um und belegte mit ihren Büros und Amtsräumen den Südflügel. Als gegen Ende des 2. Weltkrieges die antibritische Stimmung in Palästina wuchs und die Spannungen zwischen Arabern und Juden zunahmen, war das »Kind David« ein Zentrum für »schmutzige Geschäfte«. Deswegen wurde es in die Luft gesprengt.
Die jüdische Untergrundbewegung Haganah hatte die Aktion angeordnet, die Begin organisierte und durchführte. Der Anschlag forderte 91 Opfer. Am 15. Mai 1948 schließlich holten die Briten den Union Jack über dem »King David« ein und verließen das Land. Am selben Tag rief in Tel Aviv David Ben Gurion als erster Premierminister des Landes den Staat Israel aus.
In den Folgejahren verfiel das Hotel auf Grund des Status der geteilten Stadt mehr und mehr. 1957 fand das »King David« einen neuen Besitzer. Und nachdem 1967 die Israelis im Sechstagekrieg gesiegt und Jerusalem zur Hauptstadt des Landes gemacht hat-

ten, besonders aber seit dem Friedensvertrag mit Ägypten im Jahre 1979, übernachten wieder Präsidenten und gekrönte Häupter in diesem Hotel. Dazu zählte nun auch Haacks neue Freundin. Eine Vorstellung, die mich erheiterte. Dabei hätte ich zutiefst beunruhigt sein sollen. Das »King David« war schließlich als Agententreff bekannt, und die HVA zeigte Geschmack in der Auswahl ihrer operativen Zusammenkünfte.

Ein schlankes Mädchen mit strähnigen, langen blonden Haaren saß tief in einen Sessel versunken an einem der flachen, kleinen Tische, die der Lobby das Flair eines Wiener Kaffeehauses verliehen. Das gedämpft hereinfallende Tageslicht war ein wohltuender Kontrast zur gleißenden Helle der Straße. Trotzdem verbarg die Fremde ihre Augen hinter einer Sonnenbrille von beträchtlicher Größe. Peter begrüßte sie, wie ich meinte, übertrieben förmlich. Sie sprachen einige Worte und kamen dann beide zu mir rüber. Sie war mir sofort unsympathisch. Außer einem gequetschten »Hi« zur Begrüßung schwieg Susan, wie ich ihren Namen verstanden hatte, während Peter ihr in seinem mir von England her bekannten Pidgin-Englisch mitteilte, daß wir mit ihrer Begleitung auf unserer Reise einverstanden seien. Sie nahm die Nachricht gleichmütig, ohne ein Wort des Dankes auf. In diesem Moment kamen mir Zweifel, ob die Entscheidung, sie mitzunehmen, richtig war. Schließlich sollten es ungezwungene Urlaubstage auf einer – wie ich glaubte – überaus interessanten Rundreise durch das Land werden. Ich beschloß, darüber eine Nacht im Hotel zu schlafen. Das fiel mir um so leichter, als mich die Atmosphäre des »King David« in ihren Bann gezogen hatte. Schon oft hatte ich von diesem Hotel gehört. Immer schon hatte ich einmal darin wohnen wollen. Jetzt konnte ich das Angenehme mit dem Nützlichen verbinden.
Peter war einverstanden. An der Rezeption mietete ich ein großzügiges Zimmer für mich und meine Familie. Dann statteten wir dem Pool einen Besuch ab. Auch Peter und Susan tauchten nach einer Weile auf und bezogen zwei Sonnenliegen. Von dort

fotografierte mich Susan mit ihrem kleinen Fotoapparat. Merkwürdig, dachte ich noch, will sie mein Porträt als Andenken nach New York mitnehmen?

In einem Beduinenzelt in Negev. V.l.: »Susan«, mutmaßlich hauptamtliche HVA-Agentin, Hilde Welsch, Tochter Nathalie, Wolfgang Welsch. (Foto: privat)

Nach dem Willen des Agenten »Alfons«, seiner Führungsoffiziere und der vermutlich hauptamtlichen MfS-Agentin »Susan« hatte ich nur noch wenige Tage zu leben. Das Wohnmobil war vom MfS in der Bundesrepublik gekauft und nach Israel verschifft worden. Deshalb auch das deutsche Kennzeichen. Besonders apart war, daß sich das MfS ausgerechnet das Territorium des zionistischen Feindes Israel als Tatort auserkoren hatte. Sie gingen wohl davon aus, daß mit einer Aktion des MfS hier niemand rechnen würde.

Das tödliche Gift, mit dem Haack mich vergiften wollte, hatte er in einem Togal-Fläschchen mitgebracht. Es hatte ohne Beanstandung alle Kontrollen passiert.
Haack wohnte nach seiner Ankunft im Hotel »Caesarea« in Akko, der alten Kreuzfahrerstadt im Norden Israels. Dort stand er über »Distrikttelefon« in Verbindung mit seinen Führungsoffizieren Pätzold und Richter in Ostberlin.
Obwohl die verschlüsselten Gespräche für den Mithörer scheinbar belanglosen Inhalts waren, hätte allein die Tatsache, daß jemand aus Israel mit Ostberlin telefonierte, beim Mossad alle Alarmglocken klingeln lassen müssen. Doch da klingelte nichts.

»Wäre es nicht besser, wenn du nicht allein reist«, schlug Pätzold in diesem Gespräch vor.
»Nö, das geht schon. Ich komme auch alleine zurecht.«
»Aber wenn du mit einer Frau reisen könntest, hättest du Gesellschaft«, beharrte Pätzold. Haack begriff immer noch nicht. »Ich habe hier ein Auto, da komme ich überall hin, das geht schon.«
»Ich bin sicher«, insistierte Pätzold, »daß du dort über ein Mädchen stolpern wirst, das dir gefällt. Ganz sicher.« Erst jetzt merkte Haack, daß dies wohl eine Aufforderung, ein Befehl war.
»Wenn du meinst, hier laufen wirklich viele herum.«
Nach dem Gespräch verließ Haack das Hotel. Auf der Straße kam ihm eine junge Frau entgegen. In seiner Höhe schwankte sie. Ihre Schultern berührten sich. Sie sah ihn an. Sofort erinnerte sich Haack an den Satz seines Führungsoffiziers.
Er sprach sie an, und sie blieb stehen. Sie war schlank, hatte langes Haar. Eine große Sonnenbrille machte sie unkenntlich. Doch das war alles nebensächlich. Sie sprach deutsch.
Sie wechselten den Standort und liefen entlang einer alten Außenmauer zum Meer. Niemand war in der Nähe. Hier tauschten sie sich zum erstenmal aus. Susan redete nicht viel. »Das ist ein Befehl«, begann sie, um mit knappen Worten zu erklären, daß sie ihn auf der Reise mit den Westdeutschen begleiten wolle.

TOD IM SINAI

Die Besichtigung Jerusalems, zu der wir uns entschlossen hatten, war recht anstrengend. Es war heiß. Peter und Susan begleiteten uns zur Klagemauer, zum Tempelberg, zur Knesseth und beim Besuch der Gedenkstätte Yad Vashem. Obwohl wir in Urlaubsstimmung waren und meine siebenjährige Tochter allerlei Aufmerksamkeit auf sich zog, sprach Susan kaum ein Wort mit uns. Vielleicht hatte sie wegen meiner ziemlich guten Englischkenntnisse Bedenken bekommen, ihr Englisch könnte auffallen. Ihre Falafel aß sie ebenso schweigend, wie sie die Goldkuppel des Felsendoms oder die Klagemauer betrachtete.
Die Nacht im »King David« ließ uns alle Irritationen vergessen. Daran änderte auch die horrende Rechnung am nächsten Morgen nichts. Als wir wieder mit dem Campingmobil unterwegs waren, wurde die Atmosphäre nicht besser. Zwar war sie während der Fahrt aus meinem Blickfeld verschwunden, doch berichtete mir meine Frau beim ersten Stopp, daß Susan kaum ein Wort spreche. Sie spiele nur mit dem Kind. Immerhin.
Wir fuhren durch das Westjordanland. Die Straße führte kilometerweit unmittelbar am Toten Meer entlang bis zur Oase En Gedi. Hier legten wir eine Rast ein. Ihre sprudelnden Quellen, die für Erfrischung in der Hitze des Negev sorgen, wurden schon in der Bibel beschrieben. Von dort war es nur ein kleiner Fußmarsch zum Toten Meer. In seinem lauen, vom hohen Salzgehalt schlierigen Wasser legten wir uns auf den Rücken und probierten aus, was wir bei anderen sahen: Der Salzgehalt des Wassers ist so hoch, daß man, wie es Peter vormachte, auf dem Rücken liegend ein Buch lesen kann.
Bald schon fuhren wir weiter nach Eilat, an der nördlichen Spitze des Roten Meeres gelegen. Auch hier gönnten wir uns nur einen kurzen Aufenthalt. Unser eigentliches Ziel war die Südspitze des Sinai, Sharm el Sheikh. Der Sinai war von den Israelis 1967 im Sechstagekrieg erobert worden und wurde noch immer von ihnen besetzt gehalten. So konnten wir ohne Probleme an Taba vorbei

in die Wüste einfahren. Außer einigen Arabern, Beduinen mit ihren Kamelen und Zelten und den wenigen israelischen Touristenstationen gab es nur eine hügelige Sandlandschaft zu sehen, deren Konturen in der heißen Luft flirrten und am Horizont verschwammen. Bei einem kurzen Halt konnten wir uns davon überzeugen, daß es in der Wüste totenstill ist. Am gleichen Abend erreichten wir Sharm el Sheikh. Hier, am äußersten Ende des Sinai, war es brüllend heiß, über 50 Grad Celsius in der Sonne. Die Luft flimmerte. Es war unmöglich, mit nackten Füßen über den Strand zu laufen.

Wir mieteten einen klimatisierten Bungalow und übernachteten dort. Niemand verspürte Hunger. Um so mehr tranken wir. Ein Bad am nächsten Morgen brachte keine Abkühlung. Das Wasser war so warm wie die Ziegenmilch im Topf der Beduinen. Selbst an den wenigen Palmen hingen die Wedel erschlafft nach unten. Die Hitze war einfach mörderisch. Das müssen auch die Gedanken von Peter gewesen sein, der auf eine baldige Rückfahrt drängte.

»Laß uns in den Norden fahren, an den See Genezareth, oder in den Golan. Da ist es kühler«, meinte er. Es war tatsächlich kein Vergnügen am Meer. Also brachen wir auf und fuhren in Richtung Eilat zurück. Es war später Nachmittag geworden, als wir südlich von Eilat anhielten. Im Meer, etwa 100 Meter vom Strand, erhoben sich auf einer kleinen, felsigen Insel die Reste einer byzantinischen Festung: Coral Island, wie die Israelis es nannten. Einige kleine Bungalows mit steilen, spitzen Dächern drängten sich auf dem ausgedehnten Strand. Daneben gab es ein großes Restaurant, das aber mangels Gästen geschlossen war. Unser Wohnmobil war das einzige weit und breit. Zum erstenmal seit langem verspürte ich wieder Hunger. Die Temperaturen waren auf erträgliche 30 Grad heruntergegangen.

»Ihr könnt baden gehen, ich werde das Essen zubereiten.« Mit diesem Satz entließ uns Peter zur Abkühlung ins Meer.

»Ich werde Buletten machen, mit Salat«, rief er uns auf dem Weg zum Strand hinterher.

Etwa 40 Minuten später, wir waren inzwischen zur Insel geschwommen, hatten die Ruine besichtigt und lagen jetzt im seichten Wasser am Strand, rief und winkte er. Wir liefen zurück. Vor den Bungalows standen einige Holztische und Bänke. Direkt dahinter parkte der Bedford. Auf einem der Tische hatte Haack das Essen angerichtet. Eine große Schüssel war mit Buletten gefüllt. In einer weiteren Schüssel hatte er Kopfsalat angemacht.

Ich ließ mich nicht lange bitten und griff zu. Die Buletten schmeckten ausgezeichnet, vielleicht auch deshalb, weil ich nach den Tagen des hitzebedingten Fastens einen Bärenhunger hatte. Auch Nathalie griff zu, rannte aber nur wenig später wieder zum Spielen an den Strand. Meine Frau machte sich zwar nicht viel aus Fleisch, dennoch aß sie mit. In Gesellschaft und unter freiem Himmel schmeckt es besonders gut. Mit jedem Bissen nahm ich eine Dosis Thallium auf. Es hat die Eigenschaft, geruch- und geschmacklos zu sein, und kann daher in jeder Dosis jedem beliebigen Essen beigemengt werden.

Ich habe nie begreifen können, wie selbst ein Mörder des MfS so abgestumpft sein konnte, ein unschuldiges Kind, ein kleines Mädchen, an diesem Essen teilnehmen zu lassen. Haack konnte keinen Haß gegen mich oder meine Familie empfinden. Wir waren, wenngleich unter den falschen Voraussetzungen des Verrats, befreundet. Es wäre ihm sicher nicht schwergefallen, das Kind vom Essen abzulenken, mit ihm irgend etwas anderes zu unternehmen. Aber wahrscheinlich war es ihm einfach nur gleichgültig, wer mit mir sterben würde. So gleichgültig wie seinem Chef Fiedler, der in der letzten Dienstbesprechung vor dem Abflug Haacks nach Israel auf dessen Frage, was er denn mit der Frau, mit dem Kind machen solle, wenn auch sie davon essen würden, zu ihm gesagt hatte: »Das ist egal, das nehmen wir in Kauf.«
Damit hatte er auch das Todesurteil über sie gesprochen.

Die Sonne versank langsam und glutrot hinter den Bergen, die das Meer säumten. Der 21. Juli neigte sich seinem Ende zu.

Nach dem Willen Haacks sollte das finale Essen sowohl die Erfüllung seines Kampfauftrages als auch die Krönung seiner bisherigen MfS-Laufbahn sein. Die Vorbereitungen hatte er deshalb mit größter Sorgfalt und Vorsicht getroffen. Und alles verlief nach Plan.

Peter und Susan saßen mit uns am Tisch. Susan lehnte unsere Einladung zum Essen mit dem Hinweis ab, daß sie als Jüdin nur koscher esse. Es war der erste längere und zusammenhängende Satz, den sie seit langem hervorbrachte. Vielleicht hatte sie ihn auswendig gelernt. Peter sagte nichts, aß aber auch nichts. Er machte einen unruhigen und nervösen Eindruck. Seine ganze Aufmerksamkeit galt nur dem einen: Ich sollte soviel wie möglich essen. Die Buletten schmeckten tatsächlich gut. Mein Henker saß neben mir und beobachtete die Vollstreckung des Todesurteils. Zum Schluß blieb immer noch eine ansehnliche Menge Buletten übrig. Ich war gesättigt. An einem Nachbartisch hatten sich zwei Motorradfahrer niedergelassen. Den Kennzeichen ihrer schweren Tourenmaschinen nach waren sie Deutsche aus Köln oder aus Konstanz. Ich hatte nicht so genau darauf geachtet. Jetzt fragte ich sie, ob sie den Rest unserer Buletten haben wollten. Dankbar nahmen sie das Angebot an. Peter griff auch diesmal nicht ein. Er hätte den Rest ja für sich reklamieren und später heimlich wegwerfen können. Aber er dachte nicht im entferntesten an diese Möglichkeit. Die leere Schüssel kam wenig später vom Nachbartisch zurück. Die Motorradfahrer hatten alles aufgegessen. Nach Ägypten wollten sie fahren, dann weiter in den Sudan.

Die Sonne war untergegangen. Schnell wurde es dunkel.
Wir wollten noch bis En Gedi weiterfahren und dort übernachten. Gegen zehn Uhr abends trafen wir dort ein, legten uns bald zu Bett. Doch sosehr ich auch versuchte einzuschlafen, die Hitze im Auto war immer noch unerträglich. An Schlafen war überhaupt nicht zu denken. Den anderen erging es ähnlich. »Wir fahren am besten nach Jerusalem weiter. Das liegt wesentlich höher

und ist kühler.« Mein Plan fand Zustimmung, und so fuhren wir los.
Wir waren vielleicht eine Stunde unterwegs und näherten uns Enot Zuoim, am nördlichen Teil des Toten Meeres gelegen, kurz vor den berühmten Qumran-Höhlen, in denen man uralte Bibeltexte gefunden hatte. Seit En Gedi saß meine Frau auf dem Beifahrersitz. Peter hielt sich im hinteren Bereich auf. Unsere Tochter schlief. Sie schien von der Hitze am wenigsten beeindruckt. Der Fahrtwind verschaffte uns Abkühlung.
Plötzlich stöhnte meine Frau. Ich sah, wie sie in Zeitlupentempo neben mir zusammensackte. Sofort hielt ich an. Als ich die Beifahrertür öffnete, fiel sie mir mit dem Kopf voran langsam entgegen. Ich zog sie vorsichtig aus dem Wagen und bettete sie im Gras neben der Fahrbahn auf die Seite, wo sie sich in heftigen Krämpfen erbrach. Ohne Unterbrechung quoll es aus ihr hervor, so daß ich schon befürchtete, sie würde ersticken. Mittlerweile waren auch die anderen ausgestiegen. Sie standen am Straßenrand und beobachteten wortlos die Szene. Während Peter noch scheinheilig fragte, ob sie etwas Verdorbenes gegessen habe, schwieg Susan eisern. Nathalie war zum Glück nicht aufgewacht. Langsam ebbten die endlos erscheinenden Brechanfälle ab, doch dauerte es gut eine halbe Stunde, bis sie sich so weit erholt hatte, daß wir die Fahrt fortsetzen konnten. Wahrscheinlich ein Magen-Darm-Infekt, dachte ich, irgend etwas war mit dem Wasser gewesen. Jetzt lag sie hinten im Bett. Den Rest der Fahrt saß Peter neben mir. Schweigend und in sich versunken.
Sehr spät in der Nacht, schon beinahe gegen Morgen, erreichten wir endlich Jerusalem. Hier war es merklich kühler. In der Nähe einer Bushaltestelle am Jaffator, einem der Zugänge zur Altstadt, konnte ich parken. Wir legten uns schlafen. Es war eng im Wohnmobil. Wenn ich die Augen schloß, war es fast wie eine Zelle, eine Zelle in Brandenburg.

Dröhnend fuhren die ersten Autobusse vorbei. Das Wohnmobil bebte. Ich erwachte. Es war noch früh, aber ich stand auf und bereitete den Kaffee zu. Ohne zwei, drei Tassen Kaffee am Morgen wurde ich nicht wirklich wach. Meine Tochter und meine Frau standen auch auf und bauten das Bett wieder zur Sitzecke mit Tisch um. Auch Peter und Susan kamen aus dem Alkoven gekrochen. Nie hatte ich eine zärtliche Geste zwischen den beiden beobachtet. Ich konnte mir einfach nicht erklären, warum diese Frau mit uns fuhr und wie und warum Peter sie kennengelernt hatte. Mitten in diese Gedanken hinein kündigte Peter, nicht Susan, an, daß sie sich heute von unserer Reisegruppe trennen werde, um noch einige Tage allein in Jerusalem zu verbringen.

»Okay, Susan, bye-bye«, sagte ich sofort und kurz angebunden.

»Also, frühstücken wird sie noch bei uns«, maulte Peter, von meiner Schroffheit überrascht.

»Okay, dann kann sie uns mal ein paar koschere Eier braten, oder kann sie das auch nicht?« Meine Frau grinste, Peter blickte indigniert.

»Ja, was ist, sie hat doch die ganze Zeit keinen Strich für uns getan!« Ärger stieg in mir hoch, Ärger, der sich die ganze Zeit über angestaut hatte. Unser Frühstück verlief wortkarg. Peter sprach nicht mit Susan und die nicht mit uns. Dann stieg er mit ihr aus und verabschiedete sich draußen von ihr. Susan war so überraschend aus meinem Leben verschwunden, wie sie hineingetreten war. Jetzt, nachdem der Stein des Anstoßes nicht mehr da war, beruhigte sich die Situation sogleich. Meiner Frau ging es wieder besser. Die Ursache für ihren nächtlichen Brechanfall konnten wir nicht ergründen. Das von Peter zubereitete Essen konnte es nach unserer Ansicht nicht gewesen sein, denn davon hatte ich am allermeisten gegessen. Und ich hatte weder Magenschmerzen, noch war mir schlecht. Nach einer kurzen Lagebesprechung kamen wir überein, unsere Rundreise fortzusetzen.

»Wir müssen noch mal zum ›King David‹, sagte Peter plötzlich, der wieder neben mir saß. »Mir ist eingefallen, daß ich vor ein paar Tagen meine kleine Kamera im Zimmer liegenließ. Vielleicht hat man sie gefunden und aufbewahrt. Einen Versuch ist es auf jeden Fall wert.«

Diesmal fuhr ich das Wohnmobil dicht vor den Haupteingang des Hotels. Die rotlivrierten Pagen blickten verdutzt, als Peter aus dem Fahrzeug sprang und ins Hotel lief. Die angeblich vergessene Kamera hatte er dabei allerdings in der Hosentasche. Jetzt war er wieder IMF »Alfons«, der befehlsgemäß über »Distrikttelefon« den Erfolg der Operation nach Ostberlin übermittelte. Das Gespräch kam über die ausgezeichnete Hotelvermittlung zustande. Zehn Minuten später kam er wieder heraus. Schon von weitem zeigte er seine kleine Minox.

»Da hast du aber Glück gehabt«, begrüßte ich ihn.

»Ja, diesmal habe ich Glück gehabt«, erklärte er vieldeutig. Ich fuhr los.

Susan hatte sich abgesetzt, nachdem sie die ersten Anzeichen der Vergiftung höchst eindrucksvoll bei meiner Frau gesehen hatte. Welche Mengen ich gegessen hatte, davon hatte sie sich selbst überzeugen können. Tatsächlich hatte ich eine zehnfache tödliche Dosis Thallium aufgenommen. Eine Menge, die auch »den stärksten Ochsen aus den Hufen wirft«, wie später ein Toxikologe sagen würde.

Die »Operation Skorpion« war letztlich nicht risikolos, darüber war sich Fiedler im klaren. Der Mossad wurde auch in Ostberlin mit einigem Respekt betrachtet. Er vertraute jedoch auf die logistischen Ressourcen von Markus Wolf und dessen jüdische Kontakte in Israel. Zwar war es eigentlich verboten, einen hauptamtlichen Mitarbeiter in feindliches Operationsgebiet zu entsenden und damit die Tarnung der Operation gewissermaßen zu konterkarieren. Außerdem paßte es ihm nicht, daß er die logistischen Dienste der HVA in Anspruch nehmen mußte. Doch wie hätte sein IMF weitab vom »sozialistischen Heimatland« operieren können, ohne Unterstützung durch die HVA, die bei ihren mannigfaltigen Auslandsoperationen genügend Erfahrung für entfernte Einsätze sammeln konnte? Israel mit seinen politischen Spannungen war gerade deshalb ausgesucht worden, weil dort, selbst beim Tod eines DDR-Staatsfeindes, niemand auf die Idee kommen würde, daß das MfS die Fäden gezogen hatte.

IMF »Alfons« sollte mich auftragsgemäß so lange begleiten, bis er die ersten Anzeichen der Wirkung des tödlichen Giftes an mir bemerken würde. Er war ein Henker, der das Ableben seines Opfers mit beruflicher Neugier beobachtete. Das MfS kannte die Inkubationszeit und hatte seinen Agenten darauf vorbereitet. Es würde nicht mehr lange dauern.

Wir waren mittlerweile auf dem Weg nach Jericho. Wir fuhren jetzt durch den arabischen Teil Israels, das Westjordanland, oder Galiläa, wie es die Israelis nach der alten biblischen Bezeichnung nennen. Es war heiß, und so beschränkte sich unser Besichtigungsprogramm auf die Durchfahrt. Gegen Abend erreichten wir endlich Nazareth. Hier übernachteten wir.

Am nächsten Tag ging die Reise weiter nach Tiberias am See Genezareth. Auf einem Campingplatz direkt am See blieben wir zwei Tage. Für unsere Tochter war das eine willkommene Abwechslung. Sie sprang sogleich ins Wasser.

Der See ist von beeindruckender Größe. Touristisch nur sehr wenig erschlossen, konnte man sich hier in der Ruhe und Schönheit der grünen Landschaft gut erholen. Welch ein Gegensatz zum Negev oder zum Sinai!

Am Abend des 25. Juli fuhren wir weiter nach Norden, nach Safed, oder Zefat, wie es von den Israelis genannt wird.

Dabei bemerkte ich zum erstenmal ein Kribbeln in den Beinen

und Füßen. Zunächst schenkte ich dem keine größere Beachtung. Ich führte es auf die unbequeme Sitzposition im Auto zurück. Safed liegt über 900 Meter hoch in den Bergen. Eine gewundene Straße schlängelte sich an Abgründen vorbei bis in die Stadt. Hier nahmen wir uns zur Abwechslung mal wieder ein Hotelzimmer. In meinen Beinen kribbelte es ununterbrochen weiter, obwohl ich mich jetzt bewegen konnte. Ich sprach mit Peter darüber, der auf seine eigenen, angeblich auch eingeschlafenen Füße verwies. Als wir uns zum Abendessen wieder trafen, war das Kribbeln stärker geworden. Es war lästig, gab jedoch noch keinen Anlaß zur Besorgnis.

Haack informierte vom Hotel aus unverzüglich Ostberlin darüber, daß sich bei mir die ersten Anzeichen der Vergiftung bemerkbar gemacht hätten. Die Symptome einer Thallium-Intoxikation waren ihm in den Ostberliner Vorbesprechungen eingehend beschrieben worden. Er war sich sicher: Meine Beschwerden lagen genau in der prognostizierten Inkubationszeit.
Sein FO forderte ihn auf, die Mission zu beenden. Dazu gehörte auch, daß Haack mich noch eine Zeitlang in Israel halten sollte, um eine ärztliche Diagnose und eventuelle Rettungsversuche zu verhindern oder zu erschweren. Deshalb reservierte er unverzüglich im »Moon Valley«-Hotel in Eilat einen Bungalow für die nächsten vierzehn Tage auf meinen Namen. Genau dorthin wollte er mich deportieren, weitab von allen qualifizierten medizinischen Betreuungsmöglichkeiten. Jetzt war es an der Zeit, sich von mir abzusetzen.

Das Restaurant empfahl Lamm mit grünen Bohnen. Dazu einen erdig duftenden Wein vom Golan. Mit Weinen der Region ist man immer bestens bedient. So wählte ich diesen Wein.
»Ich muß morgen abreisen«, erklärte Peter bei Tisch. »Vorhin habe ich mit meinem Team gesprochen, die sind inzwischen nach Ägypten weitergereist, nach Kairo. Ich soll dort einige Einstellungen fotografieren.«

»Kommst du wieder zurück?«
»Natürlich. Es wird nur wenige Tage dauern. Danach komme ich direkt nach Eilat. Dort habe ich euch in einer Hotelanlage einen Bungalow reserviert, schön gelegen, mit großem Swimmingpool.«
»Danke dir. Du bist wirklich ein Freund. Und ohne Freunde ist unser Leben kein richtiges Leben, wie Dante schon erkannte«, philosophierte ich spaßig. Peter wandte sich ab.

Während der Nacht war das Kribbeln in meinen Beinen in Schmerzen übergegangen. Nach einem kurzen Frühstück machten wir uns auf den Weg nach Tel Aviv, wo Peter seinen Flieger besteigen wollte. In Bath-Jam gaben wir den Wagen ab. Zuvor hatten wir die anteiligen Kosten ermittelt. Ich gab Peter das Geld, und er ging bezahlen. Natürlich steckte er meinen Anteil in seine Tasche. Und der Wagen würde auf Nimmerwiedersehen verschwinden. Alle Spuren wurden verwischt.

In der Tel Aviver Dizengoffstraße hatte ich einen kleinen, blauen Autobianchi gemietet. Wir luden die Sachen ein und fuhren mit Peter zum Flughafen. Nun war es ganz offensichtlich, ich war schwer erkrankt, konnte kaum laufen. Unter Schmerzen verabschiedete ich mich von Peter. Ich reichte ihm die Hand, ohne auch nur zu ahnen, daß es ein Abschied von den Illusionen wie Freundschaft, Vertrauen, Zuneigung und Wahrheit war. Ich verabschiedete einen Freund. Für immer. Und ich verabschiedete einen Mörder. Für dreizehn Jahre.
Bis zum Eingang der Abfertigungshalle begleitete ich ihn, dann entschwand er meinen Blicken. Mühsam, Schritt für Schritt schlurfte ich danach zum Informationsschalter. Dort wurde mir der Weg zum Flughafenarzt erklärt. Eine Seitentür in der Eingangshalle des Flughafens trug ein rotes Kreuz. Ich trat ein.
Einem älteren Arzt, der Deutsch mit deutlich jiddischem Einschlag sprach, schilderte ich penibel meine Beschwerden.
Er nahm seine Untersuchung sehr ernst, hörte und klopfte mich

ab und kam am Ende zu einer Diagnose: »Meiden Sie die Sonne, den Wein und heftige Bewegungen. Sie haben eine Venenentzündung.«

Für einen nicht geringen Betrag verschrieb er mir Medikamente, die sich Stunden nach ihrer Einnahme als völlig unwirksam erwiesen.

Langsam, ganz langsam ging ich mit meiner Tochter und Frau zum Auto zurück. Ich wollte, so schnell es ging, nach Eilat fahren, mich dort ausruhen und abwarten. Die schnellste Route führte mitten durch die Negev-Wüste. Mehrmals mußte ich unterwegs anhalten. Die Schmerzen waren so groß, daß ich nicht mehr sitzen konnte. Ich verwünschte den Arzt am Flughafen, weil er mir nicht wenigstens Schmerztabletten verschrieben hatte. Irgendwann an diesem Tag erreichten wir Bersheva. Am Rande der Stadt fanden wir ein Hotel, dessen Name die Gegend treffend bezeichnet: »Desert Inn«. Ich rollte auf den Parkplatz und stoppte. Ein Bett, auf das ich mich legen konnte, und keine Schmerzen mehr. Mehr wollte ich nicht.

Meine Frau checkte uns ein. Das Zimmer lag im ersten Stock. An der Treppe versuchte ich das Bein anzuheben. Es ging nicht. Ich griff zu, wollte es heben, unterstützen, tragen. Vor Schmerz schrie ich auf. Nichts ging. Ich schaffte die erste Stufe der Treppe nicht. Wir berieten uns kurz. Dann stand fest: Wir mußten weiterfahren, bis Eilat.

Eine Wahnsinnsfahrt lag vor mir, der ganze Negev, über 200 Kilometer, nachts, ohne Rast, ohne Stopp und mit Schmerzen, die sich stündlich steigerten. Doch mir blieb keine Wahl. Je tiefer ich in die menschenleere Wüste hineinfuhr, um so beklemmender empfand ich meine Situation. Was wäre, phantasierte ich, wenn ich anhalten müßte, weil die Schmerzen unerträglich würden? Niemand könnte mir helfen.

Meine Augen waren so schmerz- und lichtempfindlich geworden, daß selbst der überaus spärliche Gegenverkehr mich jedesmal vor Probleme stellte.

Auch an den Armen nahm ich seit Stunden ein verstärktes Kribbeln wahr. Endlich erreichten wir Eilat und fanden auch schnell das »Moon Valley«-Hotel. Als ich völlig erschöpft auf dem Parkplatz des Hotels stoppte, brauchte ich einige Minuten, um aus dem Auto zu kommen.

Ein Bungalow war tatsächlich auf meinen Namen reserviert. Der Mann von der Rezeption begleitete uns zu einem der Flachbauten, die halbkreisförmig einen großen Pool einrahmten. Zum Glück war er klimagekühlt und der Eingang ebenerdig. Kann Peter hellsehen, schoß es mir durch den Kopf. Wie konnte er ahnen, daß ich hier so krank sein würde und keine Treppen mehr steigen könnte?

Ein großes Doppelbett nahm nahezu den gesamten Innenraum des Zimmers ein. Sehr langsam, sehr vorsichtig ließ ich mich darauf nieder und streckte mich aus. Ich atmete auf. Doch ich hatte mich zu früh gefreut. Die Schmerzen kamen wieder, heftiger, allumfassend. Ich drehte und wendete mich, saß und kniete. Ja, im Knien nach vorn gebeugt, in dieser demütigen Haltung waren die Schmerzen aus unerfindlichen Gründen ganz plötzlich erträglich. Also verbrachte ich die Nacht kniend, wie im Gebet versunken.

Hätte ich gewußt, wie dringend ich Hilfe brauchte, in welch akuter Lebensgefahr ich schwebte, hätte ich zweifellos keine Minute gezögert, die internationale Notrufnummer der Deutschen Rettungsflugwacht anzurufen, deren Mitglied ich war. Doch immer noch gab ich mich der trügerischen Hoffnung hin, daß eine Besserung eintreten würde.

Am Morgen, die Sonne war gerade aufgegangen, machte ich mich auf den Weg zum Swimmingpool. Ich hatte das unbestimmte Gefühl, daß mir das Wasser guttun würde. Ich schwamm einige Runden, schmerzfrei. Also blieb ich im Wasser, während meine Frau mit einem Arzt in Eilat telefonierte. Wir sollten sofort in seine Praxis kommen.

Schon auf der Fahrt kehrten die Schmerzen zurück. In der Praxis schilderte ich dem Arzt die Symptome. Er untersuchte mich eingehend und bat um Verständnis dafür, daß seine Mittel für eine

gründliche Diagnose kaum ausreichten. Er vermutete, daß es sich um eine Viruserkrankung handle. Dafür würden die starken Schmerzen sprechen, obwohl sich organisch nichts feststellen ließ. Dann verschrieb er mir ein starkes Schmerzmittel, das ich bei Bedarf einnehmen sollte. Im übrigen empfahl er mir einen schnellen Rückflug nach Deutschland. Das leuchtete mir ein. Vom Arzt aus fuhren wir sofort zum Flughafen.
Doch die Flüge nach Deutschland waren bis mindestens 15. August ausgebucht. Da unser regulärer Rückflug aber schon am 8. August ging, blieb uns nichts anderes übrig, als bis dahin im »Moon Valley« zu bleiben und auf Besserung zu hoffen. Noch dreizehn Tage mußte ich durchhalten.

Haack war von Kairo aus über Umwege sofort weiter nach Ostberlin geflogen. Pätzold begrüßte ihn herzlich auf dem Flughafen.
»Peter, wir freuen uns alle, daß du Erfolg hattest. Ganz herzliche Grüße soll ich dir jetzt schon vom Genossen General übermitteln. Ist wirklich alles planmäßig verlaufen?«
»Alles planmäßig. Der Welsch hat das Gift geschluckt. Der liegt jetzt in dem vereinbarten Hotel im Süden Israels, und dort wird er wohl auch sterben. Weg kommt er da nicht mehr. Alle Rückflüge sind ausgebucht.«
»Das ist ja großartig! Du hast hervorragende Arbeit geleistet. Wir sind dir sehr zu Dank verpflichtet.«
Während sie nach Berlin fuhren, in die Zentrale des MfS, schilderte Haack seinem FO in kurzen Abrissen die Ereignisse in Israel.
In der Zentrale war alles für einen mehr oder weniger förmlichen Empfang vorbereitet. General Fiedler, Oberst Herfurth, Oberst Mattern sowie Major Richter warteten im Dienstzimmer des Generals, als Haack und Pätzold eintraten.
»Lieber Peter«, eröffnete Generalmajor Fiedler die kleine Ansprache, »im Namen des Ministeriums für Staatssicherheit beglückwünsche ich dich zum erfolgreichen Abschluß der ›Operation Skorpion‹. Ebenso darf ich dir Glückwünsche vom Minister, Genossen Erich Mielke, ausrichten, der deinen Einsatz an der un-

sichtbaren Front mit dieser Medaille besonders und ausdrücklich würdigt.«
Er trat vor und heftete Haack eine rotgoldene Medaille an das Revers seines Sakkos. Die kleine Festversammlung klatschte Beifall. Nacheinander gratulierte ihm jeder Anwesende für seine erfolgreiche Operation im imperialistischen Ausland. Danach begann der gemütliche Teil der Veranstaltung. Mit reichlich Alkohol feierten die Mörder ihr Verbrechen und ihren vermeintlichen Sieg.

Die Tage in Eilat vergingen langsam. Ich verbrachte sie von früh bis spät ununterbrochen im Pool. Hier war ich nach wie vor fast schmerzfrei. Bei Tagestemperaturen um 35 Grad Celsius und mehr war es selbst im Wasser warm. Also trank ich eine Flasche Macabee-Bier nach der anderen. Dieses israelische Bier enthält nahezu keinen Alkohol. Die Nächte verbrachte ich überwiegend kniend im Bett. Es war und blieb die einzige schmerzfreie Position außerhalb des Pools.
Langsam machte ich mir Gedanken, warum Peter nicht wie versprochen nach Israel zurückkehrte. Langsam erschien mir überhaupt alles an dieser Israel-Reise unklar und merkwürdig. Warum hatte uns Peter die ganze Zeit begleiten können, wo er doch angeblich mit dem französischen Fernsehteam unterwegs war? Doch war ich viel zu geschwächt, um irgendeinen Gedanken konsequent verfolgen zu können. Die Mitbewohner der Bungalows und des Pools bedachten uns immer öfter mit neugierigen Blicken. Was sind das für komische Deutsche? mögen sie gedacht haben. Der Mann, ununterbrochen im Wasser, ißt und trinkt im Pool. Ich ignorierte sie und war heilfroh, daß die Schwerelosigkeit im Wasser des Pools die Schmerzen in Schach hielt.
Nach einer Woche besuchten wir wieder den Arzt.
»Ah, unser deutscher Patient«, empfing er mich aufgeräumt. »Wie geht es Ihnen?«
»Schlecht«, erwiderte ich.
»Warum fliegen Sie nicht zurück nach Deutschland?«
»Es gibt keine Flüge. Ich muß noch eine Woche warten.«

Noch einmal befragte er mich gründlich. Doch ich fand in der Rückschau keine Erklärungen für meine Schmerzen.
»Ich verschreibe Ihnen wieder Schmerztabletten und ein Gel, mit dem Sie Beine und Arme einreiben und massieren können.«
»Komisch«, erklärte ich meine Beobachtung, »immer wenn ich mich im Swimmingpool aufhalte, gehen die Schmerzen auf ein erträgliches Maß zurück. Was kann das bloß sein?«
»Wie ich Ihnen schon sagte, ich habe dafür keine Erklärung. Ein mysteriöser Fall. Ich wünsche Ihnen einen guten Rückflug und baldige Besserung. Es tut mir sehr leid, daß ich Ihnen nicht helfen kann.«

Die letzten Tage nahm ich wie durch einen Nebel wahr. Immer noch neutralisierte das Wasser die Schmerzen. Doch sobald ich es verließ, rasten sie wieder durch Arme und Beine. Unentwegt trank ich Macabee-Bier und tat damit in dieser Situation intuitiv das Richtige. An Peter Haack dachte ich längst nicht mehr. Meine Frau stand mir zur Seite und half, so gut es eben ging.
Am frühen Morgen des 8. August verließen wir das »Moon Valley« in Richtung Tel Aviv. Vollgepumpt mit dem Rest meiner Schmerztabletten, fuhr ich noch einmal die Route am Toten Meer entlang, über das Westjordanland und Jerusalem. Meine Frau gab den Leihwagen am Flughafen zurück. Die letzten Meter durch das Flughafengelände hielt ich mich an einem Gepäckkarren fest, den ich vor mir herschob und dem ich mühsam, Schritt für Schritt folgte. Endlich konnte ich die Rückreise antreten. Ich atmete auf, als die Maschine abhob.

EIN NOTFALL

Pünktlich landeten wir auf dem Rhein-Main-Flughafen in Frankfurt. Ich war wieder in Deutschland und lebte immer noch. Mit einem Taxi fuhren wir direkt zur Notfallambulanz nach Weinheim. Jetzt konnte ich mich in allen Nuancen meiner eigenen Sprache ausdrücken. Jetzt sollte das Rätsel meiner geheimnisvollen Krankheit und meiner unbeschreiblichen Schmerzen doch gelöst werden können. Das waren meine Gedanken, meine Erwartungen, als ich mit schmerzverzerrtem Gesicht dem ersten deutschen Arzt gegenübertrat.

Der Notarzt untersuchte mich eher flüchtig.

»Ich kann im Moment nichts Auffälliges entdecken, deswegen schreibe ich Ihnen eine Überweisung für das Krankenhaus. Fahren Sie am besten in die Waldhofklinik nach Mannheim.«

Das war nicht befriedigend, aber ein Krankenhausaufenthalt erschien mir angesichts der Umstände ohnehin unumgänglich zu sein. Wir fuhren nach Mannheim. Nach den Aufnahmeformalitäten wurde ich der Neurologie zugewiesen. Nachdem ich als Privatpatient ein komfortables Einzelzimmer mit Telefonanschluß bezogen hatte, erschien der behandelnde Arzt, der sich als Dr. Gansser vorstellte, und begann seine Untersuchungen. Dabei erzählte ich ihm den bisherigen Verlauf der Krankheit. Er machte sich Notizen. Anschließend wurden mir mehrere Blutproben für eine Analyse entnommen.

»Zum jetzigen Zeitpunkt kann ich noch keine Diagnose stellen«, erklärte er mir, nachdem er mich ausgiebig abgehorcht, beklopft und betastet hatte. »Organisch sind Sie jedenfalls gesund. Vorläufig gebe ich Ihnen starke Schmerzmittel, damit Sie ruhig schlafen können.«

Die Schmerzen kamen in der Nacht. Trotz aller Schmerztabletten und Zäpfchen. So heftig, daß ich die Klingel drückte und die Nachtschwester rief. Ich mußte nicht viel erklären, denn sie sah, wie ich mich im Bett wand.

Die Schwester legte ihre Hand auf meine Stirn, die vor Anstrengung heiß und verschwitzt war. Mein Atem ging stoßweise. Ich war wirklich verzweifelt.

»Ich komme gleich wieder. Einen kleinen Moment, ja?«

Sie kam. Mit einer Spritze.

»Ich gebe Ihnen jetzt Morphium. Ich denke, das wird helfen.«

Ich sah die Spritze. Sie lächelte. Wieviel Kubikzentimeter würden das wohl sein? Fünfzehn, zwanzig? Würden sie ausreichen? Es war ein Hammer, und sie reichten aus. Ich erschlaffte, noch ehe sie die Kanüle aus der Vene zog. Bevor ich einschlief, dankte ich ihr. Dann dämmerte ich in eine bunte Welt ohne Schmerzen hinüber, in der ich turnen und laufen und all das tun konnte, was mir jetzt gerade nicht mehr möglich war.

Professor Hennemann, der Leiter der Klinik, Doktor Gansser und zwei Assistenzärztinnen standen vor meinem Bett, als ich die Augen aufschlug.

»Guten Morgen Herr Welsch, haben Sie gut geschlafen?« Einen Moment war ich verwirrt und wußte nicht, wo ich mich befand. Dann setzte die Erinnerung ein.

»Oh, danke, sehr gut. Lange habe ich nicht so gut geschlafen wie in dieser Nacht.«

Professor Hennemann erklärte die Lage. Meine Lage. Ich hörte zu.

»Keine organischen und pathologischen Befunde, Patient klagt über starke Schmerzen hysterischer Art in Beinen, Bauch und Brust. Die Blutwerte werden näheren Aufschluß geben. – Wie fühlen Sie sich, Herr Welsch?«

»Danke, heute morgen schon wesentlich besser.«

»Der Patient bekam in der Nacht zwanzig Kubikzentimeter Morphium«, erläuterte Doktor Gansser. »Darauf schlief er ein. Die weitere Nacht verlief beschwerdefrei.«

»Wir kümmern uns um Sie, Herr Welsch.« Der Professor verließ mein Zimmer. Seine Entourage folgte ihm. Nach dem Mittagessen erschien Doktor Gansser noch mal. Er setzte sich auf die Bettkante.

»Ich möchte mit Ihnen reden. Erzählen Sie mir noch einmal genau den Verlauf, oder besser, den Beginn, die ersten Anzeichen, die ersten Auffälligkeiten, die Sie in Israel wahrgenommen haben.«

Ich berichtete von unserer Reise, den Umständen, den Städten und Strecken, die wir abgefahren waren. Vom Beginn der Schmerzen, die sich so harmlos ankündigten und mich im Hotel in Eilat an allem, auch an meinem Verstand, zweifeln ließen.

»Sagen Sie«, begann Doktor Gansser vorsichtig, »haben Sie vielleicht Probleme in Ihrer Ehe?« Ich starrte ihn verständnislos an. »Oder haben Sie Geldprobleme oder andere Probleme? Sie können mir alles sagen. Wir sind hier ganz unter uns.« Ich brauchte etwas Zeit, ehe ich verstand.

»Wollen Sie damit sagen, daß ich psychisch krank bin? Wollen Sie sagen, daß Sie mir kein Wort glauben?«

»Nein, nein, ich glaube Ihnen durchaus, nur, sagen wir mal, es könnte sein, daß Sie die Schmerzen nur subjektiv wahrnehmen, ich will sagen, daß Sie glauben, sie wären da, daß Sie sich immer mehr hineinsteigern, bis Sie Ihre Probleme subjektiv als Schmerzen empfinden.«

Ich war überrascht. Dieser Arzt glaubte mir nicht. Hielt mich für einen Hypochonder, schlimmer noch, für einen psychisch gestörten Patienten.

»Hören Sie, ich bin so weit klar im Kopf, daß ich Ihre Unterstellung verstehe. Ich habe aber trotzdem Schmerzen, und die sind so real, wie Sie im Augenblick vor mir sitzen. Wenn Sie mir nicht helfen können, wer dann?«

»Ich verstehe, aber vielleicht sollten wir doch einen psychologisch geschulten Fachmann hinzuziehen.«

»Sie können natürlich alles tun, was Sie für richtig halten.«

»Herr Welsch, die Wahrheit ist, wir können nichts finden.«

»Dann suchen Sie!«

»Das tun wir, aber bis jetzt haben wir keinen pathologischen Befund. Sie können sich aber darauf verlassen, daß wir uns weiter bemühen.« Er verließ das Zimmer.

Auch in der nächsten Nacht injizierte mir die barmherzige Schwester zwanzig Kubik Morphium. Und später am Mittag die gleiche Menge noch einmal. Die Schmerzen in meinem Brustkorb nahmen stetig zu. Ich hatte Schwierigkeiten mit der Atmung. Ich fiel in einen apathischen Zustand. Was die Ärzte taten, ob sie eine genaue Ursachenforschung betrieben, alle diese quälenden Fragen hatten für mich keine Bedeutung mehr. Ich dämmerte nur noch dahin.

Nach vierzehn Tagen Aufenthalt in der Waldhofklinik erschien eines Morgens Professor Hennemann zur Visite und eröffnete mir, daß man mich am nächsten Tag entlassen würde. Was immer der Anlaß meiner Beschwerden war, so drückte er sich aus, es ließen sich keine Befunde ermitteln, keine konkrete Diagnose stellen. Deshalb wäre ein weiterer Krankenhausaufenthalt eine Belastung. Das hatte er wirklich sehr diplomatisch formuliert. Vergeblich bemühte ich mich mit letzter Kraft, zu erklären, daß es mir im Grunde jeden Tag schlechter ginge, daß nur die hohen Dosen Morphium meine Schmerzen derart dämpften, daß ich nach außen gebessert, geheilt oder eben simulant wirken würde. Es half nichts. Am nächsten Tag verließ ich die Klinik.

Todesgefahr, so beschrieb der Gutachter meine Lage später, hat an jedem Tag, zu jeder Stunde akut bestanden. Auch am Tag meiner Entlassung aus dem Krankenhaus.

Noch am selben Tag rief meine Frau etliche Freunde mit der dringenden Bitte an, mir medizinische Hilfe zu vermitteln. Die Situation war ernst. Ich konnte inzwischen nur noch mühsam nach Luft schnappen. Die Lähmung meiner Lungen schritt zügig voran. Immer wieder verfiel ich in einen der Agonie ähnlichen Zustand.

Eine befreundete Familie hatte eine Verwandte, die bei einem prominenten Heilpraktiker arbeitete, der über Deutschlands Grenzen hinaus einen hervorragenden Ruf genoß. Arabische Potentaten, Präsidenten, Politiker und Leute aus dem Showgeschäft konsultierten ihn oft und gern. Die Wartezeit betrug in der Regel ein Jahr. Doch die Frau setzte sich für mich ein, und so bekam ich zwei Tage nach meiner Entlassung aus dem Krankenhaus einen Termin in seiner Klinik in Heimsheim bei Pforzheim. Inzwischen konnte ich mich kaum mehr bewegen, und es kostete einige Anstrengung, mich aus dem Haus und in das Auto zu befördern. In einem Rollstuhl wurde ich in das Behandlungszimmer gefahren.

Der Heilpraktiker hörte sich sehr verständnisvoll meine Schilderung der Symptome an. Dann erklärte er mir seine Behandlung.
»Ich werde Ihnen mit einer Apparatur in die Augen schauen. In den Augen des Menschen liegt der Schlüssel zu ihrem Wesen, ihren Krankheiten und Problemen, also auch zu Ihrer geheimnisvollen Erkrankung. Sind Sie bereit?« Ich war bereit. Bereit zu allem und jedem, wenn es nur endlich vorbei wäre, wenn mir nur endlich irgend jemand sagen könnte, was der Grund für meinen fortschreitenden Verfall war, den die Waldhofklinik souverän ignoriert hatte. Die Schmerzen waren unerträglich. Ich zitterte und war nicht mehr Herr meiner Bewegungen.
Man hob mich aus dem Rollstuhl und setzte mich vor ein Gerät, das Ähnlichkeiten mit jenen Apparaten aufwies, wie sie Optiker zur Bestimmung der Sehschärfe benutzten. Ich preßte meine Augen an ein Okular, damit der Meister, verstärkt durch die optischen Linsen, tief in mein Inneres blicken konnte. Ich vertraute ihm und starrte mit weitaufgerissenen Augen hinein.
Nach einigen Momenten der Stille und Konzentration erhob er sich bedeutungsvoll.
»Ich weiß nun, woran Sie erkrankt sind.«
»Ja«, kam es aus mir heraus, »woran, sagen Sie es mir?«
»Es ist kompliziert, aber deutlich sichtbar. Sie leiden an einer entzündlichen Veränderung des Rückenmarks. Die entzündeten Nerven sind die Verursacher Ihrer Schmerzen und der Lähmungserscheinungen. Wir müssen die fortschreitende Entwicklung sofort stoppen.«
»Da bin ich aber froh. Natürlich nicht über die Krankheit«, fügte ich schnell hinzu, »sondern daß endlich eine Diagnose gestellt werden kann, zu der die Schulmediziner in Mannheim nicht in der Lage waren.«
»Wenn Sie einverstanden sind, können wir sofort mit der Therapie beginnen.« Und ob ich einverstanden war! Ich wurde mit dem Rollstuhl in einen Nebenraum gerollt. Eine junge Therapeutin entkleidete meinen Oberkörper. Mühsam brachte sie mich auf einer weißbezogenen Liege in Bauchlage.

»Ich werde jetzt Ihren Rücken abrollen«, erklärte sie mir die nun folgende Behandlung. In ihrer Hand sah ich ein Gerät, wie es meine Mutter beim Zuschneiden von Stoffen benutzte: ein kurzer Holzstiel, an dessen Ende sich ein kleines, silberfarbenes, metallenes Rad befand, dessen Ränder offenbar scharf waren. Sie begann, vom Hals ausgehend abwärts zu rollen. Wie vermutet, schnitt das Rad in meine Haut. Ich stöhnte vor Schmerzen, biß aber die Zähne zusammen. Sie rollte Linie um Linie, Quadrat um Quadrat meines Rückens ab. Ich biß in das Laken, um nicht zu schreien. Endlich war sie fertig. Mit einigen Papiertüchern tupfte sie vorsichtig den Rücken ab. Er brannte wie Feuer.

»Haben Sie noch Schmerzen?« fragte die Therapeutin.

»Nein«, antwortete ich, »außer denen, die Sie mir gerade zugefügt haben.«

»Das«, erklärte sie, »wird bald vergehen. Sie werden sehen, es wird eine Besserung eintreten.«

»Ich bin Ihnen sehr dankbar. Ich will auf Ihre Prognose vertrauen.« Tatsächlich hatten die neuen Schmerzen die alten verdrängt. Da blieb aber noch die Lähmung meiner Gliedmaßen, die große Anstrengung beim Atmen. Daß auch diese Diagnose nur ein Schwindel war, merkte ich erst zu Hause.

»Wir werden die Behandlung in der kommenden Woche fortsetzen«, erklärte der Professor mir aufmunternd zum Abschied. Ich war total optimistisch und bedankte mich fast euphorisch. In diesem Zustand trat ich die Heimfahrt an. Akute Todesgefahr bestand auch an diesem Tag und zu dieser Stunde.

STERBEN UND LEBEN

Der Anruf kam gegen 22 Uhr am Abend desselben Tages. Das Telefon stand neben meinem Bett.

»Doktor Gansser hier, Waldhofklinik Mannheim. Herr Welsch?«

»Ja. Was gibt es denn? Ich bin inzwischen versorgt. Meine Therapie hat heute begonnen. Nachdem die Schulmedizin keine Antwort wußte, bin ich in besten Händen, bei einem Heilpraktiker.«
»Ich verstehe, Herr Welsch, daß Sie kein Vertrauen mehr zu uns haben. Ich muß Ihnen aber trotzdem sagen, daß Ihre Situation sehr ernst ist. Heute abend erst hat uns das Ergebnis der letzten Blutuntersuchung erreicht. Herr Welsch, es tut mir sehr leid, was passiert ist, aber wir wissen jetzt genau, woran Sie leiden.«
»Ach ja, woran denn?«
»Sie sind vergiftet worden. Mit einer sehr hohen, mehrfach tödlichen Dosis Thallium. Herr Welsch, Sie schweben in diesem Moment in akuter Lebensgefahr. Bitte, kommen Sie sofort in die Klinik zurück. Ein Rettungswagen ist bereits zu Ihnen unterwegs.«
Einen Moment war ich sprachlos. Diese Wendung hatte ich ganz und gar nicht erwartet. Dann siegte mein Respekt vor der Autorität der Schulmedizin und dem späten Anruf.
»Gut, ich werde kommen. Ich hoffe nur, daß Sie sich nicht wieder geirrt haben.«
»Ganz bestimmt nicht, die Analyse Ihres Blutes ist eindeutig. Wir warten auf Sie.«
Kurz nachdem ich den Hörer aufgelegt hatte, hörte ich von weitem ein Martinshorn. Schlagartig wurde mir seine Aussage bewußt: Lebensgefahr! So schlimm war es also. Die Sirene kam immer näher, wurde laut, sehr laut, lärmte jetzt direkt vor unserem Haus. Meine Frau war bereits an der Tür, und ich hörte die Sanitäter die Treppe heraufrennen. Ich ließ mich in das Bett zurückfallen.

Sie hoben mich aus dem Bett und auf die Trage, balancierten mit ihr in Eile die Treppe hinunter. Bevor ich in den Wagen geschoben wurde, sah ich die zuckenden, fahlen Blitze des rotierenden Blaulichts, die von der Hauswand reflektiert wurden. Zwanzig Minuten später lag ich in einem Zimmer der Intensivstation. Die Weißkittel beobachteten mit ernsten Gesichtern, wie ich in ein Bett hinübergehoben wurde. Ich erkannte Doktor Gansser, auch Professor Hennemann. Er drückte meine Hand.

»Gut, daß Sie so schnell gekommen sind. Es tut mir sehr leid, Herr Welsch, daß wir Sie erst entlassen haben und heute abend wieder holen mußten. Doch wir haben selbst erst vor gut zwei Stunden die letzte Analyse Ihres Blutes vom Fresenius-Institut in Oberursel zurückbekommen. Sie sind vergiftet worden. Ihr Zustand ist lebensbedrohlich. Wir werden Ihnen jetzt an beiden Armen Kanülen legen und Sie mit einem wirksamen Gegenmittel behandeln. Ich bin sicher, es wird Ihnen bald wieder bessergehen. Zusätzlich bekommen Sie starke Schmerz- und Beruhigungsmittel.«
Dann walteten zwei Schwestern ihres Amtes, die eine am rechten, die andere am linken Arm. Zwei Einstiche, dann die Kanülen, fast fingerdick, wie ich erschrocken feststellte. An verchromten Ständern hingen große, mit einer klaren Flüssigkeit gefüllte durchsichtige Plastikbeutel. Nachdem mit einem kleinen Hahn Menge und Durchlaufgeschwindigkeit geregelt worden waren, tropfte das Gegenmittel in meine Adern. Ärzte und Schwestern standen noch immer um mein Bett herum. Jemand hielt ein Buch in der Hand und tippte mit dem Finger auf eine Stelle. Andere beugten sich interessiert vor. Ihre Bewegungen wurden langsamer, auch das Licht verblaßte, und ich begann zu schweben. Ich glitt in einen langen, tiefen Schlaf.

Als ich erwachte, war ich irritiert. Wo war ich? Was war das für ein Bett, für ein Zimmer?
Langsam kehrte meine Erinnerung zurück. Ich war allein. Hinter meinem Kopf tickten, summten und piepten Apparate. Wenn ich mich bewegte, wurden die Geräusche schneller und lauter. Eine Krankenschwester betrat das Zimmer und kam an mein Bett. Ich blickte sie an.
»Oh, Sie sind aufgewacht. Wie geht es Ihnen, Herr Welsch?« Meine Zunge lag pelzig im Mund.
»Geht so.«
»Erinnern Sie sich, wo Sie sind?«
»Im Krankenhaus, schätze ich. Zu Hause habe ich so etwas noch nicht gesehen.« Ich zeigte in ihre Richtung. Die Krankenschwester lächelte.

»Das freut mich, daß es Ihnen bessergeht.«
»Wie spät ist es?«
»Kurz nach drei, nachmittags«, fügte sie hinzu. »Sie haben lange geschlafen.«
Sie überprüfte die Apparate und den Ständer mit seinen Schläuchen und Beuteln. Von beiden Seiten tropfte es in mich hinein.
»Haben Sie Schmerzen?« Ich nickte. »In der Brust.« Tatsächlich waren sie längst nicht mehr so schlimm wie vorher. Auch in den Beinen war der Schmerz erträglicher geworden. Langsam dämmerte ich wieder in den Schlaf hinüber.
Drei Tage lang nahm ich kaum etwas wahr. Als ich am vierten Tag erwachte, hatte sich etwas verändert. Keine Schmerzen. Ich bewegte nacheinander meine Glieder. Nichts. Alles funktionierte ohne Schmerz, ließ sich bewegen, strecken, knicken, beugen. An diesem Tag wurde ich in mein altes Privatzimmer verlegt. Mit Ständer und Schläuchen. Ich hatte das Schlimmste überstanden. Schon wenig später erschien Professor Hennemann mit einem Stapel Bücher und setzte sich zu mir ans Bett.
»Wie fühlen Sie sich heute, Herr Welsch?«
»Wunderbar. Ich wußte nicht mehr, wie das ist, ohne Schmerzen. Jetzt weiß ich es wieder. Es ist unbeschreiblich. Ich bin Ihnen sehr dankbar.« Hennemann hob abwehrend die Hände.
»Ich muß mich bei Ihnen entschuldigen für das, was passiert ist. Ich muß mich um so mehr bei Ihnen entschuldigen, als ich Toxikologe bin und nicht dafür gesorgt habe, daß die Möglichkeit einer Vergiftung von Anfang an mit einbezogen wurde. Wir haben Sie, leider, für einen psychologischen Fall gehalten, weil wir nichts, absolut nichts gefunden haben. Hier« – er tippte auf die Bücher, die er auf meinen Nachtschrank gelegt hatte –, »hier können Sie später nachlesen, warum wir nichts gefunden haben. Eine Thallium-Vergiftung ist so selten, daß sie mir in meiner langen beruflichen Tätigkeit in dieser massiven Form noch nie begegnet ist. Strecken Sie doch bitte einmal vorsichtig Ihre Hände aus.« Ich tat ihm den Gefallen. Er nahm erst die Finger der einen, dann die der anderen Hand und betrachtete sie eingehend. »Hier können wir

den Grund sehen, warum niemand auf eine Vergiftung kam. Sehen Sie die weißen Streifen, etwas oberhalb des Halbmondes an Ihren Fingernägeln?« Ich blickte angestrengt hin und sah sie sofort. An allen Nägeln hatte sich über dem Halbmond am Nagelansatz ein auffällig weißer Streifen gebildet, der über den gesamten Nagel verlief.

»Das ist, laut Literatur, eines der Früherkennungsmerkmale einer Thallium-Intoxikation, die sogenannte Mees'sche Bebänderung. Wie wir beide inzwischen wissen, taugt sie als Früherkennungsmerkmal nicht. Ich habe mir bereits die Hände Ihrer Frau und Ihrer Tochter angesehen. Auch sie haben die Mees'sche Bebänderung, allerdings abgeschwächter. Das heißt, daß auch sie vergiftet waren. Noch etwas wollte ich Ihnen sagen. Die Analyse Ihres Blutes hat zum Zeitpunkt der Untersuchung 3,8 Milligramm Thallium im Blut ergeben. Bereits 0,2 Milligramm sind tödlich. Das bedeutet auch, daß Sie zum Zeitpunkt der Giftaufnahme das Vielfache einer tödlichen Dosis in Ihrem Körper hatten, mindestens aber um die neunzehn Milligramm pro Kilo Körpergewicht. Normalerweise kann das niemand überleben. Warum Sie das überlebt haben und vor allem wie und unter welchen Umständen Sie eine derart hohe und in jedem Fall tödliche Dosis aufgenommen haben, darüber wollte ich mich mit Ihnen unterhalten. Todesfälle, so die Literatur, sind nach Ingestion, so nennen wir die Giftaufnahme, von nur wenigen Milligramm pro Kilo Körpergewicht aufgetreten. Zu den Frühsymptomen einer Thallium-Vergiftung gehören Übelkeit, Erbrechen und abdominale Schmerzen.«

Ich war verwirrt von der über mich hereinbrechenden Fülle medizinischer Begriffe und Schlußfolgerungen. Jedenfalls klang das, was mir Professor Hennemann zu erklären versuchte, überaus plausibel. Ich hatte schließlich keine Schmerzen mehr.

»Meine Frau erbrach bereits wenige Stunden nach der Mahlzeit.«

»Ja, das waren eindeutige Frühsymptome. Mittelfristig treten dann Verwirrtheit, Psychosen und Krampfanfälle auf, bis hin zum Koma. Im Bereich des peripheren Nervensystems zeigen sich Formen von Muskelschwäche und Ataxie, das sind Koordinations-

störungen. Langfristig bleiben Gedächtnisstörungen, Ataxie und Fußlähmungen.«
Ich hatte ihm aufmerksam zugehört. Seine Beschreibung der Folgen erschreckte mich.
»Das ist für mich so unvorstellbar, absurd geradezu. Mehrfach tödliche Dosis. Wie konnte das geschehen?«
»Fangen wir am besten von vorne an. Über eines sollten Sie sich gleich im klaren sein, eine derart hohe Dosis Thallium kann man nicht zufällig aufnehmen. Dahinter steckt Vorsatz, eine Absicht. Durch die ersten Vergiftungsanzeichen können wir den Tag der Giftaufnahme ermitteln. Vielleicht bringt uns das näher an das Geheimnis.«
»Es begann mit einem Kribbeln in den Beinen. Moment ... ich überlege ... ja ... das war auf unserer Fahrt nach Safed, in Israel, auf den Golanhöhen.«
»Rekonstruieren Sie mal die letzten vier, fünf Tage vorher. Wo waren Sie da?« Ich überlegte.
»Das muß ... ja, jetzt weiß ich es wieder ... wir kamen vom See Genezareth, aus Tiberias, hatten dort zwei Tage mit dem Wohnmobil am See gestanden und gebadet. Das war am 24. und 25. Juli. Von da sind wir dann nach Safed aufgebrochen.«
»Haben Sie an diesem See etwas bemerkt?«
»Nein.«
»Können Sie sich noch an das Essen erinnern, das Sie dort zu sich genommen haben?« Wieder überlegte ich.
»Ja, ganz gut. Wir haben uns hauptsächlich von Orangen und Orangensaft ernährt, den wir direkt von arabischen Händlern gekauft hatten.« Immer noch überlegte ich angestrengt, versuchte die Ereignisse zu rekonstruieren.
»Ich glaube, wir kamen aus Jerusalem, ja, Jerusalem, da ist eine Reisebegleiterin ausgestiegen. Überall haben wir sehr wenig oder nichts gegessen. Es war sehr heiß. Das letzte größere Essen, an das ich mich erinnern kann, fand am 21. Juli, also dem Tag vor Jerusalem statt, an einem Strand vor einer Insel, Coral Island genannt. Mein Freund hatte eine Menge Buletten gebraten, und wir alle haben gegessen. Dazu gab es Salat.«

»Und davor?«

»Davor hatten wir eigentlich auch zwei, drei Tage so gut wie nichts gegessen. Wir waren in Sharm el Sheikh, an der Südspitze des Sinai. Temperaturen um 50 Grad. An Essen dachte da niemand.«

»Dann bleibt also das Essen auf Coral Island.« Professor Hennemann hatte sich während meines Berichtes auf einem Zettel die Zeitangaben notiert.

»Rechnen wir zurück. Am 25. Juli bemerkten Sie zum erstenmal ein Kribbeln in den Beinen. Sie erinnern sich deutlich, am 21. Juli ein gemeinsames, größeres Essen eingenommen zu haben. Wenn wir dieses Essen zum Giftaufnahme-Essen erklären, dann liegen zwischen dort und dem 25. gut vier Tage. Das ist genau die Inkubationszeit, also die Zeit von der Giftaufnahme bis zu den ersten Vergiftungserscheinungen. Wir sagen dazu auch symptomfreies Intervall. Herr Welsch, wir haben es gefunden. Es muß dieses Essen gewesen sein, in dem sich Gift befand. Viel Gift. Sie sagten, es waren Buletten. Wo hatten Sie das Fleisch dazu her?«

»Das hatten wir bei der Abfahrt in Tel Aviv gekauft, besser gesagt, in der Altstadt, in Jaffa, in einem jüdischen Supermarkt.«

»Es muß dieses Fleisch gewesen sein, in dem sich das Gift befand. An Salatblättern bleibt eine solche Menge nicht haften. Wer kann das Fleisch vergiftet haben?«

»Gute Frage. Ich weiß es nicht.«

»Hatten Sie das frisch gekauft?«

»Nein, es kam aus einer Kühltruhe, verpackt. Wir haben es dann sofort in das Kühlfach des Wohnmobils gelegt und dort erst herausgenommen, als es zubereitet wurde.«

»Jemand muß das Fleisch vergiftet haben. Vielleicht gekauft, das Gift untergemischt, die Verpackung wieder geschlossen und in den Supermarkt zurückgetragen.«

»Damit es ein Jude kauft und daran stirbt«, entfuhr es mir.

»Ich erinnere mich, daß vor Jahren einmal mit Quecksilber vergiftete Orangen auf dem deutschen Markt verkauft wurden. Als Täter vermutete man damals die PLO.«

»Diese Möglichkeit eines Anschlages der PLO ist nicht von der

Hand zu weisen. Damit müssen Sie sich wahrscheinlich abfinden. Seien Sie froh, daß Sie diese unglaubliche Menge überlebt haben.«
»Wie konnte ich eine derart hohe und, wie Sie sagen, mehrfach tödliche Menge des Giftes überhaupt überleben?«
»Da bin ich genauso ratlos wie Sie. Was haben Sie denn getan, als Sie das Kribbeln, später dann die Schmerzen bemerkten?«
»Was habe ich getan? Jeden Tag, von morgens bis abends im Swimmingpool gelegen. Das war der einzige Ort, an dem die Schmerzen erträglich waren. Wahrscheinlich, weil das Wasser eine Art Schwerelosigkeit erzeugt hat. Und getrunken habe ich Unmengen.«
»Das hat Ihnen das Leben gerettet.«
»Dann hat mir das israelische Macabee-Bier das Leben gerettet, denn das habe ich hauptsächlich getrunken.«
»Je mehr Sie getrunken haben, um so weniger Gift hatten Sie im Körper. Es wurde mit der Flüssigkeit, jedenfalls zum Teil, ausgeschwemmt. Ich werde mir die Notizen zu Ihrer Schilderung des Reiseablaufes noch einmal durchlesen. Wahrscheinlich werde ich aber zu keinem anderen Ergebnis kommen. An Ihnen ist mittelbar oder unmittelbar ein Verbrechen begangen worden. Normalerweise müßte ich die Staatsanwaltschaft informieren. Weil sich das Ganze aber weit entfernt in Israel zugetragen hat, besteht wenig Aussicht, daß Ermittlungen Licht in die Sache bringen. Nun, ich werde Ihnen Nachricht geben. Sie werden sehen, auch die letzten Schmerzen verschwinden in der nächsten Zeit. Ich muß Ihnen aber auch sagen, daß Spätfolgen nicht auszuschließen sind. Bleibende Schäden könnten zum Beispiel Lähmungen und Sehstörungen sein. Überhaupt, daß Sie überlebt haben, ist ein Wunder. Das muß ich Ihnen noch einmal sagen.«
Professor Hennemann verabschiedete sich von mir.
Ich nahm die Bücher zur Hand, die er mir überlassen hatte, und vertiefte mich in medizinische Betrachtungen über Thallium, seine Wirkung und möglichen Folgen. Schon geringste Mengen können tödlich sein. Ein Nachweis ist überaus schwer zu führen, wenn nicht konkrete Verdachtsmomente vorliegen. Thallium, mit

dem chemischen Symbol »TI«, gilt als sogenanntes stilles Gift, das von Ärzten und Kriminalisten nicht gleich zu erkennen ist.

Was war aus den Motorradfahrern geworden, die auch von den vergifteten Buletten gegessen hatten? Waren sie weiter nach Ägypten und in den Sudan gefahren, wie sie es vorhatten?
Am nächsten Tag teilte ich Professor Hennemann meine Sorgen wegen der beiden Motorradfahrer mit, die ebenfalls vergiftet sein mußten. Doch auch Hennemann war ratlos.
Ich blieb noch über drei Wochen im Krankenhaus. Die letzten Tage war ich bereits ohne Tropf. Dafür mußte ich zweimal am Tag riesige torpedoähnliche Kapseln schlucken. Gegengift, jetzt in fester Form. Noch acht Wochen nach meiner Entlassung aus der Waldhofklinik führte ich diese Prozedur fort. Doch ich hatte wie durch ein Wunder überlebt.

Städt. Krankenanstalten
Mannheim

6800 Mannheim, 17.9.81

ÄRZTLICHE BESCHEINIGUNG

Herr
Frau Welsch Wolfgang
Frl.

geb. 5.3.44

wohnhaft in 6940 Weinheim
Birkenauertalstr. 37

stand am 4.9.81 von Uhr bis Uhr
bis 17.9.81

in unserer stationären ~~ambulanten~~ Behandlung.

Diagnose: Akute Thalliumintoxikation (nicht suizidal)
Giftaufnahme: ca 17.-20.7.81 während eines Israel-Urlaubs

Kr.A.81

RÜCKZUG ÜBER BUENOS AIRES

Im Oktober kam eine Ansichtskarte aus Buenos Aires/Argentinien. Von Peter Haack. Ich war überrascht. Sie bestätigte meine Befürchtung, daß auch er von den Buletten gegessen hatte. Zumindest glaubte ich das. Jedenfalls hatte er sich seit seinem Abflug nach Ägypten nicht mehr gemeldet. Die Karte zeigte die Ansicht eines Stadtviertels von Buenos Aires, »La Boca Carmenito«. Er schrieb:

> »Lieber Wolfgang, ich bin jetzt in Buenos Aires, mir geht es sehr schlecht. Mein Team ist ohne mich weitergereist. Ich habe meine Kameras versetzt, um den Arzt zu bezahlen. Ich weiß nicht was ich habe, weiß auch nicht, wie es weitergehen soll. Alles Gute, Dein Pet.«

Die Schrift war verzerrt, verlief schräg über die Karte. Und die war ohne Absender. Mit einem Stempel der argentinischen Post. Ich war alarmiert und verwünschte zugleich seine Dummheit. Wie sollte ich ihm helfen, wenn er mir nicht seinen Absender mitteilte? Er würde sterben, wenn nicht rechtzeitig Hilfe käme. Mit der Karte suchte ich Professor Hennemann auf. Er las sie und bestätigte: »Eindeutige Symptome einer Thallium-Vergiftung: Der Schreiber kann die Hand schon nicht mehr richtig bewegen.«

»Ich möchte ihm helfen, ihn vielleicht über die »Deutsche Welle« suchen lassen. Würden Sie das in einem Attest bestätigen?« Professor Hennemann stimmte sofort zu. Er fügte seiner Diagnose auf dem Attest hinzu, daß akute Lebensgefahr bestehe, und übergab es mir. Am folgenden Tag fuhr ich nach Köln in die Redaktion des deutschen Auslandssenders »Deutsche Welle«. Ich erklärte dem verantwortlichen Redakteur die Situation, daß mein Freund möglicherweise hilf- und orientierungslos im fernen Argentinien dem Tod entgegendämmerte, und bat ihn, einen Notruf über das deutsche Auslandsprogramm nach Südamerika zu senden. Dazu reichte ich ihm das Attest. Meine volle Telefonnummer war Bestandteil des sogenannten Reiserufs.

Noch am gleichen Abend wurde der Notruf gesendet. Nach der üblichen Erkennungsmelodie der »Deutschen Welle«, ging die folgende Nachricht über den Sender:

»Achtzehn Uhr Greenwich-Zeit. Hier ist die ›Deutsche Welle‹. Wir beginnen unsere Nachrichten mit einem wichtigen Reiseruf. Herr Peter Haack aus London, zur Zeit unterwegs in Argentinien, wird dringend gebeten, Herrn Wolfgang Welsch anzurufen, in Deutschland, unter der Telefonnummer 0620115544, und zwar deshalb, weil er eine lebensbedrohende Vergiftung hat. Es ist sehr wichtig, daß er sofort Herrn Welsch anruft. Ich wiederhole diese Nachricht ...«

In dieser Nacht klingelte gegen drei Uhr morgens das Telefon. Ein Dr. Born, Leiter des Rechtsreferats der deutschen Botschaft in Buenos Aires, war am Apparat. Er hatte den Reiseruf der »Deutschen Welle« gehört und wollte jetzt von mir wissen, ob ich ihm die Anschrift von Peter Haack in Buenos Aires geben könne. Ich erklärte ihm, daß ich den Reiseruf kaum veranlaßt hätte, wenn ich die Anschrift kennen würde. Das war die einzige Reaktion auf den Reiseruf. Peter Haack blieb verschollen.

Im darauffolgenden Monat erhielt ich vom Auswärtigen Amt eine Rechnung über 90,– DM. Ich sollte das Telefonat der deutschen Botschaft in Buenos Aires nach Deutschland bezahlen. Außerdem zwei Fernschreiben, die das Auswärtige Amt in dieser Sache nach Buenos Aires geschickt hatte. Die Dreistigkeit deutscher Auslandsvertretungen beziehungsweise des Auswärtigen Amtes war mir längst bekannt. Nicht zuletzt durch die Vorgänge 1976 in Sofia. Die Monate vergingen, und mit jedem Monat sank die Hoffnung, Peter Haack jemals lebend wiederzusehen.

Trotz all dieser Ereignisse war ich in diesem Jahr dann doch noch sehr oft in Berlin, um die seit dem Sommer auf meiner Liste stehenden Fluchtfälle abzuwickeln. Bei fünf Aktionen gelangte nahezu die doppelte Anzahl Flüchtlinge nach Westberlin.

Kaders Fahrten liefen mit der immer gleichen Genauigkeit eines Uhrwerkes ab. Doch hatte mir jetzt Frau Trexler mitgeteilt, daß er seine Fahrten im kommenden Jahr einstellen werde. Sie gab mir keine Begründung, und ich fragte auch nicht. Freundschaftlich beendeten wir unsere Kooperation in Berlin. Ich hatte für sie im Ka De We einen voluminösen Präsentkorb gekauft, für Kader eine Flasche »Chateau Rothschild« erstanden, Jahrgang 1975, das Jahr, in dem unsere Zusammenarbeit begonnen hatte. Damit gehörte der Königsweg endgültig der Vergangenheit an.
Ich war bedrückt, hatte sich dieser Weg über die Jahre doch als der schnellste und sicherste erwiesen, nachdem ich die Balkan-Flugroute nicht mehr verwenden konnte. Nach meiner Erinnerung hatte ich allein mit Kader über 130 Flüchtlinge aus der DDR herausgeholt. Daß das MfS diesen Weg niemals entdeckt hatte und zerschlagen konnte, verbuchte ich als großen Erfolg auf der Habenseite meines Engagements gegen die DDR.

Im Frühjahr kaufte ich für rund 10.000,– DM einen Wohnwagen, den ich bei einem Lindauer Hersteller werksmäßig so umrüsten ließ, daß unter dem Bett und zwischen Toiletten- und Außenwand Hohlräume entstanden, in denen jeweils eine Person Platz fand. Spezielle Überlegungen galten der Luftzufuhr. Sie mußte selbst bei starker Wärmeeinstrahlung problemlos funktionieren.
Ein Ingenieur hatte sich Gedanken über den Umbau gemacht, nachdem ich ihm ganz offen den Zweck der Sache erklärt hatte. Seine Umbauten waren perfekt. Niemand, nicht einmal der bekannt mißtrauische britische Zoll, hatte bei einer Testfahrt nach England die Verstecke entdeckt. Auf der Rückfahrt schmuggelte ich probehalber tütenweise meine leckeren »Sundae's«, die es in Deutschland nicht gab und die ich wegen der deutschen Lebensmittelvorschriften auch nicht hätte einführen dürfen.
Seit den Fluchthilfeaktionen über Ungarn und Jugoslawien kannte ich die Verhältnisse an den Grenzen beider Länder dank des Bayern sehr gut. Die ersten und alle weiteren Aktionen mit meinem neuen Wohnwagen liefen daher genau über diese Route.

So kamen 1982 auf diesem Weg bereits zehn Flüchtlinge im Westen an.

Mein Funktelefon klingelte. Am anderen Ende meldete sich ein Herr Kückbusch. Er bat mich um ein Treffen an der Autobahnraststätte Gräfenhausen an der A 6, in südlicher Fahrtrichtung. Er habe mit mir ein delikates Thema zu besprechen, wozu sich das Telefon nicht eigne. Er werde in einem roten Porsche kommen. Ich war einverstanden.
Zum vereinbarten Termin war ich da. Aus einem roten Porsche stieg ein Mann. Wir begrüßten uns.
»Danke, daß Sie gekommen sind. Ich möchte mit Ihnen im Auftrag von jemand sprechen, der zur Zeit noch anonym bleiben will. Mir ist bekannt, daß Sie ein zuverlässiger Fluchthelfer sind.«
»Woher wollen Sie das wissen?«
»Ganz einfach, eine gewisse staatliche Stelle hat uns diese Information im Vertrauen gegeben. Wir haben unsere Beziehungen. Deswegen bin ich hier. Wir möchten gerne ein älteres Ehepaar aus Potsdam in den Westen holen. Sind Sie dazu in der Lage?«
»Prinzipiell ja.«
»Wie schnell geht das, und was kostet der Transfer?«
»Das kommt auf den Fall an. Normalerweise drei bis sechs Wochen.« Ich nannte eine Summe.
»Okay, es handelt sich um ein Apothekerehepaar, dem die DDR-Behörden die Apotheke weggenommen haben. Enteignet, wenn Sie verstehen, was ich meine. Jetzt hält sie dort nichts mehr, sie möchten raus, und jemand bezahlt dafür. Ich gebe Ihnen die Hälfte der Summe jetzt, die andere Hälfte, wenn die Leute hier sind.« Mit diesen Worten überreichte er mir ein Bündel Tausendmarkscheine und ein Blatt Papier, auf dem sich die Adresse und nähere Einzelheiten über die potentiellen Flüchtlinge befanden. Eine Quittung wollte er nicht haben.
Mit den Worten »melden Sie sich bitte bei mir, wenn die Leute hier sind« verabschiedete er sich und bestieg den Porsche.
Da stand ich also nachts auf dem Parkplatz einer Raststätte, mit

einer Menge Geld, einem Zettel mit dürftigen Angaben, wie ich beim Überfliegen feststellen konnte, und dem Auftrag, ein älteres Ehepaar aus der DDR zu holen. Ich hatte zugestimmt, also wollte ich den Auftrag auch ausführen.

Die Umstände blieben indes geheimnisvoll und dunkel. Wer hatte ihm Auskünfte über mich erteilt? Ich hatte keine Ahnung, aber der Mann hatte einen guten Eindruck auf mich gemacht. Am nächsten Tag begannen die Vorbereitungen.

Nach einer kurzen Vorbesprechung setzte ich meinen Kurier in Bewegung. Er sollte den Kontakt herstellen und die Leute instruieren, was sie zu tun hatten.

Als Fahrer für das Wohnwagengespann hatte ich eine britisch-deutsche Familie verpflichtet, die den Wohnwagen sogleich auf ihren Namen anmeldeten. Keine Spur führte somit zu mir. Der Kurier kehrte zwei Tage später wohlbehalten von seiner Mission zurück. Alle Angaben, die ich erhalten hatte, stimmten. Als der Kurier kam, war das Ehepaar bestens vorbereitet und zu allem bereit. Ihre Instruktionen lauteten: Sofort ein Visum für Ungarn besorgen. Den Abflugtag nach Budapest per Telegramm als Todesnachricht übermitteln. Telegrammadresse: ein Caritasstift in Köln. Ich würde regelmäßig dort anrufen, bis das Telegramm da war. Abfliegen mit kleinem Handgepäck. In Budapest im »Gellert«-Hotel einquartieren. Der Kontakt würde telefonisch über »Muriel Sharon« hergestellt werden. Den Fluchtweg würden die Flüchtlinge erst erfahren, wenn sie sich bereits im Fahrzeug auf dem Weg zur Grenze befänden.

Die Apotheker hatten in Potsdam noch immer einen Namen. Deshalb machte wenigstens die Beantragung des Visums keine Probleme.

Die Visa hatten die Flüchtlinge innerhalb kürzester Zeit beschafft und ein unverfängliches Telegramm zur Caritas nach Köln abgesandt.

Der Brite, der das Auto fuhr, bekam die Daten mitgeteilt und wurde in Marsch gesetzt. Über Österreich und Jugoslawien fuhr er mit seiner Frau eine Woche vor Ankunft der Flüchtlinge nach

Ungarn. Am Tag nach der Ankunft des Apothekerehepaares in Budapest telefonierte er mit dem Hotel »Gellert«. Das Ehepaar war dort abgestiegen.

Die Frau des Briten meldete sich mit »Muriel Sharon«. Sie gab Anweisung, am nächsten Tag auszuchecken und mit dem Handgepäck zu einer Tankstelle zu gehen, die sich unweit des Hotels befand. Dort würden sie angesprochen und abgeholt werden.

An der Tankstelle wartete der Brite mit seiner Frau im Wagen. Als sie das Ehepaar herannahen sahen, stiegen sie aus. Die Frau begann die Scheiben zu putzen. Der Mann tankte, öffnete die Motorhaube. Die Flüchtlinge waren jetzt an der Tankstelle und kamen näher.

»Steigen Sie einfach hinten ein«, sprach die Frau das Ehepaar an, ohne den Kopf zu wenden. Die Flüchtlinge reagierten ebenso unauffällig und stiegen ruhig ein. Niemand hatte etwas bemerkt. An der Tankstelle war ständig Betrieb.

Sie verließen Budapest in Richtung Szekesfehervár und fuhren von dort weiter bis Keszthely. Auf einem Campingplatz stellten sie den Wohnwagen ab und übernachteten. Am nächsten Morgen verließen sie den Platz und fuhren weiter. Wie schon mit dem Bayern und seinen Pferdetransporten hatte ich die Route über Nagykanizsa zur Grenze gewählt. In der Nähe von Zalakomán hielt der Brite an.

Mit den Worten »Sie müssen jetzt umsteigen, der letzte Abschnitt Ihrer Flucht beginnt« geleitete er das Paar in den Wohnwagen. Jetzt lag die Frau in einem von innen und außen unsichtbaren Container unter dem Bett. Der Mann verbarg sich in einem Hohlraum zwischen Toiletten- und Außenwand. Er stand aufrecht und wurde von den Wänden sozusagen »gestützt«. Nachdem er die Behältnisse verschlossen hatte, fuhr der Brite weiter.

Langsam näherte sich das Gespann der ungarisch-jugoslawischen Grenze bei Letenye. Paßkontrolle. Fragen nach dem Woher und Wohin. Der Brite zeigte die Rechnung des Campingplatzes bei Keszthely vor. Wagen und Wohnwagen wurden durchsucht. Vom

Bett wurden sogar die Matratzen hochgehoben. Alles war unverdächtig.

Nachdem eine Packung Marlboro den Besitzer gewechselt hatte, konnte die Grenze passiert werden.

Nach weiteren drei Stunden Fahrt durch den Norden Jugoslawiens war bei Lavamünd die Grenze nach Österreich erreicht. Die Kontrollen beschränkten sich hier nur auf die Ausweispapiere. Niemand wollte das Innere des Wohnwagens sehen. Der Weg in die Bundesrepublik war frei. An diesem Abend wartete ich mit meinem Audi Quattro kurz hinter der österreichisch-bayerischen Grenze. Ich war viel zu früh angekommen und mußte einige Stunden ausharren.

Dann, irgendwann in der Nacht, sah ich das Gespann, wie es gemütlich eine Kurve herunterschaukelte. Ich gab Lichtzeichen, und wir trafen uns auf einem kleinen Parkplatz. Beim Öffnen der Verstecke legte ich mit Hand an.

»Willkommen in der Freiheit. Ich freue mich mit Ihnen, daß Sie es geschafft haben.«

Ich beglückwünschte meine Fahrer und verabschiedete mich sogleich wieder von ihnen. Mit dem Apothekerehepaar in meinem Wagen fuhr ich weiter nach Frankfurt. Unterwegs telefonierte ich vom Autotelefon aus mit Kückbusch und informierte ihn, daß ich in etwa zwei Stunden bei ihm sein würde.

»Ich habe die Flüchtlinge bei mir.«

Er war erfreut, daß es funktioniert hatte, aber auch erstaunt, wie schnell die Aktion über die Bühne gegangen war, denn ich hatte ihn bis zu diesem Tag ohne weitere Informationen gelassen. Mit hoher Geschwindigkeit raste ich mit den Flüchtlingen durch die Nacht. Wir unterhielten uns. Irgendwann fiel mir auf, daß mir niemand mehr antwortete. Ich blickte nach hinten, wo die beiden saßen. Sie machten einen verängstigten Eindruck.

»Ist irgend etwas?« fragte ich.

»Ja«, sagte die Frau, »jetzt habe ich zum erstenmal Angst. Vorher, während der Flucht, in meinem Versteck, hatte ich keine Angst.«

»Um Himmels willen, warum haben Sie denn jetzt plötzlich Angst?«
»Ich habe auf den Tachometer geschaut. Sie fahren ja über 200 Stundenkilometer!« Ich mußte lachen.

In Frankfurt hatte mir Kückbusch die Adresse eines Bürohauses genannt. Das steuerte ich an. Nach einer herzlichen Begrüßung gab es Kaffee und Kuchen zu später Stunde. Kückbusch reichte mir ein verschlossenes Kuvert. »Der Rest«, fügte er erläuternd hinzu.
Die Flüchtlinge waren übermüdet, aber glücklich.
Erst auf der Rückfahrt öffnete ich das Kuvert. Der Betrag entsprach genau der Vereinbarung. Es sollte eine meiner letzten Fluchthilfeaktionen gewesen sein.

OPERATIONSGEBIET BUNDESREPUBLIK

Von Peter Haack hörte ich nichts mehr. Ganz sicher war er tot. Ich fuhr noch einmal nach England, um Nachforschungen nach ihm anzustellen. Bodo Gillert, sein englischer Bekannter, lebte in Fulham, einem Londoner Stadtteil, wo ich ihn ausfindig machte und besuchte.
Ich erzählte ihm von den tragischen Ereignissen in Israel, denen Peter ganz sicher und ich beinahe zum Opfer gefallen waren. Er konnte es kaum glauben. Wir betrachteten Fotos, die »Bob«, wie Gillert sich selbst nannte, von Peter in verschiedenen Situationen gemacht hatte. Es waren professionelle Fotos. Ich fragte ihn, woher er so gut fotografieren könne. Er lachte. »Ich bin Fotograf.« Er stand auf und holte ein Album aus dem Schrank, legte es vor mir auf den Tisch.
Bob Gillert war vor vielen Jahren von Deutschland nach Australien ausgewandert und hatte in Sydney mit viel Erfolg ein Fotostudio betrieben. Zur Zeit des Vietnamkrieges meldete er sich frei-

willig für das australische Truppenkontingent als Bildberichterstatter an die Front. Bei einem Einsatz wurde sein Hubschrauber vom Vietcong abgeschossen. Er überlebte schwer verletzt. Zurückgekehrt nach Australien, war er von dem, was er in Vietnam erlebt hatte, so traumatisiert, daß er sein bürgerliches Leben, seinen Beruf nicht mehr fortführen konnte. Er verließ Australien und ging nach London.
Ich blätterte in der Mappe und erstarrte.
»Das ist nicht deine Mappe. Das ist Peters Mappe. Er hat sie mir gezeigt. Er hatte hier in London ein Fotostudio.«
»Nein, das ist meine Mappe. Hier, hier steht es auch.« Er deutete mit dem Finger auf Fotos, in die sein Name einkopiert war.
»Komisch, Peter hatte mir in Deutschland genau die gleiche Mappe gezeigt, allerdings ohne Namen.«
»Das kann sein, ich hatte ihm die Mappe ausgeliehen.«
»Was ist mit dem Fotostudio in London, das er hatte?«

Peter Haack
PHOTOGRAPHER
LONDON
TEL. 01-~~370-5350~~ 331-2222

»Peter und ein Fotostudio, daß ich nicht lache! Der hat nie ein Fotostudio gehabt. Weder in London noch anderswo. Er ist auch kein Fotograf. Der konnte überhaupt nicht fotografieren.« Ich mußte ihm beipflichten.

»Aber er hatte Visitenkarten, auf denen unter seinem Namen stand: ›Photographic Director‹.«

»Ja, ja, der hat immer viel erzählt, wenn der Tag lang war. Aber Geld, Geld hat er immer gehabt.«

»Woher?«

»Er würde in Deutschland für ein Gourmetjournal arbeiten, hat er gesagt.« Ich fiel von einer Verblüffung in die andere.

Im Verlauf des Gespräches zeigte mir Bob dann zwei Ansichtskarten, die Peter ihm aus Israel und Ägypten geschickt hatte. In der Karte aus Ägypten war zu lesen, daß er »wahrscheinlich nächste Woche nach Südamerika« gehe. Immerhin bestätigte diese Karte seine Reiseabsicht bezüglich Argentinien.

Zu diesem Zeitpunkt war ich noch immer der festen Überzeugung, Peter Haack sei an dem Gift gestorben, das ich wie durch ein Wunder überlebt hatte. Ich ahnte nicht, daß die Karten an Bob, ebenso wie die aus Argentinien an mich, Teil eines raffinierten Planes waren, sein Verschwinden glaubhaft erscheinen zu lassen. Um dieses Spiel zu durchschauen, hätte ich zumindest einen Anfangsverdacht gegen Haack haben müssen. Der fehlte mir aber bis 1984.

Tatsächlich war Haack niemals in Argentinien gewesen. Die Karte hatte er in der MfS-Zentrale in Ostberlin geschrieben. Sie war später von einem Mitarbeiter der DDR-Botschaft in Buenos Aires dort in den Briefkasten geworfen worden.

Auch 1983 liefen meine Aktionen weiter, allerdings in deutlich reduziertem Umfang.

Der eigentliche Auftraggeber der Flucht des Apothekerehepaares hatte sich zu Besuch in Weinheim angesagt. Ihm gehörte ein weitverzweigtes Goldhandelsunternehmen. Er bedankte sich bei mir für die prompte, zuverlässige und sichere Aktion, mit der ich seine Schützlinge aus der DDR herausgeholt hatte. Er war offenbar besonders davon angetan, daß mich Geld nur in dem Maß interessierte, wie es für die Fluchthilfeaktion erforderlich war.

Herr Balder suchte ständig Menschen, denen er vertrauen konnte. »Vertrauen«, dozierte er zu vorgerückter Stunde, »ist in diesem Geschäft das Wichtigste. Übrigens, ich hatte mich über Sie beim LfV Hannover erkundigt. Die haben nur Gutes berichtet. Deshalb fiel meine Wahl auf Sie.«

»Das freut und erstaunt mich. Woher wissen die etwas über mich?« Diese Frage blieb unbeantwortet. Dafür fragte er mich, ob meine Frau nicht eines seiner Geschäfte führen wolle. »Mein Geschäft lebt von Ideen, so wie Ihre Erfolge bei der Fluchthilfe auf Ideen zurückzuführen sind. Leider werden in der Bundesrepublik im allgemeinen erstklassige Hypotheken besser belohnt als erstklassige Ideen.«

Ich sah meine Frau an. Sie nickte zustimmend.

Balder versprach, in Kürze wieder nach Weinheim zu kommen, um die notwendigen Formalitäten einzuleiten, insbesondere meiner Frau bei einem Geschäftspartner in Frankfurt einen Crashkurs in Gold, Silber und Diamanten, Wertermittlung, Ankauf, Verkauf zu vermitteln.

»Sie können sich schon mal nach einem Ladengeschäft in Heidelberg oder Mannheim umsehen. Wenn Sie eines gefunden haben, mieten Sie es gleich an.« Zum Abschied zählte er mir 30.000,– DM in die Hand. »Das müßte fürs erste reichen.«

Den glücklichen Abschluß der vierten Aktion in diesem Jahr erwartete ich am Grenzübergang zu Österreich vergeblich. Der Brite und seine Frau kamen nicht. Bis weit nach Mitternacht blieb ich vor Ort, dann fuhr ich nach Hause. Als auch am nächsten Tag und in den Folgetagen Anrufe ausblieben, gab es keinen Zweifel mehr: Die Flucht war gescheitert und die Familie samt Flüchtlingen festgenommen worden. An das Auswärtige Amt brauchte ich mich gar nicht erst zu wenden. Verlorene Zeit. Statt dessen informierte ich das Büro des Staatssekretärs für innerdeutsche Beziehungen sowie Rechtsanwalt Stange in Westberlin. Ich gab ihnen Namen und Daten der Familie und der Flüchtlinge durch, informierte sie über die vermutlichen Umstände und bat darum, sie zum frühestmöglichen Termin auf die Freikaufliste zu setzen. Mit der Familie hatte ich alle Eventualitäten besprochen. Sie wußten also, daß die Bemühungen für ihre Freilassung bereits laufen würden, noch ehe sie eine Haftanstalt des MfS betreten würden. Ebenso bedauerlich war, daß das Transportmittel mit einem Schlag verloren war. Und damit auch der letzte erprobte und mir noch verbliebene Weg.

Im selben Jahr las ich ein höchst interessantes Buch. Der Titel lautete: »Operationsgebiet Bundesrepublik«. Es enthielt detailgenaue Beschreibungen der Aktivitäten östlicher Geheimdienste in der Bundesrepublik. Dort, so konnte ich lesen, liefen eine Menge Agenten des MfS herum. Das war nichts Neues. Neu war für mich indes, mit welcher Detailkenntnis der Autor, Friedrich Wilhelm Schlomann, die Praktiken der Einschleusung von Agenten und IMs beschrieb, deren Tarnung, Legendierung und insbesondere ihre Arbeitsweise. Seine Kenntnisse basierten auf Fällen, die von bundesrepublikanischen Diensten erkannt und aufgeklärt worden waren. Als ich den Fall des HVA-Agenten »Dieter Bauer« las, war ich geradezu elektrisiert. Immer wieder überflog ich die Zeilen. Der Fall hatte eine bemerkenswerte Ähnlichkeit mit Peter Haack und den Vorfällen in Israel. Hatte er nicht auch seinen Sitz in London und operierte von dort? Benutzte er nicht auch den Beruf und die Fähigkeiten eines anderen zur Tarnung seiner Geldquellen? Verschwand er nicht auch nach Erledigung seines Auftrages als Leiche? Gaben nicht auch hier gute Freunde Suchmeldungen auf? Alles Fragen, die ich uneingeschränkt mit »Ja« beantworten konnte. War Peter Haack also auch ein MfS-Agent?

Die Analogien zum Fall »Dieter Bauer« waren unübersehbar. Ich selbst war nun fast überzeugt, daß Peter Haack, ein bezahlter Mörder des Ministeriums für Staatssicherheit der DDR, keineswegs tot war, wie ich angenommen hatte. Wahrscheinlich saß er in diesem Moment in Ostberlin, hoch dekoriert und von der »Front« abgezogen.

Noch einmal ließ ich jenen Tag, den 21. Juli 1981, in meinem Gedächtnis vorüberziehen. Jetzt, erst jetzt stand mir die Situation wieder klar vor Augen: Haack hatte *nicht* von der vergifteten Mahlzeit gegessen.

Ich schlug mir an den Kopf. Fassungslos blieb ich gleichwohl. Jemand, den ich Freund nannte, der das Vertrauen meiner Familie, mein Vertrauen hatte, hatte kaltblütig versucht, mich zu ermorden. Damit mußte ich erst einmal fertig werden. Doch wer würde mir glauben? Welche Beweise hatte ich? Vor allem aber: Was konnte ich tun? Haack war mit Sicherheit in Ostberlin und würde dort auch bleiben. Eine Strafverfolgung schien daher aussichtslos. Wenn aber seine Tat schon nicht gesühnt werden konnte, so wollte ich mir wenigstens Gewißheit über meine Hypothese verschaffen. Ich mußte weitere Beweise dafür finden, daß Haack nicht der war, als der er sich ausgab, nicht dort war, wo er zu sein vorgab. Seine letzte Karte war aus Argentinien gekommen. Dort wollte ich mir Gewißheit verschaffen.

EIN FREUND STIRBT

Einige Monate später war die Situation für eine Recherche in Argentinien günstig, denn Ende 1983 gab die argentinische Militärjunta unter dem General und Verursacher des Falklandkrieges, General Galtieri, die Macht ab.

Im Frühjahr 1984 flog ich nach Buenos Aires.

Im Zentrum der Stadt nahm ich mir ein Hotelzimmer. Am nächsten Tag bestieg ich ein Taxi und gab dem Fahrer das Ziel: »Bitte, zum Polizeipräsidium.«

Erschrocken wandte er seinen Kopf nach hinten, starrte mich entgeistert an.

»Sie wollen wirklich zum Polizeipräsidenten, in das Polizeipräsidium, Señor?« fragte er ungläubig, als hätte er sich verhört. Ich

wußte ebenso wie er aus unzähligen Fernseh- und Zeitungsberichten, daß das Polizeipräsidium in Buenos Aires während der Diktatur die berüchtigste Folterhölle der Militärs gewesen war.
Ich erinnerte ihn daran, daß die Militärdiktatur seit einigen Monaten vorbei sei.
Er sagte nichts und fuhr mich vor den Haupteingang des Polizeipräsidiums. Ich bezahlte, und er fuhr sofort mit quietschenden Reifen wieder los.
Das Polizeipräsidium sah noch immer so martialisch aus, wie man es aus den Fernsehberichten in Europa kannte: Schwerbewaffnete Soldaten in Stahlhelmen patrouillierten in Doppelstreifen vor dem Gebäude. Die Maschinenpistolen hingen schußbereit schräg vor der Brust. Doch das störte mich wenig. Ich betrat das Gebäude und stieß sofort auf eine Gruppe von vier weiteren, schwerbewaffneten Soldaten.
»Alto! Documentos!« Ich zeigte meinen deutschen Paß. Besonders vertrauenerweckend sah das alles nicht aus. Der Soldat nahm meinen Paß und verschwand in einem Zimmer. Augenblicke später trat er mit einem weiteren Uniformierten heraus, der ganz offensichtlich sein Vorgesetzter war. In bestem Englisch fragte mich der: »Was kann ich für Sie tun? Zu wem wollen Sie?« Ich erklärte ihm, daß ich deutscher Journalist sei, und zeigte ihm meinen Presseausweis, über den ich seit meiner Zeit als Korrespondent für das Gourmetjournal verfügte.
»Ich möchte gerne mit dem Polizeipräsidenten sprechen, es handelt sich um einen deutschen ›Desaparecido‹«, fügte ich hinzu. Er bedeutete mir freundlich, daß ich ihm folgen solle.
Der Fahrstuhl fuhr mit uns knarrend und ächzend in den sechsten Stock des Gebäudes. Der Offizier lief vor mir her durch einen langen, dunklen Gang. Am Ende klopfte er an eine Tür, öffnete und meldete auf spanisch, daß ein deutscher Journalist den Herrn Präsidenten zu sprechen wünsche. Dann bedeutete er mir mit einer einladenden Geste einzutreten.
Ich betrat ein großes, helles Zimmer, dessen Einrichtung teils an ein gehobenes Büro, teils an einen englischen Club erinnerte.

Hinter einem riesigen Schreibtisch saß ein schmächtiger, kleiner Mann in Zivil, mit pechschwarzem Schnauzbart. Er sprang auf und bedeutete mir mit liebenswürdiger Grandezza, doch in einem Ledersessel vor seinem Schreibtisch Platz zu nehmen. Eine große Fensterfront ließ Licht in den Raum fluten und bot einen Panoramablick über Buenos Aires.
Ich war sehr verwundert, daß man meinem Ansinnen ohne Wenn und Aber, ohne Terminabsprache oder andere bürokratische Formalitäten Folge leistete. Ich war also beim Polizeipräsidenten von Buenos Aires. Einem mächtigen Mann in der argentinischen Polithierarchie.
»Was kann ich für Sie tun?«
Ich schilderte ihm die Situation, freilich ohne meine Vermutungen bezüglich Haacks wirklicher Identität anzusprechen. Ich zeigte ihm die Karte von Haack aus Buenos Aires.
»Das war die letzte Nachricht, die ich von ihm erhalten habe. Es könnte also sein, daß er hier verschwunden ist. Ich wollte Sie bitten, nachzuprüfen, ob Haack in der Zeit von Juli bis September 1981 nach Argentinien eingereist ist, zur See, über Land oder mit dem Flugzeug.«
Der Präsident hatte aufmerksam zugehört und sich Notizen gemacht.
»Die deutsche Botschaft war damals auch eingeschaltet, konnte mir aber nicht weiterhelfen.«
»Das werde ich sofort überprüfen«, erklärte er und griff zum Telefon. In schnellem Spanisch gab er Befehle durch.
»Wir werden zwei bis drei Stunden warten müssen, dann haben wir die Ergebnisse«, informierte er mich, um dann erneut zu telefonieren. Eine Ordonnanz betrat den Raum. Mit seinen weißen Handschuhen und der weißen Uniformjacke mit Goldknöpfen sah der Mann eher wie ein Kellner vom »Hilton Buenos Aires« aus. Das entsprach tatsächlich auch seinen Aufgaben. In der Hand balancierte er ein riesiges Tablett mit Kaffee, Sandwiches, Schokolade, kleinen Kuchenteilen und Obst. Er stellte das Tablett auf einen Steintisch, der den Mittelpunkt einer Sitzgruppe bildete.

»Bitte sehr, setzen wir uns dorthin«, bat mich liebenswürdig und mit weitausgebreiteten Armen der Präsident. »Vor einigen Monaten noch wäre es unmöglich gewesen, mich hier oben, pardon, meinen Vorgänger hier zu sprechen. Die Regel war: mit dem Aufzug in den Keller. Sie verstehen.« Er hob bedauernd die Schultern und lachte.

»Wir alle haben in Europa davon gehört. Eine schlimme Zeit. Um so mehr beglückwünsche ich Sie zu den neuen demokratischen Verhältnissen.«

Wir vertrieben uns die Zeit mit Small talk und den Leckereien. Hin und wieder klingelte das Telefon, oder Uniformierte betraten den Raum. Gegen Mittag aber kam Bewegung in das Zimmer. Nacheinander betraten einige Offiziere den Raum, jeweils mit Akten unter dem Arm. Der Präsident war zu seinem Schreibtisch zurückgekehrt. Er ließ sich einzelne Vorgänge erklären und legte die wichtigsten Blätter beiseite. Nachdem der letzte Offizier den Raum verlassen hatte, winkte er mich an den Schreibtisch.

»Señor, inzwischen habe ich die Unterlagen aller Grenzübergänge und Einreisepunkte in Argentinien über den fraglichen Zeitraum vorliegen.« Er blätterte in den Papieren auf dem Tisch. »Aufgrund dieses Materials kann ich Ihnen definitiv sagen, daß eine Person namens ›Peter Haack‹ nicht nach Argentinien eingereist ist. Vielleicht beruhigt es Sie, daß er somit zumindest kein argentinischer ›Desaparecido‹ ist. Sie verstehen?«

»O ja, das verschafft mir eine sehr interessante Erkenntnis. Ich bedanke mich für Ihre konstruktive Hilfe und für die liebenswürdige Gastfreundschaft sowie für die Geduld, die Sie mit mir hatten. Ich habe bei weitem nicht damit gerechnet, daß Sie mich und mein Anliegen so zuvorkommend behandeln und unterstützen.«

»De nada«, rutschte es ihm spontan auf spanisch heraus, was soviel wie »macht nichts« heißt.

Der Polizeipräsident verabschiedete sich von mir mit festem Händedruck.

Wie von Geisterhand herbeigeführt, stand der Ordonnanzoffizier in der Tür. Er führte mich den Gang zurück zum Fahrstuhl.

Gemeinsam fuhren wir hinunter. Am Ausgang salutierte er knapp und verabschiedete sich. Höflichkeit, das muß man ihnen lassen, pflegen die Südamerikaner in einer geradezu vollendeten Form. Wahre Caballeros.
Als ich auf der Straße stand, der Verkehr lärmend an mir vorüberzog, grub sich endgültig die bittere Erkenntnis in mir ein, daß Peter Haack ein Agent des MfS war. Freundschaft, aufrichtige Gefühle hatten ihm nichts bedeutet. Er hatte mit meinem Leben und mit meinen Gefühlen gespielt. Peter Haack war nicht in Argentinien gewesen. Und doch war er hier gestorben. Ein für allemal.

TARGET OF THE SWAPO

Es hätte dieses Beweises, daß die DDR nichts als eine stalinistische, mörderische Diktatur war, nicht bedurft. Eine Diktatur, die Menschen wie Markus Wolf hervorbrachte, der sich als kommunistischer Aristokrat, als Feingeist gerierte, als einer, der sich mit dem sozialistischen DDR-Plebs nicht gemein machte. Aber auch reimende Schmeichler des stalinistischen Systems, die sich als Moralprediger gegen den verdorbenen Westen etablierten, dessen Vorzüge sie jedoch alle in Anspruch nahmen, von Hermlin über Heym bis Kant.

Das MfS war inzwischen wieder zur Tagesordnung übergegangen. Die hieß »Bearbeitungskonzeption zum ZOV Skorpion« und war von der Hauptverwaltung VI Abteilung 1 / Abwehr, von Oberst Teschner erstellt worden.
Darin hieß es unter anderem:

> »Die Organisierung und Durchführung des staatsfeindlichen Menschenhandels ist eine, jedoch gegenwärtig nicht die einzige feindliche Tätigkeit des Welsch.
> Jüngsten Hinweisen zufolge soll er auch Kontakte zum

südafrikanischen Geheimdienst geknüpft haben. Eine Bestätigung dafür gibt es jedoch nicht.«

Tatsächlich gab es eine Verbindung nach Südafrika. Der Auftraggeber einer Fluchthilfeaktion, ein Geschäftsmann, der vielfältige Beziehungen zum afrikanischen Kontinent besaß, war von der Art und Weise, wie ich meine Operationen im östlichen Ausland durchführte, sehr angetan und suchte deshalb immer wieder den Kontakt zu mir.

Eines Tages erschien er mit einem großen Stapel Fotos und fragte mich, ob ich sie konkreten Städten, Orten und Ländern zuordnen könne. Ich würde mich in der DDR sowie dem Ostblock besser auskennen als er. Die Fotos zeigten Landschaften, Städte und Straßenszenen, oft waren Schwarze, Afrikaner, wie er konkretisierte, mit im Bild. Er erklärte mir, daß es sich bei diesen Leuten um Angehörige des ANC oder der SWAPO handele, die in geheimen Camps des Ministeriums für Staatssicherheit wahrscheinlich im Auftrag der HVA zu Terroristen ausgebildet würden.

Soweit es sich um Mitglieder der südafrikanischen KP unter ihrem Führer Joe Slovo handelte, wollten sie mit Unterstützung des KGB und der HVA das Gift des Bürgerkrieges in ihr Land tragen, um auf den Ruinen dieses Krieges einen weiteren kommunistischen Staat zu etablieren. Nach außen gaben sie ihren Terror als Kampf gegen die Apartheid aus. Weder war ich Anhänger der Apartheid, noch konnte ich die Unterdrückung von Menschen gutheißen. Doch die SWAPO konnte man nur als Terrororganisation bezeichnen, die rücksichtslos über Leichen ging, um ihre machtpolitischen Ziele zu erreichen.

Also machte ich mich an die Arbeit. Die Identifizierung terroristischer Ausbildungsstätten des MfS und seiner HVA war für mich eine moralisch gerechtfertigte Aufgabe, bei der ich Hilfestellung geben konnte und wollte. Die Frage war: Was wußte das MfS darüber? Zu diesem Zeitpunkt waren über vierzehn IMs in unterschiedlicher Weise auf mich angesetzt, darunter die IMs »Kopmann«, »Gomac«, »König«, »Hoppe«, »Krietsch«, »Stengel« und weite-

re, zunächst namenlose. Die IMs »Alfons«, »Maria«, »Wanja« und »Ragna« waren »abgeschaltet« worden. Die aktiven IMs wurden fast ausschließlich von der Hauptverwaltung VI, Abteilung 1, Oberst Teschner geführt, also von der Abwehr. Eine bezeichnende Neustrukturierung der »MfS-Kampfverbände« gegen mich. Sie bedeutete im Grunde nichts anderes, als daß sich das MfS in der Defensive befand und die Front begradigte.
Dafür spricht auch die hohe Anzahl von sechzehn Offizieren der ZKG, die jetzt unter Leitung des Obersten Dr. Gerd Held für die wirksame und offensive Bekämpfung der »Menschenhändlerbande« Welsch im Operationsgebiet zuständig waren. Das Mordkomplott des MfS gegen mich war aufgedeckt worden, Haack enttarnt. Nach wie vor schwebte ich in unmittelbarer Lebensgefahr. Das MfS würde so lange nicht aufgeben und ruhen, bis ich tot wäre.
Die Gesellschaft der Bundesrepublik, Politik und Medien waren leider noch immer von den Friedensaussichten der »Neuen Ostpolitik« beeindruckt, krochen noch immer nur zu gerne dem propagandistischen Friedensgesäusel der Kommunisten auf den Leim, so daß an eine Öffentlichkeit für meinen Fall überhaupt nicht zu denken war.
Kay Mierendorff hatten sie eine Briefbombe nach Bad Tölz geschickt. Ich kannte ihn, hatte seine Dienste in den siebziger Jahren einmal in Anspruch genommen, als alle eigenen Kapazitäten restlos ausgeschöpft waren. Er arbeitete mit verplombten Lkws. Eine Arztfamilie mit Kindern holte er in meinem Auftrag heraus. Er war ein kommerzieller Fluchthelfer, völlig durchsetzt mit IM-Metastasen. Die Medien hatten sensationell über den Anschlag berichtet, doch war der Aufschrei des Entsetzens, war eine Reaktion der Solidarität ausgeblieben.

So konnte der Krieg des MfS gegen mich ungestört weiterbetrieben werden. Die ZKG forschte unentwegt bei anderen Diensteinheiten, ob sich neue Ansatzpunkte für weitere Anschläge und Liquidierungsversuche ergaben.
Besonders die Abwehr unter Oberst Teschner arbeitete bereits an

einem neuen, ungleich gewalttätigeren Plan zu meiner Liquidierung. Meine angeblichen Verbindungen zu einem südafrikanischen Geheimdienst sollten als Hebel diesen. Unter Punkt III einer »Spezielle Kampfmaßnahmen« titulierten, geheimen Anleitung führte er aus, daß

> »... zu prüfen ist, der offiziellen Vertretung der SWAPO in der DDR Hinweise zu übergeben, die den WELSCH als politischen Provokateur und Waffenhändler im Dienst der südafrikanischen Rassisten abstempeln. Der SWAPO kann über ausbildungstechnische Maßnahmen in den Lagern, die sich auf dem Staatsgebiet der DDR befinden, ein entsprechender Auftrag erteilt werden. Die vorliegenden Hinweise über Kontakte des WELSCH nach Südafrika sind weiter zu präzisieren und auszunutzen. Angestrebt wird ein gedecktes paramilitärisches Vorgehen der SWAPO gegen die Person WELSCH.«

Dieser Vorgang, von der Abteilung 1 der Hauptverwaltung VI schriftlich fixiert und mit höchster Geheimhaltungsstufe versehen, dürfte in der DDR-Geschichte einmalig sein. Goliath engagiert fremde Terroristen, um David töten zu lassen.

Zu diesem Zweck wollte das MfS offenbar eine von der HVA ausgebildete Terroristengruppe in das Staatsgebiet der Bundesrepublik einschleusen. Bewaffnet mit leichten Maschinenwaffen und Handgranaten sollte mich dieses Kommando der SWAPO auf dem Boden der Bundesrepublik in einer paramilitärischen Aktion ausschalten, genauer gesagt, erschießen.

Natürlich hatten die Planer und Tüftler auch an Tarnung und Verschleierung gedacht. Niemand sollte hinterher sagen können, daß dies eine Operation des MfS war. Es würde keine Hinweise auf die Herkunft der Söldner und deren Auftraggeber geben. Sollte etwas schiefgehen, wäre das eine Aktion afrikanischer Freiheitskämpfer gewesen, die einen Freund und Informanten des rassistischen Regimes in Pretoria unschädlich gemacht und ein weiteres Fanal in ihrem Freiheitskampf gesetzt haben.

uptabteilung VI /MfS
bteilung 1

Berlin, 22. Mai 1980

-246

Bearbeitungskonzeption

zum ZOV "Skorpion"
Reg.-Nr.: XV/3359/74

GEHEIM!

/ 000

Teil II

Maßnahmen zur Aufklärung der Pläne und Absichten der Menschenhändlerbande und zur Verhinderung ihrer feindlichen Aktivitäten

1. Einsatz von IM

1.1. IM "Alfons" - HA VI/OPD

Der IM wird entsprechend persönlich getroffener Festlegungen während des letzten gemeinsamen Urlaubsaufenthaltes mit der Familie WELSCH in Griechenland und auf der Grundlage der postalischen Einladung von England aus eine Reise in die BRD durchführen und das Ehepaar WELSCH ein bis drei Tage besuchen.

Die wesentlichsten zu lösenden Aufgaben sind:

- Aufklärung der Wohnung, einschließlich der Einrichtung sowie der Aufbewahrung (Taschen, Behältnisse) von operativ-interessierenden Unterlagen;
- Vervollkommnung der Erkenntnisse über Deckadressen sowie mißbrauchte Firmen und Scheinfirmen des WELSCH;
- Aufklärung der Beziehungen des Ehepaares WELSCH zur Schwiegermutter (Glauss) und deren Stellung innerhalb der feindlich-kriminellen Handlungen;
- Erarbeitung gesicherter Erkenntnisse über den bevorstehenden Urlaub des Ehepaares WELSCH, vor allem unter dem Gesichtspunkt eines erneuten Zusammentreffens des IM mit der Familie WELSCH in Griechenland.

Die Ergebnisse des Einsatzes des IM "Alfons" bilden die Voraussetzung für die Einleitung von Kampfmaßnahmen gegen die Familie WELSCH in den Sommermonaten dieses Jahres.

Termin: Juni 1980

1.2. IM "Maria" - HA VI/1

In Durchsetzung einer operativen Kombination hat der IM den persönlichen (postalischen und telefonischen) Kontakt zu WELSCH herstellen können. Auf der Grundlage eines Werbe-Inserates des WELSCH in einer BRD-Zeitschrift wurde der IM dem Bandenchef scheinbar zur Ausschleusung angeboten. WELSCH hat darauf positiv reagiert und in dem Zusammenhang bereits zwei seiner Deckadressen preisgegeben.

Teil III

Spezielle Kampfmaßnahmen

1. Im Mittelpunkt der Kampfmaßnahmen bis Ende des Jahres stehen die materielle Schädigung des Ehepaares WELSCH und die Herbeischaffung von Unterlagen, die Aufschluß über die staatsfeindliche Tätigkeit des WELSCH und seiner Bande geben.

   Zur Realisierung dieser Aufgabe sind folgende Maßnahmen vorgesehen:

   - Nach weitestgehender Aufklärung der Wohnung und des Wohnobjektes des WELSCH in Weinheim (Einsatz IM "Alfons") und nach konkreter Ermittlung des Zeitpunktes und des Zieles der Urlaubsreise der Familie WELSCH im Sommer dieses Jahres werden Vorschläge erarbeitet über

     das Eindringen in die Wohnung des WELSCH bei dessen Abwesenheit zur Beschaffung der erwähnten Unterlagen;

     oder über Maßnahmen der materiellen Schädigung der Familie WELSCH (Grundstück, Wohnung, PKW).

   - Es werden Maßnahmen zur Schädigung des Ehepaares WELSCH während ihres Urlaubsaufenthaltes in Griechenland geprüft und vorgeschlagen. Unter Beachtung aller operativen Aspekte (unter anderem Ausschaltung von Gefährdungsmomenten für IM) ist gründlich zu prüfen und zu entscheiden, inwieweit beide oder nur eine von den angeführten Maßnahmen durchgeführt werden.

   <u>Termin:</u>

2. Unmittelbar vor oder nach der Übersiedlung des Vaters des WELSCH, vermutlich im zweiten Halbjahr 1980, sind dem gegnerischen Abwehrorgan bzw. Geheimdienst Informationen zuzuspielen, wonach mit der Übersiedlung der Gegner damit verbundene Maßnahmen des MfS erkennen sollte.

   Es ist zu prüfen, inwieweit der Vater des WELSCH vor dessen Übersiedlung in geeigneter Form mit dem MfS konfrontiert wird. Das Ziel dieser Maßnahme besteht darin, Unsicherheit zwischen WELSCH und dessen Vater zu erzeugen und gegnerische Organe zu veranlassen, Maßnahmen zur Überwachung der Personen WELSCH einzuleiten. Nachfolgende verhinderte bzw. zerschlagene Schleusungsaktionen der Bande WELSCH können unter Umständen und unter Beachtung der jeweiligen konkreten operativen Situation zur Untermauerung der Verdachtsmomente genutzt werden.

   <u>Termin:</u> entsprechend dem Zeitpunkt der Übersiedlung

Hinweise über eine aktive Beteiligung des WELSCH innerhalb der Feindorganisationen

"GfM" und "VOS"

gibt es derzeitig nicht, was jedoch keinesfalls bedeuten muß, daß sich WELSCH völlig von der Tätigkeit dieser Organisationen zurückgezogen hat.

Es ist zu erwarten, daß WELSCH wiederum im Zeitraum von Juni bis August 1980 mehrere Wochen seinen Urlaub in Griechenland (Mikro-Platania) mit seiner Familie verleben wird.

Hauptangriffsziele, Personen, Personengruppen und Objekte

1. Alle politisch-operativen Maßnahmen sind schwerpunktmäßig auf die Bekämpfung des Menschenhändlers WELSCH und dessen Ehefrau zu konzentrieren.

   Folgende Aufgaben und Zielstellungen stehen im Mittelpunkt der Maßnahmen:

   - Durchführung von Kampfmaßnahmen gegen das Ehepaar WELSCH, wobei Möglichkeiten zur finanziellen und materiellen Schädigung zu prüfen und durchzuführen sind;

   - Fortsetzung der Aufklärungsmaßnahmen, vor allem innerhalb der Wohnung der Familie WELSCH, verbunden mit der Erarbeitung gesicherter Erkenntnisse über das Führen und über die Aufbewahrung von Unterlagen, die Aufschluß über die feindlich-kriminellen Handlungen des WELSCH geben..

     Das perspektivische Ziel besteht darin, Einblick in derartige Unterlagen zu bekommen oder diese zu beschaffen;

   - rechtzeitige Aufklärung und Verhinderung von geplanten bzw. organisierten Schleusungsaktionen auf der Grundlage operativer Kombinationen und Legenden unter Einbeziehung von IM;

   - weitere Verdichtung der Hinweise, vor allem Erarbeitung von überprüften Informationen zu den kriminellen Praktiken der Familie WELSCH (Waffenhandel, Schmuggel) mit der Zielstellung, auf dieser Grundlage die gegnerischen Polizei- und Staatsorgane zu veranlassen, gegen das Ehepaar WELSCH vorzugehen.

2. Die derzeitig engsten Komplicen des WELSCH

   Weber, Alois und
   Ortmeyer, Dietmar

3. Es ist zu prüfen, inwieweit der offiziellen Vertretung der SWAPO in der DDR Hinweise übergeben werden, die den WELSCH als politischen Provokateur und Waffenhändler im Dienste der südafrikanischen Rassisten abstempeln.

   Die vorliegenden Hinweise über angebliche Kontakte des WELSCH nach Südafrika sind unter anderem zu diesem Zweck weiter zu präzisieren und auszunutzen. Angestrebt wird ein gedecktes Vorgehen der SWAPO gegen die Person WELSCH.

   <u>Termin:</u>

Einem Kugelhagel, so das Kalkül der Stasi, würde der KMH Welsch nicht entgehen können. Kein Fehlschuß wie in London, keine zu geringe Sprengladung wie auf der westdeutschen Autobahn, kein Antidotum Thallii sollte nach dem Willen der MfS-Planer diesmal ihre mörderische Absicht durchkreuzen.

Während das MfS einen neuen Terroranschlag gegen mich plante, vollzog sich schleichend das wirtschaftliche Ableben der DDR, dem das politische wenig später folgen sollte. Ob die finanziellen Mittel zur Durchführung des Anschlages nicht mehr ausreichten, ob sich die SWAPO als Auftragskiller nicht mißbrauchen lassen wollte, niemand weiß es, kein Aktenvermerk gibt Auskunft darüber, warum der große, finale Schlag gegen mich ausblieb. An Mielke kann es nicht gelegen haben. Er hielt bis zum Schluß an seiner These fest, daß Staatsfeinde der DDR liquidiert werden müßten. Erst ganz am Ende, als schon nichts mehr zu retten war, fiel ihm ein, daß er plötzlich alle nur noch liebte.

DIES IRAE – DIE DIKTATUR STÜRZT

Mitte der achtziger Jahre machte ich mir Gedanken über neue Fluchtwege. Sie sollten nicht auf den Überwachungslinien der Stasi stehen, unbekannt und originell sein. Meine häufigen Griechenland-Aufenthalte meine Fahrten über See, brachten mich auf den Gedanken, von Griechenland aus mit einer schnellen Jacht durch den Bosporus in das Schwarze Meer zu fahren, am bulgarischen Sonnenstrand, einem beliebten Urlaubsziel von DDR-Bürgern, zwanzig und mehr Flüchtlinge an Bord zu nehmen und in voller Fahrt zurück nach Griechenland, in den Hafen von Saloniki zu fahren.

Wenig später bot sich die Gelegenheit, eine ausreichend schnelle Jacht sehr günstig zu kaufen. Mit zweimal 175 PS Mercruisermotoren, zwei Steuerständen, ihrem schlanken, hochgekielten Gleiterrumpf war sie ein für diese Zwecke brauchbares Schnellboot. Ich taufte sie »Love Love« und ließ sie in eine Hamburger Werft verholen. Nach gründlicher Überprüfung der Motoren stellte sich jedoch heraus, daß die Propeller der Maschinen nicht gegenläufig drehten, eine unbedingte Voraussetzung für die Stabilität bei voller Fahrt. Das erklärte die permanente Schlagseite, die mir bei meinen Probefahrten auf der Unterelbe schon aufgefallen war. Neue Maschinen mußten beschafft werden. Über diesem und neuem Ärger verlor ich das Interesse an dem Boot und verkaufte es wieder.

Die zweite Möglichkeit eröffnete sich mir eher zufällig. Bei einem kurzen USA-Aufenthalt hatte ich zum ersten Mal Ultraleichtflugzeuge fliegen sehen. Ihre Manövriereigenschaften, die kurzen Start- und Landewege, die große Reichweite, der Preis und die einfache Bedienung der Kleinflugzeuge beeindruckten mich. Könnte man damit nicht unter dem Radar direkt in die DDR oder die Tschechoslowakei einfliegen, auf einer Landstraße landen, die Flüchtlinge aufnehmen und ebenso unbemerkt zurückfliegen? Der Gedanke ließ mich nicht mehr los. Nach Hause zurückgekehrt, machte ich mich sofort schlau.

Tatsächlich, auch hier flogen Leichtflugzeuge. Es gab sogar einen Dachverband, in dem die deutschen Ultraleichtflieger organisiert waren, den DULV. Eine Ausbildungsstätte befand sich auf dem Flugplatz Kassel-Calden. Ich fuhr sofort nach Kassel und meldete mich bei Jo Konrad zum Unterricht an.

Nachdem ich die theoretische Prüfung bestanden hatte, ging es mit dem Fliegen los.

Auf einsitzigen »Rangern« wurden zunächst Rollübungen auf einer abseits gelegenen Piste des Kasseler Flughafens abgehalten, Funktionsweisen und Technik erklärt. Und eines Tages, ich führte gerade wieder eine Rollübung durch, muß ich wohl etwas zuviel Gas gegeben haben. Plötzlich war ich in der Luft und flog.

Für diesen Fall war uns eingebleut worden: Vollgas geben und Höhe gewinnen, Ruhe bewahren, eine Platzrunde drehen, ein-

kurven und wieder landen, mit leicht gezogenem Steuerbügel und »hängendem« Gas.
Nach dem ersten Schreck ergriff mich ein unbeschreibliches Gefühl. Ich war allein in der Luft. Das Flugzeug gehorchte jedem meiner Befehle. Der Wind rauschte in den Tragflächen, die Spanndrähte vibrierten. Felder und Häuser unter mir wurden immer kleiner. Schnell zeigte der Höhenmesser 30, 50, 100 Meter an. Der Motor röhrte mit vollem Schub. Ich nahm etwas Gas zurück und schwenkte in die vorschriftsmäßige Platzrunde ein. Leicht bewegte ich den Steuerbügel. Queranflug. Noch einmal. Endanflug. Jetzt Gas weg, Steuerbügel neutral, leicht gezogen, die Graspiste kam schnell näher, war unmittelbar vor mir, Steuerbügel nach vorn gedrückt, und die Maschine landete weich auf der Piste. Am Haltepunkt wendete ich und rollte zum Ausbilder zurück.
»Kein Problem«, schrie ich, das Flatschen der Propeller übertönend. Er war etwas blaß, schien aber zufrieden und schrie zurück: »Keine Startfreigabe, aber schöner Flug und ebenso schöne Landung.« Von diesem Tag an absolvierte ich regelmäßige Übungsflüge, teilweise bis in die ADIZ, die 50-Kilometer-Flugverbotszone vor der DDR-Grenze. Insgeheim probte ich dabei extremen Tiefflug, rauschte nur wenige Meter über Ackerflächen und Wald. Die Maschine war dafür hervorragend geeignet. Ich folgte Waldwegen unterhalb der Baumwipfel, dicht über dem Boden. Das war zwar verboten, doch wo hätte ich sonst für meine Absichten trainieren können? Später kaufte ich zwei ICOM-Flugfunkgeräte. Das mitgeführte Gerät wurde an ein Kehlkopfmikrophon angeschlossen. So konnte man jederzeit Bodenkontakt halten, Position und Situation durchgeben. Ich wollte mir eine verbesserte Version des gutmütigen »Ranger« kaufen und damit die wohl ersten UL-Einsätze bei der Fluchthilfe fliegen.

Im Frühjahr 1989 lag die DDR bereits im politischen Koma. Kein Wiederbelebungsversuch hätte sie noch retten können.
1988 hatte die DDR über zweieinhalb Millionen Kurzreisen in

den Westen gestattet, um den Druck aus dem Kessel zu nehmen, den auch Fluchthilfeaktionen mit aufgebaut hatten. Und allein in der ersten Jahreshälfte 1989 erteilte das MfS über 50.000 Menschen die Genehmigung zur Ausreise. Darunter auch meinem Bruder und seiner Familie. Seinen Glauben an die Unfehlbarkeit des Staates hat er allerdings mitgenommen. Über die Rechtsanwälte Bossi (West) und Vogel (Ost) hatte ich diese Ausreise nach einer außergewöhnlich kurzen Wartezeit von nur 2 Jahren und mit dem Einsatz von 10.000,– DM bewerkstelligt.

Die Ereignisse entwickelten eine Eigendynamik, die auch jegliche diplomatische Rücksichtnahme hinwegfegte. Jetzt war es für die Bundesregierung nicht nur klüger, sich an die Spitze der Bewegung zu stellen, jetzt war es notwendig. Sie mußte handeln. Plötzlich waren die guten nachbarlichen Beziehungen zu einem Ostblockland nicht mehr so wichtig wie noch 1976 in Bulgarien. Bei der Generalversammlung der Vereinten Nationen in New York versuchte der deutsche Außenminister, Genscher, über den sowjetischen Außenminister, Schewardnadse, Einfluß auf Honecker zu nehmen. Das gelang nach zähen Verhandlungen.

5.000 Menschen, die sich zu diesem Zeitpunkt in der Prager Botschaft befanden, wurde die Ausreise in die Bundesrepublik gestattet. Niemand wurde mehr rausgeworfen. Einzige Bedingung Honeckers: Die Reiseroute mußte durch die DDR verlaufen. Die Illusion sollte aufrechterhalten werden, daß es sich bei den Vorgängen um eine souveräne Entscheidung der DDR handelte. Am 30. September reiste Außenminister Genscher nach Prag, um den versammelten Flüchtlingen die Nachricht selbst zu überbringen. Die Menschen fielen in einen Freudentaumel.Es war der Augenblick, in dem der außenpolitische Vollstrecker der Brandt'schen »Neuen Ostpolitik« und Gegner der Fluchthilfe, Genscher, selbst zum Fluchthelfer für Tausende wurde. Derart bewegende Momente hatte ich seit Jahren im kleinen. Jetzt war meine Fluchthilfe nicht mehr notwendig.

Die Führung trieb steuerlos dahin. Jeder war auf sich allein gestellt. Honecker war ein Fall für die Geschichte, Mielke für die Gerichte. Währenddessen flüchteten immer mehr Menschen. Der glühende Verteidiger des Massakers auf dem »Platz des Himmlischen Friedens« in Peking, Krenz, fällte am 9. November, gezwungen durch den Druck der Ereignisse, die Entscheidung, die Grenzen für den Reiseverkehr zu öffnen.

Kurz vor neunzehn Uhr am Abend desselben Tages verkündete der Bezirksfürst der SED für Ostberlin, Schabowski, auf einer Pressekonferenz eher beiläufig, daß von nun an alle Grenzübergänge für den Ein- und Ausreiseverkehr geöffnet seien. Innerhalb weniger Stunden eilten Tausende Ostberliner zu den Übergängen. Die Grenzsoldaten waren nicht mehr Herr des Ansturmes, sahen sich außerstande, auch nur die Ausweispapiere zu prüfen. Die Mauer, Symbol Honeckers und der Diktatur, wurde an diesem Abend niedergerissen.

Als dann Bundeskanzler Kohl bei seinem Besuch in Dresden von einer begeisterten Menge, die in einem wahren Rausch »Helmut! Helmut!« schrie, als Held empfangen wurde, fühlte er den historischen Umschwung, den »Mantel der Geschichte«, und ergriff ihn. »Mein Ziel ist die Einheit unserer Nation.« Das hatte er Honecker bei dessen Staatsbesuch 1987 nicht gesagt, obwohl ihm der Zustand der wirtschaftlichen Leiche DDR bestens bekannt war. Jetzt, wo es ihn nichts mehr kostete, war diese Forderung wohlfeil und brachte ihm frenetischen Beifall ein, den Beifall auch jener, die geschwiegen und weggesehen hatten.

Am 15. Januar 1990 war es mit der lähmenden Angst vor den Tschekisten vorbei. Eine große Menschenmenge stürmte die Zentrale des Terrors in der Rusche- und Normannenstraße, besetzte viele Räume des Komplexes, verstreute Akten und warf Fensterscheiben ein. Westliche Dienste waren vor Ort und kauften den letzten Hütern der Macht die Akten ab. Die Leiche DDR wurde gefleddert. Nur Wolfs HVA schien cleverer zu sein und verbrachte die auf Mikrofilm gespeicherten zentralen Daten der Auslandsspionage zum KGB nach Karlshorst. Doch sollte dieser

Sieg nur von kurzer Dauer sein. In Moskau gelang es der CIA, die Bänder, »Hirn und Herz« der HVA, zu kaufen. Als »Rosenholtz«-Dateien kamen sie dreizehn Jahre später zurück.
Nun kam auch Wolf Biermann nach Ostberlin und besichtigte die Trümmer der Diktatur auf einer sentimentalen Zeitreise. Ob er sich wohl noch an das Interview erinnerte, das er im Januar 1977, ein Jahr nach seiner Ausbürgerung, der linken Zeitschrift »Konkret« gegeben hatte? Wohl kaum, wenn ich seine Äußerungen, die er via Fernsehen verbreitete, über die Verbrechen des Sozialismus hörte. Die Frage, ob man Solidarität mit Honecker leisten sollte, beantwortete er so: »Ja, in dem Sinne, daß man sich mit der DDR und also auch mit ihren Repräsentanten solidarisieren muß gegenüber der bürgerlichen Reaktion, gegenüber Westdeutschland als einem kapitalistischen Staat, der feindlich ist gegen die DDR. Und nein, weil Honecker im innersozialistischen Konflikt auf seiten der Reaktion steht und die Entwicklung der sozialistischen Demokratie mit brutalen Mitteln verhindert ...«
Aus den ersten freien Wahlen in Ostdeutschland ging die Ost-CDU als Sieger hervor, eine der Blockparteien der »Nationalen Front des demokratischen Deutschland«, die ebenso wie die anderen Alibiparteien der DDR alle Beschlüsse und Maßnahmen der Unterdrückung jahrzehntelang mitgetragen hatten. Sie machte Lothar de Maiziére zum Ministerpräsidenten und erteilte ihm das Mandat, über die Wiedervereinigung zu verhandeln.
Damit war diese schon so gut wie besiegelt.
Aber noch war die geistige und juristische Aufarbeitung der DDR-Verbrechen nicht ernsthaft in die Wege geleitet worden.

Im Frühsommer des Jahres 1990 fuhr ich nach Ostberlin, zur Generalstaatsanwaltschaft der DDR in Berlin-Mitte, Littenstraße, und erstattete Strafanzeige gegen Erich Mielke wegen versuchten Mordes. Eine Staatsanwältin nahm konsterniert meine Anzeige auf.
»Haben Sie denn Beweise für diese Behauptung?« fragte sie mich ungläubig, nachdem ich ihr in groben Zügen den Sachverhalt geschildert hatte. Ich öffnete meinen Aktenkoffer und holte die Un-

terlagen heraus, die ich seit dem Mordanschlag auf mich in Israel akribisch gesammelt hatte. Allesamt nur Kopien, denn immerhin befand ich mich auf dem Staatsgebiet einer noch existierenden DDR.

»Hier habe ich die Beweise gesammelt, die ich der Staatsanwaltschaft zur Verfügung stellen werde, sobald diese ein Ermittlungsverfahren eingeleitet hat.«

Die Staatsanwältin schrieb etwas auf einen Zettel, den sie in einen ansonsten leeren Aktenordner heftete. »Sie werden von uns Nachricht erhalten.«

»Ja, ist das alles?« fragte ich erstaunt. »Bin ich deswegen 800 Kilometer nach Berlin geflogen, um meine Vorsprache vermerkt zu bekommen? Das kann doch nicht Ihr Ernst sein.« Sie nestelte nervös an ihrer Halskette.

»Ich kann Ihnen versichern«, erklärte sie dann bemüht, »daß wir die entsprechenden Schritte einleiten.«

»Gut, ich bitte darum, daß Sie mir Nachricht über den Fortgang des Verfahrens zukommen lassen.« Sie versprach es.

Schnell fuhr ich zum Flughafen zurück. Ostberlin deprimierte mich.

Als ich Wochen später noch immer keine Nachricht über den Eingang meiner Strafanzeige erhalten hatte, flog ich am 28. August wieder nach Berlin. Dort suchte ich einen Rechtsanwalt am Theodor-Heuss-Platz auf und beauftragte ihn offiziell, Strafanzeige, diesmal auch gegen Peter Haack, zu erstatten, und zwar bei der Westberliner Staatsanwaltschaft beim Kammergericht. Weiterhin beauftragte ich ihn, zu prüfen, ob eine Klage gegen die PDS als Rechtsnachfolgerin der SED Aussicht auf Erfolg haben könne. Ich verwies im übrigen auf die Klageschrift meines damaligen Rechtsanwalts Schöttler vom 13. Juni 1975, in der eine Haftentschädigung für zu Unrecht erlittene Haft in Höhe von knapp einer halben Million DM gefordert wurde.

Von Berlin flog ich nach Köln, zu einem Termin des Bundesverwaltungsgerichts. Wieder einmal ging es um die Klage des Auswärtigen Amtes auf Rückzahlung der 1976 für den Freikauf meiner Frau aufgewendeten 50.000,– DM. Noch im Flugzeug las ich die Akten. Interessant fand ich Grundsatzurteile des BGH und anderer Gerichte, die befunden hatten, daß Fluchthilfe in der besonderen Situation des geteilten Deutschland grundsätzlich Hilfe für die Verwirklichung eines Menschenrechts darstellte, sofern sie nicht kommerziellen Zwecken diente. Fluchthilfe verwirklicht ein Menschenrecht. Eine klare Aussage, an der es für mich niemals einen Zweifel gegeben hatte.

In der Verhandlung, an der als Vertreter des Auswärtigen Amtes ein Legationsrat teilnahm, erklärte dieser namens seiner Behörde, er nehme den Leistungsbescheid an den Kläger zurück. Wir waren von einer Rückzahlung freigestellt. Nach vierzehn Jahren mußte das Auswärtige Amt die Segel streichen.

Nach Weinheim zurückgekehrt, bestätigte ich dem Rechtsanwalt schriftlich das Mandat, präzisierte gleichzeitig die Strafanzeige gegen Haack wegen versuchten Mordes gemäß §§ 211,22 StGB und sandte die Bestätigung am 30. August an ihn ab.

Wieder geschah nichts. Weder erhielt ich eine Bestätigung noch eine Mitteilung über die Eröffnung eines Ermittlungsverfahrens. Ob der Anwalt die Anzeige weitergeleitet hatte oder ob die Westberliner Staatsanwaltschaft nicht ermitteln wollte, ich wußte es nicht.

Jetzt reichte es mir langsam. Die Sache mußte an die Öffentlichkeit. In dieser, neuerdings »Wende« genannten, Umbruchzeit, sollte so etwas dem »Spiegel« doch einen scharfen Artikel wert sein, der die Verantwortlichen zum Handeln zwingen würde.

Axel Jeschke war der Leiter des »Spiegel«-Büros im Berliner »Constanze-Haus«. Ich fuhr direkt und ohne Voranmeldung zu ihm. Er hatte Zeit und empfing mich zu einem längeren Gespräch, in dessen Verlauf ich ihm von meinem Vorwurf gegen das MfS und seinen Agenten Peter Haack berichtete und auch von der Untätigkeit der Justiz in Ost und West. Interessiert hörte er mir zu. Zu den einzelnen Vorgängen zeigte ich ihm die jeweiligen Beweisstücke.

»Dieser Verdacht, von dem Sie sprechen, ist ohne jede Substanz.

Der ›Spiegel‹ hat die bisher besten Informationen über das MfS. Allein deshalb kann ich Ihnen sagen, daß das MfS keine Mordbefehle gegeben hat. Das gab es einfach nicht. Und ich weiß, wovon ich spreche. Es tut mir wirklich leid, daß ich Ihnen nicht weiterhelfen kann.«
Ich saß auf meinem Stuhl wie ein begossener Pudel. Diese Belehrung hatte ich nicht erwartet. Viel eher hatte ich geglaubt, auf investigative Neugier zu stoßen, auf einen Journalisten, der angesichts des vorhandenen Materials, das Jeschke hier kühl als »substanzlos« bezeichnete, zumindest öffentlich die Frage nach der Möglichkeit eines Mordanschlages stellen würde. Doch hier weiter zu insistieren war zwecklos. »Substantieller« erschien Jeschke wohl das Gespräch mit dem letzten Chef der HVA und stellvertretenden MfS-Minister Werner Großmann zu sein. Mit ihm sprach er kurz darauf im Berliner »Grand Hotel«. Dessen taktisches Weißwaschen honorierte der »Spiegel« dann mit 10.000,– DM. Honni soit qui mal y pense.
Ich wandte mich also an den Bundesnachrichtendienst in Pullach. Immerhin waren die Leute so fit, daß sie sogleich nach Mannheim kamen und im »Steigenberger« eine Tagessuite anmieteten. Dann holten sie mich aus Weinheim ab und fuhren mit mir dorthin. Während der eine sich mit der Technik der Aufnahmegeräte beschäftigte, unterhielt ich mich mit dem anderen, einem gewissen Herrn »Baumann«. Wieder berichtete ich über die Vorgänge in Israel, meine Hypothese eines Auftragsmordes durch das MfS, zeigte meine fotokopierten Unterlagen und berichtete von meinen vergeblichen Versuchen, die Justiz zu einem Ermittlungsverfahren zu bewegen. Herr »Baumann«, ein liebenswürdiger Mensch und ganz untypischer Beamter, zeigte sich aufgeschlossen, kenntnisreich und geneigt, meinem Verdacht Glauben zu schenken. Doch wie es später aussah, war auch das nur ein schön verplauderter Nachmittag. Vom BND hörte ich hinfort kein Sterbenswörtchen mehr. Sicher zog er aus meinen Informationen eigene Schlüsse. »Abschöpfen« heißt das wohl in Geheimdienstkreisen.
Am 16. Oktober war ich in der Angelegenheit »Versuchter Mord

durch das MfS« nach Köln gereist, nachdem ich vom dortigen Bundesamt für Verfassungsschutz einen Gesprächstermin erhalten hatte. Als Gesprächspartner stellte sich ein gewisser »P. Schlag« vor, dem ich während einer stundenlangen Sitzung die Ereignisse des Sommers 1981 in Israel schilderte. Zusätzlich ließ ich ihn Einblick in meine gesamten Unterlagen über den Fall nehmen. Herr Schlag erklärte für das Bundesamt, daß es die zur Verfügung gestellten Kopien meiner Unterlagen an die Strafverfolgungsbehörden weiterleiten werde. Danach war Sendepause.

Die Währungsunion vom 1. Juli hatte zunächst einmal zur Folge, daß große Teile der maroden DDR-Industrie, für die schlagartig die gleichen wirtschaftlichen Bedingungen galten wie für westliche Unternehmen, in den Bankrott gingen. Dann stimmte die Sowjetunion der Wiedervereinigung zu, und am 3. Oktober war es endlich soweit. Ich stand unter den Massen am Brandenburger Tor, als ein Feuerwerk vom Ende des Verbrecherstaates DDR kündete.
Ich war zugleich Opfer und Sieger. An diesem Tag genoß ich den Triumph, am Brandenburger Tor, dem Symbol deutscher Geschichte, die frühere Demarkationslinie zu überschreiten. Ein großer Tag und eine große Freude, daß Opfer und Widerstand nicht umsonst waren. Und auch ein Tag traurigen Gedenkens. Viele haben diesen Tag nicht mehr erleben können.
Mit der Bewältigung der DDR-Verbrechen gab es jedoch weiterhin große Schwierigkeiten. Die Crux bestand darin, daß SED und MfS nicht als kriminelle Organisationen eingestuft worden waren und damit vom Rückwirkungsverbot profitierten. Dabei gab es das Vorbild der Alliierten. Die Einstufung der NSDAP als verbrecherische Organisation schuf die Grundlage für die Nürnberger Prozesse. Das unterblieb sträflicherweise bei der Wiedervereinigung. Auch die Enteignungen waren rechtswidrig und werden es bis zur Rücknahme bleiben. Selbst wenn das Parlament der Noch-DDR dies mit Mehrheit festschrieb, nach dem bekannten Motto: Millionen Fliegen können nicht irren.
Im November teilte mir der Berliner Anwalt in einem Satz lapidar

mit, daß er meine Strafanzeige an den Generalbundesanwalt nach Karlsruhe weitergeleitet habe.
Weitere Nachricht erhielt ich nicht mehr von ihm. Am 17. Dezember forderte ich ihn per Einschreiben mit Rückschein auf, mir wegen der verschiedenen Mandate endlich Nachricht zu geben. Der Rückschein kam unterschrieben mit »Grashold« zurück. Der Anwalt antwortete nicht.
Am 20. Dezember schickte ich per Fax eine Strafanzeige mit Strafantrag an die Staatsanwaltschaft beim Kammergericht Berlin und forderte sie auf, die Ermittlungen endlich voranzutreiben.
Daraufhin antwortete mir die Bundesanwaltschaft, daß sie entsprechende Nachforschungen anstellen werde. Das war die erste und zugleich letzte Nachricht dieser Behörde.
Der Vorgang wurde immer merkwürdiger. Die Justiz des Rechtsstaates Bundesrepublik weigerte sich, eine Strafanzeige wegen versuchten Mordes zu bearbeiten, sie weigerte sich damit zugleich, DDR-Unrecht zu verfolgen. Keine wie immer geartete Begründung konnte diese Ungeheuerlichkeit rechtfertigen. Immerhin ist auch versuchter Mord ein Verbrechen nach § 211 des Strafgesetzbuches und muß von Amts wegen verfolgt werden. Die Unterlassung einer solchen Diensthandlung kam einer Rechtsbeugung gleich und ist strafbar (§§ 335, 336 StGB). Ein gravierender Rechtsverstoß angesichts der Verbrechen des SED-Staates. Ist jeder Maßstab für den Unterschied von richtig und falsch abhanden gekommen? Offenbar stärkt nicht einmal mehr die Kenntnis von Recht und Gesetz die Entscheidungsfähigkeit, ob Schwarz schwarz ist und Weiß weiß. Keiner der Nicht-Handelnden wurde später zur Verantwortung gezogen oder entschuldigte sich. Ich erinnerte mich an eine Begebenheit acht Jahre zuvor. 1982 lernte ich in Athen einen Amerikaner kennen, dessen Aufenthalt wohl im Zusammenhang mit einem Besuch des damaligen zypriotischen Präsidenten Kyprianu in Athen stand. Wir hatten Monate vorher im gleichen Hotel reserviert, dem »Grand Bretagne« im Zentrum der Stadt. Ausgerechnet auf der Toilette sprach mich der Amerikaner an. Er gab vor, mich zu kennen und

nannte tatsächlich meinen Namen. Schnell wurde deutlich, in welchem Zusammenhang. Er wußte nicht nur, was Fluchthilfe war, sondern daß ich sie betrieb. »Einige Leute in Amerika kennen Sie gut und wissen, daß Sie einen gefährlichen Job exzellent ausführen. Besser könnten wir das auch nicht machen.«
»Woher kennen Sie mich?«
»Langley kennt viele Dinge unter der Sonne.«
Ich stutzte. In Langley, Virginia, befindet sich das Hauptquartier der CIA. Ich begriff. Wegen Kyprianu wurde das Hotel überprüft. Mein Name stand auf der Reservierungsliste.
»Wenn Sie einmal Probleme haben, hier ist meine Karte.« »Advertising manager« stand unter seinem Namen. Sollte ich ihn um Hilfe bitten?
Am 15. Mai 1991 erschien ich vor der Staatsschutzabteilung der Polizei in Karlsruhe und ließ aufs neue meine Aussage zur Ergänzung der Strafanzeige bei der Staatsanwaltschaft des Berliner Kammergerichts protokollieren. Auch darauf erfolgte keinerlei Reaktion. So flog ich am 12. August nach Westberlin, zur Staatsanwaltschaft beim Kammergericht in der Luisenstraße, um mich persönlich nach dem Verbleib meiner Strafanzeige zu erkundigen. In der Geschäftsstelle der neugegründeten AG »Regierungskriminalität« konnte ich mit Oberstaatsanwalt Wulff sprechen, der nach längerem Nachforschen einen ansonsten leeren Aktenordner mit dem Aktenzeichen 2 Js 256/90 und einer Notiz über meine Strafanzeige vom 30. August des vergangenen Jahres fand. Auf meine Frage, warum die Staatsanwaltschaft nach einem Jahr noch immer nicht die Ermittlungen aufgenommen habe, konnte oder wollte er mir keine Antwort geben. Er kenne diesen Vorgang nicht und müsse sich »erst kundig machen«. Ich stellte eine Strafanzeige wegen Strafvereitelung im Amt in Aussicht und protestierte gegen die Verschleppung durch die Staatsanwaltschaft. Er nahm das zur Kenntnis. Folgen hatte auch dieser Besuch in Berlin keine. Das Recht – auch ein Meister aus Deutschland?
Dafür bekam ich andere Realitäten auf meine Bemühungen um eine Strafverfolgung der Stasitäter zu spüren. Seit Wochen erhielt

ich anonyme Morddrohungen am Telefon. Zunächst nahm ich sie nicht ernst, konnte sie auch nicht sofort zuordnen. Bis zum Jahresende erreichte mich eine Vielzahl derartiger Anrufe. Der Inhalt variierte, aber eines war allen gemeinsam: Meine »letzte Stunde sollte bald geschlagen haben«, oder »wir haben dich nicht vergessen, du wirst sterben«. Erst ein nächtlicher Anruf kurz vor Weihnachten brachte mir Klarheit über Anrufer und Motive: »Wenn du deine verleumderischen Beschuldigungen nicht einstellst, werden wir das vollenden, was uns bisher nicht gelungen ist. Und diesmal erwischen wir dich!«

Die Stasi ließ schön grüßen. Doch eigentlich gab es sie längst nicht mehr. Wer waren die Anrufer? Was bezweckten sie? Sollte ich meine Anzeigen zurücknehmen? Das war doch ganz überflüssig. Sie wurden sowieso nicht bearbeitet. Längst hatte ich eine Strafanzeige an die Staatsanwaltschaft nach Berlin abgeschickt. Inhalt: Strafvereitelung im Amt. Keine Reaktion.

Dieses Land, für dessen Werteordnung ich mich über Jahre aktiv eingesetzt hatte, dessen demokratische Grundlagen ich verteidigt und angewandt habe, dessen Freiheitsgebot ich unter Einsatz meines Lebens weitergetragen habe, dieses Land wollte von mir nichts wissen. Es hatte sich gegen mich verschworen. Seine Justiz machte sich objektiv zu Helfershelfern von Mördern und sich selbst strafbar, indem nirgendwo in Deutschland meine Anzeigen bearbeitet wurden. So eine Justiz konnte und wollte mich nicht vor den neuerlichen Drohungen potentieller Mörder schützen. Dieses Land bot mir nicht mehr die für mein Leben notwendige Sicherheit. Im Einvernehmen mit meiner Frau beschloß ich deshalb, für einige Zeit ins Ausland zu gehen.

Schon sehr früh hatte ich Einsicht in meine Akten bei der neu eingerichteten Bundesbehörde beantragt, die die Stasiakten übernommen hatte, aufarbeitete und verwaltete. Sie firmierte unter dem Wortungeheuer »Der Bundesbeauftragte für die Unterlagen des Staatssicherheitsdienstes der ehemaligen Deutschen Demokratischen Republik«. Ihr Leiter war Joachim Gauck, ein ehemaliger

Pfarrer aus Rostock, der sich in den letzten Jahren und Monaten der untergehenden DDR in der Bürgerbewegung engagiert hatte. In einer geheimen »Bearbeitungskonzeption« des MfS war zu lesen, daß die Stasi in meiner unmittelbaren Nähe, meinem Wohnort Weinheim, einen weiteren IM plaziert hatte, dessen Tätigkeit darin bestehen sollte, mich zu »zersetzen«. Was konkret bedeutete, mich mit dem Verdacht, ich sei »Waffenhändler und Schmuggler«, überall in Mißkredit zu bringen und »Polizei- und Staatsorgane« zu veranlassen, gegen das Ehepaar Welsch vorzugehen. Nahe standen mir damals nur meine Frau und meine Religionsgemeinschaft. Und genau dort kursierte der Rufmord. Diese Rechnung der Stasi ging nach ihrem Ableben auf. Präsident Süß »beurlaubte« mich 1991 aus meinem Kirchenamt.

Kurze Zeit später wurde meine Illusion vom Glück ein weiteres Mal nachhaltig beschädigt. Die Überraschung kam aus einer Ecke, in der ich sie nicht vermutet hatte.

Am 5. März 1992 hatte ich dann noch meinen 48. Geburtstag gefeiert. Ich war mit meiner Frau und einem gemeinsamen Bekannten nach Paris gefahren. In der Rue de Rivoli tranken wir im »Teesalon Angelina« warme Schokolade, eine Spezialität des Hauses. Abends feierten wir bei »Fouquets« auf den Champs-Élysées. Als wir spät in der Nacht zum Hotel zurückkamen, fragte mich meine Frau, ob sie den Bekannten auf sein Zimmer begleiten könne. Ich war sprachlos. Was für eine Frage, und welche Antwort erwartete sie? Das konnte doch nur bedeuten, daß sie mit ihm schlafen wollte. Ich war fassungslos. Stil hatte sie noch nie besessen, aber das war der Gipfel ihrer Treulosigkeit. Ich konnte ihr nichts verbieten. Es hätte auch nichts geändert. So tat sie, was sie tun wollte.
Das Ende unserer fast zwanzigjährigen Ehe dämmerte herauf. Zur Krönung meiner Geburtstagsfeier ging sie mit einem Fremden ins Bett. Mit Freunden hatte ich offenbar kein Glück.
Mit dieser Frau wohl auch nicht.

EXIT DEUTSCHLAND

Unauffällig und konspirativ verließ ich Deutschland. Über Paris, Houston/Texas und Mexiko City gelangte ich nach Costa Rica. Während des Fluges überdachte ich meine Situation. Sie war alles andere als rosig. Zwar hatte ich mich mit diesem Schritt einer Gefahr für mein Leben entzogen. Der Gefahr für meine Ehe hingegen war mit meiner Abreise Tür und Tor geöffnet. Doch mein Verbleiben in Deutschland hätte die Zerstörung meiner Ehe auch nicht aufgehalten. Allenfalls hätte ich den späteren Raub meines persönlichen Besitzes und den Verlust meiner wirtschaftlichen Existenzgrundlage verhindern können. Trotzdem kreisten meine Gedanken um die Frage: Würde meine Frau wegen eines Liebhabers eine zwanzigjährige Verbindung einfach auslöschen?
Was würde unsere Tochter sagen, die in diesem Sommer ihren 18. Geburtstag feierte? Es sollte ihr an nichts fehlen, und ich nahm die Aussicht, daß sie das Gymnasium beenden würde, als ein gutes Vorzeichen für einen unabhängigen Verstand.
Ich nahm mir vor, nach Abschluß der Vorbereitungen für meine Existenzgründung in Costa Rica, spätestens aber nach drei Monaten zurückzufliegen, um die Situation zu klären, so oder so.
In Costa Rica erwartete mich Edgar, der Mann, in dessen Auftrag ich Anfang der achtziger Jahre das Apothekerehepaar aus der DDR geholt hatte. Er hatte sich damals, kurz nachdem wir das Goldgeschäft in Mannheim von ihm gepachtet hatten, nach Costa Rica absetzen müssen. Einem Konkurrenten war es gelungen, ihn mit einem Trick auf dem deutschen Goldmarkt auszuschalten. Als die Steuer ihn verfolgte, ausgerechnet ihn, einen korrekten Geschäftsmann, hatte er in einer Blitzaktion alle Unternehmen verkauft oder verpachtet. Edgar half mir, im Land Fuß zu fassen, und stellte wertvolle Verbindungen für mich her, an denen es ihm nicht mangelte. Auch traf ich ein Mädchen wieder, Rebeca, das ich bei einem meiner früheren Besuche in Costa Rica kennengelernt hatte. Gemeinsam erkundeten wir Möglichkeiten, wie ich

mich im Land selbständig machen könnte. Das reichte vom Immobilienkauf bis hin zu Investitionen in der boomenden Tourismusbranche. In das Geschäft mit den Naturschönheiten des Landes wollte ich mit einem Wasserflugzeug einsteigen.
Doch bald trieb mich die Unruhe nach Deutschland zurück. Unangemeldet tauchte ich in unserem Geschäft in Mannheim auf. Beim Sichten der Post mußte ich als erstes feststellen, daß es immer noch keine Reaktionen auf meine verschiedenen Strafanzeigen gegen Mielke und Haack gegeben hatte. Dagegen fand ich, notdürftig unter dem Schreibtisch versteckt, einen Stapel Faxe, die zwischen meiner Frau und ihrem Liebhaber hin- und hergegangen waren. Das erste datierte vom Tag meiner Abreise aus Deutschland. Meine Vorahnung hatte mich nicht getrogen. Der hinterhältige Liebhaber hatte ebenso wie sie nur auf meine Abreise gewartet, um den Ehebruch zu intensivieren. In einem ihrer Antwortfaxe hatte sie geschrieben: »Nathalie hat mir heute wieder gesagt, daß sie Dich richtig liebgewonnen hat, daß es ein gutes Gefühl ist, wenn Du im Haus bist.« Angeekelt warf ich die Papiere in eine Ecke.
Dieses Verhalten meiner Tochter, wenn es denn wahr wäre, entsetzte mich mehr als alles andere. Hatte meine Tochter ihren eigenen Vater bei der ersten sich bietenden Gelegenheit verraten? Hatte sie mir am Tag meiner Abreise nach Costa Rica nicht gesagt: »Papa, vergiß nie: ich liebe Dich?« Warum dieser Verrat? Diese Frage stellte ich mir immer wieder. Es gab nichts, was das Kind veranlassen könnte, sich von mir auf diese hinterhältige Art und Weise loszusagen. Es schien, als hätte ich den Verrat abonniert, als wäre er an meinem Beispiel manifest zu studieren.
Nach dieser Entdeckung gab es keinen Zweifel; nicht nur unsere Ehe war gescheitert. Ich hatte wahrscheinlich auch meine Tochter verloren. Sie wollte mit mir nicht mehr sprechen. Aber worüber man nicht sprechen kann, darüber muß man ja nicht schweigen.
Eine Einladung nach Berlin lag auf meinem Schreibtisch. In die »Gauck-Behörde«, wie die Bundesbehörde über die Unterlagen

des Staatssicherheitsdienstes kurz genannt wurde. Ich sollte Einblick in meine Stasiakten nehmen können. Ich flog nach Berlin. In der ehemaligen Zentrale des MfS hatte man einen Leseraum eingerichtet. An sechs einzeln stehenden Tischen nahmen jene, die es genau wissen wollten, Platz. Von den jeweiligen Betreuern wurden die Akten hereingetragen und ihnen zum Einblick überlassen. Offensichtlich war das Aktenstudium eine schmerzhafte Lektüre. Eine Frau brach in Tränen aus. Verloren saß sie vor ihren Akten, die Vergangenheit hatte sie eingeholt und erschüttert. Von dem einen oder anderen Tisch kamen empörte Ausrufe, grimmiges Lachen.
Ein Aktenwagen wurde hereingefahren, hielt vor mir. Der Beamte stapelte auf meinem Tisch einen großen Berg Unterlagen, der mir am Ende jede Sicht nahm. Ich war überrascht. So viel, diese Menge hatte ich nicht erwartet. Die Akten waren datiert, numeriert und begannen mit dem Jahr 1974. Sie trugen den handschriftlichen Vermerk »Skorpion« und enthielten, je jünger sie wurden, Handlungsanweisungen, sogenannte Kampfmaßnahmen zu meiner Vernichtung. Ich las und las und konnte nicht glauben, was ich las. Auf einem Block notierte ich mir die Klarnamen der verschiedenen IM, die mich über die Jahre bespitzelt, und die Namen all derer, die die Fäden gezogen, die koordiniert, befohlen und abgezeichnet hatten.

Ich hatte mich festgelesen, als die Aufforderung kam, das Studium einzustellen. Es war bereits später Nachmittag. Der Lesesaal wurde geschlossen. Am nächsten Tag kam ich wieder und las weiter. Insgesamt drei Tage sichtete, sortierte und schrieb ich, bis ich auf die Akte mit der Registriernummer XV/1890/76-3482/88 stieß. »X« nannte sie sich, und »Gesperrte Ablage« war darauf vermerkt sowie »Welsch,Hilde«.
Was ich hier las, nahm mir fast den Atem. Auf Bergen von Seiten war die Kooperation meiner Frau mit dem MfS in Sofia festgehalten, Protokolle, Einschätzungen, Berichte. Das konnte nicht wahr sein. Das war eine Lüge. Ich klammerte mich an diesen Stroh-

halm: Lügen. Die waren schließlich fast schon sprichwörtlich. Es mußte eine Lüge sein. Das kann sie unmöglich gemacht haben. Ich hätte das bemerkt.

Atemlos las ich weiter, bis ich auf seitenlange Ausführungen stieß. Ich erkannte sofort ihre Handschrift wieder. Es war unzweifelhaft ihre Schrift, nicht gefälscht und nicht nachgemacht. Sie nannte Namen, seitenlang, Ereignisse, Treffen, Verabredungen, schätzte Freunde und Mitarbeiter ein, zeichnete Örtlichkeiten. Eine Zeichnung gab den Grundriß der Wohnung ihrer eigenen Mutter wieder mit allen Räumlichkeiten, bis hin zum Stellplatz für die Autos und dem »eisernen Gartentor«. Der Stuhl, auf dem ich oft saß, wenn wir sie besuchten, war in der Zeichnung mit »Stuhl Welsch« bezeichnet.

Mir wurde schlecht, speiübel. Ich würgte, mußte den Raum verlassen und die Toilette aufsuchen.

An einem Waschbecken schaufelte ich mir mit den Händen Wasser ins Gesicht. Tränen hatte ich längst nicht mehr. Alle Gefühle und Empfindungen waren in mir erstorben. Mein Vertrauen in die Welt und die Menschen war mit einem Schlag zerstört. Noch vor meinem vermeintlichen Freund und tatsächlichen Mörder hatte meine eigene Frau mich an das MfS verraten.

In diesen Minuten glaubte ich, nicht länger weiterleben zu können. Alles war beschmutzt worden. Von jeder Geste, jedem Wort, jedem Tag troff mit einem Mal die stinkende, faule Brühe des Verrats. Fast zwanzig Jahre einer Ehe hatte diese Frau mich belogen und hintergangen. Es hatte ihr Gewissen nicht belastet.

Es dauerte eine Weile, bis ich mich beruhigt hatte.

In den Leseraum kehrte ich als ein anderer zurück als der, der ich vorher gewesen war. Ich las die Einschätzungen, Berichte und Schlußfolgerungen des MfS über diesen Vorgang.

Ein Aktenordner folgte dem nächsten. Sie enthielten Abhörprotokolle von Telefonaten, Fotos und Pläne unseres Hauses, Berichte der verschiedensten IM's, Berichte der Führungsoffiziere, mittelfristige Planungs- und Operationsberichte, den ganzen abstrusen Müll an theoretischen Vorbereitungen und Rechtfertigungen zur Vorbereitung krimineller Handlungen mit dem einzigen Zweck, mich zu schädigen und »in Widerspruch zur Gesellschaft und den staatlichen Organen der Bundesrepublik zu bringen«. Das MfS, konnte ich lesen, hatte einen oder mehrere IMs in Weinheim plaziert.

Welche Aufgaben hatten sie? Wer waren die? Hatten IMs die Behauptung verbreitet, ich würde mit Waffen oder Drogen handeln? Die Antwort auf meine Fragen fand ich nur wenige Seiten später. Die infamen Verleumdungen entsprachen fast wortwörtlich einer Anweisung der »Geheimen Bearbeitungskonzeption«.

Kurz vor dem Mordanschlag in Israel brachen die Berichte ab. Der Mordanschlag war vermutlich in einer anderen, noch geheimeren Akte abgelegt worden, die nach dem Zusammenbruch der DDR noch nicht aufgefunden werden konnte oder rechtzeitig vernichtet worden war, was wahrscheinlicher ist.

Jetzt wußte ich, wie gut und richtig meine damalige Entscheidung gewesen war, meine Frau nicht in alle Fluchthilfeaktivitäten einzuweihen, insbesondere nicht in die Fluchtvariante Berlin–Berlin. Nicht auszudenken, was passiert wäre, hätte sie davon Kenntnis gehabt.

Am dritten Tag ließ ich die wichtigsten Akten und Beweise fotokopieren. Auf den Kopien wurden alle Namen aus »Datenschutzgründen« geschwärzt. Die Täter wurden, ganz demokratisch, ganz rechtsstaatlich, vor dem Aufklärungsbedürfnis ihrer Opfer geschützt.

Auf dem Rückflug von Berlin nach Frankfurt beschloß ich, meine Noch-Ehefrau mit ihrem Verrat zu konfrontieren.

Das Gespräch fand in unserem Geschäft in Mannheim statt. Ich sprach sie ohne Umschweife darauf an.

»Ich habe eine Spezialakte über dich gelesen. Seitenlange, zum Teil von dir handschriftlich verfertigte Berichte. Du hast mich verraten. Du hast alles verraten, alles, was uns irgendwann einmal etwas bedeutet hat. Was sagst du dazu?«

Nur einen Moment lang wechselte sie die Farbe. Doch dann hatte sie sich sogleich wieder gefaßt.

»Nichts«, gab sie zur Antwort. »Ich habe dir nichts zu sagen, außer, daß ich Angst hatte.«

»Angst wovor?«

»Vor deiner Reaktion.«

»Natürlich hätte ich nicht erfreut reagiert. Ich hätte es nicht verstehen können. Wir hätten aber den Schaden abwenden können, der durch deinen Verrat entstanden ist. Du kennst mich nur zu gut und weißt daher, daß ich dir verziehen hätte, wenn du dich offen zu deinem Verrat bekannt hättest. Du hast damit nicht nur mich, sondern auch viele andere, deren Namen du genannt hast, beispielsweise Charly, aufs äußerste gefährdet.«

Sie schwieg.

»Wie konntest du mit dem Verrat und der Lüge bis heute leben? Hast du nie an deine, an unsere Familie gedacht?«

Sie blickte mich an. In ihren Augen las ich Haß.

»Ich scheiß' auf die Familie ...«

»... und auf unsere Tochter«, ergänzte ich bitter, »die du bereits dem Vater entfremdet hast.«

Sie schwieg. Eine Weile sagten wir beide nichts. Es war zu Ende. Jedes weitere Wort war überflüssig.

Es war das letzte Gespräch, das ich mit meiner Frau führte.

Nur wenig später beendete ein Herzinfarkt die sexuellen Aktivitäten ihres Liebhabers. Der Tod ereilte ihn nach einer langen Liebesnacht, überraschend, unvorbereitet und völlig banal.

Leer und ausgebrannt verließ ich Deutschland in Richtung meines vorläufigen Exils.

Aus Costa Rica schrieb und faxte ich meiner Tochter, sie möge Stellung nehmen zu dem, was ich in Berlin gelesen und was sich mir zu Hause geboten hatte. Ich fragte sie, was sie unternommen habe, um die Familie zu retten, ob oder warum sie nicht den Liebhaber ihrer Mutter am Betreten unseres Hauses gehindert habe, und informierte sie vom frühen Verrat ihrer Mutter. Auf keinen meiner Briefe bekam ich eine Antwort. Den gelegentlichen, immer haßerfüllten Briefen ihrer Mutter konnte ich entnehmen, daß sie das Gymnasium nach der 10. Klasse verlassen hatte und im übrigen völlig auf ihrer Seite stand.

Meine Ankunft in Italien hatte ich per Fax angekündigt. Mit dem Geld für das Flugzeug flog ich nach Perugia, einer schönen Universitätsstadt in Umbrien, und kaufte bei der Firma POLARIS ein ultraleichtes zweisitziges Wasserflugzeug, das, in Kisten verpackt, nach Costa Rica expediert wurde. Zuvor hatte ich mir eine Einfuhrgenehmigung beim Minister für Tourismus Costa Ricas, Señor Chavon, besorgt. Doch erst viele Wochen später und nach schier endlosen Querelen mit dem Zollchef bekam ich endlich die Freigabe für das zerlegte Fluggerät. Am positiven Ausgang dieser Import-Odyssee hatte Rebeca einen wesentlichen Anteil. Sie half mir auch beim Transport des Flugzeugs mit einem Lkw nach Sierpe de Osa, einem kleinen Ort am Mündungsdelta des Rio Sierpe. Dort sollte das Flugzeug zusammengebaut und probegeflogen werden. Enzo, ein Pilot aus Italien, war auf Veranlassung des Flugzeugherstelllers extra nach Costa Rica gekommen, um mir beim Zusammenbau zu helfen. Er war mit diesem Flugzeugtyp vertraut.

Am frühen Morgen, es war vielleicht gegen sechs Uhr, war schon das halbe Dorf am Ufer des Rio Sierpe versammelt, wo wir das Wasserflugzeug zusammenschraubten. Um diese Zeit war es noch nicht so heiß. Der Zusammenbau verlief zügig und war dank der gut verpackten und gekennzeichneten Einzelteile nicht übermäßig kompliziert. Am späten Vormittag war es dann endlich soweit. Nach einem heftigen Zug am Anlasserseil sprang der Motor an und lief nach einigem Stottern rund. Mit Hilfe der Zuschauer wurde das Fluggerät ins Wasser geschoben. Ein paar Proberunden auf dem Fluß sollten die einwandfreie Funktion aller Elemente sicherstellen. Nach einigen Feinabstimmungen wagte ich den ersten Start. Inzwischen hatte ich Helm, Rettungsweste und Kehlkopfmikrophon mit dem ICOM-Funkgerät angelegt. Enzo hatte das zweite Funkgerät und war damit mein Towerersatz. Wir verständigten uns auf englisch.

»I'm cleared for take off«, brüllte ich in das Mikro.

»Take off«, hörte ich ihn rufen, und: »Go!«

Ich trat auf den Gashebel. Vollgas. Der Motor brüllte hinter meinem Rücken auf. Die Beschleunigung preßte mich in den Sitz. Nach wenigen Metern waren keine Wellenbewegungen mehr zu spüren. Ich drückte den Steuerbügel nach vorn. Augenblicklich zog die Maschine steil aus dem Wasser. Schnell schrumpfte der Fluß zu einem silbrigen Band unter mir. Ein unglaubliches Panorama bot sich meinem Auge: in der Ferne das dunkle Blau des Pazifiks, dort, wo der Rio Sierpe sich an der »Boca« in den Ozean ergoß. Unter mir der tropische, sattgrüne Regenwald, unterbrochen nur von den kleinen Feldern der Einheimischen. In der Ferne die unendlichen Bananenplantagen der nordamerikanischen United Brands Company.

Ich nahm die Eindrücke nur nebenbei wahr, in der Anspannung, keinen Fehler mit dem unbekannten Flugzeug zu machen. In einer weiten Linkskurve setzte ich zur Landung an. Der Fluß lag wieder vor mir. Noch nie hatte ich ein Wasserflugzeug geflogen, geschweige denn eines gelandet. Das beanspruchte meine ganze Konzentration. Der Motor lief mit halber Kraft, als der Fluß auf mich zuraste. Unmittelbar vor dem Aufschlag drückte ich den Steuerbügel nach vorn. Das Flugzeug klatschte trotzdem ziemlich unsanft auf das Wasser, das seitlich wegspritzte. Dennoch, die Wasserung war geglückt, ich war unten und tuckerte zum Ufer. Ich war ziemlich zufrieden mit mir. Als ich festmachte, klatschte die Menge, die sich dort versammelt hatte.

Wie ein Lauffeuer breitete sich die Nachricht von einem Wasserflugzeug in Sierpe in der Gegend aus. Am nächsten Tag, um sechs Uhr morgens, startete ich zur ersten Proberunde, die mich bis zum Strand des Pazifiks führte. Bei meiner Rückkehr standen die ersten zahlenden Passagiere schon an. Für eine halbe Stunde Flug nahm ich 100 US-Dollar. Bis kurz vor Mittag hatte ich bereits 500

Dollar eingenommen. Die Passagiere waren hoch zufrieden und schilderten den Umstehenden sehr plastisch und eindrucksvoll ihre Flugerlebnisse. Auch ich konnte wieder durchatmen. Wenigstens meine wirtschaftliche Grundlage schien vorläufig gesichert.

In San José, der Hauptstadt des Landes, meldete ich meine eigene Fluggesellschaft an, »coast air« sollte sie heißen, eine Division der DENARIO S. A., jener Firma, die Edgar kurz nach seiner Ankunft in Costa Rica gegründet hatte. Der Vorteil dieser Konstruktion bestand darin, daß für die S. A. nur eine Pauschalsteuer erhoben wurde. Damit flog ich jetzt zwar legalisiert, doch gab es weder eine Luftaufsichtsbehörde noch eine ähnliche Institution. Ich konnte starten und landen, wo und wann ich wollte, meine Ziele unterlagen keinerlei Restriktionen oder gesetzlichen Auflagen. Auf Flughäfen konnte ich sowieso nicht landen oder starten. Also existierte ich fliegerisch im Grunde genommen überhaupt nicht. Ich war der einzige in Costa Rica, der ein Wasserflugzeug betrieb. Eines war allerdings von großer Wichtigkeit: Wetterkenntnis, eine meteorologische Wettervorhersage. Nach anfänglichen Verständigungsschwierigkeiten erhielt ich fortan den Wetterbericht des internationalen Flughafens Juan Santamaria in San José direkt vom Meteorologen im dortigen Tower.

Deutschland war in den folgenden Monaten nicht nur geographisch weit weg. Ich vermied es, daran auch nur zu denken. Mit Rebeca verband mich eine tiefe Freundschaft. Sie war bei mir, wenn ich sie brauchte. Ihr Verständnis fing mich auf und gab mir jenen Halt, ohne den ich vermutlich trotz der positiven unternehmerischen Entwicklung in ein tiefes Loch gefallen wäre.

Ich flog jetzt Touristen an die Strände des Pazifiks. Anfangs hatte ich eine Heidenangst, auf dem Meer zu landen oder, professionell ausgedrückt, zu wassern. Unzählige Male stand ich am Strand und beobachtete die See. Sollte ich mit den Wellen oder parallel zu ihnen wassern? Das hatte ich nicht gelernt, besaß keine Erfahrung. Doch immer mehr Touristen, Amerikaner, Kanadier, woll-

ten an einsame Strände geflogen werden. So startete ich eines Morgens zu einer Probewasserung vor Bahia Drake, einer ruhigen Bucht an der Küste. Es gab keine Probleme.
Der nächste Fluggast war ein Amerikaner. Er wollte unbedingt zur Isla de Caño, einer zwanzig Seemeilen vor der Küste gelegenen malerischen Insel. Der Flug über das offene Meer war unbeschreiblich. Der Amerikaner saß hinter mir und schrie ein ums andere Mal völlig happy: »Nice! Beautiful! What a wonderful view!«
In respektvollem Abstand zur tosenden Brandung der auslaufenden See wasserte ich querab. Der Ami sprang ins Wasser und schwamm die wenigen Meter bis zum Strand. In drei Stunden würde ich ihn wieder abholen. Ich flog zurück.

Von einer deutschen Millionärin hatten wir eine wunderschöne Finca in San José/Desamparados zur Verwaltung übernommen. Durch eine prachtvolle Toreinfahrt fuhr man eine etwa 200 Meter lange Privatstraße hoch bis zum Herrenhaus im spanischen Kolonialstil. Es gab einen großen Swimmingpool, daneben eine Grillhütte. Wir wohnten ganz allein im ersten Stock des Gebäudes. Von dort hatte man eine herrliche Aussicht auf die Berge. Unser Gärtner, Virgilio, sorgte unermüdlich Tag für Tag für Ordnung auf dem drei Hektar großen Gelände.
Für Schutz sorgten auf der Finca zwei Hunde, »Tassito« und »Micki«, sowie eine 45er Magnum und eine doppelläufige »Mossberg«-Flinte. Das war ganz und gar nicht überflüssig, sondern überaus notwendig, denn nächtliche Raubüberfälle stellten eine nicht zu unterschätzende Gefahr dar. In der Nachbarschaft war ein Amerikaner erst kürzlich auf seiner Finca von Banditen erstochen worden.
Seitdem wir die Finca bewohnten, hatte ich meine Flüge im Süden vorläufig eingestellt. Jetzt konnte ich mich auf der Veranda den ganzen Tag der Inspiration überlassen. Lange hatte ich keine Gedichte mehr gelesen oder selbst geschrieben. Ich las Octavio Paz, Jorge Luis Borges, Pablo Neruda und Juan Manuel Roca im Original. Dank Rebeca und ihrem täglichen Privatunterricht war

Spanisch mittlerweile zu meiner zweiten Sprache geworden. Wochenlang schrieb ich wie im Rausch Gedichte.
Ich spürte, wie der Druck von mir abfiel, Europa, Deutschland unendlich weit weg waren. Langsam erholte ich mich vom Schmerz des Verlustes.

Eine in San José erscheinende Zeitschrift druckte meine Gedichte.
Dann besuchte uns die guatemaltekische Friedensnobelpreisträgerin Rigoberta Menchu auf der Finca. Ein denkwürdiger, ein unvergessener Tag. Sie wurde begleitet von Rafael Cadenas und Isabel Allende. Auch der Rektor der Universität von Costa Rica, Gonzales Facio, der spätere Präsident Don José Maria Figueres sowie der frühere Friedensnobelpreisträger und Präsident der Republik, Don Oscar Arias Sanchez, beehrten uns mit ihrer Anwesenheit.
Meine letzten, in Havanna gekauften, »Cohiba«, fanden in José Maria Figueres einen ähnlich zufriedenen Abnehmer, wie ich selbst einer war. Don Oscar war der eher puritanisch wirkende, bedächtige Philosoph der Runde, Rigoberta, eine einfache, gleichwohl lebenskluge und beredsame Frau, eine Analphabetin, die gerade begonnen hatte, Lesen und Schreiben zu lernen, faszinierte mich besonders. Sie hatte den Generälen in Guatemala die Stirn geboten und so lange verhandelt, bis der Bürgerkrieg beendet war und 100.000 Flüchtlinge aus Mexico in ihre Heimat zurückkehren konnten. Dafür war ihr in diesem Jahr 1992 der »Premio Nobel de la paz« verliehen worden.
Isabel Allende strahlte die fröhliche Würde einer erfolgreichen Lateinamerikanerin mit Wohnsitz in den USA aus. »Leben ist die wichtigste Aufgabe eines Schriftstellers«, schreibt Márquez; wer nicht gelebt hat, kann auch nicht schreiben. Ihre Bücher waren der beste Beweis für diese These.
Isabel war das Gegenteil dessen, was man sich in Deutschland unter einer erfolgreichen Schriftstellerin vorstellt. Spontan, witzig und lauthals lachend, vermittelte sie den Eindruck, als würden wir alle uns schon sehr lange kennen.

Ich war glücklich, Menschen auf »El Dorado« versammelt zu haben, die gelebt und gekämpft hatten, gelitten, geliebt, manchmal verloren und ein wenig gesiegt. Darin fand ich ein Teil von mir selbst.
Wir kamen auf die Ereignisse in Chile zu sprechen, als Pinochet 1973 putschte und ihr Onkel, der sozialistische Präsident Salvador Allende, sich in der Moneda erschoß oder erschossen wurde und sie das Land verließ. Das Gespräch kam auch auf die Verbrechen der Militärjunta.
»Können Sie sich vorstellen, daß auch Sozialisten solche Grausamkeiten begehen«, fragte ich sie, »wie die Militärs des Generals Pinochet?«
»Hoy si – heute ja. Ich weiß einigermaßen, was in den kommunistischen Ländern passiert ist, auch in Kuba. Aber das war oder ist mehr oder weniger ein deformierter Sozialismus. Es sind nicht die Strukturen, die meinem Onkel vorschwebten.«
»Bei allem Respekt, aber da muß ich Ihnen widersprechen. Was sich in den kommunistischen Ländern des Ostblocks abspielte und in einigen wenigen noch heute traurige Realität ist, war kein deformierter, sondern der reale Sozialismus marxistisch-leninistischer Prägung. Aber es gibt heute immer noch viele Sozialisten und andere, die das nicht glauben wollen. Die Verbrechen des realen Sozialismus werden eher verdrängt, die Deutschen können das besonders gut und gründlich. Als ob es eine Zukunft ohne genaue Kenntnis der Vergangenheit geben könnte.«
»Warum schreiben Sie kein Buch darüber?«
»Das werde ich tun, wenn ich zur Ruhe gekommen bin, damit die Wahrheit ans Licht kommt. Ich wünschte, ich könnte ein so gutes Buch schreiben, wie Sie es mit dem ›Geisterhaus‹ getan haben.«
Sie lachte kurz und meinte dann, wieder ernst geworden: »Die Menschen müssen wachsam bleiben und dürfen die Geschichte nicht vergessen, die sich in der eigenen Geschichte widerspiegelt.«

Anfang 1993 flog ich nach Deutschland, um das Ergebnis meiner Strafanzeigen zu begutachten. Es mag unglaublich klingen, aber die deutsche Justiz hatte sich nicht gerührt.

Im Grunde sind Juristen die pure Pest. Fragt man sie, haben sie immer recht. Sind andere ratlos, ist ihr nicht immer guter Rat teuer. Ihrer Besserwisserei ist kaum auszuweichen. Aufbegehren gegen sie ist zwecklos. Wo immer sie sich befinden, ist das Gesetz auf ihrer Seite. Sie haben das Monopol auf die Wahrheit und waschen ihre Hände in Unschuld. Schon Shakespeare ahnte, daß eigentlich nur ein Ausweg bliebe: »Das erste, was wir tun müssen«, ruft ein Rebell in »Heinrich VI.« aus, »ist, daß wir alle Rechtsvertreter umbringen.«

Die Politikverdrossenheit ist nichts im Vergleich zu dem, was sich bei mir und anderen Betroffenen an Widerwillen gegen Juristen und ihre Welt aufgestaut hat.

Schon erklärten sich Täter wie Markus Wolf zu Ehrenmännern, ja zu Opfern. In Deutschland kaufte ich den »Stern«. Der titelte mit einem faksimilierten Auszug aus der Toxdat-Liste des MfS. Der Bericht betraf den mysteriösen Tod des ehemaligen Schleswig-Holsteinischen Ministerpräsidenten Uwe Barschel. Darin war auch das Gift Thallium aufgezählt. Der Bericht ging dem Verdacht nach, ob Barschel möglicherweise vom MfS ermordet worden wäre. Diese Fragestellung berührte ein Tabu: Zum ersten Mal schien es vorstellbar zu sein, daß das MfS gemordet haben könnte. Ich war elektrisiert und rief sofort die Deutschland-Redaktion des »Stern« in Hamburg an und erklärte, auf den Bericht Bezug nehmend, daß das MfS versucht hatte, mich zu ermorden. »Sind Sie interessiert«, fragte ich Peter Sandmeyer, »darüber etwas von mir zu erfahren und zu schreiben?« Er lud mich zu einem Gespräch nach Hamburg ein. In einem Hotel der Innenstadt traf ich ihn, Rudolf Lamprecht und Leo Müller. Ein Tonband lief mit, während ich die Geschichte des Mordanschlages in Israel erzählte. Man kann sagen, daß es ein Kreuzverhör war, das erste, das ich mit Begeisterung über mich ergehen ließ. Je länger ich erzählte, um so aufgeregter wurde Lamprecht. »Unglaublich«, entfuhr es ihm immer wieder. Ich spürte seine Lust, seine im positiven Sinne journalistische Gier, sofort mit der Recherche zu beginnen.

Das Gespräch dauerte bis in die frühen Morgenstunden.

»Wir werden mit dem verantwortlichen Redakteur sprechen«, war das immerhin hoffnungsvolle Fazit der Nacht. »Also, Ihre Geschichte ist so unglaublich, die muß einfach wahr sein«, schnaubte Lamprecht, »das kann man doch nicht alles erfinden, das ist doch viel zu komplex, geschlossen, in sich rund.«

Wenige Tage später rief mich Sandmeyer an.

»Herr Welsch, der ›Stern‹ will die Geschichte recherchieren. Wir glauben, daß sie stimmt, daß wir den Täter finden können, den letzten Beweis, der noch fehlt.«

Ein Hochgefühl breitete sich in mir aus. Endlich würde es mit Hilfe einiger der besten Journalisten möglich sein, der Öffentlichkeit zu beweisen, daß das Ministerium für Staatssicherheit der DDR eine verbrecherische Organisation war.

Ich übergab dem »Stern« alle bei mir archivierten Materialien, wie Fotos, Rechnungen, Adressen, Beschreibungen, Namen von Aufenthaltsorten und Teile meiner fotokopierten Stasiakten.

Auf dem Rückflug nach San José war ich zum erstenmal zufrieden. Sollte es dem »Stern« gelingen, die für einen Prozeß und eine Verurteilung der Täter relevanten Einzelheiten und Beweise zu finden, würde das, so hoffte ich, auch strafrechtliche Folgen für die oberste Hierarchie im MfS haben.

Wieder in Costa Rica, fuhr ich nach Sierpe. Das Flugzeug stand wohlbehalten in seinem Hangar aus Bambus und Palmwedeln auf der Isla Violin.

Ein eingehender Check des Motors, der Propeller und des Schwimmers ergab nichts Auffälliges. Nachdem ich die Maschine aufgetankt hatte, war sie startklar. Wieder hatten sich einige Dorfbewohner eingefunden, um das Schauspiel eines startenden Wasserflugzeuges zu erleben. Ich ließ den Motor an und zwängte mich in das Cockpit. Der Geruch von Sprit, Öl und Fisch, der über dem Wasser lag, vermittelte mir ein eigenartiges Gefühl von Freiheit und Fremde. Nachdem ich den Startpunkt in der Flußmitte erreicht hatte, wechselte ich über Sprechfunk einige Worte mit Re-

beca. Der Himmel an diesem wundervollen tropischen Morgen war klar und ohne Wolken. Ein leichter Wind wehte von Nordwest, trug den Geschmack von Salz mit sich. Der Rio Sierpe floß träge in Richtung Pazifik. Einige Wasserpflanzen trieben vorbei.
Ich trat das Gaspedal durch. Vollgas.
30, 40 Meter beschleunigte die Maschine, die kleinen Kräuselwellen waren kaum noch wahrnehmbar. Ich schob den Steuerbügel nach vorn. Augenblicklich hob das Flugzeug ab und stieg in steilem Winkel nach oben. Ich korrigierte den Aufstiegswinkel leicht und ließ Vollgas stehen. Der Fluß wurde schmaler. Rechts unter mir lag der Ort Sierpe, links die dichte Tarnkappe des Regenwaldes. Während der Motor mit voller Leistung arbeitete, warf ich einen Blick auf den Höhenmesser. 50 Meter waren überschritten. Von Ferne war schon das Blau des Pazifiks zu erkennen.
Plötzlich tat es hinter meinem Rücken einen Knall. Der Motor jaulte auf. Augenblicklich endete der Schub, die Strömung an den Tragflächen riß ab. Die Nase des Flugzeuges senkte sich. Noch ehe ich den Steuerbügel nach hinten reißen konnte, um vielleicht in einen Gleitflug übergehen zu können, war die Maschine außer Kontrolle geraten. Rasend schnell kam das Wasser auf mich zu. Ich stürze ab, war mein letzter klarer Gedanke, dann ein dumpfer Aufprall, überraschend hart. Die Maschine drehte sich sofort um ihren Schwerpunkt auf den Rücken. Das Cockpit war augenblicklich unter Wasser. Im verbogenen Gestänge des Sitzes eingeklemmt und unter Wasser beherrschte mich nur ein Gedanke: Raus hier, sofort raus! Der Schwimmer hielt die Maschine dicht unter der Wasseroberfläche. Ich hatte die Augen weit aufgerissen. Verzweifelt bemühte ich mich, vom Sitz freizukommen. Meine Lunge wurde zusammengepreßt, je länger ich riß und mich wand. »Ruhig«, sagte ich zu mir, »bleib ganz ruhig, du schaffst es.« Ein letzter Ruck, und ich war frei.
Die Schwimmweste zog mich nach oben. Gierig und hustend sog ich die Luft ein.
Der Fluß war an dieser Stelle breit. In der Ferne, am Ufer beim Dorf, sah ich Menschen. Rebeca mußte den Absturz durch das

Fernglas beobachtet haben. Ich versuchte, auf den Schwimmer zu klettern, rutschte aber immer wieder ab. Minuten vergingen. Meine Schulter begann zu schmerzen.
In diesem Moment sah ich sie.
Zwei kleine Punkte über dem Wasser, davor ein dritter, ebenso klein. Weitere daneben. Augen und Nasenspitzen. Krokodile!
Es waren viele. Und sie kamen näher. Langsam, aber unbeirrbar. Sie bildeten einen weiten Ring um die Absturzstelle. Angestrengt blickte ich zum Ufer. Warum kamen denn keine Boote? Die Lage wurde ungemütlich. Ich tastete nach meinem Notsignalgerät. Eine Patrone war im Lauf. Ein einziger Schuß. Der würde mich nicht retten. Verzweifelt krallte ich die Finger in den Schwimmer, um mich hochzuziehen. Aber ich rutschte wieder ab. Die hungrigen Reptilien kamen näher.
Dann sah ich, wie sich zwei weiße Punkte vom Ufer lösten. Schnellboote. Mit schäumender Bugwelle hielten sie auf mich zu, kamen rasch näher. Die Krokodile waren ganz plötzlich abgetaucht.
An hilfreich entgegengestreckten Armen zog ich mich in eines der längs gehenden Boote.
»Das war im letzten Moment, sonst wäre ich ein Fressen für die Krokodile geworden«, bemerkte ich atemlos.
Die Ticos lachten. Mir war nicht danach zumute. Aber ich lebte. Sie hatten Taue mitgebracht. Langsam steuerten die Boote das Ufer an, das halb versunkene Wasserflugzeug im Schlepp.
Bis auf ein paar Quetschungen, Prellungen und einer Schlüsselbeinfraktur, die allerdings erst später diagnostiziert und behandelt werden konnte, hatte ich den Absturz erstaunlich gut überstanden.
An Land wurde der Motor sofort auseinandergenommen, gereinigt und wieder zusammengebaut. Danach lief er wie vor dem Absturz. Zeugen am Ufer, die alles beobachtet hatten, erklärten, daß die Propellerblätter nach einem explosionsähnlichen Knall verschwunden waren. War das die Absturzursache? Warum waren sie zersplittert, warum alle drei zugleich? Ich konnte diese Frage vorläufig nicht beantworten. Die Schäden am Flugzeug selbst waren schwerwiegender. Tragfläche und Sitzkonstruktion aus

Edelstahl waren weitgehend zerstört und mußten ersetzt oder aufwendig repariert werden. Im europäischen Sommer würde ich die Fabrik in Perugia aufsuchen, um nach der Unfallursache zu forschen und Ersatzteile zu kaufen. Das Flugzeug wurde mit einem Lkw auf die Finca nach San José gebracht.

STAAT, JUSTIZ UND WAHRHEIT

Post war angekommen. Vom »Stern«. Sie verfolgten mehrere Spuren und waren zuversichtlich, Peter Haack zu finden. Das Wichtigste: Die Staatsanwaltschaft Berlin hatte endlich die Ermittlungen gegen alle bislang bekannten Beteiligten der »Operation Skorpion« aufgenommen. Dazu zählten der frühere Generalmajor Fiedler und der frühere Oberst Mattern. Unverständlicherweise fehlten einige Namen. Die Staatsanwaltschaft war Teil einer neu eingerichteten Institution mit Sitz in Berlin und nannte sich ZERV, Zentrale Ermittlungsstelle für DDR-Regierungs- und Vereinigungskriminalität. Auf meine Anzeige wegen versuchten Mordes und wegen Verdachts der Strafvereitelung im Amt war bis jetzt keine Reaktion erfolgt.
Man konnte annehmen, daß die Justiz mich und das Gesetz ignorierte.
In seinem »Discours sur l'origine et les fondements de l'inégalité entres les hommes« schreibt Jean Jacques Rousseau: »In der Beziehung zwischen den Menschen ist das Schlimmste, das einem passieren kann, der Willkür eines anderen ausgeliefert zu werden.« Und wessen Willkür war ich nicht schon ausgeliefert? Diesmal und zur Abwechslung der Justiz des Rechtsstaats.

Endlich lief die Justizmaschinerie an. Stockend, stotternd, aber sie bewegte sich. Dank »Stern« und vor allem dank der persönlichen Intervention von ZERV-Chef Kittlaus, der auf die unverzügliche Einleitung eines Ermittlungsverfahrens drängte. Da hielt mich

nichts mehr in Costa Rica. Ich mußte wieder zurück nach Deutschland.
Als ich im Juni ankam, zog gerade meine Noch-Frau aus unserem Haus aus. Vom »Stern« kamen Peter Sandmeyer, Rudolf Lamprecht und Leo Müller nach Mannheim und Weinheim, in unser Geschäft und unser Haus. Eine Mannheimer Spezialfirma wurde mit der Überprüfung der Räume beauftragt. Möglicherweise ließen sich noch Stasiwanzen oder Hinweise darauf finden. Zugleich machte der Fotograf Harf Zimmermann Fotos von mir und meiner Familie, die zu diesem Zweck ein letztes Mal vor dem Objektiv vereint wurde. Peter Sandmeyer stöberte in meinem Archiv und fand einige Aufnahmen von Haack in Israel und England. Die Untersuchung der Mannheimer Spezialisten förderte etwas zutage: Reste einer elektronischen Wanze im Schlafzimmer unseres Hauses. Dort hatte Haack elektrische Leitungen verlegt. Auch andere Indizien für seine Täterschaft waren inzwischen gefunden worden. Zeugen, die sein konfuses Verhalten beschrieben, Aufenthaltsorte, auch Personen, an denen er seine IM-Gesellenstücke absolviert hatte, ehe er mit besonderem Auftrag auf mich losgelassen wurde. Lamprecht erwies sich als investigativer Journalist, dem keine Hürde zu hoch, keine Theorie zu verwegen war, der aus der Fülle der Hinweise das Wesentliche extrahierte und als neues Indiz in die Beweiskette einbaute.

Mit Harf Zimmermann, einem engagierten Fotografen der Berliner Fotoagentur »Ostkreuz« besuchte ich andere Orte, Stätten der Qualen, der Folter und Erniedrigung: das Zuchthaus Brandenburg und das Untersuchungsgefängnis der Stasi in Berlin-Pankow. Brandenburg war wieder in Betrieb. Nunmehr ohne politische Häftlinge. Das Gefängnis in Pankow stand leer. Ich ging über die leeren Gänge, sah in die leeren Zellen. Der Luft fehlte die Angst, das Zittern der Gewalt, die Seele des Bösen. Das Inventar war weitgehend entfernt worden. Die Panzerschränke in den Vernehmerzimmern aufgebrochen, der Folterkeller nur mehr eine harmlose Rumpelkammer und die Freigangzellen auf dem Hof abgerissen.

Ich habe nie verstanden, warum man die Orte kommunistischen Terrors schleift, während jeder nationalsozialistische Ziegelstein Anlaß für die Neuerrichtung von Gedenkstätten ist.

Mit Peter Sandmeyer und Harf Zimmermann flogen wir im August nach Israel, zu jenem Ort, an dem das MfS mein Leben endgültig beenden, an dem das Todesurteil vollstreckt werden sollte, zum Strand von Coral Island, und zu dem Ort, an dem ich unerträgliche Schmerzen litt, zum Hotel »Moon Valley« in Eilat.
Der Gequälte, das Opfer, kann dem erlittenen psychischen Schmerz nie mehr entrinnen, selbst wenn der physische längst Vergangenheit ist. Der Täter bleibt für immer die Bezugsperson des Opfers, sagen die Psychologen. Das stimmt.

Nach vier Tagen flogen wir zurück. Ich wollte zunächst nach Paris, um meinen alten Freund Klaus mal wieder zu treffen. Er arbeitete dort für einen großen amerikanischen Konzern. Wir hatten uns lange nicht gesehen.

Klaus freute sich, mich wiederzusehen. Nachdem ich ihm von den Wechselfällen der letzten Jahre berichtet hatte, war es an ihm, erstaunt zu sein. »Jetzt sag mir doch mal, wie du das alles verkraften kannst«, erklärte er überrascht. »Das kann doch kein Mensch aushalten. Die Mauer ist weg, und du mußt aus Deutschland flüchten. Deine Frau hat einen Liebhaber, hat dich an die Stasi verraten, und dann bist du auch noch abgestürzt. Das ist völlig verrückt, das glaubt keiner. Irgendwie ist das nicht dein Turn.« Er schüttelte den Kopf und schaute ungläubig.
»Du hast recht. Die letzten Jahre sind nicht meine Jahre. Aber was soll ich tun? Mich aufhängen?«
»Bist du verrückt? Das ist wohl das Allerletzte. Was ist, ist. Daran kannst du nichts ändern. Du kannst allerdings zusehen, das Beste daraus zu machen. Das Leben bietet Chancen. Nimm das als eine neue Chance.«
»Dazu fehlt mir im Moment die Kraft. Das größte Problem be-

steht für mich momentan darin, mit niemandem sprechen zu können.«

Niemand konnte das besser verstehen als Klaus. Aber jetzt war er ja da, hörte mir zu, und so erzählte ich: von meinen verzweifelten Versuchen, die Mühlen der Justiz in Gang zu setzen, von »Spiegel« und »Stern«, von der Firma in Costa Rica und zu guter Letzt von Rebeca, die mich liebte. Klaus fand, daß ich in all dem Chaos meines Lebens doch auch immer wieder großes Glück gehabt hätte.

Der Abschied von Klaus fiel mir schwer. Er ist einer der wenigen Menschen, die ich kenne, mit denen ich mich »innerlich« verstehe, mit dem ich sowohl gedanklich übereinstimme als auch in der Wahrnehmung der realen Welt.

In Perugia erwartete mich der Chef von Polaris-Aviation. Er ließ sich den Absturz minutiös erklären, insbesondere die Vorbereitungen des letzten Fluges. Wir kamen auch auf den Zusammenbau zu sprechen. Ich wies ihn auf die höchst mysteriöse Tatsache hin, daß dabei am Ende ein T-förmiges Holzteil von etwa 60 Zentimeter Länge übriggeblieben war.

»Wir dachten, es handelte sich um einen Teil der Verpackung. Weder aus der Konstruktionsbeschreibung noch aus anderen technischen Anleitungen ging der Sinn dieses Teiles hervor. Und nachdem der Motor lief und das Flugzeug flog, war es vergessen. Allerdings bemerkte ich in der Folgezeit einen zunehmend unruhigen Motorlauf im Stand.«

»Da haben wir die Ursache«, bemerkte der Commendatore trocken. »Bei diesem Teil handelt es sich um ein Justierholz für die Feineinstellung der Propellerblätter. Wenn dieser Arbeitsgang unterbleibt, laufen die Blätter mit einer minimalen Unwucht, die sich jedoch von Mal zu Mal verstärkt. Irgendwann ist die Belastung so groß, daß es zu einem abrupten Bruch aller Blätter gleichzeitig kommen kann. Das war bei Ihnen der Fall, das war der Grund des Absturzes.«

Der Propeller war mit knapp 2.000,– DM genauso teuer wie alle

anderen Ersatzteile zusammen. Wenigstens kannte ich nun die Ursache meines plötzlichen Absturzes.
Von Rom flog ich direkt nach San José zurück. Rebeca holte mich am Flughafen ab, und wir fuhren auf die Finca.

Die Nachrichten aus Deutschland in Form von Faxen und Anrufen kamen in immer kürzeren Zeitabständen. Die Ermittlungen gingen zügig voran. Bei unserem letzten Gespräch in Mannheim hatte mir Lamprecht gesagt, daß alle Hinweise von mir durch die Recherche bestätigt worden seien. Bald, so wurde mir signalisiert, werde man Haack und die anderen gefunden haben. Das erhöhte auch bei mir die Spannung.
Anfang November rief mich der »Stern« mit einem Fax nach Deutschland. Mit der nächsten Maschine flog ich über Curacáo und Amsterdam nach Europa.
Am Abend stand ich vor der Tür unseres Hauses in Weinheim. Der Schlüssel paßte nicht in das Schloß. Mehrmals versuchte ich es dennoch. Die Tür ließ sich nicht öffnen. Ich klingelte. Nach einer Weile wurde sie einen Spaltbreit geöffnet. Das Gesicht meiner Frau erschien hinter der kurzen Sperrkette.
»Was soll das? Laß mich bitte hinein.«
»Lies das«, gab sie zur Antwort und hielt einen Zettel nach draußen. Ich las: Amtsgericht Weinheim, Einstweilige Verfügung. Dem Ehemann und so weiter wird bei Androhung einer Geldstrafe von ... 1000,– ... DM untersagt, die gemeinschaftliche Ehewohnung zu betreten. Punkt. Ich starrte auf das Papier und begriff noch immer nicht.
»Du hast hier keinen Zutritt mehr, verschwinde. Ich habe die Scheidung eingereicht.«
»Moment, ich verstehe nicht.« Ich war wie vor den Kopf geschlagen. »Das ist doch auch mein Zuhause.«
»Verschwinde, oder ich hole die Polizei.« Die Tür fiel wieder ins Schloß.
In meinen dünnen Tropensachen stand ich vor der verschlossenen Tür. Lähmend kroch die Kälte in mir hoch. Was sollte ich jetzt tun?

Da drin stand nicht nur mein Bett, war nicht nur mein Büro, da war alles, was ich hatte und besaß, alles. Sie verfügte auch über mein Auto, das ich ihr für die Zeit meiner Abwesenheit überlassen hatte. Während die Kälte mir zusetzte, hielt ein Auto vor dem Haus. Die Fahrertür öffnete sich, meine Tochter stieg aus.
»Hallo Nathalie.« Ich ging auf sie zu. Sie machte einen Bogen um mich herum.
»Hallo Papa.« Dann ging sie durch den Vorgarten zur Haustür.
»Warte einen Moment, bitte, deine Mutter läßt mich nicht mehr ins Haus, einstweilige Verfügung, ich verstehe das alles nicht. Kannst du mir für heute abend deinen Wagen leihen, damit ich wenigstens in ein Hotel fahren kann, mein Gepäck ... ich friere.«
»Ja, Moment, ich komme gleich.« Sie verschwand im Haus.
Ich setzte mich auf meine Tasche und wartete, überdachte meine Situation. Da sitze ich in einer kalten Novembernacht in Deutschland vor meinem Haus und werde zurückgewiesen wie ein Bettler oder Straßenhändler.
Mittlerweile schlotterten meine Glieder vor Kälte. Zwanzig Minuten waren vergangen, und Nathalie kam nicht. Ich ging auf und ab, schlug mit den Armen, um den Kreislauf anzuregen. Wenn nur die Kälte nicht gewesen wäre! Wollte ich mich nicht ernsthaft verkühlen, mußte jetzt etwas passieren. Doch es geschah nichts.
Nach weiteren zwanzig Minuten griff ich mit klammen Fingern mein Gepäck und stolperte mit steifen Schritten die Straße hinunter. Alles in mir war eingefroren, jede Regung, jede Überlegung zu Eis erstarrt. Meine Tochter würde ihren Vater auf der Straße erfrieren lassen, hämmerte es dumpf in meinem Schädel. Ich lief durch Weinheim. Es war dunkel. Bei einer Freundin klopfte ich an und kam für die nächsten Tage unter.
Seitdem habe ich nicht nur meine Tochter, sondern auch meinen treuesten Freund verloren und niemals wiedergesehen, meinen Hund, einen wunderschönen, schwarzen Labrador. Meine mir angetraute Verräterin hatte ihn in ihr Eigentum überführt, so, wie sie sich auch die komplette Einrichtung der sieben Zimmer unseres Hauses gegen Recht und Anstand aneignete. In dieser Nacht

begann ich mit dem Trauern. Trauer ist keine Schwäche, sie ist nur eine besonders schwere Arbeit. Ich mußte deswegen keine Scham empfinden. Ich mußte nur ein neues Verhältnis zur Welt herstellen, weil das alte zerbrochen war.

Peter Sandmeyer hatte wichtige Nachrichten. Haack war offenbar gefunden worden. Er lebte unter einer anderen Identität in Deutschland, »in deinem Bundesland, Baden-Württemberg«, wie er hinzufügte. »Die ZERV, mit der der ›Stern‹ bislang zu beider Nutzen und Interesse sehr gut zusammengearbeitet hat, hütet seinen Aufenthaltsort wie ein Staatsgeheimnis. Niemand soll wohl den sich abzeichnenden Zugriff mehr stören oder gar verhindern. Haacks Verhaftung steht also unmittelbar bevor.«

»Ich muß unbedingt nach Costa Rica zurück«, wandte ich ein, »habe dort Wichtiges zu erledigen.«

»Das geht in Ordnung. Ab jetzt solltest du aber mit niemandem mehr sprechen, ich meine, mit niemandem von der Presse oder dergleichen. In etwa vierzehn Tagen wird es wohl soweit sein. Weißt du eigentlich, daß Haack die letzten Jahre bis zum Zusammenbruch in Ostberlin gelebt hatte?«

»Nein, wußte ich nicht, hatte ich aber vermutet, das lag schließlich auf der Hand.«

»Dort hatte er eine Familie, war verheiratet.«

»Das ist wirklich interessant und erklärt mir einige Seiten seines ungewöhnlichen Verhaltens in manchen Situationen. Vielleicht hat ihm die Stasi sogar einen Kampforden verliehen, wie damals Guillaume nach seiner Rückkehr in die DDR. Offen gestanden überrascht mich kaum noch etwas. Allenfalls die übergroße Aufmerksamkeit, die die Stasi ihm schenkte. Das läßt zumindest Schlüsse auf die Wichtigkeit seines ›Kampfauftrages‹ zu.«

»Das ist möglich. Der Fall wird jedenfalls viel Staub aufwirbeln. Nicht zuletzt weil es der erste Fall nach dem Untergang der Diktatur ist, in dem alles drin ist: ein General als Auftraggeber des Mordes, Mitwisser im Politbüro, ein Minister, der guthieß, Mielke, ein stellvertretender Minister und oberster Spion, HVA-Wolf, Oberste, Offiziere, Täter, eben alle. Und du, das überlebende Opfer. Das bedeutet, die Presse wird sich auf dich stürzen. Bitte warte mit deinen Statements, bis wir die Geschichte veröffentlicht haben.«

»Keine Angst, ich werde dir und dem ›Stern‹ nicht in den Rücken fallen.«

Wir verabschiedeten uns. Jetzt, wo sich mein grandioser Sieg über die kommunistische Mafia in Ostberlin abzeichnete, war ich heimatlos geworden. Der Verrat der Frau, ihr Haß, die Trennung, letztlich der ganze existentielle Bruch, belasteten mich sehr. Alles lief aus dem Ruder. Tief innerlich war ich leer.

Am nächsten Tag flog ich nach Mittelamerika zurück

Kaum war ich mit einer bösen Erkältung auf »El Dorado« eingetroffen, klingelte das Telefon.

»Guten Tag, Herr Welsch, mein Name ist Bernd Jacobs. Ich bin von ›Spiegel-TV‹. Ich rufe Sie aus den USA an, aus Colorado. Ich bin hier mit meinem Aufnahmeteam. Wir kommen jetzt nach Costa Rica. Wir möchten mit Ihnen in San José ein Interview machen. Haben Sie Zeit? Sind Sie zu Hause?«

»Was wollen Sie von mir? Warum wollen Sie mich interviewen?«

»Herr Welsch, es geht um die Sache mit Ihrer Vergiftung in Israel. Sind Sie zu einem Interview bereit?«

»Wenn Sie mich so fragen, nein.« Pause. Jacobs atmete hörbar.

»Ja, und warum nicht?«

»Weil ich in dieser Phase keine Interviews gebe.«

Ich überlegte einen Moment. Der »Stern« sollte über diese Anfrage Bescheid wissen, selbst über die Freigabe entscheiden.

»Okay, kommen Sie nach Costa Rica, dann werden wir weitersehen.«

Zwei Tage später rief er mich wieder an.

»Wir sind jetzt im ›Holiday Inn‹, in San José. Wann und wo können wir uns sprechen?«

»Bleiben Sie dort, ich komme zu Ihnen.«

Im siebten Stock des »Holiday Inn« wurde ich von Bernd Jacobs und dem Aufnahmeteam von »Spiegel-TV« begrüßt.

»Wenn Sie mich interviewen wollen, sollten Sie diese Absicht fai-

rerweise in Hamburg bekanntgeben und um Zustimmung anfragen. Erst dann wäre ich dazu bereit.«
»Okay, Herr Welsch, machen wir.«
Sofort wählte er die Nummer der »Stern«-Redaktion und war nach einiger Zeit mit Thomas Osterkorn verbunden, dem verantwortlichen Redakteur. Ergebnis des Gespräches war, daß »Spiegel-TV« das Interview machen konnte, mir anschließend aber die bespielten Kassetten aushändigen mußte, mit denen ich Anfang Dezember nach Deutschland fliegen würde. Erst wenn die Verhaftung Haacks vollzogen, der »Stern« erschienen und »Stern-TV« als erste berichtet hätten, würde ich sie in Hamburg Stefan Aust, dem Leiter von »Spiegel-TV«, zur weiteren Verwendung aushändigen.
Zähneknirschend willigte Bernd Jacobs ein.
Das Interview wurde auf »El Dorado« gedreht. Der Vorplatz zum Pool und die Terrasse wurden zum Set. Die Leute von »Spiegel-TV« machten, leider im Gegensatz zu »Stern-TV«, einen interessanten Film. Gesendet wurde er aber erst im Jahr darauf, als der Prozeß gegen Haack längst lief.

Ende November war es soweit. Ein dringendes Fax aus Hamburg forderte mich zur schnellen Rückkehr nach Deutschland auf.
»Morgen läuft die Verhaftungsaktion«, erklärte Peter Sandmeyer. »Deine Angaben, die Ermittlungen der ZERV und unsere Recherchen haben unausweichlich zu diesem Ergebnis geführt.«
»Hoffentlich geht er ihnen im letzten Moment nicht durch die Lappen.«
»Keine Sorge, er wird seit Tagen rund um die Uhr observiert.«

Am 23. November wurde Peter Haack an seinem Wohnort in Metzingen bei Stuttgart durch die Sonderermittlungsgruppe der Berliner Staatsanwaltschaft ZERV in seiner Wohnung verhaftet. Noch während der Überstellung nach Berlin legte er ein umfassendes Geständnis ab.
Zeitgleich wurden in Berlin der Leiter der OPD Berlin und frühere MfS-Oberst Mattern, und, als Höhepunkt der Aktion, der Chef

der früheren Hauptabteilung VI und Leiter der »Operation Skorpion«, Generalmajor Dr. Heinz Fiedler, verhaftet. Alle kamen in das Berliner Untersuchungsgefängnis nach Moabit.
Endlich, endlich waren, wenngleich nicht alle, so doch einige der maßgeblichen Täter, diese Verbrecher, die ich lange verfolgt und gesucht hatte, gefaßt. Endlich waren sie dort, wo auch ihr oberster Chef Mielke sich befand: im Gefängnis.
Am 4. Dezember erschien der »Stern« mit der Reportage: »Auftrag Mord – ›Operation Skorpion‹«.
Ich fuhr nach Köln und ins Studio von »Stern-TV«.
Der Moderator Günter Jauch war schlecht vorbereitet, als er die politische Sensation und die Opfer präsentierte. Ihm war, wie vielen anderen zu diesem frühen Zeitpunkt, die Tragweite des Vorganges wohl nicht bewußt.
Ein letztes Mal saßen meine Noch-Frau und meine Tochter an meiner Seite, Fremde auf dem Präsentierteller der Öffentlichkeit. In der deutschen, aber auch in der ausländischen Öffentlichkeit fanden die Enthüllung der Mordoperation, die Wahrheit über das Ministerium für Staatssicherheit große Beachtung, ablesbar an den Artikeln und Kommentaren der Presse. Niemand hatte bislang so recht glauben wollen, daß die Geheimpolizei des SED-Staates Menschen ermorden ließ, weil sie ihren politischen Zielsetzungen im Wege standen.
Ich flog nach Hamburg, um mich noch einmal bei allen an der »Stern«-Recherche Beteiligten zu bedanken. Dann stattete ich Stefan Aust einen Besuch ab. Vereinbarungsgemäß übergab ich ihm die beiden Interviewkassetten aus Costa Rica.
»Wissen Sie eigentlich«, erklärte ich ihm, »daß am Anfang der ›Spiegel‹ mein bevorzugter Adressat für eine Veröffentlichung war? Aber der lehnte in Person von Axel Jeschke nicht nur ab, sondern verwies meinen Verdacht in den Bereich der Legende.«
»Da haben wir einen Fehler gemacht«, gestand er ein, »einen schier unglaublichen Fehler.« Und er fügte hinzu: »Heute würde uns das nicht mehr passieren.«
Nach der ganzen Aufregung war ich froh, wieder zurückfliegen zu können.

Mein letzter Schlag gegen das MfS, der Nachweis des Mordkomplottes gegen mich, war ebenso erfolgreich verlaufen wie die vorangegangenen. Der Einsatz hatte sich gelohnt, meine Überzeugung, daß es sich beim MfS – und nicht nur bei ihm – um eine Terrororganisation gehandelt hatte, war durch die Verhaftung Haacks und seiner Komplizen bestätigt worden.
Jetzt muß dafür gesorgt werden, daß nicht die Täter im Mittelpunkt des Interesses der Medien stehen, sondern die Opfer und der Widerstand den ihnen angemessenen Platz in der Öffentlichkeit und der Geschichte erhalten. Doch das, so fürchte ich, wird wieder einmal ein frommer Wunschtraum bleiben.
Vierzehn Tage nach seiner Verhaftung und Einlieferung in die Untersuchungshaftanstalt Berlin-Moabit erhängte sich der Verantwortliche des Mordkomplottes und frühere MfS-General Fiedler in seiner Zelle. In den Presseverlautbarungen darüber hieß es, daß das einweisende Gericht nicht sorgfältig genug auf Sicherheitsmaßnahmen im Gefängnis geachtet hatte. Das war ein herber Rückschlag für meine Bemühungen um die Wahrheit. Fiedler hätte nicht nur Aufgabenstellung und Zielsetzung der »Operation Skorpion« in allen Einzelheiten bestätigen, sondern auch alle Fäden und Verbindungen über Markus Wolf bis hin zum MfS-Minister Mielke und dem Politbüro der SED bloßlegen können, die den Mord an höchster Stelle befürwortet und gedeckt hatten. Das Versagen der Justiz hat die Täter an der Spitze begünstigt.

Während ich in Costa Rica bemüht war, mein Flugzeug zu verkaufen, nachdem es repariert und wieder flugtauglich war, hörte ich zwischenzeitlich immer wieder Erstaunliches aus Deutschland. Haack machte umfangreiche Aussagen. Er war damit der erste Täter, der sein Handeln nicht beschönigte oder verschwieg, sondern seine Mittäter benannte und der ZERV damit ein umfassendes Bild über die »Operation Skorpion« gab.
Wegen dieser Vorgänge und wegen des bald zu erwartenden Prozesses, in dem ich als Nebenkläger auftreten konnte, neigte sich mein Aufenthalt in diesem Land dem Ende zu. Ich hatte keinen

Grund zu der Annahme mehr, daß anonyme Morddrohungen jetzt noch ernst zu nehmen waren. Einige deutschsprachige Zeitungen, die im gesamten mittelamerikanischen Raum erschienen, bemühten sich um Interviews. Der Vorgang hatte sich bis in diese entlegene Ecke der Welt herumgesprochen. Das spülte auch etwas Geld in meine nahezu leere Kasse.

Im Frühjahr 1994 wurde ich – in Abwesenheit – von meiner Frau geschieden. Es traf mich nicht überraschend. Meine wirtschaftliche Existenz allerdings war mit dem Diebstahl unseres Unternehmens in Mannheim durch meine Exfrau weitgehend vernichtet. Wie konnte ich meiner neuen, im Entstehen begriffenen Familie unter diesen Umständen ein sicheres Zuhause bieten, wo doch alles verloren war? Fragen, die mich veranlaßten, meine Rückreise immer wieder aufzuschieben, zumal ein alter Bekannter, José Maria Figueres, der in diesem Frühjahr die Wahl zum Präsidenten der Republik gewonnen hatte, mich als Sonderbeauftragten für die Sicherheit des Präsidentenpalastes gewinnen wollte.

Das Angebot, das mir von einer Verwandten Rebecas aus dem Außenministerium überbracht wurde, war schmeichelhaft und ehrte mich. Es konnte jedoch nichts an meinem Wunsch ändern, nach Deutschland zurückzukehren. Zum einen, um zu retten, was an Besitz und Vermögen noch zu retten war, zum anderen aber auch, weil Deutschland letztlich meine Heimat blieb.

So traf ich die Vorbereitungen zu meiner Rückreise.

Die Berliner Staatsanwaltschaft beim Kammergericht hatte mir im Mai mitgeteilt, daß nunmehr auch meiner Strafanzeige gegen den vormaligen Minister für Staatssicherheit, Erich Mielke, nachgegangen worden sei. Man leitete gegen ihn ein Ermittlungsverfahren wegen des »Verdachts der Anstiftung und der Beihilfe zum versuchten Mord« ein, vier Jahre nachdem ich Anzeige erstattet hatte. Mielke saß bereits in Untersuchungshaft. Gegen ihn wurde vor allem wegen der Morde an zwei Polizisten vor 60 Jahren ermittelt, nicht etwa wegen der Verbrechen, die er als Minister des Ministeriums für Staatssicherheit zu verantworten hatte.

Es war bitter, mit ansehen zu müssen, wie der Dachdecker und selbstgefällige Diktator von eigenen Gnaden, Honecker, von Polizei und Sicherheitsleuten zum Flughafen Berlin-Tegel eskortiert wurde, damit er in sein selbstgewähltes Exil nach Chile abfliegen konnte. Ein schwerer Schlag in das Gesicht seiner Opfer.

DER PROZESS

Das Berliner Landgericht teilte mir über die deutsche Botschaft in San José mit, daß der Prozeß gegen Haack und Mattern am 1. September beginnen werde.

An diesem Tag flog ich mit Rebeca und ihrer Tochter mit KLM über Amsterdam nach Straßburg. Dort parkte mein Kombi in der Tiefgarage des Flughafens. Sein Laderaum schluckte mühelos unsere 240 Kilogramm Übergepäck, das mit Hilfe verständnisvoller französischer Zollbeamter ohne große Umstände ins Land gelangt war.

Der Aufenthalt in der alten Heimat begann mit einem existentiellen Desaster. Schnell stellte ich fest, daß meine Exfrau nicht geneigt war, unseren in zwanzig Ehejahren erworbenen, gemeinsamen Besitz, den Hausrat und das Vermögen, zu teilen. Dabei half ihr ein Papier, das wir vor Jahren gemeinsam aufgesetzt hatten. Darin übereigneten wir – pro forma – unseren gesamten Besitz meiner damaligen Schwiegermutter, um so zu verhindern, daß das Auswärtige Amt unser Vermögen pfänden konnte. Jetzt benutzte sie diese Erklärung gegen mich.

So mußte ich Klage auf Herausgabe erheben. Wieder ließ sich meine Tochter gegen mich instrumentalisieren. Diesmal als Zeugin. Anwälte konnte ich mir nicht leisten, so daß mir nichts übrigblieb, als diesen ungemein herben Schlag hinzunehmen. Von meinem persönlichen Besitz bekam ich in den Folgemonaten nur unwesentliche, zerstörte oder beschädigte Teile ausgehändigt, Fragmente. Ohne die Hilfe von Freunden und Fremden hätte ich diese Zeit wohl nicht überstanden.

Einen scharfen Kontrast zu meinem persönlichen Desaster bot der in Berlin bereits laufende Prozeß, an dem ich wenige Tage nach meiner Rückkehr als Nebenkläger und Zeuge teilnahm. Das Interesse der Medien war beachtlich, leider nur auf die spektakuläre Sensation der gescheiterten MfS-Operation abgestellt, auf einen mißlungenen Mordanschlag, nicht aber auf die Konsequenzen für die Bewertung des Ministeriums für Staatssicherheit und damit der Politik der DDR.

Auf der Anklagebank saßen der Oberst a. D. im Ministerium für Staatssicherheit der DDR, Franz Mattern, und der IMF a. D. im MfS, Peter Haack. Der Hauptangeklagte, der frühere Generalmajor und Chef der »Operation Skorpion«, Fiedler, lag schon auf dem Friedhof. Trotzdem, ich war nicht unzufrieden. Nach Lage der Dinge hatte ich mehr erreicht, als ich noch Anfang der neunziger oder gar der achtziger Jahre zu hoffen wagte. Die Anklage lautete auf mehrfachen versuchten, heimtückischen Mord.

Die Verhandlung wurde von Hans-Georg Bräutigam geführt, der zuvor schon den Vorsitz in den Prozessen gegen Honecker und Mielke innegehabt hatte.

In der Hauptverhandlung kam zum Ausdruck, daß auch der damalige Minister Erich Mielke sowie die Vorgesetzten von Fiedler, der persönliche Vertraute von Mielke und seinerzeit stellvertretende MfS-Minister Bruno Beater, Generaloberst, sowie der stellvertretende MfS-Minister Dr. Gerhard Neiber in die Planung zu meiner Tötung eingeweiht waren. Doch fehlten dafür die Beweise, weil alle Akten ab 1981, die das hätten belegen können, beim Zusammenbruch der DDR vernichtet worden waren. Dafür übernahm Karl-Heinz Pätzold, einer der Führungsoffiziere Haacks, vor der Strafkammer grinsend die Verantwortung.

Immerhin bestätigte Pätzold dem Gericht, daß Generalmajor Dr. Fiedler ihm mitgeteilt habe, daß »Welsch liquidiert werden solle

und verschiedene Pläne hierzu besprochen wurden, von denen einige umgesetzt worden waren«.
Haack selbst überraschte durch seine umfangreiche Aussagebereitschaft.
So gab er zu, von »Dr. Fiedler« einen Tötungsauftrag erhalten zu haben.
Mattern, vormals Haacks erster Führungsoffizier, durch eine Krebserkrankung vom Tod gezeichnet, leugnete dagegen bis zum Schluß mit »tschekistischer Hartnäckigkeit«, je etwas von einem Liquidierungsbefehl gehört zu haben. Mattern log selbst noch im Angesicht des Todes. Dagegen konnten durch die Aussage Haacks viele Details aufgeklärt werden, obwohl er sich damit selbst erheblich belastete.
Er gab auch zu, eine ihm vom MfS in Ostberlin zur Verfügung gestellte Ansichtskarte aus Buenos Aires mit verstellter Schrift geschrieben zu haben, um damit bei mir den Anschein zu erwecken, daß er ebenfalls krank wäre.
Das Gericht erkannte in der Beweisaufnahme weiter, daß Haack sehr wohl die Möglichkeit hatte, die Durchführungsgenauigkeit des Mordbefehls abzuändern, sich aber dennoch dafür entschieden hatte, den Tod der gesamten Familie Welsch in Kauf zu nehmen. Dem lag nicht nur seine vorgebliche Angst vor dem MfS zugrunde, als Verräter selbst mit dem Tode bestraft zu werden, wenn er den Befehl nicht ausführte, sondern viel mehr noch seine tiefe Überzeugung, daß Fluchthelfer der DDR schadeten. Die DDR war für ihn ein geordnetes und lebenswertes Refugium geworden, in dem er sich zum ersten Mal in seinem Leben verstanden und akzeptiert fühlte. Resultat seiner verkorksten Kindheit.
Als Nebenkläger kam dann auch ich vor Gericht zu Wort.

Der Vorsitzende der Kammer, Hans-Georg Bräutigam, bescheinigte mir nach meinem detaillierten Bericht über die Strukturen des MfS, dessen Ziele und Mittel, daß meine Darlegungen eindeutig von dem Bemühen um objektive Tataufklärung bestimmt seien und keineswegs vom Gedanken an Rache.

Der unmittelbare Führungsoffizier Haacks und vormalige Leiter der OPD Berlin, Mattern, die ihm unterstellten weiteren Beteiligten der Mordplanung, Führungsoffiziere und Handlanger Fiedlers, traten ebenfalls als Zeugen auf. Ingrid Kirchherr, Günter Herfurth, Dietrich Krause, Karl-Heinz Pätzold, Peter Theil und Klaus Hänsel bekannten sich jedoch nicht zu ihrer Verantwortung, sondern schoben alles auf Fiedler. Sie bestätigten lediglich den Kampfauftrag des Ministers, die KMHB zu bekämpfen. Eine eigene Schuld räumte keiner dieser mutmaßlichen Mordhelfer ein.

Die Schuld von Peter Haack indessen war unstrittig. Das Gericht stellte hierzu fest: Haack hatte sich für die Durchführung des Mordauftrages unter Inkaufnahme der Tötung der Familie Welsch entschieden und sich damit des tateinheitlich begangenen dreifachen Mordversuches schuldig gemacht, indem er seinem Freund das vergiftete Essen reichte und dabei billigend in Kauf nahm, daß auch die Ehefrau und Tochter davon essen und alle drei durch die tödliche Giftdosis sterben würden.
Da er die tödliche Wirkung des Giftes kannte, ist bei dem Mordversuch von Vorsatz auszugehen.
Haack nutzte außerdem die Arg- und Wehrlosigkeit seiner drei Opfer zur Tat aus.
Er hatte sich seit 1979 bewußt in ihr Vertrauen eingeschlichen und galt als bester Freund der Familie. Im übrigen ist schon allein in der Art und Weise der Giftbeibringung im vorliegenden Fall mittels einer Speise das Mordmerkmal der Heimtücke begründet. Haack wußte von Fiedler, daß das Gift geschmack- und geruchlos ist, so daß es unbemerkt einer Speise untergemischt werden kann, mithin die Opfer völlig arglos das Gift mit dem Essen aufnehmen würden. Berücksichtigt man die Schmerzen und Qualen, die Wolfgang Welsch tatsächlich erlitten hat, und nimmt hinzu, daß diese nach den Angaben der Sachverständigen Prof. Dr. Hennemann und Dr. Einhellig bei der Thallium-Vergiftung typischerweise immer auftreten, so ist auch das Mordmerkmal der Grausamkeit objektiv erfüllt.

Vor dem Gerichtssaal drängten sich deutsche und internationale Pressevertreter, TV-Teams und Beobachter. Sie mußten während des Prozesses draußen bleiben. In den Verhandlungspausen jedoch richteten sich die Objektive ihrer Kameras, Lichter, Leuchten und Mikrophone auf mich, forderten Erklärungen und Statements.
In einer dieser Pausen blieb ich im Saal zurück. Nur Haack, ein Bewacher und der Vorsitzende Bräutigam befanden sich noch im Saal. Haack durfte hinter der Balustrade der Anklagebank hervortreten. Er trat auf mich zu. Zum ersten Mal seit damals, als wir uns 1981 auf dem Flughafen Tel Aviv verabschiedet hatten, also vor dreizehn Jahren, blickte ich ihm direkt in die Augen.
Plötzlich liefen ihm Tränen über die Wangen. Er ergriff meine Hand wie ein Bittsteller die seines Gönners. Einen Moment stand ich regungslos, ließ ihn gewähren.
Spontan fielen mir K.s letzte Worte aus Kafkas »Prozeß« ein: »Das allerdings, was er am liebsten getan hätte, hatte er nicht tun dürfen, Kullych zwei laute Schläge auf seine bleichen runden Wangen zu geben.« Doch genau so schnell wie mich dieser Gedanke anflog, verwarf ich ihn wieder.
»Es tut mir so sehr leid ... wenn ich gewußt hätte, was ich tatsächlich über dich und deine Familie gebracht habe ... Es ist ... unvorstellbar für mich ...« Von Weinkrämpfen geschüttelt, brach er ab.
Ich war allein, mit mir, meinen Gefühlen – und meinem Mörder. Es gab keinen Zweifel, er war erschüttert, überwältigt von Scham und Reue.
»Ich möchte dich bitten, mir zu vergeben ... ich bereue meine Handlungsweise zutiefst.«
Noch immer schaute er mich an.
Wollte ich Rache? Nein. Wahrheit? Ja. Rache macht nichts ungeschehen, Vergeltung schafft nur neues Unrecht. Auch Reue macht nichts ungeschehen. Aber niemals zuvor hatte ein Täter der SED-Diktatur Reue gezeigt. Und auch niemals danach. Ich war aufgewühlt. Die Bilder aus Israel stiegen vor mir auf, meine unbeschreiblichen Schmerzen, die Verzweiflung, die Hilflosigkeit. Ich schaute ihm in die Augen.

»Ich vergebe dir, Peter. Ich vergebe dir als Mensch.«
Ich hörte meine Worte, als hätte sie jemand anders gesprochen.
»Danke, ich danke dir.« Er drückte noch einmal meine Hände. Dann ging er wieder hinter die Balustrade. Ich verließ den Saal.

Es war nicht leicht, etwas zu vergeben, worunter ich jahrelang gelitten hatte, was mein Leben verändert hatte. Dennoch, ich habe es getan. Aus Überzeugung und in dem Bewußtsein, das einzig Richtige zu tun. Als sein Opfer – und nur deswegen – hatte ich ein Recht, so zu handeln. Seine Reue hatte meine Vergebung möglich gemacht. An diesem Tag hörte ich auf zu hassen.

BERLIN "Berliner Kurier" Dienstag, 29. November 1994

Giftmischer der Stasi muß sechseinhalb Jahre in Haft

BERLIN - Der hinterhältige Stasi-Giftmordanschlag wird gesühnt: 1981 hatte Spitzel Peter Haak (52, IM „Alfons") versucht, einen Fluchthelfer und dessen Familie zu vergiften, mischte Rattengift in ihre Bouletten - gestern wurde er dafür vom Landgericht in Moabit zu sechseinhalb Jahren Haft verurteilt.

Begründung der 27. Großen Strafkammer: „Dreifacher Mordversuch aus Heimtücke, Grausamkeit und niede-ren Beweggründen". Die Staatsanwaltschaft hatte sogar zehn Jahre Gefängnis gefordert, die Verteidigung plädierte auf Freispruch.

Der Fall: 1980 erteilte die Stasi ihrem Spitzel Peter Haak einen Mord-Auftrag. Das Opfer: Der West-Berliner Fluchthelfer Wolfgang Welsch (50), der Dutzenden Menschen geholfen hatte, sich aus dem SED-Staat abzusetzen. Die Operation lief unter dem Decknamen „Skorpion". Haak gab sich als englischer Fotograf aus, erschlich sich die Freundschaft zu Haaks dreiköpfiger Familie. 1981, während einer gemeinsamen Israel-Reise, lud Haak die drei am Roten Meer zu einem Bouletten-Essen ein. Vorher hatte er die Fleischklopse mit einer tödlichen Dosis „Thallium", einem langsam wirkenden Rattengift, präpariert.

Täter Peter („Alfons") Haak (52, links) und Opfer Wolfgang Welsch (50) Foto: Mrotzkowski

Wolfgang Welsch aß die größte Portion, verspürte aber erst acht Tage später Schmerzen. Wie durch ein Wunder wurden er und seine Familie gerettet. Richter Hansgeorg Bräutigam: „Welsch hatte durch starken Bierkonsum das Gift ausgeschwemmt, seine Frau und die Tochter das Essen erbrochen. Alles reiner Zufall."

Die Verteidigung kündigte nach Verlesung des Urteils an, in die Revision zu gehen.

MaN

Vor dem Verhandlungssaal stürzte sich die Presse auf mich und hielt mir einen Wald von Mikrophonen entgegen: »Was haben Sie mit dem Angeklagten gesprochen?«
»Ich habe meinem Mörder vergeben«, war meine Antwort. Die einzige. Mehr konnte und mehr wollte ich dazu nicht sagen.
Nicht nur die Berliner Tageszeitungen titelten am nächsten Tag: »Opfer vergibt seinem Mörder«.
Am 28. November 1994 verkündete das Berliner Landgericht das Urteil gegen Haack:

> Der Angeklagte wird wegen tateinheitlich begangenen dreifachen Mordversuchs zu einer Freiheitsstrafe von sechs Jahren und sechs Monaten verurteilt.

Damit hatte Haack die Hauptlast der Strafe für das Verbrechen des MfS zu tragen. Die Hauptverantwortlichen waren inzwischen entweder tot, verhandlungsunfähig oder nicht zu ermitteln.

Das Verfahren gegen Mattern war bereits wegen andauernder Verhandlungsunfähigkeit aufgrund seiner tödlichen Krebserkrankung abgetrennt und später eingestellt worden. Kurz darauf starb er.
Durch seine Aussagebereitschaft, seinen Willen zur Aufklärung und seine tätige, überzeugende Reue war Haack an einer von der Staatsanwaltschaft beantragten lebenslangen Freiheitsstrafe haarscharf vorbeigekommen.
Trotzdem ging die Verteidigung von Haack in Revision.
Am 22. August 1995 erließ der 5. Strafsenat des Bundesgerichtshofs als höchste und letzte Instanz den Beschluß:

> Die Revision des Angeklagten gegen das Urteil des Landgerichts Berlin vom 28. November 1994 wird nach § 349 Abs. 2 StPO als unbegründet verworfen.

Das Urteil war damit rechtskräftig. Die »Operation Skorpion« hatte ihr unrühmliches Ende gefunden. Für mich war es ein un-

Herrn Wolfgang Websch, Sinsheim

5 StR 347/95

BUNDESGERICHTSHOF

BESCHLUSS

vom 22. August 1995

in der Strafsache

gegen

Peter Alfons H a a c k aus Metzingen,
geboren am 22. August 1942 in Hameln,

wegen versuchten Mordes

Der 5. Strafsenat des Bundesgerichtshofs hat am 22. August 1995 beschlossen:

> Die Revision des Angeklagten gegen das Urteil des Landgerichts Berlin vom 28. November 1994 wird nach § 349 Abs. 2 StPO als unbegründet verworfen.
>
> Der Beschwerdeführer hat die Kosten des Rechtsmittels und die dadurch dem Nebenkläger entstandenen notwendigen Auslagen zu tragen.

Horstkotte Häger Basdorf
Nack Pfister

BUNDESGERICHTSHOF 42

Ausgefertigt

Justizangestellte
als Urkundsbeamtin
der Geschäftsstelle

vorstellbarer Sieg. Ich hatte dem Ministerium für Staatssicherheit bis zuletzt getrotzt.
Der Prozeß bewies der Öffentlichkeit, vor allem den Menschen in Deutschland, zum ersten Mal, wie menschenverachtend die SED-Diktatur war, die ich bekämpft und überlebt hatte.

Im Jahr darauf flog ich auf Einladung der ZERV nach Berlin. Sie suchten immer noch Susan. Natürlich interessierte mich das. Wir wußten um die Bedeutung ihrer Enttarnung. Haack mußte mehr über sie wissen. So vereinbarten wir einen überraschenden Besuch im Gefängnis Moabit, um im Gespräch mit ihm mögliche Hinweise auf die Identität Susans zu erhalten. Der Besuch traf Haack völlig unvorbereitet.
Ich hatte kein Problem, mit ihm zu sprechen. Er war zwar längst kein Freund oder Vertrauter mehr, doch sah ich in ihm jetzt weniger den eiskalten Vollstrecker eines Todesurteils gegen mich als vielmehr eine Informationsquelle, die ich auszuschöpfen gedachte. Deshalb kam ich nach einem kurzen Abstecher in die Vergangenheit auf mein eigentliches Anliegen zu sprechen:
»Du hast mir damals im Gerichtssaal versprochen, mir Detailinformationen zu geben, wenn der Prozeß vorbei ist. Deshalb besuche ich dich heute.«
»Was willst du wissen?« Wir sprachen über einige Nebensächlichkeiten, Erinnerungen am Rande des Geschehens. Plötzlich fragte er:
»Erinnerst du dich, 1979, deine Autofahrt zur »Gourmet«-Redaktion nach Schmitten im Taunus. Weißt du noch, was damals auf der Autobahn passiert ist?«
»Meinst du den Unfall, den ich hatte?«
»Ja, aber ein Unfall war das nicht. Eine Operation von Dr. Fiedler. Ein Anschlag auf dich, wenn du es genau wissen willst.«
Ich blickte verständnislos.
»Und kannst du dich noch an unsere England-Fahrt erinnern, mit dem gelben »Hertz«-Transporter? An das, was uns auf der englischen Autobahn passiert ist?«

Berlin 10.2.95

Hallo Wolfgang,
ich bedanke mich zunächst für Deinen Brief vom Jan. bzw die Brief Karte.
Gestern waren Leute von Sat. bei mir um sich meine Sichtweise zu den Geschehen von 81, geben zu lassen. Wie ich verstanden habe, waren sie auch bei Dir und Hilde um eine Dokumentation zu erstellen. Das soll ende März gesendet werden. Ich denke ich konnte einigermaßen verdeutlichen, was für eine Bande das MfS unter seiner Aussenhaut beherbergte. Ich denke Du wirst mir Deine Meinung dazu, ich meine, die Dok., mitteilen.
Ich warte noch auf die Revisionsverhandlung und möchte mich jetzt zu verschiedenen Punkten noch nicht äussern. Da, denke ich, könntest Du mir ein gewisses Verständnis entgegen bringen. Ich bin auf jeden Fall dafür, das wir zu einem etwas späteren Zeitpunkt über die ganze Sache, also nicht nur 81, sprechen.
Also werde ich von mir aus die Verbindung nicht abreissen.

Vielen Dank nochmal
und Grüße
Peter

Bei mir geht es den Umständen entsprechend.
Wenn auch nicht wie in B-Bg so schlimm, aber irgendwie Knast ist Knast.

Brief von Peter Haack aus dem Gefängnis an Wolfgang Welsch.

»Meinst du den Schuß auf uns, kurz vor London? Moment, genauer gesagt, der Schuß auf mich. Schließlich war das Einschußloch auf meiner Seite. Meinst du das? War das etwa auch eine MfS-Schweinerei?«
»Ja. Auch das war eine vorbereitete und geplante Aktion von Dr. Fiedler.« Vor Aufregung kippelte ich mit dem Stuhl hin und her. Überraschend feuerte ich meine Breitseite ab:
»Was weißt du über Susan? War sie eine hauptamtliche Mitarbeiterin des MfS?«
»Auch dazu möchte ich im Moment nichts weiter sagen. Warte die Revision ab. Vielleicht nur soviel«, fügte er hinzu: »Als ich mit Pätzold über ›Distrikttelefon‹ aus Akko sprach, sagte er, daß ich bei der Reise eine Frau brauchen würde. Na ja, kurz darauf lief sie mir direkt über den Weg.«
»Dann war Susan also eine Hauptamtliche? Ich meine, sie hatte einen militärischen Rang beim MfS? Sie war Offizier?«
»Wie ich sagte, ich will darüber jetzt noch nicht sprechen. Ich fühle mich hier im Gefängnis nicht sicher. Wenn ich zuviel rede, du verstehst, könnte mir etwas passieren.«
»Okay, ich verstehe. Würdest du mir denn brieflich das eine oder andere mitteilen, was ich wissen möchte?«
»Du kannst mir schreiben«, war seine sibyllinische Auskunft.
Ich verabschiedete mich. Seine Erklärung hinsichtlich Susan war aufschlußreich. Ich war sehr zufrieden. Das änderte sich allerdings, als die ZERV zwei Jahre später die Suche nach Susan einstellte.

Nach einigen Monaten schrieb ich Haack einen ersten Brief. Seine Revision war vom Bundesgerichtshof verworfen worden. Er antwortete ausweichend auf meine Fragen. Der Kontakt brach daraufhin ab. Erst im Juni des nächsten Jahres schrieb ich ihm erneut. Ich wollte ihn besuchen. Vorab schickte ich ihm eine Liste meiner vordringlichsten Fragen.
Statt eines Besucherscheines übermittelte mir Haack die Anschrift seines Anwaltes. Die Angst hatte gesiegt. Sein Anwalt, den ich

vorsichtshalber dennoch anschrieb, antwortete erwartungsgemäß nicht.

Wenn jemals ein Ministerium gegründet worden ist, um Straftaten zu begehen, dann ist es das MfS gewesen. Es war eine kriminelle Vereinigung, von Anfang an. Eine kriminelle Vereinigung, die, wie ihre Auftraggeber im Zentralkomitee und im Politbüro der SED, nur so lange agieren konnte, weil auf die Grundübel der Deutschen immer Verlaß war: ihren Hang zur Ein- und Unterordnung, die Gewohnheit, zu funktionieren, ihre exzessive Autoritätsgläubigkeit in Verbindung mit Harmoniesucht.

Der MfS-Generalmajor »Dr.« Fiedler ist tot.
Der MfS-Oberst Mattern ist ihm gefolgt.
Der HVA-Chef, Generaloberst Wolf, wurde freigesprochen, weil man ihm lediglich Spionage vorwarf, vorwerfen wollte, so wie das oft von Staaten praktiziert wird, die sich nicht mit zuviel schmutziger Wäsche belasten wollen. Dabei gab es genug Beweise für die Verstrickung des MfS in verbrecherische und terroristische Operationen.
Menschen wie Mielke, Neibert, Großmann, Wolf, Fiedler und viele andere, die von der Doktrin vom »internationalen Klassenkampf« profitiert hatten und dem internationalen Terrorismus in vielfältiger Form Unterstützung angedeihen ließen, würden ohnehin nie ein Verbrechen oder ihre Verstrickung darin zugeben. Erst recht keine Niederlagen, wie die Geheime Kommandosache »Operation Skorpion« eine war.

Auch knapp fünfzehn Jahre nach der Wiedervereinigung Deutschlands hat der Widerstand gegen die menschenverachtende vierzigjährige Diktatur der SED noch längst nicht den gesellschaftlichen Stellenwert, der ihm gebührt. Die Demokratie selbst erkennt den Einsatz für Demokratie nicht an. Der Widerstand hat keine Lobby.
Ein Nein der gegenwärtigen Regierung für Opferpensionen ist

deprimierend genug, würden die Nein-Sager nicht noch ständig betonen, wie groß der Respekt sei, den sie für die Menschen empfinden, die Widerstand gegen das SED-Regime leisteten. Dabei hatte selbst der Bundespräsident am 17. Juni 2003 deutlich mehr Gerechtigkeit für die Opfer des SED-Regimes gefordert.